专利法研究
2013

国家知识产权局条法司　编

知识产权出版社
全国百佳图书出版单位

图书在版编目（CIP）数据

专利法研究. 2013/国家知识产权局条法司编. —北京：知识产权出版社，2015.1
ISBN 978-7-5130-3293-3

Ⅰ.①专… Ⅱ.①国… Ⅲ.①专利权法—研究—2013—年刊 Ⅳ.①D913.04-54

中国版本图书馆 CIP 数据核字（2015）第 013043 号

内容提要

本书共分 5 个专题，即专利权的实施和保护、专利申请与审查、职务发明制度、专利与标准以及国际动态等方面对目前专利领域的热点问题进行研究和解读。

责任编辑： 龚　卫　　**责任校对：** 董志英
装帧设计： 张小力　　**责任出版：** 刘译文

专利法研究 2013
ZHUANLIFA YANJIU 2013
国家知识产权局条法司　编

出版发行：	知识产权出版社有限责任公司	**网　　址：**	http：//www.ipph.cn
社　　址：	北京市海淀区马甸南村 1 号	**邮　　编：**	100088
责编电话：	010-82000860 转 8120	**责编邮箱：**	gongwei@cnipr.com
发行电话：	010-82000860 转 8101/8102	**发行传真：**	010-82000893/82005070/82000270
印　　刷：	北京科信印刷有限公司	**经　　销：**	各大网上书店、新华书店及相关专业书店
开　　本：	787mm×1092mm　1/16	**印　　张：**	21.75
版　　次：	2015 年 1 月第 1 版	**印　　次：**	2015 年 1 月第 1 次印刷
字　　数：	356 千字	**定　　价：**	65.00 元

ISBN 978-7-5130-3293-3

目 录

专利侵权惩罚性赔偿责任的民法学基础

朱　丹[1]

摘　要

源于英美法系侵权法的专利侵权惩罚性赔偿责任是否与大陆法系民法体系相协调，是否具有大陆法系上的民法学基础，这是关系到我国《专利法》能否引入专利侵权惩罚性赔偿责任的重大问题。本文从现代民法的社会本位、民法的公平原则、侵权法的预防功能三方面深入分析了专利侵权惩罚性赔偿责任与大陆法系民法的内在联系，论证了专利侵权惩罚性赔偿责任具有坚实的大陆法系民法学基础。

---

❶ 作者单位：上海市高级人民法院。

专利侵权惩罚性赔偿责任，是指对故意等严重侵害专利权的行为❶，侵害人在承担补偿性赔偿责任之外，还应向权利人负担一定数额的赔偿金，目的是对侵害人给予一定的经济惩罚，以防止侵害人或他人今后从事同样的不法行为。大陆法系强调公私法的划分，认为作为私法的民法不应当具有惩罚性，对违法行为进行惩罚是公法的任务。因此，大陆法系的侵权损害赔偿立法历来排斥惩罚性赔偿。我国民法理论与民法体系属于大陆法系，《专利法》又是我国民事特别法之一，在我国《专利法》中引入惩罚性赔偿责任是否与我国民法体系相冲突？源于英美侵权法的专利侵权惩罚性赔偿责任是否可以与大陆法系民法体系相协调，是否具有大陆法系的民法学基础？对这一问题的不同回答也许会对我国《专利法》是否规定专利侵权惩罚性赔偿责任产生重大影响。其实，无论是大陆法系国家的专利制度，还是英美法系国家的专利制度，都是在传统民法的基础上发展起来的，专利制度与民法制度具有许多共同的理论基础和法律原则。正如有学者所指出的，“知识产权研究应该尝试在传统民法理论中论证其合理性基础及知识产权与传统民法的逻辑一致性”。❷ 为探求专利侵权惩罚性赔偿责任与大陆法系民法的内在联系，从而为我国专利侵权惩罚性赔偿责任的立法提供民法学依据，笔者拟从以下视角探讨、分析专利侵权惩罚性赔偿责任在大陆法系民法学上的理论基础。

一、现代民法的社会本位是专利侵权惩罚性赔偿责任坚实的民法学基础

有学者认为：“法律之本位云者，法律之中心观念或法律之立足点也。法律乃人为之规范，自有其一定之中心观念，依其演进言之，可分三期：（1）义务本位时期。此为法律最初之本位时期。（2）权利本位时期。个人主义逐渐发达，法律遂由义务本位进于权利本位。（3）社会本位时期。个人主义发达之结果，于不知不觉中酿成种种之流弊，于是法律之中心观念亦随之而变，此即所谓社会本位者是也。”❸ 可见，法的本

---

❶ 关于适用专利侵权惩罚性赔偿责任的过错要件，各国专利法理论与司法实践还没有形成完全一致的认识，但多数意见认为，对于故意侵害专利的行为可以适用惩罚性赔偿责任。

❷ 徐瑄．关于知识产权的几个深层理论问题［J］．北京大学学报：哲学社会科学版，2003（3）．

❸ 胡长清．中国民法总论［M］．北京：中国政法大学出版社，1997：43．

位决定了法观念，由此直接影响立法与司法。民法的本位，就是民法理论、民事立法与民事司法的基本价值取向、价值判断与终极目标。

近代社会，欧洲大陆处于自由竞争的资本主义时期，所有权绝对、契约自由、过失责任三大原则备受重视，成为近代资本主义建立和发展的基石，这个时期是民法的权利本位时期。这个时期的社会关系迫切要求民法强调保护私权，保护个人自由，通过对资产阶级个人权利的平等、绝对地保护，冲破封建等级制度、身份制度的束缚，确立和维护资本主义的生产关系，从而推进资本主义生产方式的建立和发展。然而，进入现代社会后，自由竞争的资本主义被垄断的资本主义替代，现代工业发展带来的工伤事故纠纷、交通伤害纠纷、劳资纠纷、产品责任纠纷、环境污染纠纷等，对社会造成的不安定因素日渐增多。自由竞争资本主义时期的三大民法原则开始动摇，所有权受限制、契约自由受限制、无过失责任原则兴起。民法的权利本位开始向社会本位演进。现代民法社会本位的主要体现是，现代民法在平等保护个人权利与自由的基础上，更加注重调整社会各阶层的利益冲突，更加重视实现国家、社会以及各阶层的利益平衡，更加重视实现全社会的公平正义。

随着现代民法社会本位观念的逐步强化，作为传统民法的特别法的社会立法广泛兴起，如消费者权益保护法、环境保护法、交通事故损害赔偿法、产品责任法、雇佣法等蓬勃发展并日益强化侵权责任人的赔偿责任，由此推动侵权损害赔偿法的理论、立法与司法日益关注社会和谐与全社会的公平正义。侵权损害惩罚性赔偿责任不仅关注对受害人的保护，而且关注引导社会公众的行为方式，还注重维护社会的整体利益和实现社会的公平正义。因此，即使在传统民法理论和民事立法上一直奉行侵权损害赔偿不具有惩罚功能，仅仅是弥补侵权损失的德国，其对侵权损害惩罚性赔偿的态度也没有画地为牢，也随着当代经济、社会的不断发展变化，在民法理论上开始重新认识惩罚性赔偿，在立法上尝试引入惩罚性赔偿，并在司法实践中尝试适用惩罚性赔偿责任。比如，德国在 2006 年公布的《一般平等法》中，规定雇主在特定条件下应当承担具有惩罚性质的赔偿责任。[1]“保险公司在其责任明确时但不予赔偿的，受

---

[1] 谢铭洋．“我国”专利侵害惩罚性损害赔偿之实践与分析——“智慧财产法院”97 年度民专诉字第 3 号民事判决解析［J］．法令月刊，2010，61（5）．

害人可以获得比起其实际损失更多的赔偿金。在大众媒体故意不当侵害受害人的隐私权和其他人格权时，法院甚至走得更远，以预防功能为由作出高额损害赔偿金判决。”❶ 这一现象表明，由于现代民法社会本位的不断强化，即使在坚定执行公私法划分、坚守民事责任不应具有惩罚功能的德国，其侵权损害赔偿制度也出现了不小的变化，开始逐步引入惩罚性赔偿责任。

专利法作为民法的特别法之一，相对于一般的民事立法来说，具有更明显的社会本位，这主要是由专利权的社会性所决定的。虽然专利权作为一种私权、一种民事权利，得到了我国《民法通则》的确认，也得到了世界贸易组织《与贸易有关的知识产权协议》的确认，可以说专利权的私权属性已成为世界共识，但与传统财产权相比，专利权具有更突出的社会属性，主要理由如下：

第一，传统财产权与专利权赖以建立的法哲学基础不同。传统财产权的法哲学基础主要是洛克的“自然权利论”。洛克认为：“土地和一切低等动物为一切人所共有，但是每人对他自己的人身享有一种所有权，除他以外任何人都没有这种权利。他的身体所从事的劳动和他的双手所进行的工作，我们可以说，是正当地属于他的。所以只要他使任何东西脱离自然所提供的和那个东西所处的状态，他就已经掺进他的劳动，在这上面掺加他自己所有的某些东西，因而使它成为他的财产。”❷ 可见，洛克认为“劳动”使劳动成果脱离其最初的自然状态，成为私有财产，是劳动创造了财产权利。然而，并非通过科研活动产生的发明创造就一定能取得专利权。故“自然权利论”并不能对专利权保护作出合理的解释，因此，它不是建立专利制度的法哲学基础。按照世界知识产权组织的观点，“国家通过法律保护知识产权主要是因为两个原因：一是对创造者就其创造成果享有的精神权利和经济权利，以及公众获得那些创造成果的权利，在法律上作出明确规定；二是作为政府政策上的审慎行为，以促进创新和智力成果的传播、运用，鼓励公平贸易，从而有助于经济

---

❶ U. 马格努斯．侵权法的统一：损害与损害赔偿［M］．谢鸿飞，译．北京：法律出版社，2009：131－132.

❷ 洛克．政府论（下篇）［M］．叶启芳，瞿菊农，译．北京：商务印书馆，2011：18.

和社会的发展”。[1] 美国经济学家道格拉斯·诺斯等认为：“付给数学家报酬和提供奖金是刺激努力出成果的人为办法，而一项专为包括新思想、发明和创新在内的知识所有权而制定的法律则可以提供更为经常的刺激。没有这种所有权，便没有人会为社会利益而拿私人财产冒险。”[2] 根据美国联邦宪法及司法判决的观点，知识产权保护的法哲学基础是经济激励理论。[3] 可见，国家基于激励创造性劳动的开展、激励创新成果的传播、激励创新成果的全社会合理分享、激励创新领域的投资、激励产业健康发展等公共政策的考量，通过立法形式，预先设定一定条件，只有创新性智力成果符合法定条件，国家才授予相关主体一定的专利权。同时，对专利权的权利内容进行规定和限制，既加强专利权保护，又促进专利技术方案在全社会的合理分享。因此，激励理论是专利权赖以建立的法哲学基础。正因为二者赖以建立的法哲学基础不同，导致二者的效力范围也不相同。传统财产权利没有时间限制，只要权利客体存在，权利主体就对其享有相应权利；也没有地域限制，在一国享有的财产权，在他国也受到保护。而专利权具有时间性和地域性特点，这是各国专利法的通例。

第二，传统财产权与专利权受国家政策干预的力度有明显区别。这一区别是由二者赖以建立的法哲学基础不同所决定的。传统财产权，如物权、债权，其在权利的产生、转移、消灭上，受国家政策干预的力度较小，主要是因为物权、债权对社会公众的利益以及社会公共利益的影响较小，故国家对物权、债权的干预力度较小。当物权、债权对社会公众的利益或社会公共利益有重大影响时，国家也会强力干预。如禁止个人持有和买卖毒品是各国立法上的通例，这就是国家对特定物品上的物权、债权进行强力干预的结果。但这种情况在物权法、债权法上的情形比较少见。专利法是基于激励理论而建立起来的法律制度，它致力于实现专利权人与社会公众间的利益平衡，以促进全社会整体利益的发展。

---

[1] “Intellectual property reading material”, WIPO PUBLICATION, NO. 476 (E) WIPO 1998, Second Edition, P3.

[2] 道格拉斯·诺斯，罗伯斯·托马斯. 西方世界的兴起 [M]. 厉以平，蔡磊，译. 北京：华夏出版社，2009：7.

[3] 罗伯特·P. 墨杰斯，彼特·S. 迈乃尔，马克·A. 莱姆利，等. 新技术时代的知识产权法 [M]. 齐筠，张清，彭霞，等，译. 北京：中国政法大学出版社，2003：10—16.

专利制度，特别是其中的专利权保护范围、保护力度、强制许可制度等，受到国家经济、科技及文化发展阶段的广泛影响，受到国际竞争关系的重大影响，受到国家产业发展政策、发展战略的广泛影响，受到增进全体国民整体福利的重大影响。因此，专利权承载了比传统财产权更多的社会责任与功能，专利权不仅关系到权利人的个人利益，还涉及社会利益、国家利益，专利立法、执法始终围绕合理平衡权利人与社会公众之间的利益关系而展开。所以，专利权的产生、转移、消灭受国家政策干预的力度很大。对某种发明创造是否给予专利权保护、如何保护以及保护期限等始终是国家政策和国家利益的重要内容，它在专利法上的反映就是国家不断调整专利的立法、执法和司法政策。

基于专利权与传统财产权的以上区别，有观点认为："知识经济时代的知识产权，其权利属性正由传统意义上的私权蜕变为一种私权公权化的权利，以私权属性为主，兼具有公权的属性，体现了私权与公权在一定程度上的对立融合。"❶"国家或政府不断强化对知识产权制度的公权力干预，即为知识产权制度的公权性质，其表现为三个方面，即社会公益性、国家授予性、利益权衡性。"❷ 反对的观点认为："权利的属性，取决于权利的基本内容而不是权利的产生方式，因此知识产权公权化的观点不能成立。"❸

笔者认为，专利权仍然属于私权，专利权具有公权属性或专利权公权化的观点不能成立。主要理由是：第一，"权利与公法、私法相对应，可分公权与私权。即以政府生活上之利益为内容者，为公权。以社会生活之利益为内容者，为私权。故民法之权利属于私权。"❹"公权一般是政治性的，私权一般是民事性的。"❺专利权并非国家或政府行使的管理权，也非个人或企业享有的政治权利，而是平等民事主体享有的民事权利。专利权的权利主体与非权利主体的法律地位平等，专利权是可以申请、转让、许可、放弃以及继承的财产权利。因此，专利权属于私权。第二，虽然专利权是一种有别于传统财产权利的私权，但它毕竟不是一种政治

---

❶ 冯晓青，刘淑华．试论知识产权的私权属性及其公权化趋向［J］．中国法学，2004（1）．

❷ 李永明，吕益林．论知识产权之公权性质——对"知识产权属于私权"的补充［J］．浙江大学学报：人文社会科学版，2004（7）．

❸❺吴汉东．关于知识产权私权属性的再认识［J］，社会科学，2005（10）．

❹ 史尚宽．民法总论［M］．北京：中国政法大学出版社，2000：19．

权利或者行政管理权，它只是一种具有公共政策性质的私权，专利权的这一特点并没有改变它的私权属性，只说明专利权受国家政策影响和干预的力度较大，专利权的立法和司法需要更多地考虑国家利益、社会利益以及公共秩序。可见，专利权仍然属于私权，专利权具有公权属性或专利权公权化的观点不能成立。那么，如何理解和认识专利权与传统财产权之间的重大区别呢？笔者认为，应当将专利权区别于传统财产权的特性称为专利权的社会性。专利权的社会性源于现代民法的社会本位。专利权的社会性决定了专利法的社会性。专利法的社会性要求专利立法、专利司法应当更多地考虑如何促进科学技术的创新发展，如何促进产业的转型升级，如何增进和维护社会的整体利益，体现在专利侵权损害赔偿制度上，就是要对故意侵害专利的行为给予比一般民事侵权更严重的法律责任。只有对故意侵害专利的行为适用惩罚性赔偿责任，才能适应和满足专利法社会性的司法保护需求。正如在消费者权益保护法、产品责任法等领域，由于这些法律比传统民法更多地涉及社会公众的利益和社会的和谐稳定，因此这些法律也带有明显的社会性，由此也导致许多大陆法系国家在这些法律中引入侵权损害惩罚性赔偿制度。可见，现代民法的社会本位为专利法的社会性提供了坚实的民法学基础，也成为专利侵权惩罚性赔偿责任十分重要的民法学基础之一。

二、民法的公平原则是专利侵权惩罚性赔偿责任的重要民法学基础

所谓公平，就是“以利益均衡作为价值判断标准来调整民事主体之间的物质利益关系、确定其民事权利和民事责任的要求”。[1] 我国《民法通则》第4条规定，民事活动应当遵循公平的原则。公平原则作为我国民法基本原则之一，不仅体现在民事活动中，还体现在民事立法和民事司法活动之中。《专利法》作为我国民法的特别法之一，当然应当体现民法的公平原则。为适应民法公平原则的要求，专利保护的力度应当与专利保护的难度成正比，相应地，专利侵权损害赔偿责任也应当与专利保护的难度成正比。由于专利权相对于传统财产权来说，保护难度更大，

[1] 徐国栋．民法基本原则解释［M］．北京：中国政法大学出版社，1992：64.

因此在立法上、司法上加大对专利权的保护力度就成为专利制度的重要任务。

专利权保护难度大主要体现在以下两方面：

（1）专利权的民法保护难。主要原因有：第一，专利权极易受到侵犯。专利权的客体是一种信息，具体体现为某种技术方案、创意设计等。信息的特点是复制易、传播快、控制难。专利权人不能以占有专利客体的方式阻止他人对其专利权的侵害。因为“信息具有经济学家所称的‘公共财产’的特点，即可被许多人使用，却不会有任何损耗，并且很难识别谁没有付钱，很难禁止他们使用该信息”。[1] 而传统财产权的权利主体一般可以通过对权利客体的占有，防止他人对其财产权的非法干涉。因此，专利权很容易受到侵害，这是导致专利权保护难度大的重要原因之一。第二，侵害专利权的成本低、利润大，刺激了侵害专利权行为的发生。专利权的客体是公开的信息，他人获取、利用作为专利权客体的信息的经济成本低，而且时间快，即专利侵权的成本低廉。未经专利权人同意，非法使用他人专利权，特别是故意侵犯他人专利权的，侵害人没有投入必要的研发成本，没有投入必要的广告成本，没有支付必要的许可使用费，侵害人无偿使用了他人专利权，极大地降低了经营成本，从而获得产品或服务上的价格竞争优势，非法抢占了专利权人的市场份额，侵害人因此可以获得巨大的非法利益。由于侵害专利权成本低、利润大，刺激了侵害专利权行为的发生，这是导致专利权保护难度大的又一重要原因。第三，侵害专利权的证据难以获得。侵害他人专利权，侵害人不仅不会主动告知权利人，而且通常会隐瞒侵权事实。侵害专利权的证据材料，如侵权产品的生产成本、销售价格、销售利润等，很容易被篡改、删除，导致收集、固定侵权证据比较难。特别是在故意侵害专利权的情况下，侵害人往往故意隐藏、毁灭侵权证据，加剧了证据收集、固定的难度。证据难以获得会导致侵权认定难、侵权赔偿额的确定难。这是导致专利权保护难度大的另一个重要原因。

（2）专利权的公法保护难。主要原因是：专利权不适合公法保护。与传统财产权受到公法的严密保护相比，专利权的公法保护受到许多限

---

[1] 罗伯特·P. 墨杰斯，彼特·S. 迈乃尔，马克·A. 莱姆利，等．新技术时代的知识产权法［M］．齐筠，张清，彭霞，等，译．北京：中国政法大学出版社，2003：11.

制，可以说专利权是不适合公法保护的民事权利，其公法保护力度严重不足。

传统财产权受到侵害，如果侵害行为情节恶劣，损害后果严重的，一般可以通过刑法保护给予权利人救济。在专利侵权领域，绝大多数国家的刑法一般不介入对专利权的保护。不管专利侵权行为人的主观恶性多么严重，侵权规模多么巨大，侵权损失多么严重，一般不将严重的专利侵权行为规定为刑事犯罪行为。我国《刑法》规定的假冒专利罪并非对专利侵权行为的刑事制裁，而是对“用自己的产品冒充他人享有专利权的专利产品”[1] 的行为的刑事制裁。为什么专利侵权行为一般不受刑事制裁？这是因为专利权是一种权利状态极不稳定的民事权利。专利权被授予后，可能经无效宣告程序而被宣告无效，而且申请宣告专利无效没有时间和次数限制，只要在专利有效期间内，都可以申请宣告专利无效。有时，为了确定授权专利的有效性，对专利授权决定是否合法的审查会在专利局、法院之间来回进行。由于专利权效力往往处于极不稳定的状态，因此将严重侵害专利权的行为规定为犯罪行为缺乏可操作性，极有可能出现有罪判决生效了，但专利被宣告无效的尴尬局面。因此，“基于现实中有大量专利不符合授权实质条件的考虑，为了充分保护人权同时节约司法资源，暂不规定专利侵权的刑事责任是明智的”。[2]

是否可以通过专利权的行政保护来弥补专利权刑法保护的不足？对此，笔者认为，专利权的行政执法也难以为专利权提供充分的法律保护，主要理由是：第一，专利侵权纠纷既涉及法律问题，又涉及技术问题，专业技术性强，而行政机关通常缺乏专业化的执法人员，难以保证执法的公平、公正。第二，专利行政执法程序不如司法程序中立，受投诉人影响较大，因此，专利行政执法的权威性、公正性往往不足。第三，我国《专利法》没有规定专利行政管理机关处罚专利侵权行为的行政职权，因此，专利权缺乏有效的行政执法保护。第四，即使我国《专利法》今后规定专利行政管理机关享有处罚专利侵权行为的行政职权，但由于行政罚款是对侵权人的行政处罚，权利人不能从行政罚款中获得经济赔偿，因此，这会大大降低专利权人申请行政保护的积极性。可见，专利权的

---

[1] 周道鸾，张军．刑法罪名精释［M］．4版．北京：人民法院出版社，2013：453.

[2] 王迁．知识产权法教程［M］．2版．北京：中国人民大学出版社，2009：384.

行政保护既不足以充分救济专利权人的权益，又不足以弥补专利权刑法保护的不足。

由于专利权的公法保护难，这就更需要通过加强专利权的民法保护，以弥补其公法保护不足的弱点，以实现对专利权的有效保护。然而，正如上文所述，专利权的民法保护同样面临保护难的困境，这就决定了只有给予专利权比传统财产权更强有力的民法保护，才能使专利法体现民法的公平原则。我国《专利法》中的诉前禁令制度、诉前证据保全制度、法定赔偿制度等，都是对传统民法的突破，是比传统财产权的保护力度更大的制度安排。虽然这些制度有力地加强了专利权的民法保护，但仅有这些制度还远远不够，还应当在侵权损害赔偿责任的制度设计上进一步强化对专利权的保护，以克服专利权保护难度大的客观障碍，从而切实贯彻民法的公平原则。因此，应当在专利侵权损害赔偿制度中引入惩罚性赔偿责任，以合理平衡专利权保护难度大与保护力度不足之间的矛盾关系，这种特殊的制度安排并没有违反大陆法系传统民法的基本要求，相反是大陆法系传统民法的公平原则在专利法上的贯彻、体现。可见，民法的公平原则是专利侵权惩罚性赔偿责任的重要民法学基础。

三、侵权法的预防功能是专利侵权惩罚性赔偿责任的又一重要民法学基础

侵权法的预防功能，是指侵权法“通过规定侵权行为人应负的民事责任，从而有效地教育不法行为人、引导人们正确行为、预防和遏制各种损害的发生，保持社会秩序的稳定和社会生活的和谐”。[1] 我国《侵权责任法》第 1 条明确规定：“为保护民事主体的合法权益，明确侵权责任，预防并制裁侵权行为，促进社会和谐稳定，制定本法。”可见，我国《侵权责任法》开宗明义地指出，预防侵权行为的发生是我国侵权法的基本功能之一。

侵权法具有预防功能，这已成为各国侵权法理论的主流观点和侵权法的立法宗旨之一。在当今大陆法系国家，侵权法的预防功能也在逐步通过损害赔偿的方式反映出来。欧洲侵权法小组的研究成果指出：“损害

[1] 王利明，周友军，高圣平．中国侵权责任法教程［M］. 北京：人民法院出版社，2010：85.

赔偿的震慑作用可以使潜在违法人的行为更为谨慎，以预防未来损失。下列国家承认损害赔偿法的预防功能：奥地利、法国、（某种程度上的）英国（普通法）、比利时和南非。德国至少也欢迎其作为损害赔偿法一个值得追求的附属效果。”[1] 在美国，“防止未来发生财产损失和人身伤害”是侵权法的主要功能之一。[2] 美国侵权法学者认为：“从理论上说，侵害人承担了损害赔偿责任后，他今后会更加谨慎。侵权责任的一般威慑力对所有的人都是一种诱因，以促进规制他们的行为符合法定标准。在这个范围内，侵权法是对刑法的补充和延伸。事实上，对侵权行为的制裁可能更具威力。允许在大多数涉及故意或鲁莽的侵权行为中适用惩罚性赔偿，目的是要强化这一功能。”[3] 日本民法学界现在一般认为：“侵权行为法既具有填补受害人的损害的功能，又应该发挥抑制侵权行为发生的作用。”[4] 我国台湾地区的民法学者认为：“侵权行为法规定何种不法侵害他人权益的行为，应予负责，借着确定行为人应遵行的规范，及损害赔偿的制裁而吓阻侵害行为，具有一定程度的预防功能。”[5]

侵权法通过规定侵权损害赔偿责任等责任形式，实现侵权法的预防功能。而侵权损害赔偿责任“是侵权民事责任的基本的、主要的责任形式”。[6] 侵权损害赔偿责任，“是指侵权人通过支付一定数额金钱的方式承担对被侵权人的损害予以救济的侵权责任”。[7] 大陆法系侵权法一般对民事侵权损害实行补偿性赔偿责任，又称完全赔偿责任或填平责任，即侵权责任人只赔偿受害人因侵权行为遭受的实际损失，对侵权责任人不实行惩罚性赔偿。补偿性赔偿责任是否能实现侵权法的预防功能呢？笔者认为，通常，在侵害物权、人身权的损害赔偿责任中，即使侵权责任人只承担补偿性赔偿责任，该补偿性赔偿责任对侵权责任人也具有一定的

---

[1] U. 马格努斯．侵权法的统一　损害与损害赔偿［M］．谢鸿飞，译．北京：法律出版社，2009：268.

[2] 爱德华·J. 柯恩卡．侵权法［M］．2 版．(美国法精要·影印本)，北京：法律出版社，1999：5.

[3] 爱德华·J. 柯恩卡．侵权法［M］．2 版．(美国法精要·影印本)，北京：法律出版社，1999：10.

[4] 于敏．日本侵权行为法［M］．2 版．北京：法律出版社，2006：38.

[5] 王泽鉴．侵权行为法［M］．北京：北京大学出版社，2009：10.

[6] 杨立新．侵权损害赔偿［M］．5 版．北京：法律出版社，2010：12.

[7] 张新宝．侵权责任法［M］．2 版．北京：中国人民大学出版社，2010：93.

惩罚作用，从而也可以实现侵权法的预防功能。因为侵害他人物权、人身权的，如损毁他人财物、打伤他人身体等，一般不会导致侵害人自身财产权益的增加，只会导致被害人财产权益的减少或他人人身受到损害。同时，侵权责任人因承担补偿性赔偿责任而使自己的财产比侵权行为发生前有所减少，因此，侵害物权、人身权的侵权责任人如果承担了补偿性赔偿责任，那么侵权责任人在经济上实际上已受到了惩罚。可见，在侵害物权、人身权的情形下，补偿性赔偿责任通常会对侵害人和社会公众产生一定的威慑作用，以防止侵害行为的再次发生。因此，在大陆法系侵权法上，对于一般的民事侵权行为来说，补偿性赔偿责任仍然能够促进实现侵权法的预防功能。

对过失侵害专利权的行为适用补偿性赔偿责任，是否仍然能够实现侵权法的预防功能？对此，笔者持肯定观点，主要理由是：第一，对过失侵害专利权的行为适用补偿性赔偿责任可以使侵害人“劳而无功”，即侵害人不仅要赔偿权利人损失，而且自己还损失了一定的人力、物力和时间等侵权成本。第二，这种“劳而无功”的状况是侵害人不愿意得到的结果，因为侵害人在主观上没有通过侵害行为获得非法利益的意愿。因此，对过失侵害专利权的行为适用补偿性赔偿责任足以对侵害人产生一定的惩戒作用，从而防止今后发生类似侵害行为。因此，对过失侵害专利权的行为适用补偿性赔偿责任仍然能够实现侵权法的预防功能。

对故意侵害专利权的行为适用补偿性赔偿责任是否能够实现侵权法的预防功能？对此，笔者持否定观点，主要理由是：第一，侵害专利权的行为通常会导致侵害人经济利益的增加，可以说专利侵权行为就是一种非法盈利的行为。第二，受非法利益的诱惑，故意侵害人具有积极追求侵害结果发生的主观愿望。因此，如果故意侵害人仅仅承担补偿性赔偿责任，将自己本来不应当获得的利益返还给权利人，则侵害人并没有受到一定的经济惩罚。受非法利益的驱动，故意侵权人很可能会采取更加隐蔽的手段继续侵害他人专利。可见，仅仅对故意侵害专利的行为适用补偿性赔偿责任，则故意侵害人积极追求侵害结果发生的主观愿望并没有受到遏制，这对侵害人和社会公众不足以产生威慑和警示作用，也不足以预防新的侵害专利权的行为发生。

《专利法》是民法的特别法，是整个民事法律制度的有机组成部分。

大陆法系侵权法的预防功能应当在大陆法系国家的专利法中得到贯彻和体现，特别是应当在专利侵权损害赔偿制度中得到体现。大陆法系侵权法的预防功能决定了专利侵权损害赔偿制度应当体现预防功能，这就要求在专利法中规定故意侵害专利权的惩罚性赔偿责任。可见，侵权法的预防功能是专利侵权惩罚性赔偿责任赖以建立的民法学基础之一。

外观设计专利侵权判定模式的比较与选择

马云鹏❶

摘　要

作为知识产权保护客体中的一种，外观设计自身特殊的性质决定了无论在理论界，还是在实务中，其侵权判定一直是悬而未决的问题之一。在外观设计的保护历程中也相继出现过不同的侵权判定模式，但在日益繁杂的司法实践中，这些判定模式均逐渐暴露出其固有的弊端，如何衡量这些模式的优劣，进而作出客观的评价和选择，对未来我国司法实践的走向有着重要的影响。

❶ 作者单位：北京知识产权法院审判二庭。

纵观世界主流国家和地区，其在外观设计侵权判定问题上所采取的模式按照出现的时间顺序大致可概括为以下几种：混淆模式、创新模式以及整体视觉效果模式。[1] 每种模式下均有其适用的理论依据以及对应的判定主体、判定标准和方法。

一、混淆模式：日渐衰落的主流

混淆模式起源于美国，也叫普通观察者检测法，由美国联邦最高法院 1871 年的 Gorham 一案[2]确立而来，最高法院在该案中指出：判断被控侵权产品的外观与专利产品是否相同，不是从一个专家的眼光来看，而是应当从一个普通观察者的眼光来看。在具有购买者通常所具备观察力的普通观察者眼中，两项设计实质上相同，如果这种相似欺骗了上述观察者，导致他将购买的被控侵权产品误认为专利产品，则可以认定侵权的成立。[3]

混淆模式在美国形成后，曾作为一种主流的外观设计侵权判定方法被各国或地区法律吸纳。[4] 我国虽未在立法中明确将其作为外观设计侵权判定的方法，但一直被立法理念和司法实践奉为圭臬，成为毫无疑义的主流观点。早在 1999 年，最高法院即以公报的形式，在富士宝家用电器有限公司诉家乐仕电器有限公司外观设计侵权案件中，确立了混淆模式适用的可能性。在《最高人民法院关于审理专利侵权纠纷案件若干问题的规定会议纪要稿》(2003 年 10 月) 第 24 条第 1 款规定："人民法院在判断近似外观设计时，应当以一般消费者施以一般注意力是否容易混淆为准。……"然而，随着司法实践经验的丰富，类型化的案件使人们开始从理论层面反思混淆模式的弊端和不足，这套传统的判定模式开始受到越来越多的质疑。

---

[1] 在笔者查阅的资料中，关于外观设计侵权判定模式的分类并不是特别一致，名称也大相径庭，如"标准""方法""规则""模式"等。因为涉及对于判定主体、标准和方法等的讨论，笔者认为还是用"模式"一词概括起来更加全面。

[2] Gorham Co v. White. (14 wall.) 511 (1872).

[3] 因为是从"普通观察者"为判定主体，故也称之为"普通观察者检测"标准。

[4] 如匈牙利、奥地利、日本、中国台湾地区等。参见：胡充寒．外观设计专利侵权判定混淆标准的反思与重构 [J]. 法律适用，2010 (6).

第一，背离了外观设计制度设立的目的。[1] 诚然，有些样式新颖、造型独特的外观设计，在其获得第二含义后，可能会对其附着产品的来源起到一定标识性作用，但就商标法保护商誉和消费者权益的角度来看，外观设计并非仅仅是为了上述目的而存在的，其保护更多的是一种设计上的创新，这种创新与设计附着的产品密切相关。更重要的是，外观设计并非仅限于对产品的来源进行标识，其主要功能包括两点：一是在美感上取悦于使用产品的购买者或使用者；二是对产品的实用性能产生一定的影响。[2] 这些并非是商标所被要求完成的功能，更何况，大多数的外观设计已经过于繁杂，不适宜用作区分商品来源的标识。[3]

此外，尽管目前国际上对外观设计采取的保护模式并不统一，但无论是采用专利法的保护、版权保护、抑或二者的双重保护，其所保护的都是人类在知识领域的创新活动，并没有一个国家或组织将其归在商标或地理标识这类鉴别性功能的保护范畴。[4] 或许正是意识到了这一点，美国联邦最高法院 2000 年在 Wal-Mart 案中就该问题进行了澄清：产品外观设计几乎毫无例外地出自与识别来源无关的目的。消费者知道，即便是最不寻常的外观设计（如一个企鹅形状的鸡尾酒杯），也不是用来识别来源，而是为了使产品本身更加有用或者更美观。[5]

我国《专利法》在 2008 年修改时，将满足一定条件的平面印刷品排除在外观设计专利保护范围之外，原因之一即为“该外观设计主要起标识作用”。[6]

第二，加大了侵权判定的难度。从字面上来看，达到混淆标准所规定的“侵权要件”似乎并不难，只需要证明其导致了一般消费者的混淆或误认即可，也就是说，侵权判定的过程完全为主观意识左右，那么，一般消费者到底应该具备何种认知水平和能力？是否与商标侵权判定中

[1] 需要注意的是，有关外观设计保护制度目的的问题，也是外观设计领域一个重要的问题，其决定着外观设计专利侵权判定的标准、外观设计授权条件等一系列问题的取向，至今尚无统一的定论，本文无意对其作出回答，只是在无法回避该问题的时候引用一些为公众所认可的观点。

[2] 刘秀臣．外观设计知识产权保护的立法模式［J］．广西社会科学，2001（2）.

[3] 应振芳．外观设计研究［M］．北京：知识产权出版社，2008.

[4] 吴观乐．试论外观设计专利保护的立足点［J］．知识产权，2004（1）.

[5] Wal-Mart Store，Inc. v. Samara Brothers，Inc.（2000）.

[6] 《专利法》第 25 条第 1 款第（六）项。

的主体一样或类似？这些都会导致激烈的争论。[1] 这就为侵权判定的结果带来了很大的不确定性。此外，引起混淆的原因还可能非常多样，也许是由于产品的整体外观，也许是由于功能决定的产品的外观等。所以，混淆标准可以说是猜度一个虚拟主体的主观感受，缺少法律所需的确定性和可预见性，无力承担判断是否构成外观设计专利侵权的重担。[2]

第三，弱化外观设计专利权的保护力度。在现有市场上，一旦某厂家生产出一种由其独创性外观设计引起一定群体消费者喜爱而赢得市场的产品时，不少厂家为达到“搭便车”的效果，一方面使用了该专利所作出的独创性设计思想，另一方面又在一些不重要的部位作出明显的变化，以达到对于一般消费者而言不会将二者混淆的程度，也就逃过了法院对于侵权的认定。

二、创新模式：无法回避的争议

作为在外观设计侵权判定领域探索最为积极的国家，美国亦是该领域另一重要的判定模式——创新模式的起源地，即“新颖点测试（Point of Novelty Test）”标准。[3] 该标准确立于美国联邦巡回上诉法院（CAFC）1984 年审理的 Litton 案，[4] 在该案中，CAFC 认为：

无论二者看上去有多相似，被控侵权产品必须使用了专利产品区别于现有设计的新颖点。也就是说，即便法院通过普通观察者的眼光进行了比较，若要判定侵权成立，还必须认定这些相似是由与使其区别于现有设计的新颖点而造成的。

在 Ltitton 案之后，直到 2008 年 Egyptian 案之前，该标准与“普通

---

[1] 关于外观设计判定主体的争论从未停息过，在混淆标准下，侵权判定中的判定主体的标准来自《审查指南 1993》中的“一般购买者”和《审查指南 2001》中的“一般消费者”。

[2] 欧阳峰，刘宇晖，梁平．对外观设计专利侵权判定标准的几点质疑［J］．电子知识产权，2007（3）.

[3] 按照 Litton 案中确立起的关于新颖点的定义，我国与之相对应的概念为“设计要点”，即指与现有设计相区别的产品的形状、图案及其结合，或者色彩与形状、图案的结合，或者部位，参见《专利审查指南 2010》第一部分第三章第 4.3 节。另外，根据《最高人民法院关于审理侵权专利权纠纷案件若干问题的意见》（内部征求意见稿）第 22 条第 2 款的解释，设计特征为设计要点的上位概念。

[4] Litton Systems Inc v. Whirlpool Corp，728 F. 2d 1423 (Fed. Cir.，1984).

观察者检测”标准一道，共同组成美国在外观设计侵权判定中秉持的两项基本原则。

既然是为了弥补混淆模式的不足之处而出现的，创新模式的应用自然有其自身的合理性和优势。

第一，符合外观设计的保护宗旨。我国《专利法》第一条开宗明义地强调道，“为提高创新能力……制定本法”，其目的之一是保护和鼓励技术的创新和进步。此外，修改后的《专利法》在授权标准中引入创造性标准的做法，也表明立法部门对于上述目的的认可。也就是说，在当前的法律框架下，对于侵权判定问题，将外观设计专利保护的立足点放在对外观设计创新活动的保护上，较之于混淆标准中将其定位为产品来源起到标志性作用的鉴别功能而言，更符合专利法体系一致性的要求。

第二，有利于降低侵权判定的模糊性。外观设计专利侵权判定一直是困扰司法实践的重点问题：一方面，客观、公正的结果是司法审判追求的价值目标；另一方面，对于外观设计保护而言，由于视觉效果的异同很难用客观标准来统一，导致外观设计判断的主观性较强，而主观性太强的标准难以起到作为裁决依据和行为准则的作用。

基于上述原因，法官和学者都开始致力于判断标准的客观化，而创新模式的应用，无论是对于权利范围的解释，还是具体的侵权比对，都能起到一定的作用。

（1）外观设计保护范围解释的准确化。2008 年修改后的《专利法》不仅规定简要说明是外观设计专利申请的必要文件，而且规定在确定外观设计专利权的保护范围时，简要说明可以用于解释图片或者照片所表示的该产品的外观设计。对此，专利行政审查部门给出的解释是，“外观设计专利要素包括形状、图案及其结合以及色彩与形状、图案的结合，通过视图把这些要素及其结合表达出来，体现的是一种视觉特征，通过简要说明将产品的设计特征表达出来，有助于对图片或者照片的正确理解和细化，起到了具体说明的作用”。[1]

（2）侵权判定过程的清晰化。在创新模式的引导下，很容易建立一套外观设计专利侵权判定的“标准化流程”：根据 1 确定外观设计专利中

[1] 林笑跃，刘稚，等．外观设计制度的完善［M］//国家知识产权局条法司．《专利法实施细则》修改专题研究报告（上卷）．北京：知识产权出版社，2008：519.

的设计要点——检验被控侵权产品中是否包含上述设计要点——若缺少外观设计专利中包含的设计要点则不构成侵权。

我国司法实践中已出现了类似的案例，例如，河南省高级人民法院在宋文周案中指出："只有被控侵权产品的外观设计中包含有设计要点中所声明的部分，且这些部分与专利照片中表示出的相同或相似，才能认定为侵权；相反，若被控侵权产品的外观设计中未包含有设计要点的一部分，或者这些部分与专利照片中表示出的不相同或者不相似，则不能认定为侵权。"❶ 山东省高级人民法院在广东兴发集团有限公司案中认为，"区别于专利申请日以前现有设计的创新设计作为外观设计专利的保护范围，案中外观设计专利的创新设计有四点，而被控侵权产品在四点上均与专利不同，因此不构成侵权。"❷

当然，正如笔者前文所述，外观设计侵权判定是一个烦琐而复杂的过程，至今在世界范围内尚无像发明专利那样较为统一的学说，其原因也在于每种判定模式都有着自己难以逾越的理论障碍，正如创新模式，其虽然能够解决混淆模式下的一些问题，但也伴随着与生俱来的弊端。

第一，增加权利保护的不确定性。固然，在创新模式下，对于那些因明显不会导致混淆、误认，从而不会导致侵权的设计，可以通过检验其对于专利设计创新点的采用，来准确判断是否落入专利权保护范围，从而加强对于创新设计的保护力度。但如果只进行专利产品与被控侵权产品的相应部分的纯粹创新点比较，仅仅将创新点作为保护的对象，完全脱离视觉观察的范畴，则会不合理的扩大外观设计专利的保护范围。因为创新点往往反映在外观设计产品的部分地方，如果只对创新点进行对比，会在实质上产生仅保护局部设计的结果。

相反，从权利人的角度考虑，越新颖的外观设计会被确认有越多的创新点，当专利外观设计中有几个不同的设计特征被认为是创新点时，如果包括所有的创新点才能认定侵权，则会使创新点越多的设计越难以保护。❸ 这个问题最终在 2008 年 Egyptian 案中凸显出来。❹ 在该案中，

❶ （2008）豫法民三终字第 8 号判决。

❷ （2008）鲁民三终字第 74 号判决。

❸ 闫文军，胡云秋．外观设计专利侵权判断标准探讨——以创新点对外观设计侵权判断的影响为中心［D］．中国社会科学院知识产权中心：外观设计相关法律问题研讨会论文集，2012.

❹ Egyptian Goddess Inc. v. Swisa，Inc. 543 F. 3d665（2008）.

CAFC 首次弃用了“新颖点测试”标准，并就新颖点测试法在一些案件中可能存在的弊端给出了解释。

采用新颖点标准容易使判断者将其注意力集中在授权外观设计的个别设计特征上，而不是集中在更为恰当的判断上，也就是被控侵权产品作为一个整体是否抄袭了授权外观设计的设计方案。此外，授权外观设计的创新程度越高，其与现有设计之间的区别点也就越多，本来应当得到更为有效的专利保护，然而采用新颖点标准的结果却会是被控侵权人获得更多的争辩机会，因为其更容易抗辩侵权产品没有逐一采用授权外观设计的这些新颖点。

第二，实践应用中可操作性有限。与混淆模式相比，创新模式最大的特点在于将判断过程流程化，使侵权判定成为直接考察和衡量创新设计部分的过程，在这个过程中，外观设计专利创新点的总结成为最重要的一步，而其恰恰也是创新模式下的侵权判定最难以操作和量化的一步。在 2008 年的 Egyptian 案中，CAFC 在经过一系列关于新颖点的调查总结后，终于放弃了努力，承认：

如果专利外观设计有多个特征被认为是新颖点，或者存在多项在先外观设计，专利外观设计的每一项特征均能在一项或者多项在先设计中找到，在这样的案件中适用新颖点检测被证明是困难的。

我国没有法律明文规定新颖点的总结规则，有学者建议强化简要说明中设计要点的作用，即专利权人说明的设计要点应当是反映该外观设计的设计创新内容，在侵权程序中，若被控侵权产品的外观设计中包含有设计要点中所声明的部分，且这些部分与专利图片或照片中示出的相同和相近似，则应当认定侵权；相反，若被控侵权产品的外观设计中未包含有设计要点的一部分，或者这些部分与专利的外观设计图片或照片中示出的不相同和不相近似，则应当认定为不侵权。[1]

笔者认为，这种观点值得商榷：首先，作为设计要点的确定者，申请人往往是出自与专利外观设计相关的设计人员，其认知水平和能力均高于现行专利法中侵权判定的主体，即一般消费者，所以无法从现有法律中找到依据，同时，由于不具备类似发明专利那样包含了权利要求和说明书的授权文本，法官很难在裁判时达到设计人员的认知水平；其次，

[1] 吴观乐．试论外观设计专利保护的立足点［J］．知识产权，2004（1）．

若以设计要点为侵权判定依据，则还应在侵权诉讼程序中引入禁止反悔等原则，防止权利人为达到诉讼的目的而改变专利简要说明中的设计要点。❶ 这种大规模的修改过于激进，不利于法律规范适用的稳定性，短期内也难以实现。

第三，与行政审查标准不一致。如果在外观设计侵权判定中彻底地贯彻创新模式，即只有创新部分的设计才能得以保护，那么相应地，行政审查也应以此为标准，那些不具有创造性的外观设计不能获得授权。而在美国，对于创造性审查的主体为本领域设计人员。❷ 在日本，创造性审查主体是一般设计者，其审查部门的审查员具有较高水平的专业知识。❸ 这些条件均是为了保证获得授权的外观设计较之于现有设计而言具有一定的创造性。

反观我国，虽然已经在《专利法》中引入了类似创造性的授权条件，但一方面，由于我国目前对于外观设计采用的仍为形式审查的程序，另一方面，审查主体仍定位于一般消费者，加之外观设计创造性的审查判断需要依赖存有大量在先设计资料的数据库以满足比对的需要。因此至少到目前为止，我国审查实践距离创造性标准的要求还有一定距离，但是出于立法目的，外观设计专利的授权标准也应是侵权判定的标准。❹ 因此，在侵权判定中对于创新点单方面的强调可能会造成与行政审查实践的脱节，最终误导人们对于外观设计保护的理解。

由上述分析不难发现，创新模式虽然是人们对于外观设计本质的理解在司法实践中的反映，也力求使得侵权判定趋向客观化，但其追求的目标在当前显得有些“激进”，且缺乏审判实践的检验，尚待进一步的调整和完善。

---

❶ 类似于美国司法实践中曾出现过“购物清单”方法，即为了证明被告盗用了自己的新颖点，根据被告产品的特点，原告有针对性的列举自己专利的新颖点。这种方法已被美国司法实践所否定。转引自：董红海．中美外观设计专利侵权判定比较——基于美国外观设计案例的分析[J]．知识产权，2005 (4).

❷ 《审查指南》(MPEP) 1504.02

❸ 日本特许厅水野《工业品外观设计机构的管理及其提供的公共服务》，WIPO 亚洲地区外观设计研讨会，1994 年 3 月。转引自：程永顺．外观设计授权审查标准及方式的质疑 [J]．知识产权，2003 (1).

❹ 林笑跃，刘稚，等．外观设计制度的完善 [M] //国家知识产权局条法司．《专利法实施细则》修改专题研究报告（上卷）．北京：知识产权出版社，2008：425.

三、整体视效模式：折中的选择

Egyptian 案中外观设计侵权判定方法的改变，不仅可以视为是对于新颖点检测法的放弃，也可视为 CAFC 对于普通观察者标准的修正：在这种普通观察者检测中，普通观察者应被认为是在熟悉在先外观设计的前提条件下，来审视专利外观设计与被控侵权产品外观之间的不同，这样的普通观察者检测更符合逻辑。[1] 这种判断模式与最初的混淆模式相比，最主要的特点就在于提高了判定主体的认知能力，要求其对于相关的现有设计有一定的了解，同时认为区别于现有设计的设计特征对外观设计整体视觉效果更具有影响，以是否造成混淆作为判断相同或近似的标准。[2] 正因如此，也有人将其称为新混淆标准。[3]

或许是意识到了混淆模式的不足，我国在 2004 年修改《审查指南》时，在原有的混淆标准中加入了“显著影响”的因素，即：如果一般消费者经过对被比外观设计与在先外观设计的整体观察可以看出，二者的差别对于产品的整体视觉效果不具有显著的影响，则被比外观设计与在先外观设计相近似；否则，两者既不相同，也不相近似。

同时亦阐明了其与先前混淆模式的关系：

如果一般消费者会将被比外观设计与在先外观设计误认、混同，则二者的差别对于产品的整体视觉效果显然不具有显著的影响。但是，仅仅根据两项外观设计不会导致一般消费者误认、混同并不必然得出二者的差别对于产品的整体视觉效果具有显著影响的结论。

根据国家知识产权局对此次修改的说明，整体视觉效果模式并非要彻底颠覆混淆模式，而是为了更符合日常生活中对于“一般消费者”的通常理解，在调整“一般消费者”的定义之后，对于判断原则进行相应的调整。[4] 可见，其对于混淆理论的修正是纤细的、微弱的。从外观设计专利侵权判定角度看，混淆标准所依赖的是整体性混淆，而非局部混淆

---

[1] 张晓都．美国外观设计专利侵权判定标准的新变化［J］．中国发明与专利，2009（4）．

[2] 闫文军，胡云秋．外观设计专利侵权判断标准探讨——以创新点对外观设计侵权判断的影响为中心［D］．中国社会科学院知识产权中心：外观设计相关法律问题研讨会论文集，2012．

[3] 袁博．外观设计侵权判定“整体比较”标准的反思与修正［J］．电子知识产权，2011（7）．

[4] 国家知识产权局：《关于〈审查指南〉第 1 号公报的说明》。

或者设计要点混淆。[1]

四、对于我国外观设计专利侵权判定理论的思考

随着外观设计在工业生产和经济生活中重要性的提高，侵害外观设计专利权的案件数量在不断上升，这要求我们必须在纷繁复杂的外观设计侵权判定模式中理清头绪，尽快建立起一套合理的侵权判定理论。

（一）外观设计专利侵权判定的难点及成因分析

外观设计专利侵权判定一直是司法实践中的一个难题，也是争论最激烈的领域。事实上，不仅在侵权判定方面，在外观设计法律保护方面还存在着许多类似的问题，如立法模式、权利重叠等，导致这些问题出现最根本的原因其实在于人们对于外观设计本身的理解，这种理解关系到外观设计的定性，以及与此紧密相关的保护宗旨。

与知识产权领域中的其他保护客体相比，复合性无疑是外观设计最大的特点。从专利法的角度来看，其可以体现出设计人对于某种产品外观上具有创新性的改进；从版权法的角度来看，许多产品的外观设计给人带来无可争议的美感；[2] 从商标法的角度来看，无论是否出于设计者的本意，某些产品的外观已经成为消费者辨识产品来源的依据。正是基于复合性的特点，《保护工业产权巴黎公约》和世界贸易组织《与贸易有关的知识产权协议》虽然都规定各国或成员应当保护工业品外观设计，但又没有具体要求采用何种方式予以保护。[3]

那么，外观设计的性质到底为何？其保护的目的又是什么呢？在笔者看来，虽然到目前为止对于上述问题还未有一个统一的回答，但至少有两点已经得到了大多数国家理论和实践的认可：即外观设计兼具美学功能和实用功能，既是工业经济不断发展的产物，也是人们追求美学功能的结果。[4]

从历史上来看，工业品外观设计保护的出现最初是与工业化的发展和批量生产方法相联系的，工业化的发展和批量生产方式的产生使得产

---

[1] 徐新．外观设计专利权保护范围的解释原则——以外观设计专利侵权判定为视角［J］．知识产权，2009（11）．

[2] 这种美感当然是可以达到版权法关于独创性的最低要求的。

[3][4] 李明德．外观设计的法律保护［J］．郑州大学学报：社会科学版，2000（9）．

品的范围与规模均发生了很大的扩展，新产品大量涌现，从而产生了对新产品进行设计的需要，❶ 这样一来，对于创新设计的追求自然是外观设计保护制度的目的之一。但从另外一个角度来看，上述目的的实现与其体现在产品上的外在表达又密不可分，外观设计的作用在于通过其外观价值对购买者视觉的吸引并刺激其购买欲望，在购买者心中，外观往往是决定因素，对于同一种产品来说，在品质差不多情况下，外部设计比较吸引人的产品在竞争中就会处于优势，❷ 在这种情况下，避免被其他设计在外形上模仿抄袭，从而造成购买者的混淆也成了权利人力主对自己外观设计进行保护的原因之一。

美国司法实践在不同的侵权判定标准之间的摇摆和纠结历程很能反映外观设计的上述特点：其最初的普通观察者法正是基于避免相同或类似的外观设计会导致消费者产生混淆而确立起来的，之后当上述标准在司法实践中的适用可能会导致明显不公的结果时，出于对个案公平的追求又将视线转移至对于创新点的保护上，并由此发展出新颖点检测法，意在给普通观察者法增加约束边界，即判定侵权不仅要有混淆的存在，还要擅自使用了在先外观设计的新颖点。然而，Egyptian 案的审理揭示了新颖点检测法无法回避的弊端，迫使法院最终又回归到了普通观察者的标准上，击破了其之前一直追求的将外观设计侵权判定完全客观化的目标。

正因如此，有学者用黑格尔在《小逻辑》中的话来形容侵权判定标准变化的过程，否定之否定是事物发展的方向，在侵权标准上的肯定、否定、再肯定，正是在复杂多变的审判实践中对侵权判定理论的不断丰富。❸

（二）外观设计专利侵权判定中需要注意的问题

在笔者看来，目前外观设计侵权判定领域面临最大的问题并非是没有可供使用的理论模式，而是缺乏对于这些理论一致的认识，司法裁判者在实践中对不同模式把握也不尽相同，因此，如何正确理解这些模式，建立统一的规范是司法实践的当务之急。

---

❶ 王太平．工业品外观设计的法律保护模式［J］．科技与法律，2002（3）．

❷ 刘秀臣．外观设计知识产权保护的立法模式［J］．广西社会科学，2001（2）．

❸ 袁博．外观设计侵权判定“整体比较”标准的反思与修正［J］．电子知识产权，2011（7）．

1. 肯定不同模式存在的合理性

任何一种理论的产生和应用都必然有其合理的原因，在外观设计侵权判定领域，无论是出现最早的混淆模式以及由其衍生出的整体视觉效果模式，还是近年来备受争议的创新模式，其之所以有在具体的司法实践中应用的先例，意味着有其存在的理论基础：整体视觉效果模式侧重于保护外观设计的艺术美感性，而创新模式则更关注外观设计中的实用功能点。但正如前文所述，外观设计兼具艺术美学与实用功能的双重特性，两种模式均忽略了这种特性，若在实践中单一适用某种模式，必然会在一些案件中得出不合理的结论。

从另一个角度看，对外观设计近似性判断仅仅是侵权判定的一个步骤，无论采用哪种方法，都是为了得出是否侵权的结论。在这个意义上，可以说采用哪种对比方法只是作出侵权判断的一种手段，应当允许通过不同的手段得出是否侵权的结论。[1] 而且实践中，混淆模式和创新模式也并不总是相互矛盾，很多情况下都是一致的，例如，在温州市三星密码箱厂诉温州市伊德箱包有限公司侵犯外观设计专利权纠纷案中，法院指出："综合以上对比，可以认定伊德箱包公司在箱包中使用的被控侵权型材，并未使用三星密码箱厂外观设计专利中富有美感的新设计要素，以购买箱包的普通消费者的审美观察能力，可以判断与专利设计不相近似，不构成侵权。"[2] 即在裁判理由中一方面认为整体上不近似，另一方面认为并没有抄袭专利外观设计的新颖点，从而得出不侵权的结论。

2. 合理协调不同模式之间的关系

在承认了两种模式存在的合理性之后，如何把握二者的关系则成了实践中面临的问题，结合国外已有经验，笔者认为目前我国应在坚持整体视觉效果模式的框架下，积极探索创新模式适用的方法。

（1）整体视觉效果模式的地位。作为混淆模式的改良，整体视觉效果模式虽然在本质上延续了混淆模式的精髓，但其毕竟意图克服混淆模式下可能导致的不客观、不合理的判定结论，与僵硬的混淆、误认标准相比显得更加灵活，给法官留出了较为充分的说理空间。同时，虽然仍基于整体视觉效果来进行判断，但其毕竟承认了区别于现有设计的设计

---

[1] 陈英，欧修平．外观设计的近似性判断［J］. 人民司法，2011（17）.

[2] 温州市中级人民法院（2003）温经初字第52号。

要点在侵权判定中有着更为突出的作用，并且以综合判断的形式纳入比对范围，这也弥补了混淆模式最大的弊端。

（2）创新模式的作用。从上文的分析来看，以保护创新内容为要旨的创新模式最初是为了解决混淆模式遭遇的困境而出现的，美国法院也认为，新颖点法的适用是为了避免概念化认识外观设计的整体而无视区别于现有设计的独有特征。❶ 在这样的背景下，创新模式的提出更多的是为了修正原有判定方法的不足，起到的只是一种辅助性的功能，美国曾经在相当长一段时期内将其视为一种独立的判断方法，这种做法在 Egyptian 案中得以修正，CAFC 指出：

检查专利设计的新颖性特征是对比专利设计与被控设计和在先设计的重要组成部分。但是这种设计间的对比，包括检查任何新颖性特征，必须作为普通观察者法的一部分进行，不能作为仅仅适用于诉讼程序、聚焦于特定新颖点的独立方法的一部分进行。

从我国的立法目的来看，《专利法》除了要“保护权利人的合法权益，鼓励发明创造，推动发明创造的运用，提高创新能力”之外，还为了“促进科学技术进步和经济社会发展”。可见，在对外观设计的保护过程中，既要保护专利权人发明创造的积极性，也要充分考虑广大消费者和社会公共利益。❷ 与此相应地，《最高人民法院关于审理侵犯专利权纠纷案件应用法律若干问题的解释》第 11 条有关外观设计侵权判定方法的规定中，也明确指出了二者的地位，即“以外观设计的整体视觉效果”进行综合判断，同时确认“区别于现有设计的设计特征相对于授权外观设计的其他设计特征”对整体视觉效果更具有影响。

（3）设计要点的利用。那么，如何看待新颖点在外观设计侵权判定中的作用呢？需要注意的是，虽然 Egyptian 案抛弃了测试“新颖点”法，但没有抛弃测试“新颖点”法的核心，CAFC 在判决中指出：

我们对于新颖点检测的拒绝并不意味着专利设计与在线设计之间的区别是无关的。相反，对于专利设计新颖特征的审查时将其与被控侵权设计及在先设计对比的重要组成部分。但是包括任何新颖性特征在内的比对均必须作为普通观察者法的一部分来进行，而非是针对仅在诉讼中

❶ Sun Hill v. Easter，48 F. 3d 1193；33 U. S. P. Q. 2D（BNA）1925.

❷ 欧修平．外观设计的近似性判断［J］．人民司法，2011（17）.

涉及的新颖点进行检测的独立程序。

CAFC反复强调在使用普通观察者法时要考虑在先设计，这与同时使用两种独立的侵权判断方法时的普通观察者法有明显的区别。也就是说，尽管在Egyptian案中CAFC仅仅使用了普通观察者法，但这时的普通观察者法的内涵发生了变化，是渗入了在先设计的带有客观性特征的主观判断方法。❶

因此，就我国《专利法》中所规定的设计要点而言，一方面，我们要承认其作用，在司法实践中通过审查权利人的简要说明，结合事实调查来初步确定需要进行着重比对的创新点；另一方面，在被控侵权设计仅使用了部分创新点的情形下，要避免美国之前将新颖点全部审查比对的僵硬规则，灵活认定其对于整体视觉效果的影响，而不作为判定侵权的直接依据。❷

3. 统一裁判的标准，强化裁判文书的说理

尽管司法解释已经就外观设计侵权判定的主体，侵权判定所应适用的模式作出了规定，但并未给出侵权判定方法和步骤的具体意见，从笔者调研的司法判例来看，大致存在几个问题。

（1）缺乏说明判断的过程。详细的说理是一份裁判文书中最为关键的部分，也会对人们关于某项权利的认知产生重要的影响。由于我国2008年《专利法》修改之前并无对于设计要点的强制性规定，加上各地法院的业务水平参差不齐，很多判例经常引用“整体观察、综合判断”的概括性话语，专利设计与被控侵权设计是否相同或近似直接得出结论，缺乏对于二者的对比。显得裁判主观性过强，容易导致当事人及社会公众对于判决的质疑。

（2）缺乏统一的规范标准。我国司法实践长期借鉴《审查指南》的规定，但又无明确的规范，加上《审查指南》几经修改，关于外观设计的规定较为零散，不同法院在借鉴上可能存在不同的侧重，如“设计要点”“设计要部”“设计风格”“设计特征”等概念相近但又不完全相同的用语出现在不同的判决中，判断方法更是大相径庭，除了常见的整体观

---

❶ 董红海，陆准．美国外观设计专利侵权判断方法的最新发展——简评Egyptian Goddess案［J］．知识产权，2009（7）．

❷ 设计要点并不直接决定外观设计权利的保护范围。钟华．试析外观设计简要说明在专利确权和侵权认定中的作用［J］．中国专利与商标，2010（3）．

察、综合判断外，对于要部判断、隔离判断等的理解也经常不一致，这些都有损司法裁判权威和公正的形象。

这些状况在 2009 年《最高人民法院关于审理侵犯专利权纠纷案件应用法律若干问题的解释》颁布之后得到了一些缓解，本文开篇时曾提到，司法实践也在努力提供一个较为统一细致的外观设计侵权判定模式。当然，这也意味着今后法院在审理该类案件时需要花费更多的实践，也需要当事人有较高的业务水平。

论外观设计权利冲突中在先权利的确定

——以专利复审委员会诉正龙公司案为视角

李新芝[1]

摘　要

《专利法》第23条规定授予专利权的外观设计不得与他人在申请日以前已经取得的合法权利相冲突，在先权利的范围直接影响一项外观设计专利权的有效性，但对于在先合法权利的内涵与外延理论和实务界仍存在争议。本文结合实际案例分析了确定在先合法权利过程中面临的问题，提出了自己的见解。

[1] 作者单位：国家知识产权局专利复审委员会。

一、相关案例介绍

上诉人（原审原告）：国家知识产权局专利复审委员会（以下简称“专利复审委员会”）；被上诉人（原审被告）：河南正龙食品有限公司（以下简称“正龙公司”）；原审第三人：陈朝晖。

2000年10月16日，陈朝晖向国家知识产权局提出了名称为“食品包装袋”的外观设计专利申请，并于2001年5月2日被授予专利权，专利号为ZL00333252.7。针对该专利权，正龙公司于2009年8月4日向专利复审委员会提出了无效宣告请求，其无效理由是该专利不符合《专利法》第23条的规定。专利复审委员会于2009年12月8日作出第14261号无效宣告请求审查决定（以下简称“第14261号决定”）。该决定认为：对于请求人以附件1、附件2、附件3、附件4、附件6、附件8结合来证明该专利与在先权利相冲突，虽然附件2和附件3证明“白家”注册商标与“白象”注册商标相近似，但第1506193号注册商标的核准注册日为2001年1月14日，在该专利申请日之后，在判断该商标是否为在先取得的合法权利时，应以其核准注册日而非申请日作为判断标准，因此附件1所述商标不属于《专利法》第23条规定的在先权利，请求人关于该专利与他人在先取得的合法权利相冲突的主张不能成立。因此，专利复审委员会维持该第00333252.7号外观设计专利权有效。

正龙公司不服，向北京市第一中级人民法院提起行政诉讼。北京市第一中级人民法院认为：（1）对于外观设计专利权在先权利的判断，应以外观设计专利权的授权公告日为准，在该日前已合法存在的权利或权益构成外观设计专利权的在先权利，第14261号决定中以该专利申请日作为认定在先权利的时间点，该做法有误。（2）该专利的使用会使相关公众误以为该产品来源于正龙公司，从而产生混淆误认，该专利的使用行为构成对正龙公司注册商标专用权的侵犯。据此，该专利与正龙公司在先的注册商标专用权相冲突，不符合《专利法》第23条的规定。专利复审委员会第14261号决定适用法律错误，故判决撤销第14261号决定[1]。2011年11月9日，专利复审委员会向北京市高级人民法院提起上

[1] 参见北京第一中级人民法院（2010）一中知行初字第1242号。

诉，请求撤销一审判决，维持第14261号决定。北京市高级人民法院经审理后认为：(1) 应以“专利申请日”作为“在先取得”的时间起算点，原审判决关于应以外观设计专利权的“授权公告日”而非“专利申请日”作为判断在先权利的时间标准的观点错误。(2) 注册商标申请方面的相关权益，或者说商标申请权，包含在“与商标评审有关的权利”之中，能够对注册商标申请人的商标申请注册行为产生实质影响并可以由注册商标申请人在法律允许的范围内自行处分，因而应当作为《专利法》第23条中的“合法权利”给予保护。正龙公司涉案注册商标的申请日为1997年12月12日，早于本专利的申请日2000年10月16日，因此正龙公司基于涉案注册商标而享有的商标申请权构成《专利法》第23条规定的“在先取得的合法权利”。第14261号决定将在先合法权利的审查范围仅限于注册商标专用权，而未将商标申请权纳入到在先合法权利的范围加以审查，遗漏了正龙公司无效宣告请求的重要内容，依法应予撤销。(3) 在第14261号决定对该专利与涉案注册商标专用权是否构成权利冲突未予以认定的情况下，原审判决在行政诉讼中直接加以认定的做法确有不妥，应予以纠正，但原审判决结果正确，结论应予以维持。故判决驳回上诉，维持原判。[1]

目前我国外观设计专利权的确权程序尤其是无效宣告案件的审查过程中，理论界与实务界在适用《专利法》第23条有关权利冲突的无效理由时，对于在先合法权利的内涵与外延仍存在诸多的争议，而对在先合法权利的准确界定可能会直接影响一项外观设计专利权的维持或无效。因此，对专利无效宣告程序中《专利法》第23条有关权利冲突和合法权利的适用问题进行深入研究，无疑具有十分重要的意义。

二、我国《专利法》有关外观设计权利冲突的规定及存在的问题

在实践中，一些外观设计专利的申请人未经许可，采用他人已经注册的商标标识或者享有著作权的美术作品，将其作为产品外观设计的一部分，申请外观设计专利。由于国家知识产权局对外观设计专利申请只进行初步审查，在此情况下，被授予的外观设计专利权与先前已经存在

[1] 参见北京市高级人民法院（2011）高行终字第1733号。

的商标权、著作权等就会产生权利冲突。为了防止权利冲突，我国《专利法》第 23 条第 3 款规定，授予专利权的外观设计不得与他人在申请日以前已经取得的合法权利相冲突。《专利法实施细则》第 66 条第 3 款则进一步补充规定，以不符合《专利法》第 23 条第 3 款的规定为理由请求宣告外观设计专利权无效，但是未提交证明权利冲突的证据的，专利复审委员会不予受理。另外，关于涉及外观设计专利的合法权利与权利冲突，我国《专利审查指南 2010》中规定："合法权利，是指依照中华人民共和国法律享有并且在涉案专利申请日仍然有效的权利或者权益。包括商标权、著作权、企业名称权（商号权）、肖像权以及知名商品特有包装或者装潢使用权等。""相冲突，是指未经权利人许可，外观设计专利使用了在先合法权利的客体，从而导致专利权的实施将会损害在先权利人的相关合法权利或者权益。"❶ 另外，关于商标权，《专利审查指南 2010》中规定："在先商标权是指在涉案专利申请日前，他人在中华人民共和国法域内依法受到保护的商标权。未经商标所有人许可，在涉案专利中使用了与在先商标中相同或者相似的设计，专利的实施将会误导相关公众或者导致相关公众产生混淆，损害商标所有人的相关合法权利或者利益的，应当判定涉案专利权与在先商标权相冲突。"❷ 此外，《最高人民法院关于审理专利纠纷案件适用法律问题的若干规定》（法释［2001］21 号）第 15 条规定，人民法院受理的侵犯专利权纠纷案件，涉及权利冲突的，应当保护在先依法享有权利的当事人的合法权益。第 16 条则进一步明确了《专利法》第 23 条所称的在先取得的合法权利包括：商标权、著作权、企业名称权、肖像权、知名商品特有包装或者装潢使用权等。

由此可见，在我国《专利法》《专利法实施细则》及相关司法解释和部门规章中均已明确了禁止权利冲突原则在外观设计专利确权甚至侵权过程中的适用，而且禁止权利冲突原则在其他知识产权法中也都有所体现，例如，我国《商标法》第 9 条也明确规定："申请注册的商标，应当有显著特征，便于识别，并不得与他人在先取得的合法权利相冲突。"但上述司法解释以及相关部门规章中仅仅对于合法权利进行了列举性规定，包括商标权、著作权、企业名称权、肖像权以及知名商品特有包装或者装潢使用权等，

---

❶ 《专利审查指南 2010》第四部分第五章第 7 节。

❷ 《专利审查指南 2010》第四部分第五章第 7.1 节。

并没有限制和穷竭的意思，而合法权利又是一个框架性的概念，其内涵和外延都相当宽泛，这就导致了《专利法》第23条在法律适用上的困难。此外，对于权利冲突的解决，虽然我国《专利法实施细则》第65条第2款将不符合《专利法》第23条规定的情形规定为外观设计专利权的无效宣告理由之一，而且《商标法》第44条第1款也规定："已经注册的商标，违反本法第十条、第十一条、第十二条规定的，或者是以欺骗手段或者其他不正当手段取得注册的，由商标局宣告该注册商标无效；其他单位或者个人可以请求商标评审委员会宣告该注册商标无效。"也就是说，我国现行《专利法》或《商标法》中对于权利冲突的解决，主要采取了使在后权利完全无效的手段，而在面临权利冲突时如此唯一的解决途径是否妥当也有待进一步商榷。

三、域外国家和地区对外观设计专利与在先权利冲突的相关规定与实践

（一）欧共体

欧共体外观设计分为非注册制欧共体外观设计和注册制欧共体外观设计两种类型。其中非注册制欧共体外观设计无需注册，自公开之日起即可取得，注册制欧共体外观设计通过向内部市场协调局注册取得。非注册制欧共体外观设计权人仅拥有在3年内禁止他人抄袭使用的排他权，注册制欧共体外观设计权人则可拥有至少5年、经续展可达25年的排他使用权。《欧共同体外观设计保护条例》也有类似禁止权利冲突的规定，在其涉及外观设计无效理由的第25条中就规定，如果外观设计包含了他人识别性标志，而共同体或国内法规定相关权利人可以禁止他人使用该标志，则可以作为无效理由。例如，在"内部市场协调司"无效部2008年11月26日处理的涉及包括"VITEC"的外观设计的5031号案件中，无效部就认为，该外观设计与无效宣告申请人商业联盟在多个国家注册的商标相比，虽不完全相同，但由于其使用范围和标志本身的近似性，消费者会认为商品或服务来源于相同或有经济联系的主体，因此该外观设计被宣告无效。[1] 另外，如果外观设计构成了对受成员国保护的版权作

---

[1] http://oami.europa.eu/ows/rw/resource/documents/RCD/case-law/invalidity/ICD%20000005031%20decision%20（EN）.pdf.

品的非法使用，该外观设计可能被驳回或者无效。[1] 例如，在“内部市场协调司”无效部于2006年1月20日裁决的涉及“帐篷”注册外观设计的1014号案件中，无效部经对比认为，杂志上发表的帐篷与申请外观设计的帐篷的外观并不相同，注册的外观设计并不构成对他人作品的非法使用。[2] 此外，该条例还规定，如果欧共体外观设计与在申请日（有优先权的，为优先权日）前公开的在先设计相冲突，该在先设计在所述日期前已经为注册制欧共体外观设计所保护或者已申请这样的外观设计，或者已经为成员国的注册制外观设计权所保护或者已申请这样的外观设计，或者如果该设计构成《巴黎公约》第6条之三所述的各项的不正当使用，或者该条未包括但涉及成员国的特别公共利益的徽章、纹章、铭牌的不正当使用，则该外观设计应被宣告无效[3]。而且其第84条第2款进一步规定，依照权利冲突的无效理由提起诉讼或者反诉只能由该条规定的人提起该诉讼或者反诉，原告必须是在先权利的持有人或者使用人或者继受人。

（二）美国

美国的《专利审查程序手册》（MPEP）第1512条是关于“外观设计专利与版权、商标权之间的关系”的专门规定。关于版权与专利权的冲突，在“I. 中明确规定：一件装饰性设计既可以作为一件艺术作品受到版权的保护，也可以作为外观设计专利的保护客体，如YARDLEY案和梅泽案”。在第15条55节中规定：含有版权声明的外观设计，应在说明书的开始有一个版权声明，即专利文件公开的部分包含有版权，版权持有人对任何人就专利文件的复制没有异议。有关商标权与外观设计专利权的冲突，在“III. 中明确规定：在一件客体中可以包含有外观设计专利和商标，如摩根案”。[4] 在“Ⅳ. A中规定：在有限条件下，允许在外观设计专利申请中使用注册商标，参见MPEP第608条01（V）节，该部分规定，这一使用应是依据联邦商标法的合法利用”。在第15条76（3）节中规定：如果申请外观专利权利要求的一部分是某人在先注册的一个商标，则说明书上必须附有该商标权利人认可的声明及其签名。否则，

---

[1] 《欧共同体外观设计条例》第25（1）（f）.

[2] ［EB/OL］. http：//oami. europa. eu/pdf/design/invaldec/1014%28EN%29. pdf.

[3] 《欧共同体外观设计条例》第25（1）（d）、（g）.

[4] 328 F. 2d 925，140 USPQ 575.

专利申请应被驳回。由此可见，美国对于权利冲突也通过审查中把关给予限定。

（三）德国

2004年3月12日德国制定了《外观设计改革法》。经修改后的新的外观设计法于2004年6月1日生效。新法最大的转变是转为专有权的保护模式。2004年德国外观设计法在外观设计保护方面执行了欧盟指令(98/71/EC)。德国外观设计采用单独立法，采用注册登记的非实审制度。德国外观设计的分类以注册申请中显示的产品为依据，根据《洛迦诺国际外观设计分类表》进行分类。产品类别的确定，原则上应当符合其用途，其次才是产品的类型，每个产品都应当精确地被分到一个产品类别中。

《德国外观设计法》第34条规定："在下列情形下可以要求同意一项外观设计注销：(1) 在后外观设计中使用了一个具有识别力的标识，而该标识的权利人有权禁止该使用；(2) 外观设计中包含了一项受著作权保护的作品的不允许的使用；(3) 该外观设计落入了一项在先的外观设计的保护范围内，即使该在先外观设计是在在后外观设计申请日后公开的。上述请求只能由相关权利的所有人提出。"

同意注销程序是德国外观设计保护体系中一个比较特殊的程序。该程序是在1992年才增加到外观设计法中的。此前，外观设计只有注册程序，而没有无效程序或注销程序。这可能与外观设计的保护模式近似于版权保护有关。注销程序被归入民事争议程序，因此该程序由地方法院而不是专利法院管辖。但外观设计注销的手续在专利商标局办理。根据2002年《德国外观设计法》第10c条第1款第3项，第三人可以在专利商标局请求办理一项外观设计的注销手续。其条件是："根据第三人的请求，该第三人在提出请求的同时应当提交官方证书或经官方公证的文件，其中图案或模型的注册人声明放弃注册或同意注销其图案或模型的注册。"

对于这种权利冲突解决方式，值得注意的是：第一，权利冲突是通过民事争议程序解决，其中，原告必须是相关权利人。第二，根据新法，在注销程序中，允许在修改的文本基础上部分维持。因此，在理论上存在这样的可能，权利冲突可以与侵权纠纷在同一诉讼中解决。此外，在理论上还存在另一种可能，即通过修改外观设计文本而避免权利的冲突。

（四）日本

日本是对外观设计注册申请实行实质审查制的国家。《日本外观设计法》第 26 条第 1 款就规定，当授权外观设计使用了该外观设计授权申请日前申请的他人授权外观设计或与之类似的外观设计、授权发明或授权实用新型时，或者当该外观设计专利权中授权外观设计的相关部分与该外观设计授权申请日之前申请的他人发明专利权、实用新型专利权或商标权或该外观设计申请日前产生的他人著作权相冲突时，该外观设计的专利权人、独占实施权人或普通实施权人不得以经营为目的实施该授权外观设计。对于在先权利是驰名商标或著作权的情况，在后的外观设计不论与在先权利的产品种类是否相同，都可以依据《日本意匠法》第 5 条认定二者相冲突，但在无效程序中或诉讼程序中，在先权利人需要举出大量证据证实自己的在先权利的驰名性，例如日本最高法院 No. 9511/1993 判决，关于 No. 00866095 注册外观设计权名称为“娃娃”的无效宣告请求案。对于在先权利不是驰名商标或著作权的情况，如果申请注册的外观设计使用的产品与在先权利是同一类产品，则认定为二者权利相冲突，否则，外观设计申请不能以《日本意匠法》第 5 条为由驳回或无效，例如 No. 263261 名称为“衬衫”的注册外观设计与在先的 No. 684246 分类在第 26 组印刷物类的注册商标。

（五）韩国

《韩国外观设计法》第 45 条第 1 款规定：当注册外观设计使用了在该注册外观设计的申请日前申请的他人注册外观设计或与该注册外观设计相似的设计，或授权发明、注册实用新型或注册商标，或者该外观设计专利权与该外观设计注册申请日前申请的他人发明专利权、实用新型专利权或商标权相冲突，则除非适用该法第 70 条之外，该外观设计的专利权人、独占实施权人或普通实施权人未经在先发明专利权人、实用新型专利权人或商标权人同意，不得以经营为目的实施该注册外观设计。其第 45 条第 3 款则规定：当注册外观设计或与其相似的外观设计使用申请日前生效的他人版权或与该版权相冲突，则该外观设计的专利权人、独占实施权人或普通实施权人未经版权人同意不得以经营目的实施该注册外观设计或相似设计。

由上可知，美、日、欧等国家和地区在涉及外观设计专利权与其他在先权利的权利冲突方面都有相关的规定，但在在先合法权利的规定方面，也都是仅仅提及了在先的专利权、商标权、著作权或版权，而未涉及其他权利，而且在权利冲突的解决机制方面也有所区别：欧盟、美国、德国与中国接近，主要采取了驳回在后申请或使在后外观设计专利权无效制度，日本与韩国则采取了未经许可不得为经营目的实施的制度，德国则采取了同意注销程序或在修改的基础上部分维持的制度。

四、完善我国外观设计专利无效宣告程序中权利冲突之思考

通过上文分析，笔者认为，应当考虑借鉴上述国家和地区的先进经验，以完善我国专利无效宣告程序中涉及外观设计专利权利冲突的相关制度。

首先，应结合案件具体情况对在先合法权利进行明确的界定。合法权利通常是指权利人依法取得的权利，包括合法继承、受让的权利，而非靠非法手段获得权利。《专利审查指南 2010》和相关司法解释虽然对在先合法权利进行了列举性的规定，包括商标权、著作权、企业名称权、肖像权以及知名商品特有包装或者装潢使用权，但并未限定在先权利的范围，而是将其他在先权利、合法利益包含其中。在这种情况下，就应该结合个案的具体情况分析是否存在在先的权利或法益。具体到本案而言，由于我国《商标法》第 39 条明确规定，注册商标的有效期为 10 年，自核准注册之日起计算。也就是说，我国注册商标专用权的保护期限是自核准注册日开始计算的，在核准注册日之前并不存在所谓的注册商标专用权或者说商标权，但在商标审定公告日之后，外观设计申请人可以查阅该公告而得知已经公告的商标，为了防止将他人已审定公告但尚未获得注册的商标纳入自己的外观设计之中，导致权利冲突的发生，有人也建议不应当对含有申请日前他人已审定公告的注册商标的外观设计授予专利权。[1] 但由于在商标的核准注册日之前并不存在法律意义上的商标专用权，因此该操作建议事实上也与现行权利冲突的法律规定相悖，对此，笔者认为，应积极考虑其他的相关法律规定。我国《商标法》第 13 条第 2 款规定，就相同或者类似商品申请注册的商标是复制、摹仿或者

[1] 国家知识产权局条法司．新专利法详解［M］．北京：知识产权出版社，2001.

翻译他人未在中国注册的驰名商标，容易导致混淆的，不予注册并禁止使用。也就是说，我国《商标法》中所确立的对商标权的保护包括注册商标专用权的保护和对未注册驰名商标的保护，即对未注册驰名商标的保护也事实上纳入了我国《商标法》的保护范畴。同样，我国《反不正当竞争法》第5条规定，经营者不得采取下列不正当手段从事市场交易，损害竞争对手：擅自使用知名商品特有的名称、包装、装潢，或者使用与知名商品近似的名称、包装、装潢，造成和他人的知名商品相混淆，使购买者误以为是该知名商品。也就是说，我国的《反不正当竞争法》又将知名商品的名称使用权也纳入了法律保护的权益。因此，我国现行法律对某种商业标识除了采用外观设计进行保护外，还包括以注册时间确定权利取得时间的注册商标专用权的保护以及以使用先后确定权利取得时间的未注册驰名商标的保护和知名商品特有的名称使用权的保护。本案“食品包装袋”的外观设计专利申请的申请日在“白象”注册商标的核准注册日之前，因此在该外观设计申请日前并不存在在先合法的“白象”注册商标专用权。但对于涉及“白象”的其他两项权利的存在，即“白象”在外观设计申请日前是否已经作为未注册驰名商标使用或者作为知名商品的特有名称使用，两审判决均未对此进行具体分析，而是笼统地认为与之相近似的“白家”外观设计专利侵犯了正龙公司注册商标申请方面的相关权益，理由欠充分。

其次，对于知识产权权利冲突，其实质是指由同一知识产权客体依法衍生的两项或两项以上相互矛盾或抵触的权利并存的现象。一般情况下，解决权利冲突按以下几个原则进行：(1)“扬先抑后”原则，即在相同权利发生冲突时，应张扬或支持在先的权利，否定在后权利。(2)“效益最大化”原则：即在效益不同而权利发生冲突时，张扬宏观效益权利，并举微观效益权利，使权利效益最大化。(3)“取正去负”原则，即在效应不同而权利发生冲突时，张扬或坚持正向效应权利，打压或否定负向效应权利。(4)综合评价原则，即在样态不定之诸权利发生冲突时，张扬或支持积极理性权利，限制消极传统权利。[1] 其中，“扬先抑后”原则在我国现行《专利法》第23条和《商标法》第9条中都得到了明确体现。但合法的在先权利还应根据利益衡平原则而有所限制。“利益衡平”是民

[1] 曹新明．论知识产权冲突协调原则［J］．法学研究，1999（3）：70－79.

法精神和社会公德的要求，也是知识产权法的一项基本原则，它要求当事人之间、权利与义务主体之间、个人与社会之间的利益应当符合公平的价值理念。利益衡平实际上是同一定形式的权利限制、权利利用制度相联系。坚持利益衡平原则并非否认合法的在先权利，而是指不能仅仅依靠“扬先抑后”原则，在任何时候都只保护在先权利，那样的话就等于赋予了在先权利人具有无限对抗在后权利的特权，显然也不利于实际冲突的解决，不利于形成良性竞争。例如，日本、韩国等外观设计较为发达的国家，其并不采取根据请求宣告外观设计权无效的办法，而是予以保留，但不能实施。如果外观设计权利人与在先权利人经过协商，达成许可使用冲突部分的协议，则该外观设计权就可以实施。这样做，无论对于在先权利人还是对于在后的外观设计专利权人都是有利的，因为如果外观设计权利人不顾他人在先取得的合法权利而实施其外观设计，在先权利人就会利用有关法律中的侵权条款加以制止，并获得赔偿。如果在先权利人拒绝给予许可，外观设计权利人最终只能放弃其外观设计专利权。所以，尽管法律中没有“不得与他人在先取得的合法权利相冲突”，也不至于侵犯他人的在先权利。[1] 因此，在解决外观设计与在先权利之间的冲突，应以“扬先抑后”原则为主，同时辅以利益衡平原则，才能更好地体现立法本意。

需要指出的是，尽管我国现行无效宣告程序中对于涉及外观设计权利冲突的相关规定仍存在诸多诸如边界不清等的问题，但各国专利体系存在制度、背景等方面的差异，将其他国家和地区的专利制度简单地移植到我国的专利制度中也是不切实际的。因此，我国在积极借鉴和吸收他国和地区的经验和制度时，需要对专利无效宣告程序中涉及权利冲突的相关规定进行深入研究，并且坚持慎重和循序渐进推进的原则，以期达到一个更合理的状态。

---

[1] 汤宗舜．专利法解说［M］．北京：知识产权出版社，2002：170－171.

在侵犯专利权民事诉讼中建立文书提出命令制度初探

许怀远[1]

摘　要

在专利侵权诉讼中引入文书提出命令制度是解决专利侵权诉讼“取证难”的一个有效途径，有利于提升专利权的司法保护力度。在建立文书提出命令制度时，应充分思考文书的种类和范围、文书提出义务、文书持有人的拒绝权等问题，还应当理顺文书提出命令与举证责任分配、证明妨碍等制度的关系。

---

[1] 作者单位：国家知识产权局条法司。

近年来，我国专利申请量和授权量急剧增长，专利侵权民事诉讼案件量也大幅增长。[1] 与此同时，取证难已经成为困扰专利侵权案件当事人的一大难题，严重影响了专利权人维权的信心和积极性。专利侵权纠纷中出现取证难问题是我国民事诉讼证据制度和知识产权无形性的特点共同影响的结果。首先，我国《民事诉讼法》及相关法律和司法解释并未对当事人收集证据的范围和手段作具体的规定，对于当事人证据收集过程中遇到的阻碍，也缺乏相应的救济途径，造成了在民事诉讼实务中当事人调取证据时存在较多困难。[2] 其次，知识产权的权利人无法像管理有形财产权那样有效地控制自己的知识产权，知识产权极易逸出权利人之手被他人侵权甚至假冒，特别是专利侵权行为具有很强的隐蔽性，证明侵犯专利权行为成立的证据往往主要由侵权行为人控制，权利人在维权过程中常常处于无法取证、无力取证的困难境地。[3]

为了解决诉讼当事人取证难问题，在上轮《民事诉讼法》修改中，有专家学者提出建立统一的文书提出命令制度，但最终未能实现，包括人民法院在内的各相关方面仍未放弃努力，希望在知识产权等领域的实体法中先行建立文书提出命令制度。2012 年 12 月 25 日，时任最高人民法院院长王胜俊向全国人大常委会报告知识产权审判工作情况时提出："进一步完善知识产权相关立法，增设文书提出命令制度，强化侵权行为人的文书提出义务，切实减轻知识产权权利人举证负担。"

一、文书提出命令制度概述

文书提出命令，是指法院根据一方当事人的申请，要求对方当事人或案外第三人提出其持有的对于待证明事项有证明意义的文书的决定。[4] 文书提出命令制度是大陆法系国家或者地区的当事人在民事诉讼中向对方当事人或者案外第三人收集证据的最主要手段。

---

[1] 最高人民法院．中国法院知识产权司法保护状况（2012 年）[EB/OL]. [2014－5－20]. http：//www. chinacourt. org/article/detail/2013/04/id/949841. shtml.

[2] 唐志元．我国民事诉讼当事人证据收集制度研究 [J/OL]. [2014－5－20]. http：//court. gmw. cn/html/article/201307/10/132010. shtml.

[3] 国家知识产权局．关于专利法修改草案（征求意见稿）的说明 [EB/OL]. [2014－5－20]. http：//www. sipo. gov. cn/tfs/dtxx/jndt/201208/t20120810 _ 736933. html.

[4] 张卫平．民事诉讼法修改与民事诉讼证据制度的完善 [J]. 苏州大学学报，2012 (3).

（一）制度的建立背景

证据是证明案件事实的依据，是诉讼的核心问题。有人说打官司就是打证据。随着经济社会的不断发展，产品侵权纠纷、医疗事故纠纷、知识产权侵权纠纷等现代型纠纷日益增多，案件涉及专业知识的广度深度不断提高，诉讼中的关键证据材料由一方当事人或者第三人掌握的情况时有发生。当揭示案件事实的证据控制在一方当事人或案外第三人手中时，证据持有人基于个人利益考虑往往不愿意提交该证据，而负有举证责任的当事人因为难以获取该证据将会承担举证不能的后果。为了实现尽可能以案件事实为基础的公正裁判这一民事诉讼法的价值追求，矫正诉讼当事人在举证能力方面实质上的不平等，日本、中国台湾地区等一些国家和地区的民事诉讼法规定了文书提出命令制度，赋予诉讼中的一方当事人请求对方当事人或者第三人提出相关文书证据的权利。我国台湾地区“民事诉讼法”第 342 条规定：“声明书证系适用他造所执之文书者应申请法院命他造提出。前项申请，应表明下列各款事项：（一）应命其提出之文书；（二）依该文书应证之事实；（三）文书之内容；（四）文书为他造所执之理由；（五）他造有提出文书义务之原因。前项第一款及第三款所列事实之表明显有困难时，法院得命他造为必要之协助。”

（二）制度适用的条件、程序和法律后果

从我国台湾地区的相关规定可以看出，当事人援引文书提出命令制度要求对方当事人提出某些文书时，应当向法庭提出申请并阐明以下事实：第一，要求对方当事人提交的是什么文书，一般应当明确文书的标题、制作者姓名、制作时间、文书类别等事项，使对方当事人和法院明了应提出哪份文书；第二，要求提出的文书在本诉讼中可以用来证明什么事实，要说明该文书在诉讼中作为证据的关联性，便于法院判断发出文书提供命令的必要性；第三，文书包括什么内容，往往是该文书记载内容的概略、要点；第四，文书被对方当事人占有或者控制的原因；第五，对方当事人具有提出该文书的义务。

在满足上述条件的前提下，由当事人向法庭申请，法官根据当事人提交的申请材料综合判断文书的合法性、对审判的重要性、提出文书的可行性，进而决定是否签发文书提出命令。收到文书提出命令的当事人无正当理由拒不提出相关文书的，将承担诉讼不利结果或者罚款、强制执行等制裁措施。根据我国台湾地区“民事诉讼法”第 346 条至第 349 条的规定，当事人也可以要求持有证据的案外第三人提出相关文书。

二、我国对文书提出命令制度的借鉴

我国《民事诉讼法》中尚未建立文书提出命令制度，仅在相关司法解释中存在一定程度上借鉴该制度的原则性规定。《最高人民法院关于民事诉讼证据的若干规定》（以下简称《民事诉讼证据规定》）第75条规定：有证据证明一方当事人持有证据无正当理由拒不提供，如果对方当事人主张该证据的内容不利于证据持有人，可以推定该主张成立。该项规定对于揭示案件真实性有积极意义，但是该规定仍过于宽泛，没有细化适用的条件、标准、程序、适用例外等内容，容易导致司法权力滥用滋生司法专断。[1] 在上一轮《民事诉讼法》修改时，有专家学者建议完善证据制度，在民事诉讼中建立统一的文书提出命令制度，但是最终未能实现。之后，包括人民法院在内的各相关方面仍未放弃努力，试图在知识产权领域的相关实体法中先行试验。目前，新修改的《商标法》以及《专利法修订草案》的相关规定很大程度上借鉴了文书提出命令制度，但是仍存在较多不足。

《商标法》第63条第2款规定：人民法院为确定赔偿数额，在权利人已经尽力举证，而与侵权行为相关的账簿、资料主要由侵权人掌握的情况下，可以责令侵权人提供与侵权行为相关的账簿、资料；侵权人不提供或者提供虚假的账簿、资料的，人民法院可以参考权利人的主张和提供的证据判定赔偿数额。该项规定仅限于为确定赔偿数额要求提供会计账簿、资料，限制了文书提出命令制度的应用范围。另外，这一规定也没有涉及适用例外的情况，对不提供或者提供虚假的账簿、资料的法律后果弹性太大，将会影响该项规定的适用效果。国家知识产权局于2013年1月提交国务院审核的《专利法修订草案（送审稿）》第61条第3款中也增加了与之相似的规定。

三、专利侵权案件中的文书提出命令

（一）从专利侵权诉讼案例看文书提出命令制度

在专利侵权诉讼中，提出指控的专利权人或者利害关系人应当首先

---

[1] 张卫平．民事诉讼法修改与民事诉讼证据制度的完善［J］．苏州大学学报，2012（3）．

承担举证责任，提供证据证明以下事实：（1）是否拥有专利权以及专利权处于何种法律状态；（2）被控侵权人何时何地实施了何种行为；（3）被控侵权行为的技术方案专利方案是否相同或者等同；（4）权利人的实际损失或者侵权人获得的利益等，以证明侵权赔偿数额。[1] 第一项事实的取证难度不大。可以证明专利权的法律状态的证据包括专利证书、权利要求书、说明书等专利文件、专利登记簿副本、缴纳专利权维持费用的票据、专利权评价报告以及专利实施许可合同等，这些书证掌握在专利权人或者利害关系人手中，或者可以要求国务院专利行政部门出具，不难取证。其他三项事实的取证过程复杂得多，诉讼实务中通常采用以下方法进行取证：公证购买被控侵权产品或者公证被控侵权人在网站、展会中发布的宣传材料来证明被控侵权人实施了制造、使用、销售、许诺销售、进口行为；申请法院进行证据保全或者要求进行技术鉴定来证明被控侵权的技术方案是否与专利的技术方案相同或者等同；申请法院调取被控侵权人的会计账簿、税务凭证、销售合同等财务资料。然而，在审判过程中法庭要求被控侵权人提供文书资料时也会遭到抗拒，只能适用《民事诉讼证据规定》第75条来认定侵权行为是否存在并成立或者确定侵权赔偿数额。这说明文书提供命令制度实际上已经在我国专利侵权案件审判中发挥重要作用。

专利权人潘德苗向浙江省宁波市中级人民法院起诉被告余姚市鑫达工具有限公司侵犯其专利号为ZL200420022608.6、名称为“多用锯”的实用新型专利，其提供了公证书以证明被告在其网站上宣传、许诺销售被控侵权产品。随后，应原告的申请，法院赴被告处进行了证据保全，依法扣押了被告的产品宣传册和型号为XD－11的多用锯、型号为XD－15－11的混凝土锯各一把。经查明，型号为XD－11的多用锯以及型号为XD－15－11的混凝土锯均已具备涉案专利独立权利要求的所有技术特征，侵权行为成立。然而，被告辩称其没有制造或者销售被控侵权产品，此时，双方争议的焦点主要是：被告是否制造、销售过本案所涉及的型号为XD－11的多用锯以及型号为XD－15－11的混凝土锯。由于在证据保全过程中已经发现了一些侵权产品的样品，并且被告的网站及宣传册上显示的产品及扣押的两款产品上均标有被告的注册商标，虽然被告辩

[1] 刘红兵，卢山．方法专利侵权诉讼的举证责任分配［J］．知识产权，2007，17（5）：61.

称这两款产品是从其他渠道购买而来，但是没有提供任何证据。随后法院要求被控侵权人提供财务账册以证明其是否制造、销售过被控侵权产品，被控侵权人无正当理由拒不提供，最终法院根据《民事诉讼证据规定》第 75 条推定被控侵权人制造、销售了被控侵权产品。❶

专利权人成都优他制药有限责任公司以被告江苏万高公司未经许可使用其专利方法、四川科伦公司未经许可销售以其专利方法直接制造的产品，侵犯其拥有的“藏药独一味软胶囊制剂及其制备方法”的专利权为由向法院起诉，请求两被告赔偿损失。在诉讼过程中，原告请求法院从国家药监局调取了药品批件等资料初步证明了被控侵权人实施的技术方案与涉案专利技术方案确有相同和等同之处，但是相关证据中没有明确记载其中的具体干燥和过筛方法。随后，法院要求被控侵权人提供产品批生产记录及 GMP 申报材料等记载涉案药品详细生产过程的资料，否则应承担对其不利的法律后果。万高公司在举证期限内未提供上述证据以证明其在干燥和过筛程序中与涉案专利方案不同。法院依据《民事诉讼证据规定》第 75 条推定侵权行为成立。❷

专利权人伊西康内外科公司以常州智业医疗公司侵犯其发明专利“弯曲切割固定器所用的带槽销导向道具”为由向法院起诉，要求对方赔偿损失 100 万元。伊西康内外科公司未能举证证明其所受损失或者侵权人获得的实际利益，该公司提供向法院提出证据保全申请并提供担保，法院作出民事裁定书，查封、扣押智业公司相关产品设计图和财务账册、合同、凭证等材料。在法院已经明确告知相应不利法律后果的情况下，常州智业医疗公司仍然拒绝在指定限期内提交被控侵权产品的相关财务资料，法院依据《民事诉讼证据规定》第 75 条推定伊西康内外科公司关于被控侵权人的非法所得已经超过了法定赔偿额上限的主张成立。❸

通过上述案例可以看出，在专利侵权诉讼中被控侵权人或者案外第三人控制的书证往往能够高效地证明案件事实。比如被控侵权人或者案

❶ 宁波市中级人民法院（2007）甬民初字第 330 号民事判决书，潘德苗诉余姚市鑫达工具有限公司专利侵权纠纷案。

❷ 四川省高级人民法院（2010）川民终字第 63 号民事判决书，江苏万高药业有限公司与成都优他制药有限责任公司、四川科伦医药贸易有限公司纠纷案。

❸ 北京市第一中级人民法院（2011）一中民初字 16747 号民事判决书，伊西康内外科公司诉常州市智业医疗公司侵犯发明专利权纠纷案。

外第三人控制的产品结构性能资料、方法工艺步骤说明、生产线操作介绍、工艺图纸、技术合同、销售合同、样品、照片等资料往往能够高效地证明侵权行为成立的事实，被控侵权人或者案外第三人控制的生产记录、销售记录、会计账簿、销售合同等资料往往能够高效地证明权利人的损失或者侵权人的获利，而权利人难以获取此类文书。在专利侵权诉讼中确立文书提出命令制度，能够减轻权利人举证负担，提高专利保护力度。

当然，在特定条件下被控侵权人也可以利用文书提出命令制度。权利人对专利产品或者专利方法了解最充分、最透彻，如果被控侵权人有途径获取权利人拥有的关于专利产品结构性能、专利方法工艺过程等相关资料，就有可能提出更加合理有效的抗辩理由。

（二）专利侵权案件中建立文书提出命令应理清的问题

1. 文书的范围

如前所述，除了工艺图纸、技术合同、销售合同、生产记录、销售记录等书证外，被控侵权产品样品、照片等对于侵权行为是否成立的证明力更强，根据我国《民事诉讼法》的证据分类，样品属于物证，照片属于视听资料，因此，在专利侵权诉讼中建立文书提出命令制度不应仅限于书证。国外的做法也可以给我们提供参考，《日本民事诉讼法》第231条规定："本法本节的规定，准用于以图纸、照片、录像带、录音带或其他的信息表示为目的而制作的非文书物件。"因此，文书的范围不应仅限于我国《民事诉讼法》中规定的书证。

2. 文书提出义务的来源

参照我国台湾地区"民事诉讼法"第344条之规定，对方当事人或者案外第三人并没有提出文书的一般性义务，持有文书的当事人提出文书的义务包括以下几种情形：（1）该当事人在诉讼程序中曾经引用的文书；（2）依据"法律"规定，对方当事人可以请求交付或者阅览的文书；（3）为对方当事人的利益而制作的文书；（4）商业账簿；（5）就与本件诉讼相关事项而制作的文书。专利侵权诉讼专业性强，相关证据仅掌握在一方当事人手中的情况比较常见，被控侵权人持有的何种证据可能满足上述条件之一而负有提出义务还有待于在实践中发展丰富。当然，为了贯彻诉讼当事人对于诉讼资料和证据使用平等的原则，有必要对当事人提出文书义务来源进行扩充和丰富。日本和我国台湾地区都曾经根据诉讼实践的发展修改民事诉讼法来扩展文书提出义务的来源范围❶。

3. 文书提出命令的拒绝权

被控侵权人或者第三人持有的图纸、技术合同、商业合同、会计账簿等文书常常涉及技术秘密、商业秘密，将此类文书公开可能导致他们遭受重大损失，同时出于防止诉讼当事人滥用文书提出命令制度以获取技术秘密、商业秘密等不正当利益的考虑，应赋予文书持有人一定的拒绝权。文书持有人拒绝执行文书提供命令的理由也应待专利侵权案件审判实践进一步丰富后，使之具体化。在程序上，文书持有人拒绝提出文书时应说明拒绝提供文书的理由，由法庭判定理由是否成立。

4. 文书提出命令与举证责任分配的关系

文书提出命令制度赋予诉讼当事人以调查取证的权利，使其通过一定的程序获取对方当事人或者第三人控制的相关文书，并不涉及举证责任分配的问题。在我国专利侵权诉讼中除了特定情形下由被控侵权人承担一定证明责任外，❷ 一般均由专利权人提供证据证明被控侵权行为存在且成立。穆某等三人以华亚房地产公司在建设铜陵市红楼商城 B 楼中安装使用的玻璃钢窗框架侵犯了其拥有的“玻璃钢双玻节能保温推拉窗框料”“玻璃钢门窗角螺栓固定组合结构”两项专利权为由，向法院起诉要求华亚房地产公司赔偿损失共计 35 万元。穆某等因客观原因不能自行收集铜陵市红楼商城 B 楼建设所需的玻璃钢窗框架结构图纸等相关证据，在举证期限内申请法院调查取证。因所述建筑物已经交付使用，不能进行现场勘验，一审法院将举证责任归于具有举证能力和条件的华亚房地产公司，但是该公司提供的设计蓝图不能反映玻璃钢门窗的具体材料、结构，据此一审法院认定华亚房地产公司在有条件和能力的情况，故意妨碍证明，应承担举证不能的不利后果，判决该公司侵权行为成立。二审法院认为，本案的一个争议焦点是举证责任如何分配，本案是侵犯实用新型专利权纠纷之诉，应遵循举证责任分配的一般规则，及穆某等对自己提出的诉讼请求所依据的事实有责任提供证据加以证明，没有证据或者证据不足以证明其事实主张的，应由其承担不利后果。由于穆某等

---

❶ 包冰锋，陶婷．证据收集程序之保障：文书提出命令制度［J］．南通大学学报：社会科学版，2010（3）．

❷ 依据我国《专利法》第 61 条规定：专利侵权纠纷涉及新产品制造方法的发明专利的，制造同样产品的单位或者个人应当提供其产品制造方法不同于专利方法的证明。

人因客观原因不能自行收集铜陵市红楼商城 B 楼玻璃钢窗框料及结构图纸等相关证据，并且该楼系华亚房地产公司开发并组织验收，相关技术资料仍在该公司，原审法院应将行为意义上的举证责任转移给华亚房地产公司，而不应直接将结果意义上的举证责任分配给华亚房地产公司据此，二审法院撤销了原审判决。[1] 本案中，玻璃钢框架的结构图纸由被控侵权人华亚房地产公司掌握，即使其不提供该结构图纸，也不能将举证不能的不利后果归于被控侵权人，可见文书提出命令制度并不影响举证责任分配规则。

四、结　语

专利侵权案件常涉及复杂的技术问题，相关技术资料、财务数据等证据常常掌握在被控侵权人手中，导致“取证难”成为困扰专利权人的一个难题。为了解决“取证难”问题，有关方面建议在专利法修改中赋予管理专利工作的部门对涉嫌侵犯专利权行为以调查取证的权力，[2] 但这仍是借行政机关之手达到调查取证目的。在专利侵权诉讼中引入文书提出命令制度，赋予专利权人要求被控侵权人或者案外第三人提出其掌握的相关技术资料、财务数据的手段是解决专利侵权诉讼“取证难”问题的一个较好选择。在建立文书提出命令制度时，应充分思考文书的种类和范围、文书提出义务、文书持有人的拒绝权等问题，还应当理顺文书提出命令与举证责任分配、证明妨碍等制度的关系。

---

[1] 安徽省高级人民法院（2005）皖民三终字第 4 号民事判决书，铜陵华亚房地产开发有限公司等与穆荣等侵犯专利权纠纷上诉案。

[2] 国家知识产权局．专利法修改草案（送审稿）[EB/OL]. http：//www.sipo.gov.cn/ztzl/ywzt/zlfjqssxzdscxg/xylzlfxg/201404/t20140403_927396.html.

功能性限定权利要求与等同侵权中的“等同”关系探析*

解 静[1] 李 熙[2]

摘 要

本文介绍了美国功能性限定权利要求解释中的“等同”与等同侵权中的“等同”的相关规定与历史沿革，并结合相关实践，深入分析两者存在的诸多区别，并通过分析得出结论，即：专利授权、确权与侵权阶段对于功能性限定权利要求解释的规则应当一致且自洽。我国司法解释对于功能性限定权利要求保护范围解释中的“等同”并未给出判断规则，对于功能性限定的保护过于宽泛，有侵害公众利益之虞；同时，当前我国的相关法律体系中关于功能性限定的审查和解释存在冲突和不完善，这一问题关乎专利权能否得到合理而恰当的保护，亦关乎公众对于专利法律体系的信赖和期待，需要进一步深入思考并加以解决。

---

* 本文为国家知识产权局学术委员会2011年度优秀课题“功能性限定权利要求相关法律问题研究”（课题编号：Y100701）的部分研究成果。

❶ 作者单位：国家知识产权局专利局专利审查协作江苏中心。

❷ 作者单位：国家知识产权局专利复审委员会。

引 言

《最高人民法院关于审理侵犯专利权纠纷案件应用法律若干问题的解释》中规定了将权利要求中的以功能或者效果表述的技术特征解释为“具体实施方式及其等同的实施方式”，其借鉴了《美国专利法》第 112 条第 6 款的思路，然而，该规定与现行《专利审查指南 2010》对于功能性限定的有关立场存在冲突。此外，功能性限定权利要求解释中的“等同”与等同侵权原则中的“等同”具有怎样的联系与区别，也是专利法理论中的一个难点与热点问题，对该问题的深入探讨将有利于我们正确审视并探寻对于我国专利制度体系中相关问题的解决之道。

一、两个“等同”的相关规定及历史沿革

（一）《美国专利法》第 112 条第 6 款中的“等同”

1.《美国专利法》第 112 条第 6 款的规定

《美国专利法》第 112 条第 6 款规定：权利要求中的一个特征可以表示为实现特定功能的装置，而不必叙述其结构或材料，并且该权利要求应当解释为覆盖说明书中记载的相应功能、材料、结构或者步骤及其等同。[1] 可见，该条款肯定了专利中权利要求以功能或者效果表述技术特征的撰写方式，并认为，采用“用于实现某种特定功能的机构或者步骤”的方式撰写的权利要求应当被解释为覆盖了说明书中记载的相应结构、材料或者动作以及其等同物。

2.《美国专利法》第 112 条第 6 款有关“等同”判定规则的历史沿革

对于《美国专利法》第 112 条第 6 款及其中有关“等同判定”的历史演进大致可以分三个阶段。

1952 年前，美国对于权利要求中的功能性描述持否定态度；1952 年，《美国专利法》中增加了第 112 条第 6 款的规定，但对于该条款中的

---

[1] 原文：“An element in a claim for a combination may be expressed as means or step for performing a specified function without the recital of structure, material, or acts in support thereof, and such claim shall be construed to cover the corresponding structure, material, or acts described in the specification and equivalents thereof.”

“等同判断”在美国专利界当时仍然存在不同的理解。美国专利商标局认为，“等同判断”是在专利侵权诉讼中进行的，不是针对专利审查而言，在审查中仍将功能性特征解释为覆盖了能够实现该功能的所有实施方式。而美国联邦巡回上诉法院却认为，无论在侵权诉讼中还是专利审查过程中，对权利要求中功能性特征的解释都应当受到说明书所述具体特征的限制。1994 年，美国联邦巡回上诉法院则在 In re Donaldson 案的判决中明确指出，美国专利商标局的观点是错误的，要求美国专利商标局按照法院的观点执行。[1]

根据美国联邦巡回上诉法院的上述判决，美国专利商标局于 1994 年 4 月 20 日发布了题为“有关权利要求的审查指南”的公告，对含有功能性限定特征的权利要求的审查标准和审查步骤作了新的规定。根据该公告的规定，在涉及功能性权利要求的审查时，美国专利商标局应当确定发明的要点。如果审查员发现某现有技术可以实现权利要求中的功能，并且该在先技术是专利所描述的具体方案的等同物，审查员可以拒绝授予专利；如果虽然现有技术可以实现权利要求中的功能，但该现有技术与专利说明书中描述的具体方案并不相同或等同，该现有技术并不影响专利的授权。通过上述判决的作出和审查指南的修改，美国专利商标局自此在功能性限定权利要求的审查标准和解释上采用与美国联邦巡回上诉法院相同的标准，这也使得美国的行政和司法实践统一到相同的尺度上来。

（二）美国侵权判定中的“等同”原则

1. “等同侵权”的含义

专利侵权通常被划分为两种类型，即相同侵权或等同侵权。相同侵权，又称字面侵权（literal infringement），是指权利要求中引用的每一个技术特征在被控侵权物（包括产品和方法）中都有相同的对应。然而即使不存在字面侵权，根据等同原则（the doctrine of equivalents），当被控侵权物的某些其他特征以基本相同的方式，实现基本相同的功能，并获得基本相同的效果时，权利要求也可能受到侵犯。

《美国专利法》要求发明人以“完整、清楚、简明和准确的术语”[2]对其发明内容作出描述。但是文字描述有其局限性，如果专利总是按字

[1] 尹新天．专利权的保护［M］．2 版．北京：知识产权出版社，2005：329.

[2] 《美国专利法》第 112 条第 1 款。

面含义进行解释，那么其价值将会被即大地削弱。正是由于这个原因，美国法院认为专利权的保护范围并不局限于字面术语，而应包括所述权利要求的所有等同体。可以说，“等同原则”是传统专利侵权判定方法的延续。

2. “等同侵权”判定规则的历史沿革

美国是一个以判例法为主的国家，专利侵权判定中的等同原则是从具体案例中产生和发展的。我们可以通过几个典型案例了解等同侵权原则在美国的演进轮廓。

1853 年的 Winas v. Denmead 案[1]被认为是美国等同原则的肇始。[2] 美国联邦最高法院在该案中明确，在等同原则下专利的保护范围不仅包含权利要求字面所限定的内容，还包括含有专利精髓（即新的运作模式）的所有等同物。

1950 年的 Graver Tank & MFG. CO. v. Linder Air Products Co. 案[3]中，美国联邦最高法院论述了侵权的判断方法和等同原则的重要性，并确立了“方式—功能—效果”的判断准则，必须根据专利的上下文，现有技术，和案件的特定情况来判定什么情况构成等同。

1983 年的 Hughes Aircraft Co. v. The United States 案[4]是美国成立联邦巡回上诉法院（CAFC）后审理的第一案，也是该院第一次对等同原则表态。在该案中，有两点值得注意：第一，认为在判断等同时应当将权利要求所要求保护的发明作为一个整体来看待，即提出了所谓的“整体等同”理论。第二，美国联邦巡回上诉法院认为，在侵权判断过程中，除了需要将被控侵权物与专利进行比较外，而且还需要将被控侵权物与现有技术进行比较，判断其与那个更接近。

1987 年，Pennwalt Co. v. Durand-Wayland Inc 案[5]中，美国联邦巡回上诉法院调整了关于“整体等同”的判断立场，由 1983 年的“整体等同”发展到当前的“全部技术特征等同”。

---

[1] 56 U. S. 330 (1853).

[2] 参见 Darcy August Paul, The Judical Doctrine of Equivalents, 17 Harvard Journal of Law and Tecknology, 247 (2003).

[3] 339 U. S. 605 (1950).

[4] 717 F. 2d 1351 (1983).

[5] 833 F. 2d 931 (1987).

在 1997 年的 Warner-Jenkison C. v. Hilton Davis Chemical Co. 案[1]中，美国联邦最高法院再次明确了“全部技术特征等同”的侵权判定方法，指出等同判定的适用应当客观调查每个技术特征。

二、两个“等同”的判定规则及其比较

（一）《美国专利法》第 112 条第 6 款中“等同”范围的判定

1. 美国功能性限定权利要求中“等同”范围的判定方法——以 VSI v. Myron 案为例

通常，判断相同侵权是否成立，需要判断被控侵权技术是否落入权利要求的文字所限定的保护范围。对于功能性限定权利要求而言，却不能仅因为被控侵权技术实现了相同的功能就认为其构成相同侵权，只有当被控侵权技术实现该功能的方式与专利说明书中记载的实施该功能的方式相同或者等同时，才能够得出被控侵权技术重现了该功能性限定特征的结论。对功能性限定权利要求来说，在判断相同侵权是否成立时就必须进行等同判断。[2]

那么，如何判断“说明书中记载的相应结构、材料或者动作以及其等同物”的范围呢？在 Cardiac Pacemakers v. Ventritex 案[3]中，涉案权利要求涉及一种心律转变器，双方当事人均认可其权利要求中所涉及的“第三监测装置”（third monitoring means）属于《美国专利法》第 112 条第 6 款规定的功能性限定，但是对于其权利要求的保护范围解释存在争议。美国联邦巡回上诉法院认为：功能性限定权利要求解释的等同范围判定包含如下步骤：第一步，确定功能。也就是说，必须将功能性限定权利要求中的功能解释为包含在权利要求语言中的限制，并且仅仅包含上述限制。不能超越权利要求的文字扩大或缩小功能的范围。第二步，确定对应功能的结构。在确定权利要求中所要求的功能之后，应当确定说明书中所记载的与权利要求中所涉及的功能相对应的结构。不仅要求该结构必须执行所声称的功能，而且要求说明书必须清晰地将执行该功能的结构与功能相关联。第三步，根据对应功能的结构确定等同范围。

[1] 520 U. S. 17 (1997).

[2] 尹新天．专利权的保护［M］．2 版．北京：知识产权出版社，2005：332.

[3] 296 F. 3d 1106.

其中，确定实施例的等同方式，对于功能性权利要求保护范围的判定至关重要。以 VSI v. Myron 案[1]为例，涉案专利主要涉及用于展示眼镜的展示架，发明目的在于便于在不移离演示挂件的前提下试戴眼镜。其权利要求中涉及“紧固装置”（fastening means），属于功能性限定技术特征。说明书中的实施例采用铆钉或者锁扣和孔洞的配合方式，实现紧固功能。然而，被控侵权产品采用悬臂梁支撑的方式，没有采用具有包含孔的主体结构的悬挂机构。

地区法院认定，用于装配眼镜的眼镜悬挂装置应当解释为涉案专利说明书及其附图中所示的悬挂体，以及上述悬挂体的等同方式，从而认定等同侵权成立。

美国联邦巡回上诉法院认定，如果“means”出现在与功能相关的权利要求中，应当假定其构成《美国专利法》第 112 条第 6 款规定的功能性限定技术特征，并且在“固定装置”的进一步限定中没有任何结构性特征，所以“固定装置”属于功能性限定技术特征，下图左侧图所示出的涉案专利附图中所示的孔状“固定装置 41”与右侧图所示出的涉案专利附图中所示的孔状“固定装置 28”执行相同的功能。最终认定被控侵权产品构成字面侵权。因此，虽然一审法院结论没有错误，但是其对于权利要求保护范围的解释是错误的，并且基于上述解释其认定等同侵权是错误的，应当认定为字面侵权。

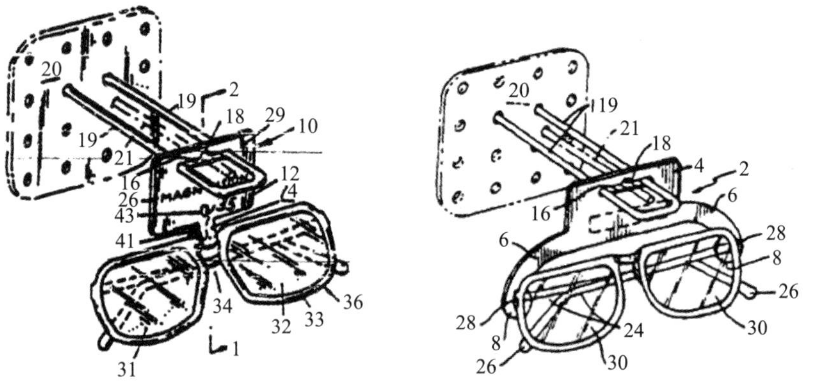

涉案专利附图

[1] 174 F. 3d 1308.

判决中进一步指出，《美国专利法》第 112 条第 6 款给出功能性限定权利要求保护范围解释的规则，从而赋予功能性限定权利要求更为宽广的保护范围，使之能够包含说明书中记载的具体部件的等同，然而，必须区分《美国专利法》第 112 条第 6 款中所述的“等同”与等同侵权中的“等同”的含义。

2. 美国功能性限定权利要求中“等同”的判定时间和标准

在功能性限定权利要求“等同”范围的判定中，除须遵循判定方法外，还要考虑以下两个问题：第一，判断时间。由于专利权利要求的字面含义在专利申请日就得以确定，所以《美国专利法》第 112 条第 6 款所规定的结构不能及于在专利申请日之后提出的技术范畴。因此，该条款中的“等同”结构必须以权利要求提出日作为判断时间。也就是说，“实施例的等同方式”的时间范畴是在专利申请日之前，相应的，对于《美国专利法》第 112 条第 6 款下“实施例的等同方式”的字面侵权也必须发生在专利申请日之前。第二，判断标准。被控侵权产品与涉案专利权利要求中的相应部件必须执行相同（identical[1]）的功能，这与等同侵权原则的判断标准有所不同，下文将进一步展开。

（二）等同侵权中的“等同”范围的判定

作为字面侵权判定规则的补充和发展，等同侵权规则对于确立专利法的价值取向、寻求公众与专利权人之间的利益平衡具有重要意义，其判定方法和标准也一直是专利法领域研究的热点问题。

1. 等同侵权中“等同”的判定时间

早期的美国专利侵权案件在这个问题上存在很大分歧。有些法院认为，确定等同应该以专利申请日为准。有些法院认为，为了减小专利权利要求对社会公众的公示作用，等同原则应当限定于专利被公开时的等同体；还有一些法院认为，确定等同该以侵权发生的时间为准。即使被控侵权物里的技术特征是在专利申请日之后才出现的新的技术特征，或者所属技术领域的普通技术人员在当时还没有意识到，法院也可以根据等同原则判定专利侵权成立。

美国联邦最高法院在 1997 年的 Warner-Jenkison C. v. Hilton Davis

---

[1] 英文解释为 being exact the same one。

Chemical Co. 案❶中指出，本领域技术人员关于权利要求中的技术特征与被控侵权物的技术特征具有可置换性的认识不是为了其自身的目的，而是为了告诉事实认定者关于所述技术特征之间相似或者不同的事实。既然等同原则的问题是被控侵权物的技术特征与专利权利要求的技术特征是否等同，那么判断等同的时间就应当是侵权发生的时间，而不是专利公布的时间，更不是专利申请的时间。自此平息了对这一问题的争论。

2. 等同侵权的判定标准

关于等同侵权的判定标准，美国联邦最高法院在 1950 年的 Graver Tank & MFG. CO. v. Linder Air Products Co 案❷中提出过两个重要的标准，一是“方式—功能—效果”三基本判定标准，即权利要求的技术特征与被控侵权物中对应特征是否以基本相同的方式实现基本相同的功能并获得基本相同的技术效果；二是“非实质性差异标准”，即权利要求的技术特征与被控侵权物中对应特征之间的差异是否是非实质性的，所属技术领域的技术人员是否已经认识到权利要求的技术特征与被控侵权物中对应特征具有可交换性（interchangeability）。

对于上述两种标准的选择，美国联邦最高法院在 1997 年的 Warner-Jenkison C. v. Hilton Davis Chemical Co. 案中指出，相对于调查被控侵权产品或过程是否确实包含了与被授权发明的权利要求中每个技术特征的相同特征或等同特征，用于判定是否等同的特定语言结构，即所谓的“三基本”标准还是“非实质性差异”标准并不重要。我们无意继续关注联邦巡回上诉法院分析“等同”时所适用的特定语言结构，而是希望其能在日常审判中提炼判断“等同”的标准。美国联邦最高法院还在该案中彻底否决了美国联邦巡回上诉法院在 1983 年 Hughes Aircraft Co. v. The United States 一案判决中提出的“整体等同”理论，并确立了“全部技术特征”准则（all element rule）。❸

这样看来，美国联邦最高法院赋予美国联邦巡回上诉法院实质上的自由判断权，即由美国联邦巡回上诉法院判断，哪种判定结构更为适合

---

❶ 35 USPQ 2d 1641.

❷ 339 U. S. 605 (1950).

❸ 美国联邦最高法院指出，根据特定的情形，不同语言结构可能更适用于不同的案件。只要将焦点集中于每一个技术特征，避免等同原则实际上忽略任何一个技术特征，就能极大地减小使用任何语言的框架所带来的不准确性。

某一特定的案件。在行使这一自由决定权的过程中，美国联邦巡回上诉法院可以自由地适用“方式—功能—效果”标准和“非实质性差异”标准，但是他们不必在每个案件中都适用全部的标准。

3. 等同侵权的限制规则

等同原则的实质在于将专利权的保护范围扩大到权利要求文字记载的范围之外，以此来保障专利权人的利益得到充分保护。但等同原则的适用又不能漫无边际，还要考虑社会公众的利益，不能失掉其作为当事人和社会公众的利益“调节器”功能。具体而言，专利权人声明放弃以及已经进入公有领域的技术内容应当从等同范围中排除，禁止反悔原则和已有技术抗辩原则构成了对等同范围的合理限制，关于该两种原则的理论和具体适用，本文不作详细讨论。

（三）两个“等同”判定规则的比较

如前所述，《美国专利法》第 112 条第 6 款限定了权利要求中的功能性限定特征应当被解释为覆盖了说明书中记载的相应结构、材料或者动作及其“等同”，然而，该“等同”与“等同原则”之间具有怎样的联系与区别？这个问题成为长期困扰美国专利界的难题，也值得我们深入研究。

通过上文分析不难发现，对于功能性限定权利要求中的“等同”与等同侵权中的“等同”，其区别主要体现在以下四个方面。

1. 含义和适用情形不同

首先，两者的含义和适用情形有所不同。“实施例及其等同”属于确定功能性权利要求保护范围时的法律适用问题，其属于字面侵权判断的范畴，对采用功能性限定特征的权利要求而言，字面侵权成立的条件是被控侵权技术实现权利要求中所述功能的具体结构或者步骤与说明书中记载的相应实施例相同或等同。而等同侵权原则是将权利要求的保护范围从字面含义扩展到“被控侵权技术的部分与涉案专利相应部分之间具有等同关系”的情形。

2. 判断时间不同

两者的判断时间也不相同。功能性限定权利要求中的“等同”必须以权利要求提出日作为判断时间点。因为专利权利要求的字面含义在专利申请日得以确定，因此，“实施例的等同方式”不能包括在专利申请日之后提出的技术。也就是说，对于“实施例的等同”的字面侵权必须发生在专利申请日之前；而等同侵权中的“等同”的判断时间点为侵权行为发生日，即该“等同”则可以发生在专利申请日和侵权行为发生日之间。“专利申请日之后发生的行为”可能基于等同侵权原则构成侵权，同时并不构成对于功能性限定权利要求中“等同”的直接侵权。

3. 判断标准不同

从两者的判断标准来看，在《美国专利法》第 112 条第 6 款中，被控侵权技术与涉案专利权利要求中的相应部件必须执行相同（identical）的功能，而等同侵权原则中，被控侵权技术与涉案专利权利要求中的相应部件可以执行“基本相同”（substantially the same）的功能，抑或是二者具有“非实质性差异”。

4. 判断方式不同

在具体判断中，确定“实施例及其等同”不适用全部技术特征原则，在对比被控侵权技术的结构与权利要求中功能性限定的相应结构时，应从整体上判断该结构能够实现与权利要求相同的功能，而不必将结构分解为单个技术特征进行对比，只要其以相同或等同的结构实现相同的功能即可，而等同侵权则必须将全部技术特征进行一一对比。

就二者的共性来看，两者都适用于专利侵权判断，在“实施例及其等同”与等同侵权判断中，虽然对于功能的认定标准不同，但效果和方式应当都遵循“基本相同”或“非实质性差异”标准；此外，禁止反悔原则也可以适用于确定“实施例及其等同”，例如 J&M Corp. v. Harley-Davidson，Inc 案就在确定等同结构时排除了专利审批阶段排除的内容。[1]

（四）功能性限定权利要求的等同侵权判定

那么，如果相同侵权不成立，是否还可以将功能性权利要求的保护范围扩大到等同的范围？

对此，在美国理论界和实务界存在两种不同的观点：第一，功能性限定权利要求的等同侵权则表现为功能上的等同。也就是说，如果被控侵权产品与涉案专利权利要求中的相应部件执行基本相同的功能，那么可能构成等同侵权。第二，功能性限定权利要求不存在等同侵权，因为在功能性限定权利要求的解释中已经允许专利权人获得较大的保护范围，

[1] 269 F. 3d 1360，60 USPQ2d 1746 (Fed. Cir. 2001).

不能使得专利权人“两次获利”(second bite at the apple)。[1]

一般认为，当被控侵权物使用的是专利授权后新出现的技术，或者被控侵权物的功能与功能性限定权利要求中限定的功能不完全相同但又没有实质性差异时，仍可以适用等同原则认定侵权。[2] 在实践中，在这种情况下适用等同原则的判例非常少见。

三、从两个“等同”的不同审视我国功能性限定权利要求的解释规则

(一)“实现该功能的所有方式”与“实施例及其等同方式”的冲突与选择

自1952年以来，对功能性限定权利要求保护范围的解释存在的冲突和变化给美国专利实务界造成了很大的困扰和难题，同时，有关两个“等同”之间关系的讨论也莫衷一是，其中最大的质疑在于，对于采用功能性限定的权利要求而言，这种“等同”论的认定和解释方式仿佛削弱了权利要求书确定的指引作用，当法官越来越多地从说明书中寻找侵权与否的证据时，公众对于专利权的保护范围不是日益明晰，而是更加困惑了。

当然，任何一种制度的形成和发展均具有其历史背景和深层原因，就美国而言，这一制度的形成与特定历史时期美国专利商标局对于权利要求是否得到说明书支持的审查较为宽松具有直接关系。既然司法机关认为不能给予专利权人过大的保护范围从而侵害公众利益，并在专利侵权判定中根据实施例及其等同方式重新确定保护范围，那么行政机关就选择了在专利授权阶段对于权利要求是否得到说明书支持不再进行审查。美国专利商标局于2011年2月9日发布的《涉及美国专利法第112条的补充审查指南》中也明确，鉴于功能性限定权利要求按照实施例及其等同方式确定其保护范围，不再进行说明书支持方面的审查。由此可见，美国功能性限定权利要求的审查与解释之间形成了自洽的法律逻辑，该制度体系也必然受到当前历史环境下专利权人与公众间利益平衡的价值

---

[1] 140 F. 3d 1009，1022.

[2] 闫文军．专利权的保护范围——权利要求解释和等同原则适用［M］．北京：法律出版社，2007：161.

取向的制约。

欧盟在内的许多国家和地区，乃至《实体专利法条约》(2001) 草案中，仍然将功能性限定特征解释为“本领域技术人员能够想到的实现该功能的所有方式”，这些国家和地区无一例外地在专利授权阶段对于说明书支持问题进行严格审查，以使得发明创造得到合理的垄断，同样地，其与相应的侵权判断法律体系也是统一自洽的。

而在我国，现行《专利审查指南 2010》中采取了与欧盟一致的规定，即“对于权利要求中所包含的功能性限定技术特征，应当理解为覆盖了所有能够实现所述功能的实施方式”。而 2009 年发布的《最高人民法院关于审理侵犯专利权纠纷案件应用法律若干问题的解释》中对于功能性限定权利要求保护范围的确定则借鉴了《美国专利法》第 112 条第 6 款的思路。在我国专利授权阶段严格审查说明书支持问题的情况下，二者规则的不一致将很可能造成实践中的困惑以及知识产权利益平衡机制的紊乱。

有观点认为：“《专利审查指南 2010》中规定功能性特征覆盖所有能实现所述功能的实施方式，目的是为了严格授权，提高授权质量。最高人民法院的司法解释，是从另一个方面解释，在确定权利要求保护范围的时候把功能性特征解释为仅覆盖说明书中公开的实施方式及其等同方式，它的目的也是为了严格限定专利权人的保护范围”，“这两种方式表面看起来是相反的，其实是殊途同归、一脉相承的”。[1]

对此，笔者认为，根据上述对美国和欧盟在专利实质审查阶段、专利确权阶段与专利侵权判断阶段对功能性限定权利要求保护范围的解释规则来看，其分别都是统一自洽的，并未出现如我国存在的明显不一致和冲突的情形；其次，该观点是对功能性限定特征采取了单纯“制裁”思路，将功能性限定作为一种“原罪”而倾向于不断对其加以“制裁”，然而，“每个社会秩序都面临着分配权利、限定权利范围、使一些权利与其他权利相协调的任务”，“在个人权利和社会福利之间创设一种适当的平衡，乃是有关正义的主要考虑之一。”[2]事实上，功能性限定这一撰写方式，在特定技术领域的专利文件撰写中具有不可或缺性，并非应当引

[1] 毛祖开．浅议功能性限定的解释规则［M］//国家知识产权局条法司．专利法研究 2010. 北京：知识产权出版社，2011.

[2] E. 博登海默．法理学：法律哲学与法律方法［M]．邓正来，译．北京：中国政法大学出版社，2004.

导公众完全摈弃的撰写方式，在制度设计层面，应当对其采取恰当的平衡和限制，在专利生命周期的不同阶段采取统一自洽的解释规则，不仅有利于专利权的保护，而且有利于专利权人和社会公众对于专利权的保护范围建立统一的预期，从而保障社会公众的可期待利益，并且有利于鼓励专利权人公开其发明创造。

（二）从两个“等同”的不同看我国功能性限定权利要求解释规则的完善

《最高人民法院关于审理侵犯专利权纠纷案件应用法律若干问题的解释》第 4 条规定了将权利要求中的以功能或者效果表述的技术特征解释为“具体实施方式及其等同的实施方式”，第 7 条第 2 款中规定了侵权判断的等同原则。在该司法解释中，并未明确“必需特征”的判断规则，也未明确两个“等同”存在的不同。

而在《美国专利法》第 112 条第 6 款的法律适用中，需要首先结合功能性描述术语、专利审批历史以及说明书实施例的描述确定功能，然后根据说明书以及审批历史的明确记载判断构成实现所述功能“必需特征”的结构，最后判断被控侵权产品的结构与涉案专利实施例的结构“必需特征”的等同范围。我国司法解释缺少有关上述判断思路的规范，并且缺少有关功能和对应结构确定的相关法律规则。并且，上述判断规则的适用，显然对裁判者的技术能力提出了非常高的要求。

此外，本文已经分析了在美国专利法律体系中两个“等同”存在的诸多区别，并且美国学术界和司法实践对于功能性限定技术特征的“等同侵权”问题尚存在较大争议。在此情况下，我国司法解释对于功能性限定权利要求保护范围解释中的“等同”并未给出判断规则，对于功能性限定的保护显然存在过于宽泛之嫌，甚至强于美国司法实践的保护，这将给申请人造成不当指引，给原本模糊的功能性限定添上“等同”之翼，也有侵害公众利益之虞，与我们对功能性限定进行严格限定的初衷并不相符。

立足于专利权的保护和专利权的公示作用两大价值取向的分析，关于功能性限定认定与解释，在专利授权、确权与侵权程序应当建立统一的标准。首先，标准的一致有利于保护专利权的公示作用，有利于使社会公众对于功能性限定权利要求的保护范围形成合理预期。其次，标准的统一有利于专利权的保护，在专利实质审查阶段、专利确权阶段采用

“本领域技术人员能够想到的实现该功能的方式”这一标准检索现有技术，在专利侵权阶段采用较小的保护范围加以保护，这一情形显然不利于专利权的保护。最后，标准的统一使得专利实质审查阶段和专利确权阶段对于功能性限定权利要求是否得到说明书支持的审查具有意义。如果专利权的保护过程中需要重新确定保护范围，则对于权利要求保护范围是否清楚、该权利要求是否得到说明书支持等的审查将缺乏实际意义，并且无异于在侵权程序中将专利权的一部分宣告无效。

《专利审查指南 2010》中“实现该功能的所有方式”的观点可以良好适用的前提是，对于功能性限定是否得到说明书支持等条款进行充分审查。对于没有充分审查说明书支持等情形，应当通过个案纠正的方式解决，而非系统性地改变法律逻辑。

综上，结合我国司法机关所借鉴的《美国专利法》第 112 条第 6 款及其相关法律实践，与我国相关制度体系加以比较不难发现，我国相关法律体系中存在冲突和不完善，这一问题关乎专利权能否得到合理而恰当的保护，亦关乎公众对于专利法律体系的信赖和期待，需要各方进一步深入思考并加以解决。

行政审查和司法审理中功能性限定实质内涵的解析

张旭波[1]　姜　妍[2]　肖光庭[3]

摘　要

如何对专利权利要求中的功能性限定进行解读，历来是实践中的难点。为此，《最高人民法院关于审理侵犯专利权纠纷案件应用法律若干问题的解释》的第4条对功能性特征的解释作了明确。然而，其与《专利审查指南2010》中关于功能性限定的表述明显不同，这在学术界也引起了争议，有观点认为：二者所界定权利要求的保护范围存在本质上的区别。本文从理论上对行政审查与司法审理中“功能性限定”的解释原则进行了深入的探讨和解析，由此推断出二者的准确含义，并以实际判例为基础，分析了两种解释原则产生明显冲突的原因。

[1][2][3] 作者单位：国家知识产权局专利局。

一、“功能性限定”的基本概念

通常，“功能性限定特征”可解释为：产品权利要求中不是采用结构特征来限定发明，而是采用产品在内部和外部的联系和关系中所表现出的特性和能力来限定发明；方法权利要求不是采用方法步骤特征来限定发明，而是采用方法所发挥的有利的作用和效能来限定发明。[1] 尹新天在《专利权的保护》一书中则给出了更准确的定义：“如果在一项权利要求中不是采用结构特征或者方法步骤特征来限定发明，而是采用零部件或者步骤在发明中所起的作用、功能或者所产生的效果来限定发明，则称为功能性限定特征。”[2]

二、行政审查与司法审理中“功能性限定”的解释原则

《专利法》第59条规定：“发明或者实用新型专利权的保护范围以其权利要求的内容为准，说明书及附图可以用于解释权利要求的内容”，这是解释专利权保护范围的一般性原则。权利要求中常采用的“功能性限定”，其解释也必然遵循以上一般性原则。

那么在具体实践中，行政审查阶段和司法审理阶段究竟如何解释“功能性限定”？两者存在怎样的差异？以下的案例或许能够回答这些问题。

案例一：

在专利号为ZL00114037.X的“电池外壳的制造方法案”中，争执的焦点在于对权利要求1中记载的功能性限定特征“限位装置”该如何解读。说明书实施例中限定了该限位装置是一具有U形结构的固定结构。

复审委认为[3]：根据2000年《专利法》第56条（现行《专利法》第59条），在对权利要求中某术语产生歧义时，应当从权利要求的整体技术方案出发并结合说明书及其附图对其进行解释。该限位装置应当解释为

---

[1] 张晓霞．论专利权利要求中的“功能限定特征”［D］．北京：中国政法大学硕士学位论文，2007：3.

[2] 尹新天．专利权的保护［M］．北京：知识产权出版社，2005：321.

[3] 国家知识产权局专利复审委员会第6990号无效宣告决定书。

具有U形结构的固定结构，该U形结构的两臂的内壁可以限制斜楔形滑块的运动极限位置。

一审法院认为[1]：根据《审查指南2001》的明确规定，对于“限位装置”应当理解为所有能够实现限定下滑块的运动极限位置的装置。复审委将权利要求1中的“限位装置”解释为U形固定结构已经超出了以说明书和附图所能够解释权利要求的范围，而属于以说明书及附图来限定权利要求的情形，违反了《专利法》及《专利审查指南2010》的相关规定。

二审法院认为[2]：权利要求中的“功能性限定特征”不应当解释为覆盖了所有能够实现该功能的任何方式，而应当受说明书中记载的实现该功能的具体方式的限制，由本专利说明书的描述可知“限位装置”的形状就是“U形结构的固定结构”。而对比文件中公开的“滑动凸轮”不是“U形结构的固定结构”，因此本专利的权利要求1相对于对比文件具备新颖性。

案例二：

在专利号为ZL01207388.1的“除臭吸汗鞋垫案”中，争执的焦点在于对权利要求1中记载的功能性限定特征“单向渗透层”该如何解读。说明书实施例中限定了该单向渗透层是一种具有漏斗状孔隙的布面。

一审法院认为[3]：实施例并不能理解为是对必要技术特征的限定，因此，单向渗透层的保护范围应确定为能够实现水分单向渗透的层面，不能理解为具有漏斗状孔隙的布面。而被控侵权产品的单向渗透层设置于正面干爽表面和抗皱层之间，通过一层非织造布和吸汗层两层结构同样可以实现单向渗透功能，因此可以确认使用了与专利等同的技术手段，并实现了相同的技术效果，该项特征与专利技术中的单向渗透层构成等同。

二审法院认为[4]：对于采用“功能性限定特征”的权利要求，不应当按照其字面含义解释为涵盖了所有能够实现该功能的方式，而是应当受到说明书记载的具体方式的限制，即在侵权判断中应当对“功能性限定特征”解释为“仅仅涵盖了说明书中记载的具体实现方式及其等同方

[1] 北京市第一中级人民法院（2005）一中行初字第607号行政判决书。

[2] 北京市高级人民法院（2006）高行终字第179号行政裁定书。

[3] 北京市第二中级人民法院（2005）二中民初字第11450号民事判决书。

[4] 北京市高级人民法院（2006）高民终字第367号民事裁定书。

式”。由于本专利说明书中对单向渗透层明确指明“为一种具有漏斗状孔隙的布面”，而被控侵权产品单向渗透层采用的是非织造布，显然其不是与具有漏斗状孔隙的布面相同或相等同的技术特征。

由以上两个案例的争议，可以看出：对于“功能性限定”的解释明显存在两种观点。观点一认为：2000 年《专利法》第 56 条第 1 款规定的“说明书及附图可以用于解释权利要求”中的“解释”不是对权利要求进行限定作用，对于权利要求中所包含的功能性限定的技术特征，应当理解为“覆盖了所有能够实现所述功能的实施方式”。即遵循《专利审查指南 2010》规定的“宽泛解释”原则进行解释。

根据第二种观点：对于采用“功能性限定特征”的权利要求，不应当按照其字面含义解释为涵盖了能够实现该功能的所有方式，而是应当受到专利说明书中记载的实现该功能的具体方式的限制。即遵循 2009 年 12 月 28 日公布的《最高人民法院关于审理侵权专利纠纷案件应用法律若干问题的解释》（以下简称《解释》）第 4 条规定的“对于权利要求中以功能或者效果表述的技术特征，人民法院应当结合说明书和附图描述的该功能或者效果的具体实施方式及其等同的实施方式，确定该技术特征的内容”的“具体解释”原则进行解释。

由此可见，司法审理阶段的“具体解释”原则与行政审查阶段作为部门规章的《专利审查指南 2010》的“宽泛解释”原则似乎存在着明显的不一致，甚至可以说是明显的冲突。如何认识这种不一致或者冲突，则是摆在人们面前的一个不可回避的问题。在我国当前的实践中，这种“宽泛解释”和“具体解释”的冲突是否真如上述两个案例所表现得如此对立？这两者是否是对同一个问题从不同侧面作出的表达？两者间是否存在某种内在的联系？国外又是如何来对功能性限定进行解释的？这些均是值得探讨的问题。

三、“宽泛解释”原则与“具体解释”原则的分析与理解

国外对功能性限定的解释方式，或许存在具有某些借鉴意义。

日本特许厅承认功能性权利要求，但同时又限制这种权利要求的适用，规定功能性权利要求有效的前提是该权利要求可以使本领域技术人

员可以清楚地理解专利的范围。日本法院在解释功能性权利要求时，认为功能性权利要求的保护范围以本领域普通技术人员通过阅读说明书等专利文件能够实施的范围为基准并要求对功能性权利要求适用等同原则。[1] 由此可见，日本行政审查阶段和司法阶段对功能性限定的解释是不一致的，行政审查阶段采用宽泛的解释原则，而司法审理阶段采用具体解释原则。可见日本对功能性限定的解释方式与我国的情况相类似。

美国专利法则允许使用功能性权利要求，并规定功能性权利要求应当被解释为覆盖了说明书中记载的相应结构、材料或动作以及其等同物。在专利审查和侵权判断中均采用这一标准。[2] 即美国在司法审理阶段与行政审查阶段对功能性限定都采用“具体解释”原则。然而，美国专利法并不存在“权利要求以说明书为依据”的专门条款，其在实际审查中的依据为“第 112 条第 1 款，根据说明书披露的内容，本领域普通技术人员无法制造和使用该发明”和“第 112 条第 2 款，在说明书中没有以具体实现方式定义权利要求中的‘功能性限定特征’，因而导致权利要求的内容不确定”。

在我国，“宽泛解释”原则对功能性限定解释为“实现所述功能的所有实施方式”，而“具体解释”原则对功能性限定解释为“对于权利要求中以功能或者效果表述的技术特征，人民法院应当结合说明书和附图描述的该功能或者效果的具体实施方式及其等同的实施方式，确定该技术特征的内容”，即解释为“具体实施方式加等同”。而判断等同的方法可以总结为“通过基本相同的手段，实现基本相同的功能，达到基本相同的效果，并且本领域的普通技术人员无需经过创造性劳动就能联想到的技术特征”。

比较这两种解释的文字描述，可以发现，“具体解释”原则对功能性限定解释得出的文字范围似乎比“宽泛解释”原则得出的文字范围小。这主要体现在“宽泛解释”原则的“所有实施方式”在措辞上是一种绝对概括，其文字含义表现为一个范围中的全部和一种连续性，而“具体解释”原则的“实施方式加等同”在措辞上表现为相对概括，其文字含

[1] 闫文军．专利权的保护范围——权利要求解释和等同原则适用［M］．北京：法律出版社，2007：310－313.

[2] 闫文军．专利权的保护范围——权利要求解释和等同原则适用［M］．北京：法律出版社，2007：152.

义甚至可以理解为非连续的离散性。对说明书只公开一种具体实施方式而概括出功能性限定的情况，这种文字含义上的差别则表现得更为明显。因为此时司法审理阶段明确规定将功能性限定解释为具体实施方式加等同，而“宽泛解释”原则解释为“实现该功能的所有实施方式”。并且这种差别已经在实际的司法审理中造成了明显的冲突，例如“电池外壳的制造方法”和“除臭吸汗鞋垫”两个判例中表现出的冲突。

但是如果进一步思考，就会发现其间的差异并非如文字表达的那样悬殊，这两种解释之间实际上存在相当的一致性和紧密的内在联系。为了探求两种解释原则之间的一致性和内在联系，可从“功能性限定”的产生过程来分析宽泛解释原则的“实现所述功能的所有实施方式”这一表述的准确含义。

在专利审查实践中，“功能性限定”一般均是从说明书记载的一个或者多个具体实施方式中概括得出的，这种概括得出的情况必须符合《专利法》第 26 条第 4 款的规定，即要求得到说明书支持。也就是说，以一个和多个具体实施方式为基础概括出功能性限定的条件是这种功能性限定必须得到说明书支持。由此可见，功能性限定与产生该功能性限定的一个和多个具体实施方式之间的关系是“被支持与支持”的关系。

对于“功能性限定”是从多个具体实施方式概括得出的情况，最高人民法院颁布的《解释》第 4 条虽未对具体情况进行细化。然而，法律的发展必然具有继承性，最终的立法与先前的司法实践以及立法探索也必然存在着承继关系。在 2003 年的《最高人民法院关于审理专利侵权纠纷案件若干问题的规定（会议讨论稿）》中“发明、实用新型专利权保护范围的确定”部分第 8 条规定：“对权利要求中以功能或者效果表述的技术特征，人民法院应当根据说明书中对该技术特征实施方式的具体描述，以所属领域的技术人员通过阅读权利要求书和说明书及附图可以明了和不经过创造性劳动即可联想到的具体实施方式为限作出解释，合理确定专利权的保护范围。说明书仅描述了实现该功能或者效果的一种具体实施方式的，应当将该技术特征解释为仅覆盖了这一具体实施方式及其等同方式。说明书描述了实现该功能或者效果的多种具体实施方式，而且权利要求记载的功能或者效果技术特征是对这些具体实施方式所共有的功能或者效果的适当概括的，应当将该技术特征解释为覆盖了所有能够实现该功能或者效果的具体实施方式。”该规定实际上是多年司法判例的概括与总结。虽然最终颁布的《解释》第4条与该草案的以上条款在表述上存在一定的出入，但二者实质含义实际上还是存在一致之处。其中该规定中对功能性限定由多个具体实施方式概括得出的描述相当于《专利审查指南2010》中“权利要求得到说明书支持”的实质审查要求。由此可见，司法审理阶段与行政审查阶段的解释并无实质性区别，都解释为实现这种功能的所有实施方式。

对于“功能性限定”是以一个具体实施方式为基础概括得出的情况，所谓的“实现该功能的所有实施方式”，其真实含义并非如其字面上表现的那样为一种全部或者绝对概括或者范围的连续性，而应该理解为在得到包括该具体实施方式的说明书支持的前提下的“所有实施方式”。然而，何谓“得到包括该具体实施方式的说明书支持的前提下的所有实施方式”？为此，有必要理清“得到说明书支持”的概念。

从逻辑学来看，对于“得到说明书支持”这一概念可以分为支持和不支持两种情况。

对于不支持的情况，《专利审查指南2010》中也有明确的规定，也较易理解。如果功能性概括包括了申请人推测的内容，并且其效果又难于预先确定和评价，则“得不到说明书支持”。也就是说，若功能性包括了非合理预测的实施方式，则这种功能性限定的概括是不能被允许的。例如，在还没有发明电灯的煤油灯时代，作为功能性限定的“照明装置”，其虽然在文字含义上包括了后来出现的电灯，但其实际解释的含义则不可能包括电灯，因为那个时代的本技术领域普通技术人员所理解的“照明装置”仅仅是煤油灯及类似装置，无法合理预测而得到类似电灯的照明装置。即从煤油灯到电灯之间存在巨大的创造性鸿沟，不应当仅仅因为功能性限定的“宽泛解释”就将相对说明书公开的具体实施方式存在创造性但实现相同功能的实施方式“电灯”解释到煤油灯时代的“照明装置”的含义中。

实质上，从得到说明书支持的概念出发，那些与具体实施方式相比存在创造性但实现相同功能的实施方式，不应当属于该功能性限定保护的范围，它们是技术进步的产物。否则该功能性限定必定得不到说明书支持，因为其包括了不可合理预测的实施方式。即创造性是非显而易见性，是不能预测的，若能预测则不具备创造性。这就是说，从得到说明书支持的含义出发，即使对功能性限定采用“宽泛解释”，这种功能性限定准确的范围是在其文字范围中排除了相对具体实施方式不可合理预测，例如存在创造性的实施方式。若能够排除不可合理预测的实施方式，则余下的则是可合理预测的实施方式。事实上，《专利审查指南2010》中明确规定了这种情况，即如果所属技术领域的技术人员可以合理预测说明书给出的实施方式所有等同替代方式或明显变型方式都具备相同的性能或用途，则应当允许申请人将权利要求的保护范围概括至覆盖其所有的等同替代或明显变型的方式。那么，“如果所属技术领域的技术人员可以合理预测说明书给出的实施方式所有等同替代方式或明显变型方式都具备相同的性能或用途，则应当允许申请人将权利要求的保护范围概括至覆盖其所有的等同替代或明显变型的方式”所表述的含义或者范围是否就是“宽泛解释”原则下对“功能性限定”的准确含义或者范围？什么是合理预测的实施方式？这种“具体实施方式加合理预测的所有实施方式”与“具体解释”原则中的“具体实施方式加等同”是何种关系？

预测，从语义学上来说是指“通过调查和分析，对事物的动态和发展趋势，事先作出估计和评价”。❶ 则“合理预测的实施方式”即为所属技术领域的普通技术人员根据所属技术领域的特点，参照与之相关的现有技术，由说明书中的具体实施方式通过合乎逻辑的分析、推理或者有限的试验，即在不需要创造性劳动或者过多劳动前提下推测出的，能解决了该功能所要解决的技术问题，并具有相同或相近的技术效果的其他能够实现该功能的实施方式。由此可见，“合理预测”的主体为本领域普通技术人员，基础条件是现有技术，评价标准为创造性劳动或者过多的劳动，即近似《专利法》第 22 条第 3 款规定的创造性标准，判断的过程是：预测的实施方式是否解决了所要解决的技术问题，实现了基本相同的功能，达到了基本相同的效果。至此，可以推断，“合理预测”与“具体解释”原则中的等同的判断方法是基本相同的。因为等同判断的主体也是本领域普通技术人员，基础条件也是现有技术，评价标准也为创造性劳动或者过多的劳动，即近似《专利法》第 22 条第 3 款规定的创造性标准。但等同判断的过程与合理预测的判断过程稍有不同，等同的判断过程是：判断实施的手段是否基本相同，是否实现了基本相同的功能，

❶ 辞海编辑委员会．辞海（1999 年版缩印本）[M]．上海：上海辞书出版社，2000：5238.

是否达到了基本相同的效果。虽然等同判断中没有明确提及是否解决需要解决的技术问题，但实质上这个问题在基本相同的功能和基本相同的效果判断中已经考虑了，因为通常技术效果与技术问题是密切相关，不可分的，不解决基本相同的技术问题则不可能达到基本相同的技术效果。

事实上，在司法实践中，也有观点认为：对于功能性限定的特征，不能简单地将所有能够实现该功能的全部实施方式纳入专利保护范围，应当结合说明书公开的具体实施方式，将本领域技术人员无需创造性劳动就能够联想到的实施方式纳入专利保护范围。[1] 这实际上即类似于“具体实施方式加合理预测的所有实施方式”的表述。

基于以上“得到说明书支持”的角度，从不能够得到说明书支持和支持两个方面探讨了宽泛解释原则下的功能性限定的准确含义，至此可以得出如下论断：

（1）宽泛解释原则中的“实现所述功能的所有实施方式”的准确含义不是字面上的含义，其准确含义应该是在得到说明书支持的前提下的“实现所述功能的所有实施方式”。

（2）在得到说明书支持的前提下的“实现所述功能的所有实施方式”的含义是，首先应当排除不能得到说明书支持，例如与说明书公开的具体实施方式相比存在创造性的实施方式，剩下的是能够得到说明书支持的实施方式。

（3）对说明书只有一个具体实施方式并由此概括出功能性限定的情况，得到说明书支持的实施方式只剩下所属技术领域的普通技术人员从说明书公开的具体实施方式出发可以合理预测说明书给出的具体实施方式所有等同替代方式或明显变型方式。

（4）合理预测的主体为本领域普通技术人员，基础条件是现有技术，评价标准为创造性劳动或者过多的劳动，即近似《专利法》第 22 条第 3 款规定的创造性标准，判断的过程是预测的实施方式是否解决了所要解决的技术问题，实现了基本相同的功能，达到了基本相同的效果。

（5）“合理预测”的方法与具体解释原则中的等同判断方法基本相同。

---

[1] 郃中林．专利侵权判定的几个基本法律适用问题［M］//国家知识产权局条法司．专利法研究 2006．北京：知识产权出版社，2007：351.

由此可得出，“宽泛解释”原则对功能性限定的解释“实现所述功能的所有实施方式”与“具体解释”原则对功能性限定的解释“具体实施方式＋等同”是从不同角度对同一事物的不同表达，两者间的确切含义在理论上并不存在实质性的区别。

专利实践中表现的冲突是具体实践中对两者的理解发生偏差造成的。例如案例一的判决之所以存在冲突，是因为相关方没有考虑功能性限定的范围应该在得到说明书支持的前提下来解释。如果能够考虑这一点，则其中的“限位装置”不能简单地解释为“能够实现限定下滑块的运动极限位置的装置”，因为该技术特征在说明书中并没有记载，是对“U形结构的两臂的内臂可以限制斜楔形滑块的运动极限位置”这一内容的一种抽象概括，是一种再次概括。在专利审查阶段这种情况是不被允许的。但在侵权纠纷审理阶段，对功能性限定进行解释时，是否允许再次概括？如果允许，则这种再次概括应该遵循什么条件……这些问题虽然目前尚无明确的规定，但有一点是明确的，即解释出的含义应该遵循“得到说明书支持”这一法律规定，否则专利法的立法基础，例如先申请制等都将被动摇。对于案例一，应当在“U形结构可限制滑块的运行极限位置”这一具体实施方式的基础上，考虑该“U形结构”的功能、作用、效果并考虑说明书公开的技术启示和现有技术状况等因素，合理预测与该U形结构等同的其他替换实施方式或者明显变形实施方式，即根据上述讨论的结论（3）～（4）进行审理，则这种冲突就不会产生。

又例如案例二中的“单向渗透层”是基于“漏斗状空隙的布面”这一具体实施方式概括出来的。在解释这种概括的范围或者含义时，必须考虑这种解释是否得到说明书支持。为了考虑得到说明书支持就必须考虑“漏斗状空隙”的功能、作用和给出的技术提示等。“漏斗状空隙”这一特征给出的技术提示是“可以通过对布面空隙及空隙的形状进行合理设计来实现要求的渗透效果”，而“单向渗透层”给出的技术提示是“将渗透层设计为从一个方向进行渗透来实现要求的渗透效果”，显然两者的技术提示是不同的。根据说明书用于解释权利要求的原则及权利要求应该得到说明书支持的要求，此时应当采用说明书给出的技术提示来进行解释。如果这样，就会发现，前述冲突将不再存在。

四、结　论

综上所述，我们发现：对功能性限定在行政审查阶段采用的“宽泛解释”原则和司法审理阶段采用的“具体解释”原则，是对同一问题从不同方面作出的不同表述，两种表述方式的准确含义或者保护范围不存在实质上的差异，甚至是基本一致的。其内在联系是功能性限定必须得到说明书支持，得到说明书支持的判断主体和标准与等同的判断主体和标准是一致的，判断主体都是本技术领域的普通技术人员，判断标准都是近似《专利法》第22条第3款规定的创造性标准，两者的过程基本上相同，因此从理论上讲，功能性限定的解释在行政和司法上实质上基本达到了一致。

但是在目前的行政审查和司法审理实践中，对两者的理解还存在一定的差异，而这种差异是实践执行中的个人主观理解形成的，并非两种解释理论的固有差异。对于功能性限定在司法审理和行政审查中表现的冲突是具体实践中对两者的理解发生偏差造成的。若在专利审查和司法审理实践中充分考虑“功能性限定是否得到说明书的支持”，那么这种冲突或许将不会存在。

但不可否认的是，在司法审理阶段，通常无法考虑权利要求书必须得到说明书支持这一法律规定，因此采用“具体解释”原则较合适，因为具体实施方式在很大程度上就是代表说明书记载的发明。而对于行政审查程序来说，必须考虑权利要求书是否得到说明书支持。因而行政审查应当从得到说明书支持的角度对功能性限定进行严格把关，防止造成后续结果的冲突。只有经过严格准确的实质审查，侵权和授权程序的保护范围的解释才可能达到一致，因此在实质审查时，应当从严把握功能性限定特征，从而引导申请人尽量避免采用功能性限定的撰写方式。由此，可使行政和司法不仅在理论上而且在实际操作中达到统一，从而力求将个人主观理解差异造成的影响最小化。

技术转让与技术许可

——对我国《合同法》相关规定的探讨

文希凯[1]

摘　要

本文简述了技术转让与技术许可规定的国际渊源和我国技术贸易法规的缘起与发展。对比我国《合同法》关于技术转让及技术许可的规定，分析了技术转让合同与技术许可合同的性质与特点，技术转让合同与买卖合同的异同。通过对《合同法》相关条文的剖析，本文旨在说明我国现行《合同法》技术合同章节缺乏对技术转让合同与技术许可合同，并特别是技术转让合同的性质与特点的清楚描述，相关规定不够严谨、全面。笔者认为随着国际贸易的发展和国际知识产权保护的强化，反对专利权滥用等问题也应系统纳入《合同法》技术转让合同与技术许可合同规范的范畴。

[1] 作者单位：中国知识产权培训中心。

“技术”是一个人们耳熟能详的词汇，但要给它一个确切的定义却并非易事。根据《辞海》，“技术”是“人类在利用自然和改造自然的过程中积累起来并在生产劳动中体现出来的经验和知识，也泛指其他操作方面的技巧。”世界知识产权组织（WIPO）《技术贸易手册》指出，“技术”指制造一种产品的系统知识，所采用的一种工艺，或提供的一项服务，不论这种知识是否反映在一项发明、外观设计、实用新型或植物新品种中，或反映在技术情报或技能中，或反映在专家为设计、安装、开办或维修一个工厂或为管理一个工商企业或其活动而提供的服务或协助等方面。❶ 简而言之，技术是人类创意，革新和创造力的体现。由于这些凝聚人类智慧的结晶能被其拥有者或经过许可被其他人商业性使用，它们具有价值和使用价值，是可进行贸易的资产。

技术贸易顾名思义是以技术为标的贸易。鉴于一项先进技术的开发通常需要大量的人力、物力和财力，而且需要经过相当长时间努力，一个国家不可能拥有世界上所有的先进技术，也不可能研究开发所有的技术，技术贸易为此起着沟通技术开发方和需求方的作用，在国家与国际经济发展中正起着日益重要的作用。技术贸易包括广泛的内容，包括技术转让（买卖）、许可证贸易、有偿技术咨询、技术服务与技术协助、合作开发经营、国际直接投资和成套工程承包等。本文只限于对技术转让和技术使用权转移中的相关问题进行分析和探讨。

一、我国技术转让、技术许可规定的法律渊源

各国关于技术转让和技术许可的法律通常有两部分内容，一部分是适用于国内技术贸易的法规，另一部分是涉及国际技术贸易，即适用于技术输出和技术输入的法规。两者之间有一定重合。以我国情况为例，我国规范国内技术转让和许可的法律包括原《技术合同法》《合同法》和《专利法》等知识产权专门法等；规范国际技术转让和许可的法律包括涉外经济合同法、对外贸易法及一些涉外技术转让条例❷等，这些法规主要规范我国引进技术的内容、技术引进合同订立的要求、合同的审批方法、

❶ “Licensing Guide”，WIPO，p. 27，1977.

❷ 例如《技术引进合同管理条例》（1985 年 5 月）、《技术引进合同审批办法》（1985 年 9 月）和《技术引进和设备进口工作暂行条例》（1981 年 1 月）等。

以及不得进入合同的限制性商业条款等。

（一）国际渊源

鉴于国内贸易与国际贸易实际上密不可分，并呈现联系日益紧密的趋势，各国关于技术转让的法律，特别是涉及国际技术贸易的法规均不可避免会受到相关国际或地区条约的影响。联合国《国际技术转让行动守则（草案）》《欧洲经济共同体条约》《联合国国际货物销售合同公约》和《国际商事合同通则》等，均对我国相关法规的起草，促进改革开放，适应经济全球化背景下我国经济走向世界的需要提供了可贵参考。为适应我国加入 WTO，履行我国作为 WTO 成员的义务，我国也对自己的相关法规作了必要调整。例如，为《与贸易有关的知识产权协定》（TRIPS）相一致，我国对《对外贸易法》进行了修改，[1] 依据我国经济与贸易现状，以及我国的承诺，增加了包括知识产权贸易在内的许多新内容。

简言之，在现代专利（知识产权）制度下，作为人类精神创造成果的技术创新是有价值并可进行贸易的资产，各国对技术移转、技术转让、技术许可等技术贸易的基本概念有基本一致的规定和内涵。

其一，技术移转（technology transaction）或技术交易不仅包括对技术（专利、非专利技术）的所有权的买卖，也包括对技术（专利、非专利技术）使用权的许可。

专利技术指取得专利权，受到国家专利法保护的技术，非专利技术一般被称为技术秘密，是指“不为公众所知悉、能为权利人带来经济利益、具有实用性并经权利人采取保密措施的技术信息和经营信息”[2] 的专有技术或技术秘密。非专利技术由于未取得专利权，不属专利法保护的范畴，一旦泄密就无法限制他人的使用。对非专利技术交易应签订技术秘密转让合同或技术秘密许可合同；对专利技术交易应签订专利权转让合同和专利实施许可合同。

其二，技术转让（assignment of technology）与物的转让有重要区别，技术转让（技术买卖）与技术使用权许可（license of right）也是完全不同的两回事。

物的转让指一件物品完整地被转让给受让方，原物主因转让丧失对

[1] 《对外贸易法》的修订于 2004 年的第十届全国人民代表大会常务委员会第八次会议通过，于 2004 年 7 月 1 日开始实施。

[2] 参见《反不正当竞争法》第 11 条。

该物的所有权。这表明所有权与使用权的同时转让是物的转让的基本特点，物的所有权与物的使用权不可分离。但技术作为无形财产，由于可以被包括技术持有者在内的多个主体同时使用，即使它已从法律上被完整地转让给受让人，技术的原持有者并不会因此而丧失使用该技术的能力，故技术的所有权和使用权可以分离。当技术的所有权和使用权均被转让时，这种转让与物权的转让一样，是法律意义上的所有权的转让，其相对应的英文是 assignment of technology；当仅是技术的使用权被转让，技术的所有权未被转让时，这种转让相对应的英文是 license of right，通常被称为使用权的许可。

其三，授予使用知识产权的许可指，知识产权拥有方允许被许可方，按双方同意的条款和条件，并按被定义的目的，在被定义的地域和时间内使用其知识产权。例如，专利技术许可是专利权（例如发明专利）所有者（许可方）和专利技术使用者（被许可方）之间达成的关于该项发明的使用权益和使用范围的协议。

从而，按法律的定义或国际惯例，技术移转是上位概念，包括技术转让和技术许可。技术转让指专利技术或非专利技术（技术秘密）的所有权和使用权同时被转让的行为，应当签订专利技术或技术秘密转让协议。技术许可指技术拥有方以合同或协议的方式，将其专利技术或技术秘密有偿或无偿地允许另一方使用的行为。专利技术许可应当签订专利实施许可合同；非专利技术许可应当签订技术秘密使用许可合同。在许可合同中，被许可的对象是技术的使用权，不发生技术所有权的转让。

（二）立法沿革及现行规定

20 世纪 70 年代末，随着我国改革开放制度的实施，我国需要引进西方的设备和技术，西方国家也需要获得廉价原料和开拓对中国的贸易，双方均有以科技合作为渠道发展贸易关系的迫切愿望。为此，旨在规范市场平等交易主体的相关权利义务，为市场经济发展服务的合同制度在我国风生水起。1981 年，我国出台《经济合同法》，明确了“订立合同，应当依据平等互利、协商一致”[1]，和“订立合同，必须遵守中华人民共和国法律，并不得损害中华人民共和国的社会公共利益”[2] 等基本原则。

---

[1] 参见原《经济合同法》（1981）第 3 条。

[2] 参见原《经济合同法》（1981）第 4 条。

该法第8条并把科技协作合同列为十大经济合同的一种。根据该法，科技协作合同包括科研、试制、成果推广、技术转让、技术咨询服务等。❶

其后，为推动技术引进和吸收工作的开展，国务院又于1985年出台《技术引进合同管理条例》，为我国技术引进工作的规范化运作迈出坚实的一步。根据该条例第2条，技术引进是指中华人民共和国境内的公司、企业、团体或个人（以下简称“受方”），通过贸易或经济技术合作的途径，从中华人民共和国境外的公司、企业、团体或个人（以下简称“供方”）获得技术，其中包括：（1）专利权或其他工业产权❷的转让或许可；（2）以图纸、技术资料、技术规范等形式提供的工艺流程、配方、产品设计、质量控制以及管理等方面的专有技术；（3）技术服务。

这些规定表明，作为我国引进技术和改革开放的先行性法规，它们不仅适应了我国当时的迫切需要，也原则上符合国际惯例，其主要特点包括：

其一，因为我国当时创新乏力，基本上没有可供出口的技术，这些法规仅对技术进口或引进作了规定，对技术出口没有规定；其二，由于缺乏实践和经验，多数规定比较原则；其三，尽管某些规定明显带有历史烙印，❸ 但已明确工业产权的转让与许可属于国际科技协作或技术转让的范畴，明确了对工业产权转让合同和工业产权许可合同的初步规范，对技术转让和技术许可作了正确区分，为我国知识产权法的顺利实施奠定了基础。

由此，尽管我国1984年颁布的《专利法》和1983年颁布的《商标法》均诞生于我国市场经济尚未完全定型之前，但两个法均已明确规定专利权、商标权可以转让，并规定实施知识产权应当订立许可合同。❹

随着改革开放步步深入和“开放技术市场，实行科技成果商品化”❺

---

❶ 原《经济合同法》（1981）第26条 。

❷ 工业产权是专利权与商标权的统称。

❸ 根据《关于推进引进技术消化吸收的若干规定》（经科（1986）98号文）第7条：“凡使用国家外汇引进的技术，所有权属于国家。除中国专利法保护期内的技术和涉外合同规定的技术秘密部分外，对所有引进技术在国内不得搞封锁。”

❹ 《专利法》第12条规定：“任何单位或者个人实施他人专利的……都必须与专利权人订立书面实施许可合同，向专利权人支付专利使用费。”《商标法》第40条规定：“商标注册人可以通过签订商标使用许可合同，许可他人使用其注册商标。”

❺ 参见《中共中央关于科技体制改革的决定》（1985年3月）。

方针的落实，我国《技术合同法》于1987年6月颁布，对技术转让作了系统规定。根据该法第2条，技术合同法适用于法人之间、法人和公民之间、公民之间就技术开发、技术转让、技术咨询和技术服务所订立的确立民事权利与义务关系的合同。1999年3月15日，在总结原《经济合同法》、原《技术合同法》和原《涉外经济合同法》的基础上，我国颁布三法合一的《合同法》。该法第十八章“技术合同”基本沿袭了原《技术合同法》的相关规定，对技术合同的法律规范也由此上升到国家基本法条的重要地位。

二、《合同法》中技术转让相关条款探讨

二十多年来，这些规定为规范我国技术转移，加快科技成果向现实生产力转化，实现科技成果产业化作出了重要贡献。但细读《合同法》第十八章第三节对“技术转让”的规定，笔者认为该节缺乏对技术转让与技术许可的分别规定，不仅有失严谨，也有失全面，有需要修改和完善之处。

（一）对技术转让合同类别的列举有失清晰

《技术合同法》第十八章第三节共十三条。第342条❶提纲挈领规定，“技术转让合同包括专利权转让、专利申请权转让、技术秘密转让、专利实施许可合同”。从文字上看，本条对技术转让合同作了穷举式列举，前三种是转让合同，第四种是许可合同。但不足的是，既然转让合同可因被转让客体之不同分为专利权转让合同、专利申请权转让合同和技术秘密转让合同三种，为何许可合同只列出专利实施许可合同，不列出专利申请许可合同和技术秘密许可合同?

众所周知，专利许可是以已被授权为专利的技术作为标的之许可，在我国《专利法》和《合同法》中均被称为专利实施许可。而专利申请许可是以待批专利技术或专利申请涵盖的技术作为标的之许可，作为其标的之技术尚存在被拒绝批准为专利的可能。如果该专利申请未经公布便撤回，未遗留任何权利，则其涵盖的技术可以作为技术秘密予以许可或转让。从而，无论是根据国内外实践或是根据我国的专门法例如《专

❶ 本规定源于原《技术合同法》第34条。

利法》等，不仅专利技术可以作为许可合同的标的，待批专利（专利申请）技术和技术秘密也可以作为许可合同的标的。第 342 条的穷举有挂一漏万之嫌。此外，尽管第 342 条未把技术秘密许可合同作为有名合同列举，但该节中的不少其他条款却应认为，或明确或含蓄地针对技术秘密许可合同而规定。

可能是为了弥补这一不足，2004 年 11 月 30 日，最高人民法院审判委员会第 1335 次会议通过了《最高人民法院关于审理技术合同纠纷案件适用法律若干问题的解释》，该解释第 22 条规定，“转让合同”一词既包括技术买断的技术买卖合同，也包括技术所有权不转让，仅出让使用权的许可合同[1]。故按该司法解释，《合同法》中表示买断关系的词汇是“让与”。“转让”不同于“让与”，是包括“让与”与“许可”的上位概念。该解释澄清了一些问题，但究竟“让与合同”和“许可合同”有何不同，应如何认识和规范它们的问题依然存在。

一是在此前的相关法律法规中，转让均指所有权意义上的转让，不包括使用权的许可，例如 1983 年《商标法》第 4 章对注册商标的续展、转让和使用许可作了分别规定；1984 年《专利法》第 10 条和第 12 条分别对专利权和专利申请权转让和专利实施许可合同作了具体规定；《技术进出口管理条例》(2002 年）第 2 条也规定转移技术的行为包括“专利权转让、专利申请权转让、专利实施许可、技术秘密转让、技术服务和其他方式的技术转移”。即在这些规定里，“转让”一词均表示买断关系。

二是即使可以硬性规定，《合同法》中的“转让”一词的概念不同于其他颁布在先的、并仍然有效的法规的定义，人们应把《合同法》中的“转让”读成“让与与许可”，《合同法》本身中的不少条款仍然难以相互衔接。

例如，根据《合同法》第 343 条规定，“技术转让合同可以约定让与人和受让人实施专利或者使用技术秘密的范围，但不得限制技术竞争和技术发展”；再如《合同法》第 348 条规定，“技术秘密转让合同的受让人应当按照约定使用技术，支付使用费，承担保密义务”。尽管把这些条款中的“转让”读成“让与和许可”并无不可，但根据该条所用的“使

---

[1] 《合同法》第 342 条规定的“技术转让合同”，是指合法拥有技术的权利人，包括其他有权对外转让技术的人，将现有特定的专利、专利申请、技术秘密的相关权利让与他人，或者许可他人实施、使用所订立的合同。

用权”或“使用费”等措辞，它们依惯例应理解为是针对专利或技术秘密使用权许可的规定，不是针对买断技术的买卖合同的规定。同理，该法第347条和第351条虽冠名为“转让”合同，但实际上都只是针对许可合同的规定。

这说明技术转让合同与技术许可合同的区别并不是改一两个字就可以清楚阐述的，也并不总是可以放在同一个条款中论述。例如按我国相关法规和国际惯例，“让与方”虽可表达为“转让方”，但用“转让方”表达“许可方”的概念却需要前后文的限定，例如，其前后文中与其相对应的词应是“被许可方”等。

为此，鉴于专利技术或技术秘密转让合同与专利技术或技术秘密许可合同是两类性质截然不同的合同，前者是所有权转让合同，后者是使用权许可合同，把技术转让合同与技术许可合同统称为技术转让合同容易引起混淆。在对技术转让、技术让与和技术许可没有清楚定义的背景下，把法律关系为技术“买断”的“技术转让”与法律关系实际上为技术“被许可使用”的“技术租赁”混为一谈，既不利于技术许可实务工作的开展，也不利于技术许可理论的深入探讨与法制完善。而相对于“技术转让”，“技术移转”（technology transfer）的概括性或包容性更强。把技术移转作为技术转让、技术许可等一切技术交易行为的上位概念似乎更为成熟。技术移转一词也一直广泛用于国内外技术贸易实践和相关国际条约和法规。

还应当考虑的是，根据《合同法》第九章“买卖合同”第137条规定，我国《合同法》注意到了技术或知识产权转让合同与一般动产或不动产买卖合同或转让合同的不同，但《合同法》第十八章“技术转让合同”却丝毫没有提及或进一步规范。

（二）对技术转让合同的要件和特点规范、分析不足

如前文所述，我国有关的技术转让法律法规和知识产权专门法，不论它们是颁布于原《技术合同法》或《合同法》的之前或之后，均认可知识产权转让与有形物品的转让一样，属于法律意义上的买卖关系，需要签订转让合同。

这表明，当作为合同标的专利技术X的所有权从A转让给B时，这种出售或购买受专利保护技术的法律交易行为一般被称为转让（assignment）。该技术的所有权按被同意的价格和条件从出让方A被一次性转移

给受让方 B。受让方成为该技术的新的权利人。除买卖的标的有有形与无形之分外，买卖技术的双方与买卖有形资产的双方，其基本权利和义务一样。

签订技术转让合同的意义是，技术拥有者可能没有能力，或不愿通过自己实施的方式，将技术产业化。为此，他需要寻找一个能实施该技术的买主，通过转让费一次性支付的方式完成交易，就像有形物的买卖一样。如果买卖的标的是专利技术，该专利权转让合同依法要经过国家知识产权局的登记公告才能生效❶，买方才能代替卖方成为专利权人。一般而言，技术的买方应当具备实施该技术的人力资源，有可靠的产品渠道，有确定的市场需求或收益来源。

由此可知，技术转让合同实质上是技术买卖合同。一旦签订技术转让合同，技术将从转让方的财产变成受让方的财产。

但《合同法》第十八章第三节尽管冠名“技术转让合同”，该章却通篇只字未提包括转让费、受让人权利等与所有权转让相关的事宜。从该节的全部 13 条规定看，除了几条通用性规定外，其余条款都是关于“使用权”“使用费”的规定。由此可推论这些规定实际上是针对专利技术或技术秘密许可合同，并不是针对标的本身也转让的技术转让合同。该节若冠名为“技术许可合同”可能更为恰当。联系到《合同法》第九章“买卖合同”第 137 条对知识产权买卖合同的特点作了有别于一般买卖合同的描述，作为专门规范技术转让或技术买卖法律关系的第十八章第三节似乎更有必要对技术转让合同作明确规定或说明。

《合同法》在第九章第 130 条对买卖合同的性质作了清楚规定：“买卖合同是出卖人转移标的物于买受人，买受人支付价款的合同。”第 132 条第 1 款规定：“出卖的标的物，应当属于出卖人所有或者出卖人有权处分。”尽管第 133 条也有“标的物的具体转移时间或转移地点可按特别法或者当事人的约定”的规定，但这并不表明买卖合同签订后标的物是否转移尚可另论。

不同于这些对买卖合同的基本规定，《合同法》第 137 条规定：“出卖具有知识产权的计算机软件等标的物的，除法律另有规定或者当事人另有约定的以外，该标的物的知识产权不属于买受人。”

---

❶ 中国《专利法》第 10 条。

从条文上看，该条承认作为知识产权的计算机软件等可以作为买卖合同的标的，这与一般规定一致。但该条对除另有规定或者另有约定以外，作为知识产权买卖合同标的物的知识产权转让后不属于买受人的规定却没有更多说明。从文字表述看，该条未表明仅适用于计算机软件，从而并未排除对专利权、商标权或著作权等知识产权转让合同的适用。

但如果该规定也适用于其他知识产权买卖合同，按其该知识产权“除法律另有规定或者当事人另有约定的以外”仍属于卖方，并不属于买受人的规定，那支付了价金的买方在这些合同中付钱到底买到了什么？

而且，即使对计算机软件的买卖而言，根据《计算机软件保护条例》第 2 条规定，“计算机软件，是指计算机程序及其有关文档”。该条例第 8 条也规定，“软件著作权人可以全部或者部分转让其软件著作权，并有权获得报酬”。可见，与含有计算机软件的电子产品例如 DVD、手机、照相机等一样，计算机软件也可以作为权利客体被独立转让。

同样，由于按一般买卖合同，一旦完成价金支付，合同所涉的产品的归属易主。所以，除非对计算机软件作为买卖合同的标的有特别规定，合同所涉计算机软件的归属随价金的支付而转移是法律的明文规定。如果作为计算机软件买卖合同的买方，在该买卖合同交易中一般无权得到该软件，那么要作什么说明才能保证得到该计算机软件？更进一步说，如果第 137 条的规定还不限于对计算机软件合同的规定，那么，作为知识产权买卖合同的买方，在合同中要注意哪些问题或做哪些说明，才能保证得到包括计算机软件等在内的知识产权？总之，如果第 137 条旨在说明买卖合同的一般原则不适用于专利技术等知识产权的转让，则《合同法》在技术转让章节中应对此有清楚规定或说明。这对买卖双方而言应当是一个很重要的问题。

笔者曾试图从《中华人民共和国合同法释义》[1] 中寻找答案。该释义对第137 条的解释似乎在技术转让和技术许可之间游走，其结论是，“如果一个买卖合同的标的物本身体现着一定的知识产权，除非当事人明确表明，或者法律有相关规定（如著作权法规定美术作品的展览权随作品

[1] 全国人大常委会法制工作委员会．中华人民共和国合同法释义［M］．北京：法律出版社，1999.

原件转移），买卖可以影响知识产权，那么，该标的物所体现的知识产权就不转移于买受人。”从而，该释义没有以计算机软件买卖合同为例对知识产权买卖合同作具体描述，但认为只要买卖合同的标的物本身体现一定的知识产权，则只有当事人明确表明买卖不影响知识产权的，该标的物所体现的知识产权才属于买受人。

笔者的理解是，尽管《著作权法》有关于“美术等作品原件所有权的转移，不视为作品著作权的转移，但美术作品原件的展览权由原件所有人享有”[1] 的规定，但该规定仅适用于美术等作品原件的转让。是指著作权人通过买卖、赠与或其他合法方式，将其原作转让或买卖给他人时，作品的物权和著作权发生分离，买受方虽毫无疑义取得了作品的物权，但作者依法保留对其作品的精神权的情况。但这并不可等同于对计算机软件的保护。TRIPS 协议第 10 条明确规定：“不论是机读的还是其他形式的数据或其他材料的汇编，其内容的选择和安排如构成了智力创造即应作为智力创造加以保护。这种不得延及数据或材料本身的保护不应妨碍任何存在于数据或材料本身的版权。”

笔者对《合同法》第 137 条不成熟的分析是，《合同法》第 137 条原本只想规范有形物的买卖关系，无意规范知识产权买卖关系。为突出知识产权特有的所有权不转让，只是使用权转让的许可关系，以及许可关系与转让关系的完全不同，特地以计算机软件为例对知识产权买卖的法律特点作了描述，但“剪不断，理还乱”。究竟根据《合同法》第 137 条的规定，知识产权买卖合同要注意哪些问题，可能还需要司法解释进一步作出澄清。

（三）对技术许可合同的规范有待完善

技术许可是知识产权许可[2]的一个类别。技术许可是指技术提供方为允许技术的接受方有偿使用其知识产权或专有技术而与对方签订的一种授权协议，它不同于技术的简单出售或卖出。

技术许可的重要性在于，它是权利人除自己实施外，实现技术实施的重要方式，是转移技术使用收益权的合同。在技术许可合同中，受让人的目的是取得技术的使用收益权，许可方也只是转让技术的使用收益

---

[1] 参见《著作权法》第 18 条。

[2] “知识产权许可通常被分成三大类，技术使用许可、出版和娱乐表演使用许可，以及商标和销售使用许可”，见《交换价值——谈判技术使用许可协议，培训手册》，OMPI/CCI (2007)。

权，而不转让其所有权；许可合同终止时，受让人须返还技术。

我国《合同法》中有关于融资租赁合同的规定。融资租赁合同也是移转标的物的使用权的合同[1]，但技术（知识产权）许可与物的租赁合同还是有着本质区别。

物的租赁合同的标的物是有形物，只能给予一人，而知识产权许可合同的标的是无形的产权权利，可以同时给予多人。拿专利许可合同来说，根据合同授予使用专利权的独占程度的不同，还可进一步分为独占许可、排他许可、普通许可、可转让许可、交叉许可等。而根据合同标的之不同，又可分为专利许可、商标许可和技术秘密许可等类型。由于类型和标的不同，这些知识产权许可合同的条款及内容既有相同的部分，也有特殊的部分。例如，专利独家许可应明确该技术只有被许可人一家能使用，专利权人也无权使用；专利独占许可只有被许可人和专利权人可以使用。[2]《专利法实施细则》第 14 条第 2 款规定，专利权人与他人订立的专利实施许可合同，应当自合同生效之日起 3 个月内向国务院专利行政部门备案。

还应特别注意，由于技术有专利技术与非专利技术（技术秘密）之分，技术许可合同也有专利技术许可合同与技术秘密许可合同之分。

（1）专利技术许可合同。

如同商标许可在《商标法》中被称为商标实施许可合同，版权许可在版权法中被称为版权实施许可合同。专利技术许可合同在专利法和实践中多被称为专利实施许可合同。通常，为获取投资专利的回报，专利权人如果自己具备制造产品并且充分供应市场的开发能力，他可以选择自己实施专利。他也可选择允许被许可方在合同规定的范围内使用其技术，包括对含有其技术的产品的制造、使用和销售等。许可行为可以带给权利人的利好是多方面的。

首先，许可合同出让的仅是按限定条件使用技术的权利，许可方继续享有对技术的所有权，许可方完全可根据产品或服务在市场上的成功程度考虑与被许可方的合作方式。许可方和被许可方可在特定时间内根据具体情况和实际需要为共同利益建立有效使用技术的持续合作关系，

---

[1] 《合同法》第 242 条规定：“出租人享有租赁物件的所有权。……”。

[2] 《最高人民法院关于审理技术合同纠纷案件适用法律若干问题的解释》（法释［2004］20 号）第 25 条。

实现双赢。

其次，一项技术或产品为进入新的市场必需对当地的法律法规有充分了解，并依此对产品特征和行销方式等进行必要调整和更改。选择由熟悉当地情况，有能力并有兴趣使用该技术的被许可方做这些工作无疑更有效，也更有利于便捷地实现技术商业化。许可方除得到稳定收入外，实际上也借助他人的力量将技术和事业扩展到了自己本不熟悉的地域或领域。

最后，对许可方与被许可方原本是竞争对手，或已陷入侵权诉讼的情况，签订许可协议往往可以化干戈为玉帛，避免或结束一个结果不定、昂贵或耗时的知识产权财产诉讼。原先的侵权人或者竞争者反过来变成了盟友或者合伙人。

而对购买技术的被许可方而言，其重要性也不言而喻。市场机会是瞬息万变的，只有把新产品不失时机推入市场才能增强自己的市场竞争力。对没有或缺乏创新能力的企业而言，通过技术许可获取为向市场提供新的或更好产品所必需的技术，是迅速提高自己核心竞争力的捷径。从战略的角度考虑，即便某技术不能立即进入市场，只要其有可能与自己现有的技术智库（technology portfolio）结合，就有能产生新产品、新服务、新市场的机会。2011 年各大公司抢分北电网络专利是对此很好的说明。

（2）技术秘密许可合同。

按国际惯例，非专利技术许可通常被称为技术秘密许可。专利技术许可在实践中一般被称为专利实施许可。技术秘密许可的重要性在于，没有技术秘密的专利技术转让或专利技术许可几乎是不存在的。在技术移转中两者事实上你中有我，我中有你，两者都不能少。由于技术秘密未经授权，不是所有权意义上的权利，但又有使用价值和交换价值，故其价值实现必须通过签订技术秘密转让或技术秘密许可合同的途径，通过转让或许可他人使用该技术秘密获取转让费或使用费。

我国《合同法》第 343 条至第 354 条分别规定专利实施许可合同和技术秘密的[1]让与人应当按照约定许可受让人实施专利，使用技术，并受让

[1] 参见《技术引进合同管理条例》中第 9 条、《技术进出口合同管理条例》第 29 条（2002 年 2 月 2 日）

人应当按照约定实施专利，使用技术。专门规范专利实施许可合同的条款共有 3 条[1]：关于专利实施许可合同在该专利权的存续期间内有效，专利实施许可合同的让与人应当按照约定许可受让人实施专利和专利实施许可合同的受让人应当按照约定实施专利，并按照约定支付使用费。在对技术秘密许可的规定中，除付费等外，更多强调了保密问题，提示在技术秘密许可合同签订时应更关注其权利义务的设定和应用范围上与专利技术的不同。但随着国际贸易的发展和国际知识产权保护的强化，关于专利实施许可合同和技术秘密许可合同的签订，已有更多问题需要纳入我们的视野。

三、完善我国技术移转立法的其他问题

我国发明申请量继 2010 年超过日本之后，在 2011 年和 2012 年又持续超过美国，成为世界上拥有最多发明专利申请量的国家。在 2011 年之前的 100 年中，只有德国、日本和美国曾经拥有这样的位置。[2]此外，鉴于通过《专利合作条约》(PCT) 途径向外国申请专利体现一个国家在国外申请专利的全球覆盖性，它可以作为一个国家或企业国际竞争力的标志之一。根据世界知识产权组织的最新统计，中国 PCT 专利申请量从 2009 年起，已连续 3 年增速位居世界首位，2011 年增长率高达 33.4%。充分体现中国经济持续发展和抓鼓励创新举措落到了实处。但问题也依然不少，在技术转化或技术移转方面尤为严重，提示我们在完善有关的法律环境方面不可掉以轻心。

第一，专利不应是停留在纸面上的数据，而应作为企业赖以占领市场，创造价值的利器。为此，专利技术转让或技术许可合同签订的数量才真正反映技术进入市场的广度与深度。专利技术使用费和转让费的收支，特别是国际收支情况，实际上反映一个国家知识产权的国际贸易状况和国际竞争力。我国 2011 年专利技术转让实施率（即全国专利技术转让合同数量与全国专利授权数量之比）只有 0.29%，与发达国家 5%左右

[1] 参见《合同法》第 344～346 条。

[2] Global IP Filings Continue to Grow, China Tops Global Patent Filings, Geneva, December 11, 2012 PR/2012/726.

的实施率存在巨大差距。[1]

此外，尽管我国的 PCT 申请近年来以超 30%的速度递升，但向国外转让或许可过专利的比例却不到 16%。[2] 显然，花巨资申请国外专利，除了为保护出口产品不受侵犯外，通过向国外企业转让技术或许可他人实施技术获利也应是主要方面。飞利浦当年在 DVD 等领域每年的专利使用费收入高达 5 亿欧元左右，其中 70%来自中国[3]。另据商务部统计，我国 2009 年专有权利使用费和特许费出口 4 亿美元，进口 111 亿美元，逆差 107 亿美元。[4]

上述反差除去有相当数量的专利因创新和实用性不够而难以推广应用外，也说明我国专利与市场之间的法律环境不够完善，企业对专利技术转让的特点和运作缺乏了解，缺少用许可合同促进专利实施的意识，缺乏有效的中介组织和转化机制。完善相关立法，优化我国专利技术或其他知识产权推广转化的商业化环境已刻不容缓。

第二，作为国家授予的垄断性权利，专利技术拥有方在签订许可协议过程中为使自己有更多收益，乘人急切需要其技术之机会，利用自己的有利地位在谈判中追求最大利益是可能的，也是正常的。但专利权人若借此蓄意对被许可方的创新，以及技术的发展方向予以某一程度的控制，例如限制产品销售的地域、产量、价格等，就涉嫌滥用知识产权。而为防止技术交易中因双方技术或信息不平等导致的利益受损，且不说发达国家，不少发展中国家也从来注意在自己的专利法中对这些限制竞争的行为进行规范，[5] 并积极推动了国际条约的相关起草[6]。但我国很多企业迄今尚不了解这些行为违法，对自己的竞争对手实施这些行为也没有感觉，不知道自己正当竞争的权利不容侵犯，或知道了也不知如何维护。在 21 世纪初的 DVD 专利池事件中，6C 联盟的格式化许可协议中竟然明确规定，自己不保证专利池中的全部专利的有效性，而且对任何第

[1] 李长安．中国专利世界第一？虚胖［N］．环球时报，2012－12－13.

[2][4] 专利统计年报［N］．2010（16）.

[3] WIPO 发布《2012 年世界知识产权指标》，http：//www.maigoo.com/news/302373.html.

[5] 例如巴西《专利法》等均详细规定了与外国企业签订许可合同须经批准的要求与条件。The TRIPS Regime of Antitrust and Undisclosed Information，P.163，Kluwer Law International，By Nuno Pires de Carvalho.

[6] Resource Book on TRIPS and Development，UNCTAD-ICTSD Project on Intellectual Property and Sustainable Development，P.543

三方可能提出的专利侵权和专利无效宣告及其裁决均不承担任何责任和义务。这种条款在美国公司倡导的一些著名专利池中都不存在。❶

对这类可能影响竞争秩序，妨碍市场竞争的限制性条款应当予以重视的理由还在于，根据相关国家法律的不同，一些商业惯例行为是否被视为反竞争即是否应被视为违法，实际上将依照各国的规定不同而不一样，导致该协议是否有效的结果也不一样。相关行为包括：通过许可合同迫使被许可人接受除专有的技术之外，还接受某些非专有技术产品或服务（即搭卖，捆绑行为）；禁止获许可的人与特定企业交易；尝试固定含有被许可技术的产品的价格、进行地域，交叉许可和专利池限制等。

我国《合同法》第 343 条已规定了“技术转让合同可以约定让与人和受让人实施专利或者使用技术秘密的范围，但不得限制技术竞争和技术发展”，《合同法》第 329 条规定了“非法垄断技术、妨碍技术进步”。《最高人民法院关于审理技术合同纠纷案件适用法律若干问题的解释》第 10 条并对《合同法》第 329 条所称的“非法垄断技术、妨碍技术进步”明确了 6 种表现形式❷。但总的来说，我国禁止技术转让中权利滥用的法律法规尚呈零散，不统一及效力等级各异的状况，❸ 也缺少对这些法规的配套宣传和相关细则。在我国已全面实施国家知识产权战略 5 年后的今天，提高企业的技术移转意识，帮助它们熟悉技术转让和移转的有关法律法规，避免在技术移转中发生无谓损失或纠纷，遏制专利权滥用应当得到高度重视。这是为我国中小企业和个体发明者走出国门提供更好环

❶ 魏衍亮．从“DVD 收费事件”看企业知识产权战略——基于“专利池”的法律分析、对策分析，[EB/OL].（2007－02－23）. http：//www.fengxiaoqingip.com/ipteseluntan/luntan1/lt1zhanlue/20070223/1156.html.

❷ 该 6 种表现形式即：(1) 限制当事人一方在合同标的技术基础上进行新的研究开发或者限制其使用所改进的技术，或者双方交换改进技术的条件不对等，包括要求一方将其自行改进的技术无偿提供给对方、非互惠性转让给对方、无偿独占或者共享该改进技术的知识产权；(2) 限制当事人一方从其他来源获得与技术提供方类似技术或者与其竞争的技术；(3) 阻碍当事人一方根据市场需求，按照合理方式充分实施合同标的技术，包括明显不合理地限制技术接受方实施合同标的技术生产产品或者提供服务的数量、品种、价格、销售渠道和出口市场；(4) 要求技术接受方接受并非实施技术必不可少的附带条件，包括购买非必需的技术、原材料、产品、设备、服务以及接收非必需的人员等；(5) 不合理地限制技术接受方购买原材料、零部件、产品或者设备等的渠道或者来源；(6) 禁止技术接受方对合同标的技术知识产权的有效性提出异议或者对提出异议附加条件。

❸ 我国对《外贸易法》和《技术进出口条例》等中也有此类规定。

境和机遇的重要组成部分，是帮助它们在国内外市场的广阔天地更好驰骋和发展的强大定力。

令人鼓舞的是，科技部根据《技术市场“十二五”发展规划》，已把《国家技术转移条例》的制定和实施提上了议事日程。仅从该条例的启动可知，这将是全面提高我国技术实施率，促进技术移转和产业化，完善我国有关技术移转立法的重大机遇。

知识产权法院的域外考察与国内展望

孙李科[1]

摘　要

知识产权是一件舶来品，客观地说，我国知识产权制度中相当大的一部分是借鉴甚至移植外国的现有经验。未来知识产权法院的设立也不外乎是这样，第一步是要研究国外或者其他地区在这方面的成功做法，将其中的先进经验和适合我国情况的元素结合我国政治、经济和文化等制度现实，由此来探索知识产权法院在我国的建立。本文以考察域外知识产权法院制度为基础，以考量本国国内条件为前提，对我国知识产权的制度设计作出简要的设想，为最终确定建立知识产权法院的时间表提供依据。

[1] 作者单位：中国政法大学2012级研究生。

知识产权法院在中国并不是一个新鲜的名词，关于知识产权法院的设立问题也已经不是一个新鲜的话题，然而当此深化改革之呼声高涨之际，重谈此话题，尤其是作为深化司法体制改革之标杆的党的十八届三中全会将知识产权法院的设立作为一项政治任务，作为深化科技体制改革、促进科技成果资本化、产业化的重要手段，知识产权法院这个词再次成为实务界、理论界的热点。当此之时，尽管国家并未出台知识产权法院设立的准确时间表，包括最高人民法院在内的相关中央国家机关已经开始对知识产权法院设立的相关问题进行论证，但知识产权法院设立的探索却一直在路上，本文亦将就此做一简要探讨，以求教于大家。

无论是实务探索还是理论研究，在探讨知识产权法院设立这个问题上，无非就是要解决三个方面的问题：why、when、how。“why ”所涉及的问题是为什么要在我国设立知识产权法院，所要解决的问题是知识产权法院对国家社会的作用和意义，这是问题的起源；“when”即何时，无论是从哪方面来讲，硬性地给定一个确切的日期都是不合适的，知识产权法院的设立要以一定条件的成熟为前提，即在这一方面，“when”所要解决的问题是要判断需要什么样的前提条件，这些条件怎样才是可以作为前提的条件等；“how”是怎么做的问题，即设立知识产权法院需要进行哪些方面的工作，包括知识产权审判司法改革、法院层级设置等一系列的问题，在这部分内容中还需明确一个方面，即“what”，就是设立怎样的一个知识产权法院，这是问题的关键所在，是我们实务探究和理论研究的重点。本文重点讨论“how”的问题，通过对域外已存知识产权法院制度以及我国知识产权司法保护的现状的考察分析，对我国知识产权法院的设立提供可行的方案。

一、考察：域外知识产权法院制度透析与借鉴

（一）美国联邦巡回上诉法院

美国联邦巡回上诉法院（United States Court of Appeals for the Federal Circuit）是根据《1982 年联邦法院改善法》将原有的联邦关税、专利上诉法院以及索赔法院中的上诉部门合并后建立的。该法院是唯一一所以特定事项确定管辖权的法院，包括专利案件、国际贸易法庭审理的

案件、美国索赔法院审理的案件。[1] 其实在美国是把与知识产权相关的确权案件（或称行政案件）与侵权案件区分开来的，当事人对专利权或商标权的有效性存疑时，则向专利局或商标局提出，对专利局或商标局的决定不服的，则向专利复审委或商评委提出，如果仍对专利复审委或商评委的决定不服，则径向联邦巡回上诉法院上诉，这里实际上是将专利复审委或商评委这一程序纳入了司法程序的轨道，作为确权案件的一审程序。与此同时，联邦巡回上诉法院对专利复审委或商评委的决定的审查，仅进行法律性的审查，而并不涉及事实性的问题。如对事实认定有争议，则要发回到原联邦地方法院重审。

实际上，对专利复审委或商评委的决定不服的救济问题美国实行的是两条腿走路。美国商标法规定，当事人不服商标局的申请驳回、商标异议、商标撤销和无效宣告决定，当事人可以专利商标局局长以及另一方当事人为被上诉人上诉至美国联邦巡回上诉法院，同时当事人也可选择民事诉讼，而民事诉讼程序具有优先性。美国专利法亦规定，专利所有人对专利局专利上诉与冲突委员会所作决定不服的，可以向联邦巡回上诉法院提请司法审查，也可以向哥伦比亚特区法院提起民事诉讼。如果一方向联邦巡回上诉法院提起司法审查，另一方向专利商标局局长表示其选择民事诉讼的救济途径，那么前者提起的司法审查将会被驳回。[2]

在法官构成上，联邦巡回上诉法院有 9 名一线法官（active judge）、6 名资深法官（senior judge）。上诉到联邦巡回上诉法院的案件由 3 名随机组成的法官组成合议庭，对案件的裁判按多数表决通过制进行举手表决，由通过表决的多数方法官中的一人执笔起草判决书。[3] 美国并没有强调必须在知识产权案件中配备专业型法官，有专业背景的法官仅占法官总数的 30%，但他们却写出了约 63%的专利案件判决意见。对此现任首席法官 Randall Ray Rader 给出的理由是：一个熟悉所有技术领域的所谓技术型和专业型法官是不可能获得的；法院进行的主要是法律问题审查，事实问题审查往往由相应的行政部门进行，法官主要处理法律事务而非

[1] 杜颖．美国司法管辖的复杂性［N］．学习时报，（时间不详）。

[2] 刘华俊．知识产权诉讼制度研究［M/OL］．北京：法律出版社，2012：52－53. MBA Library：http：//wiki. mbalib. com/wiki/%E7%9F%A5%E8%AF%86%E4%BA%A7%E6%9D%83%E6%B3%95%E9%99%A2（2013－12－27）.

[3] 高嵩．美国法院纵览［J］．法律适用，1995（6）.

技术性事务。[1] 由此可以看出，美国对知识产权的诉讼是将法律问题与事实问题区分开的，上诉法院所需要关注的仅仅是法律的适用问题，而事实问题则完全交给了初审程序。

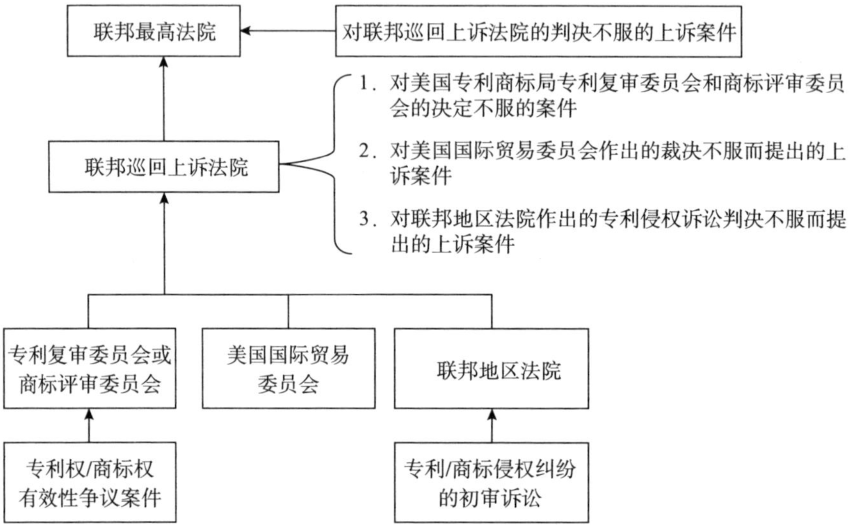

图 1　美国联邦巡回上诉法院案件管辖一览

（二）德国联邦专利法院

德国联邦专利法院（Bundespatentgericht）号称世界上第一个专门知识产权法院，成立于 1962 年。它属于德国基本法中所规定的联邦法院（Bundesgericht），与州高等法院（Oberlandesgericht）的级别相同。德国联邦专利法院的主要职责是对知识产权的确权和保护是否合法恰当作出判断，而对专利侵权案件却不具管辖权。与美国管辖专利案件的联邦巡回上诉法院类似，德国专利法院也基本确立了对事管辖，具体来说，联邦专利法院受理的案件见图 2。

德国的专利法院与美国的联邦巡回上诉法院不同的是，德国专利法院在法官构成中设置了技术法官[2]，即专利法院的法官包括法律法官和技

[1] 2009 年 6 月 5 日 Rader 教授在同济大学法学院做的关于美国知识产权法律诉讼程序及实务相关的讲座。

[2] 江冠贤，陈佳麟．德国联邦专利法院介绍［EB/OL］．http：//www.docin.com/p－427426908.html.

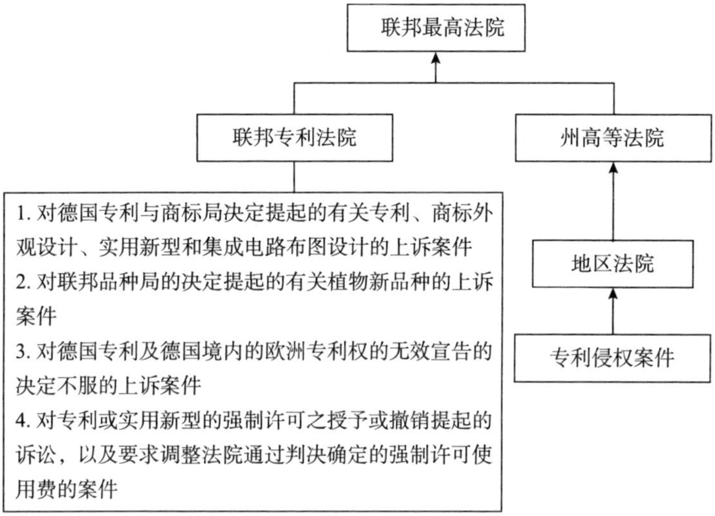

图 2　德国知识产权案件管辖及联邦专利法院管辖案件一览

术法官。技术法官与法律法官有着相同的权利义务，身份地位也基本相同，但对于技术法官的选任条件却更加严格。技术法官一般来源于特定领域的专家，他们必须是在德国或者欧盟境内的大学或相关科研机构毕业并通过了技术或自然科学相关方面的国家级或学院级考试，且至少在自然科学或技术领域有 5 年以上的工作经历。此外，技术法官也要和法律法官一样接受法律专业（尤其是专利法律）的学习和考核。实际中，德国技术法官一般从德国专利与商标局的资深技术审查员中选任。德国的技术法官制度是一个成功的经验，同时我国与德国同是大陆法系国家，而且德国对技术创新的重视程度有过之而无不及，所以这对于将来我国知识产权法院中的技术法官制度的设计是一个很好的经验，我们应当细致考查研究。

此外值得我们注意的是，德国联邦专利法院内部区分了上诉庭和无效庭。[1] 上诉庭又区分为实用新型上诉庭、技术上诉庭、商标上诉庭、植物品种上诉庭和法律上诉庭，其介绍如表 1。在专利法院中对上诉案件既对案件的事实的认定进行审查，又审查法律的适用。但是当事人对专利法院的判决因得对法律问题向联邦最高法院上诉，而且需要征得专利法

---

[1] 郭寿康，李剑．我国知识产权审判组织专门化问题研究——以德国联邦专利法院为视角[J]．法学家，2008（3）.

院的同意。

表 1 德国联邦专利法院上诉庭与无效庭

	上诉庭					无效庭
	实用新型上诉庭	技术上诉庭	商标上诉庭	植物品种上诉庭	法律上诉庭	
管辖分工	受理不服专利与商标局对于实用新型及集成电路布图设计所作决定的上诉	受理不服专利与商标局对于专利申请、维持、撤销及限制等行政决定的上诉	受理不服专利与商标局对于商标的决定的上诉	受理不服德国联邦植物品种保护局所作决定的上诉	受理不服专利与商标局对工业设计及其他行政决定的上诉	受理不服专利与商标局对于专利所作无效、强制许可的授予或撤销的上诉
组成	一般采 3 人合议庭，法律法官担任审判长，参审法官视案件类型不同而异：［无效决定］参审法官为 2 名技术法官；［撤销决定］参审法官为技术法官和法律法官各 1 名；［授权决定］参审法官则为 2 名法律法官	由 1 名法律法官和 3 名技术法官组成合议庭，审判长为技术法官	由 3 名法律法官组成合议庭	合议庭由 2 名技术法官和 2 名法律法官组成，法律法官担任审判长，但若案件只涉及品种保护法第 30 条规定的品种名称变更时，则只需由 3 名法律法官组成	由 3 名法律法官组成合议庭	一般采 5 人合议庭，1 名法律法官担任审判长，1 名法律法官和 3 名技术法官参审；简单案件则由 1 名法律法官和 2 名技术法官组成合议庭审理

如前所述，侵权诉讼与无效诉讼实现分离原则。在专利侵权诉讼中，如果当事人向专利与商标局提出宣告无效的请求，侵权诉讼的审理法院并不会因此中止侵权案件的审理。[1] 这一点与我们的制度是不一样的。虽然这种规定在一定程度上规避了当事人恶意延长诉讼期间的事实，缩短诉讼周期。但是要不要引入这一点还值得商榷。笔者认为彻底分离原则可能是不恰当的，侵权以权利有效为前提，如果侵权审理法院以专利权有效为前提作出了判决，而专利法院后来否定了专利权，这样一来，对于当事人来说是更加棘手的问题。

---

❶ 郃中林．境外知识产权专门法院制度对我国的启示与借鉴［J］．法律适用，2010（1）．

最后需要说明的是，德国联邦专利法院无论是对专利与商标局的决定不服而上诉的案件还是对专利侵权上诉案件，实行的都是法律审。

（三）日本东京知识产权高等法院

日本东京知识产权高等法院是在东京高等法院的知识产权部的基础上改制而形成的，它虽然处于东京高等法院的内部，但在独立性上与其他高等法院相比，却是更加显著的，直接受最高法院的监督。在案件管辖方面，知识产权高等法院主要受理不服特许厅的裁决而请求撤销裁决的诉讼案件；有关发明专利权，实用新型，半导体集成电路的电路配置利用权以及有关计算机程序著作权的诉讼案件。除此之外，知识产权高等法院还负责审理由东京高等法院管辖的与知识产权相关的民事案件以及行政案件。[1]

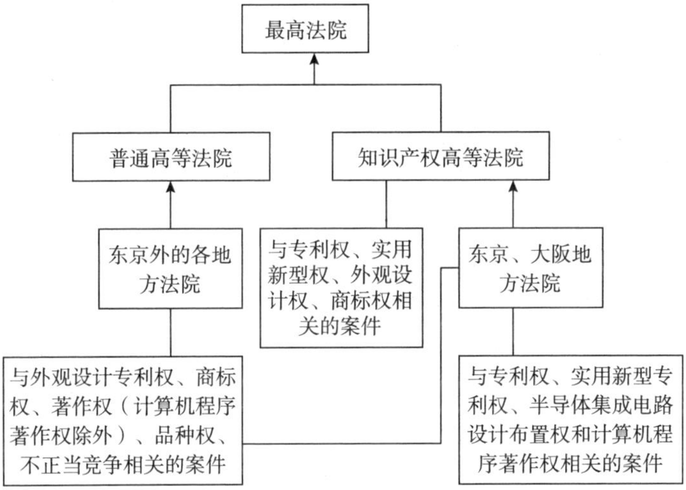

图 3　日本知识产权高等法院管辖一览

事实上，我们从图 3 可以看到，日本知识产权法院的管辖实行的是事务管辖与地域管辖相结合的模式，但它的主要业务还在知识产权的行政性诉讼上，对东京、大阪地区的民事案件管辖只是为了方便和机构的简洁考虑的。

[1] 参见日本知识产权高等法院官方网站，http：//www. ip. courts. go. jp/chi/aboutus/jurisdiction/index. html，（2013—12—29）.

日本知识产权高等法院在它的法官构成上，也有值得我们借鉴的地方。一般情况下，对案件审理的合议庭由 3 人组成，但是对于一些特殊案件，例如需要尽快审结的重要案件，经该法院全体法官的讨论决定适用 5 人组成的合议庭，[1] 这也被称为大合议制。此外，值得注意的是，日本知识产权法院在人员配备上还建立了法院调查官制度和专门委员制度，而且这两种制度不限于知识产权高等法院，还包括专门审理技术性强的知识产权案件的东京和大阪的地方法院。法院调查官按照法官的命令，对有关发明专利、实用新型专利等审理案件进行有关技术方面的调查，法院调查官在法庭上可以对当事人进行提问。专门委员是法院为了明确案件的内容，对专业性、技术性较强的问题进行说明的人员，是由最高法院任命的非专职职员，主要来自于各个专门技术领域具有渊博的专业知识的大学教授或公共机关的研究人员等。

比较特殊的是，日本知识产权高等法院对特许厅作出的无效决定不服的案件，是以原争议的双方当事人作为原被告，特许厅不作为被告，[2] 这就与我国的无效宣告诉讼程序相区别了。最近这两年日本实务中也在研究考虑在民事诉讼中引入专利无效抗辩制度，赋予法官在民事侵权判决中直接宣告专利的有效性的权利。

（四）我国台湾地区“智慧财产法院”

在考察研究域外现有知识产权法院时，我国台湾地区是不得不提的，首先是因为大陆现有的法律制度大多是与台湾地区有着不少渊源的，在法律上存在着相当多的共同语言，质言之，大陆现有的法律制度有很大的一部分是借鉴了台湾的；其次还是因为大陆与台湾存在着相当的共同之处。厦门大学台湾研究中心的彭莉教授认为，台湾地区成立“智慧财产法院”首先考虑的是要解决知识产权案件的效率性和专业性的问题。[3] 这一点与目前大陆探索建立知识产权法院的考虑是有着一致性的，[4] 那么从这方面来说，大陆成立知识产权法院与当年的台湾地区是有着共同的基础的，这也就反映出大陆可以更多地借鉴台湾地区的成功经验。

---

[1] 张玲．日本专利法的历史考察及制度分析［M］．北京：人民出版社，2010：280.

[2] 刘华俊．知识产权诉讼制度研究［M］．北京：法律出版社，2012：83.

[3] 彭莉．知识经济下台湾“知识产权司法制度”的变革——从“专庭”、“专股”到“智慧财产法院”［J］．台湾研究集刊，2007（4）.

[4] 本文的写作在我国知识产权法院挂牌之前。

台湾地区“智慧财产法院”集知识产权的民事、刑事和行政诉讼的审判管辖于一身，这与前面介绍的三国的知识产权专门法院不同，但与大陆正在探索的知识产权“三审合一”的审判模式有类似之处。具体来讲，该法院管辖以图4示之❶。

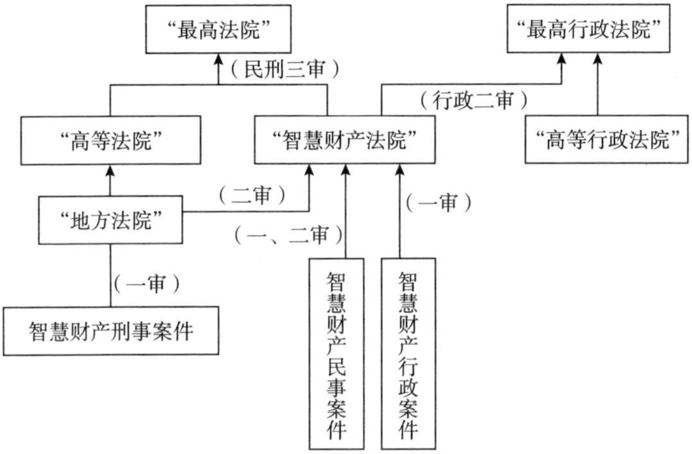

图4　台湾地区“智慧财产法院”管辖一览

其所谓智慧财产权利是指依“专利法”“商标法”“著作权法”“光盘管理条例”“营业秘密法”“集成电路布局保护法”“植物品种及种苗法”及“公平交易法”所确定之权利。依这些“法律”所产生的诉讼为智慧财产案件，归属“智慧财产法院”管辖。除此之外，基于知识产权审判快速创新的特点，“智慧财产法院组织法”第3条第4款还规定：“‘智慧财产法院’管辖其他‘法律’规定或经‘司法院’指定由‘智慧财产法院’管辖之案件”。从而授权“司法院”根据需要，以指定方式将某种知识产权案件归于“智慧财产法院”管辖。

从图4可以看到，智慧财产的民事案件的一、二审均由“智慧财产法院”管辖，似乎有悖审级监督的原则，但事实上，这两审是有区别的，一审由1名法官独任审判，二审则由3名法官组成合议庭审理，基于同一

❶ 绘制该图参考：宋云璇，杨光明．我国知识产权司法职权配置模式之实践衍进与理论研判——论知识产权法院的设立［M］//国家知识产权局条法司．专利法研究2009．北京：知识产权出版社，2010：43.

事实产生的民、刑、行案件，其一审亦可得由同一独任或受命法官审理，以求审判之统一。在法官之外“智慧财产法院”另置具备专业水平的技术审查官，承法官之命，办理案件之技术判断、技术资料之搜集、分析及提供技术之意见，并“依法”参与诉讼程序。❶ 事实上它与日本的法院调查官是相同的。技术审查官是法官的辅助人员，其陈述不具证据效力，仍得举证证明。

“智慧财产法院”的法官在审理智慧财产民事案件时，可以自行确认专利权、商标权等智慧财产权利的效力，在当事人提出权利无效抗辩时，无需中止诉讼而等待另行审理的结果，但这并不意味着原来的“侵权民事诉讼”与“权利有效性争议行政救济”分离的双轨制得到实质性改变。❷ 当事人仍然可以在民事诉讼之外，提起专利无效之诉。

二、展望：我国知识产权法院体制之设计初探

国务院在 2008 年发布的《国家知识产权战略纲要》中提出，要研究设置统一审理知识产权民事、行政和刑事案件的专门法庭，探索建立知识产权上诉法院。2013 年党的十八届三中全会进一步指出，加强知识产权运用和保护，健全技术创新激励机制，探索建立知识产权法院。这一改革目标的提出，尤其是十八届三中全会的再次强调，立即在法学界与实务界引起强烈反响。在 2013 年 11 月的“第一届亚太知识产权论坛”上，有关“知识产权法院”成为这次论坛的热门话题，江苏省高级法院院长许前飞在论坛上透露作为东部发达省份，江苏正在积极筹建知识产权专门法院。而在知识产权法学界，多年来呼吁在北京高级法院或第一中级人民法院下设立专门的知识产权法院的声音，近期亦再度高涨。

由此关于知识产权法院的设立已经势在必行，但是怎么设的问题一直是学界和实务界争论的问题，本文在考察研究了域外部分先进国家和地区的知识产权法院制度的基础上，拟对我国的知识产权法院制度作简要的探讨和初步设计。在进行初步设计之前，笔者认为首先要明确两件事情，一是要了解我们正在探索的知识产权审判体制改革的现状和进路，

---

❶ 台湾地区“智慧财产法院组织法”第 15 条第 4 项。

❷ 傅利英，张晓东．台湾地区“智慧财产法院”制度及运作状况述评——兼评与大陆法院试行的“三审合一”模式的区别 [J]. 科技与法律，2009 (5).

二是要了解我们的前人尤其是专家学者在这方面的见解和思路。

（一）我国知识产权审判模式改革之现状与存在的问题

传统上，民事、刑事、行政三家在诉讼上是相互分开的，但是在知识产权司法领域这种“三足鼎立”的现象经常扯皮、矛盾冲突，给知识产权审判带来诸多不便，由此知识产权审判模式尤其是司法职权的配置的改革就势在必行。在改革方面，我们走的还是先行试点的路，在个别地方先行探索然后在全国展开。对于知识产权审判模式改革，各试点地方法院积极探索，形成了自己的模式。值得关注的有：（1）浦东模式，即将知识产权民事、行政和刑事审判都归到知识产权庭负责。（2）西安模式，涉及知识产权的刑事、行政案件则吸收 2 名知识产权民事审判法官参与，组成 5 人合议庭，并由此逐渐过渡到由知识产权庭统一审理知识产权案件，后又将由基层法院管辖的知识产权刑事、行政一审案件统一到西安中院审理。（3）江苏模式，南京等地中院管辖下的部分基层法院，试行将所有一、二审民事、刑事、行政案件统一划归到知识产权庭审理，组成由知识产权庭法官和 1 名刑庭或行政庭法官参审的刑事和行政案件审判专门合议庭，知识产权庭法官担任审判长，知识产权庭或者刑庭或者行政庭的法官主审。❶ 而常州中院则把全部的知识产权的行政与刑事案件均集中到中院的知识产权庭，集中审理。（4）武汉模式，武汉将全市的有基层法院管辖的知识产权案件均划归到一个基层法院，武汉中院则审理全市的属于中院管辖的知识产权案件。

在形形色色的各种模式中似乎都能找到一个共同的特点，即都将有关知识产权的各类案件集中到一个审判庭，以使审判活动无论是在技术上还是在法律适用上均达到一致的效果。但实际中，这也面临着诸多的问题。首先，这些审判模式的改革都以个别基层或中级法院为基础，且多在经济较发达地区，这些探索的经验对经济不怎么发达的地区其普适性的程度就比较低了；而且，这些改革试点地区大多“各自为政”，相互之间的关联程度也是有问题的，如此并不利于知识产权审判模式改革探索在全国范围内的展开。其次，正如江西省高院法官胡淑珠博士所指出的，将知识产权“三审合一”，往往会导致知识产权案件与其他类型案件

❶ 宋云璇，杨光明．我国知识产权司法职权配置模式之实践衍进与理论研判——论知识产权法院的设立［M］//国家知识产权局条法司．专利法研究 2009．北京：知识产权出版社，2010：44.

在处理上的失衡，而实际中知识产权案件大多还是民事案件，这会使刑事、行政诉讼的司法理念被民事诉讼的司法理念所同化，甚至侵蚀。[1]最后，目前这种单个法院内部式的“三审合一”在法官专业性上面也是存在问题的。普通法院内部设立并列于民庭、刑庭和行政庭三大传统审判庭的知识产权庭，而事实上知识产权庭的独立性囿于现阶段专业法官的缺乏，难以从社会吸收专业精干的审判人员，大多是从传统三庭中抽调有知识产权案件审判经验的法官充实到里面来，而且法院内部各庭之间人员的调动也较为常见，这就使得知识产权审判人员的专业性并不像专门法院的组织和人员一样与普通法院的明显区别。

（二）我国知识产权法院的初步设想

自2001年全国政协委员吴伯明建议我国设立知识产权法院以来，相关专家学者就对我国知识产权法院体制进行了长期不懈的探索，提出了符合实际的有益设想。吴汉东教授提出了三种建构的方案，[2]一是在全国建立独立的知识产权法院体系，即在最高人民法院体系下设立知识产权初审法院、上诉法院和终审法院；二是设立知识产权上诉法院，这是《国家知识产权战略纲要》中的阐述，吴汉东教授的意思是在全国区域性设立知识产权上诉法院，该体制下的知识产权案件的一审交由地方的普通法院，区域划分为北京、东北、西北、西南、华东、中南。三是设立专利上诉法院，即在北京高院知识产权庭的基础上组建北京知识产权法院，直接隶属最高法院，统一管辖北京市知识产权民事和行政案件的上诉以及不服国务院知识产权行政部门的决定而提起的行政诉讼案件和无效宣告案件的上诉。笔者认为，关于知识产权法院的设置，应对知识产权（尤其是专利）侵权诉讼与无效诉讼有所区分，这也是世界各国的通行做法。

即根据经济发展的现状、知识产权案件的多寡，在全国经济较发达、知识产权案件较多的地区的中级法院设立知识产权初审法院，统一管辖该区域的知识产权侵权诉讼，而在经济欠发达地区、知识产权案件较少的地区可以根据情况跨地区的知识产权初审法院（即一个知识产权初审

---

[1] 胡淑珠．试论知识产权法院（法庭）的建立——对我国知识产权审判体制改革的理性思考［J］．知识产权，2010（4）．

[2] 吴汉东．中国知识产权制度评价与立法建议［M］．北京：知识产权出版社，2008：460－480．

法院管辖几个地区）。而关于知识产权上诉法院的设置，则可以以类大区制来设置（表 2），这种设置不仅有利于司法资源的配置，更有利于打破知识产权地方保护的现状，切实提高知识产权的保护水平。

表 2　知识产权初审法院的跨地域设置一览表

设置地	辖　区
北京	北京、天津、河北、山西
沈阳	黑龙江、吉林、辽宁、内蒙古
上海	上海、江苏、浙江、安徽、山东
广州	广东、福建、广西、江西、海南、湖南
西安	陕西、河南、甘肃、宁夏、青海、新疆
重庆	重庆、湖北、四川、贵州、云南、西藏

知识产权的无效诉讼由北京的知识产权上诉法院管辖，因为对于知识产权的无效诉讼，位于北京的专利复审委和商评委是确权机关，向来被认为具有准司法性质，我国对此的态度并不明确，本文的设置实际上已经将专利复审委和商评委的无效宣告作为确权的一审程序。此外，为解决知识产权诉讼的“二元”问题，应趁此知识产权法院设立的机会明确无效诉讼与侵权诉讼的关系，即在侵权诉讼中如果当事人提出权利无效之抗辩，法院该如何处理？根据我国现有规定侵权诉讼法院应中止侵权诉讼，等待无效宣告的作出。其实这样的规定已经不能足以保护权利人的利益，因为实际中被控侵权人以此为借口拖延诉讼的情况屡见不鲜，常常令人扼腕。笔者认为既然已经设立了知识产权专门法院，则知识产权法院法官的专业水平就理当得到信任，即便是侵权诉讼中的审理法官也有能力对权力的效力作出判断，所以可以赋予侵权诉讼中知识产权初审法院的法官一定的确权的自由裁量权，但这个权力是受到知识产权上诉法院的约束和监督的。即当在侵权诉讼中的被控侵权人提出无效抗辩时，审理法院（知识产权初审法院）可以依托内部的技术委员会等直接认定权力效力。

知识产权法院的法官选任制度与合议制度是知识产权法院的主体，知识产权审判是法律与技术的结合，而现行教育体制与社会分工下既精通法律又精通技术的人才可遇不可求，所以知识产权法院的技术人员是必要的，但到底是要以怎样的形式配备就是我们要研究的问题。德国设置了技术法官，具有法律法官同等的地位；日本设置了法院调查官，接受法官的命令对技术问题出具意见；我国台湾地区则借鉴日本的做法，设置技术审查官，其职责基本与日本法院调查官类似。对此，笔者建议我国大陆可以融合德、日的优势，设置知识产权技术委员会，技术委员会的人员包括技术法官和一般的技术人员。之所以如此设置，首先考虑的是由于技术法官的缺乏，如果要求每个知识产权法院都有足够的技术法官还不现实，所以对于一些技术性不是很强的案件，其合议庭组成可以没有技术法官参加，对于技术问题可提交技术委员会讨论研究决定。

那么在法官的选任上，法律法官的选任与普通法院的法官基本相同，但可侧重有技术背景的人员；而对技术法官则不仅要求有法律法官的法学水平，而且还要求有一定的技术水平，甚至要求是该技术领域的专家；至于技术委员会的一般技术人员则可聘请高校或相应技术领域的专家组成。实际上，技术委员会的一般技术人员可以参考日本专门委员制度以及我国的专家证人制度来设置。

三、结　语

作为国家知识产权战略的一部分，知识产权法院自提出至今已逾十余个年头，知识产权法院相关制度的研究也一直方兴未艾。知识产权法院的设立是一项系统工程，其设置也没有固定的模式，只有符合中国特色的社会主义国情的模式才是我们欢迎的模式，我们对域外模式的研究需要在深刻把握我国国情的基础上借鉴域外经验，所以我国知识产权法院的探索还在路上，还需要更加成熟的时机。知识产权法院的设计需要顶层设计，目前中央有关部门已经开始作相关问题的论证，预计国家会考虑在经济发达、知识产权案件比较集中的地区如京沪穗等先行试点，然后向全国推广展开。如此一来，既回应了这些知识产权案件集中区域设立知识产权法院的需要，也为知识产权法院的运行积累了经验。与此同时，我们还可以想见，新设的知识产权法院还将成为高调正酣的司法改革的“试验田”，其管理和运行也必将有别于普通法院。

尊重我国基本现实和融合世界发达国家的先进经验是我国设立知识产权法院的必由之路，知识产权专业化和专门化的审判必将克服和避免目前我国知识产权保护和纠纷解决机制中的各种问题，适应我国知识产权迅速发展的新兴局面，促进我国知识产权进一步良性、高质发展，助推知识产权强国战略目标的实现发挥其应有作用。

参考文献

[1] 刘远山，余秀宝，余正．论我国知识产权法院的独立设置 [J]. 襄樊学院学报，2012 (1).

[2] 胡淑珠．试论知识产权法院（法庭）的建立——对我国知识产权审判体制改革的理性思考 [J]. 知识产权，2010 (4).

[3] 宋云璇，杨光明．我国知识产权司法职权配置模式之实践衍进与理论研判——论知识产权法院的设立 [M] //国家知识产权局条法司：专利法研究 2009. 北京：知识产权出版社，2010.

[4] 傅利英，张晓东．台湾地区“智慧财产法院”制度及运作状况述评——兼评与大陆法院试行的“三审合一”模式的区别 [J]. 科技与法律，2009 (5).

[5] 刘华俊．知识产权诉讼制度研究 [M]. 北京：法律出版社，2012.

[6] 郭寿康，李剑．我国知识产权审判组织专门化问题研究——以德国联邦专利法院为视角 [J]. 法学家，2008 (3).

[7] 张玲．日本专利法的历史考察及制度分析 [M]. 北京：人民出版社，2010.

[8] 章忠信．智慧财产法院的建立与未来 [J]. 全国律师，2007 (4).

[9] 沈强．从“三审合一”到知识产权专门法院——兼论知识产权审判模式和体制的改革 [J]. 知识产权，2010 (8).

[10] 郃中林．境外知识产权专门法院制度对我国的启示与借鉴 [J]. 法律适用，2010 (11).

[11] 彭莉．知识经济下台湾知识产权“司法制度”的变革——从“专庭”、“专股”到“智慧财产法院”[J]. 台湾研究集刊，2007 (4).

[12] 姚莉．时代呼唤知识产权法院的设立 [N]. 人民法院报，2009-04-09.

[13] 高嵩．美国法院纵览 [J]. 法律适用，1995 (6).

[14] 吴汉东．中国知识产权制度评价与立法建议 [M]. 北京：知识产权出版社，2008.

PCT 制度用户调查报告

吕德军[1]　董　琤[2]　王韦玮[3]

摘　要

2013 年中国用户 PCT 申请量已位居全球第三，深入了解和掌握我国用户对 PCT 制度的需求对于提升 PCT 工作水平，促进我国用户完善海外专利布局具有重要意义。本文总结了国家知识产权局 2010 年以来开展的 PCT 制度用户调查工作，反映了我国用户对 PCT 制度的主要意见和需求，并基于调查结果提出了关于 PCT 未来工作的建议。

[1][2][3] 作者单位：国家知识产权局条法司。

一、前　言

自我国加入《专利合作条约》（PCT）以来，PCT 已成为我国用户向外申请专利的重要途径，我国用户 PCT 申请量逐年提高，2010 年为 1.23 万件，2011 年为 1.64 万件，2012 年为 1.86 万件，2013 年达到 2.15 万件，超过德国位居全球第三，仅位于美国、日本之后。在此过程中，涌现出了像中兴、华为这样 PCT 申请量排名前列的企业和北大、清华这样排名靠前的高校。然而，我国申请人每件 PCT 申请进入国家或地区局的数量仅为 1.0，低于世界平均进入量 3.1[1]，反映出目前我国专利申请海外布局的广度和力度还不够，绝大部分发明创造仍仅关注国内市场，真正“走出去”的企业数量仍然有限。

为了深入了解中国申请人运用 PCT 的情况，掌握其在申请过程中遇到的困难和需求，以便更好地帮助中国用户开展海外专利布局，国家知识产权局（以下简称“我局”）自 2010 年起连续开展了 PCT 用户调查。

二、调研情况概述

（一）基本情况

2010 年至 2011 年的 PCT 用户调查主要面向北京、广东、江苏等地的企业和专利代理机构进行调研，初步了解到我国用户在 PCT 申请中遇到的困难以及对规则修改的意见建议。2012 年，调查范围扩展至北京、上海、深圳、成都、青岛、西安、重庆等城市，调查对象包括申请人、专利代理机构、地方知识产权局和行业协会，共开展了 42 个深度访谈、5 场主题座谈和 201 个问卷面访。通过调查建立了较为全面的定性、定量数据。2013 年进一步扩展了用户调查的广度和深度，调查内容纳入了世界知识产权组织 PCT 联盟正在讨论的改革议题，对重要议题进行了深入研究，共开展了 11 个深度访谈、3 场座谈和 350 份有效问卷调查（涉及 190 家企业和 160 家专利代理机构）。

为使调研结果更加客观，2012 年和 2013 年的用户调查委托专业调查

[1] 参见 WIPO《2013 年 PCT 年度回顾》，根据 2011 年的数据。

机构、中华全国专利代理人协会和中国专利保护协会开展，同时在调查对象的选取上力求覆盖不同的技术领域、地理区域和企业规模，以便尽可能真实地反映我国用户对 PCT 制度的运用情况和需求。

（二）调查内容

PCT 用户调查的重点在于了解 PCT 制度的运行情况和用户对 PCT 改革的意见，内容主要涉及：向国外申请专利现状，对 PCT 申请环节的评价，对国际检索报告及书面意见的评价，对国际初步审查的评价，国家阶段的进入情况及评价等。

（三）基本发现

调查发现，企业向外申请专利的主要目的是为对出口产品进行保护、提高知名度和获得经营许可，而科研机构和高校的主要目的是为提升学术权威地位、进行技术转让和树立行业产品标准。

关于选择 PCT 向外申请专利的原因，2012 年调查发现，PCT 制度本身“一次申请、多国进入”的优势，成为申请人选择 PCT 途径最主要的原因，选择比例为 85.7%；其次是“获得 PCT 检索报告，为进一步申请提供参考”，选择比例为 62.1%；47.2%的申请人选择“有力的资助政策”；还有 44.7%的申请人选择“更长的考虑时间”。

从收集到的意见来看，一方面，申请人普遍关注 PCT 制度方面的问题，包括国际申请费用减免、检索主题的扩展、补充国际检索、协作检索、公开检索记录和书面意见、第三方意见、优先权恢复、援引加入遗漏部分、彩色附图等，希望 PCT 制度对用户更加友好；另一方面，申请人也比较关注国际检索和国际初步审查质量，在认可目前国际检索和初审质量的同时，希望对比文件的相关性更好，审查意见更加客观。

此外，申请人对 PCT 申请进入国家阶段后的程序、审查标准和费用提出了许多意见建议，期望更好地了解各国专利制度，相关申请在国外得到更公正的处理。

三、中国用户的主要意见及需求

调查收集到的意见按照 PCT 申请的主要流程可以分为以下四个方面，具体内容如下：

（一）申请与受理

调查发现，中国用户在 PCT 申请与受理阶段的主要需求可以归纳为三个方面。

1. 希望制度对用户更加友好

2000 年至 2007 年期间进行的 PCT 改革在 PCT 中引入了一系列对申请人更为友好的制度，其中包括优先权恢复和援引加入遗漏部分。对这两项制度，在 4 年的调查中，中国用户均表达了肯定的意见和需求。

（1）优先权恢复。

优先权恢复是指申请人因特定原因延误了优先权 12 个月期限的，可以自优先权期限届满日起 2 个月期限内请求恢复优先权。该制度为申请人提供了补救的机会。该制度突破了《巴黎公约》确立的 12 个月优先权期限，也与我国现行《专利法》不符，因而我国作为指定国/选定国对其予以保留。

在 2010 年的座谈会上，有代表表示优先权恢复的制度为申请人提供了补救的机会，但是某些指定国的保留使得该制度变得复杂，影响到他们对该制度的利用。他们希望包括中国在内的对该条款作出保留的国家作为指定国接受优先权恢复条款。调查发现我国用户对于该制度的知晓率从 2012 年的 49.2％上升至 2013 年的 71.5％，申请人愿意使用该制度的比例从 2012 年的 76.3％上升至 2013 年的 85.5％。由此可见，我国用户对于优先权恢复制度的知悉程度和使用意愿逐年增长。

（2）援引加入遗漏部分。

援引加入遗漏部分是指申请人在提交国际申请时遗漏了某些项目或部分，可以通过援引在先申请中相应部分的方式加入遗漏项目或部分，而保留原国际申请日。由于该制度与我国《专利法》的规定冲突，我国作为指定局/选定局对此也予以保留。

调查发现我国用户对于该制度的知晓率从 2012 年的 41.1％上升至 2013 年的 60.0％，被访者愿意使用该制度的比例从 2012 年的 69.1％增长到 2013 年的 91.3％。44.4％的被访者认为指定局的保留是影响该制度使用的主要原因。

2. 希望利用电子化手段使申请手续更加便利快捷

进入 21 世纪，信息技术和互联网迅速发展，给 PCT 体系带来了巨大的变化。我国用户欢迎电子化带来的便利，积极适应电子申请方式，并对其提出了更高的要求。

（1）对已有的电子服务提出更高的要求。

① 改进 PCT 电子申请客户端（PCT-SAFE）。调查中用户反映 PCT-

SAFE 传输体积较大的文件时不稳定，SAFE 编辑器对中文和化学式的兼容性不好。希望改进 PCT-SAFE 软件的功能，例如增加批量提交的功能；提高传输文件的速度；增强传输体积较大文件时的稳定性；特别是增强 SAFE 编辑器对中文和化学式、数学式等特殊格式的兼容性，帮助申请人能更多、更方便地提交电子申请并充分享受 PCT 对申请人使用 XML 格式提交申请所给予的费用减免。

② 电子邮件发送通知书。PCT 规定条件允许的专利局可以通过电子邮件的方式发送通知书，申请人希望知识产权局能够尽快提供这项服务。

③ PCT 电子申请与国内电子申请软件的整合。有用户建议将 PCT 申请软件的功能与国内的 EAC 软件（电子申请客户端管理系统）整合，使两个软件合二为一，便于进行案卷的管理。

（2）对目前 PCT 联盟正在开展的工作意见和需求。

① ePCT。

ePCT 系统是由 WIPO 新开发的一个 PCT 在线服务系统，是一个集中化的交互式电子平台。按照该系统的设计，申请人、国际单位、各指定局/选定局将通过该平台访问相同的一份电子文件并进行相应的处理或审查，所有处理的结果将会即时记录在系统中，相关手续完成后，系统会自动通知负责下一步流程的国际单位或相关局来进行处理，以此类推，直到该国际申请进入国家阶段乃至授权。

2012 年的调查发现，有超过 50%的被访者表示会使用 ePCT 系统。这表明申请人和代理人对于新技术带来的操作模式变化并不排斥，关键是新技术是否带来流程在方便性、快捷性等方面的改进。

② 允许在申请文件中包含彩色附图。

目前 PCT 体系尚不接受包含彩色附图的申请，2010 年起在国际平台上开始讨论接受包含彩色附图申请的相关提案。根据 2012 年的调查，有 68.9%的被访者认为有必要允许提交彩色附图，这主要集中于通用设备制造业、医药制造业和生命科学领域。74.1%的被访者认为使用彩色附图不应该收费。被访者认为，“色彩显示的一致性”是影响彩色附图使用的最大障碍。

③ 允许申请人自主变更著录项目。

目前申请人变更著录项目需向受理局或国际局提出变更请求，经审核同意后由国际局记录变更信息。有成员建议通过在线服务系统，允许申请人自行变更相关著录项目信息，审核结果即时反馈、即时生效。

2013 年的调查发现，我国用户中希望通过电子系统自主变更著录项目的比例较高（申请人 81.6%、代理机构 93.0%），希望变更的项目包括：发明人及其姓名、名称、居所、地址；代理人信息；申请人信息；以及优先权要求。也有企业表示申请人等重要信息直接关系到权利的归属，应当谨慎稳妥处理。

④ 简化国际申请撤回程序。

国际讨论中有建议改变目前撤回国际申请要求所有申请人签字的做法，改为只要第一申请人签字即可。

2013 年的调查显示，我国用户对于此建议持相对谨慎的态度。50%的代理机构以及 59.6%的申请人不赞同此提案，认为撤回国际申请属于所有申请人的实体权利，应当征得所有权利人的同意。

（3）用户对某些现有系统利用不足。

优先权文件数字接入服务（DAS）是由世界知识产权组织国际局建立和管理、通过专利局间的合作、以电子交换方式获取优先权文件的电子服务，该服务减轻了申请人提交优先权文件的负担。我局于 2012 年 3 月 1 日开通该服务。然而，调查显示有超过半数的被访者不了解该服务，使用过该服务的申请人或代理人则更少。

3. 希望申请成本降低

（1）费用负担重。

2010 年至 2012 年的调查中申请人普遍反映目前的 PCT 申请费用较高。2013 年的调查显示 82.3%的被访企业认为目前的申请费很高，特别是在进入国家阶段后企业还需要支付高昂的律师费、翻译费以及维持费，对于中小企业来说是不小的负担，有时甚至会影响到企业专利布局的决策。被访企业也表示目前的资助政策可以帮助企业解决一部分资金问题，特别是国际阶段的费用，但进入国家阶段的资助较少，企业仍面临较大的资金压力。

（2）希望增加费用减免。

目前的 PCT 费用减免标准只面向中国的自然人，不能惠及中国的中小企业和研究机构。2010 年至 2013 年，中国的用户一直希望在国际阶段的费用减免标准中能增加对发展中国家中小企业和科研机构的减免。

另外，2013 年我们针对 PCT 费用开展了专项研究，研究显示若考虑我国人均国内生产总值（人均 GDP）较低的因素❶，则 PCT 申请费用对我国申请人来说负担仍然偏重。例如 PCT 申请费占我国人均 GDP 的 26.06%，远高于高收入国家以及大部分发展中国家❷。

（3）优化缴费方式。

目前我国申请人缴纳 PCT 申请国际阶段费用的方式有三种：授权账户扣款、银行汇款、面交。三种方式各有利弊，授权账户扣款最为便捷，不受地域限制，但需要支付一定的服务费；银行汇款方式不受地域限制，但存在收费流程长，环节较多，申请人收到收据的时间较晚等问题；面交方式准确、手续简单，但受到地域限制。申请人希望提供网上银行等新的缴费方式。

我国申请人缴纳的费用包括两部分，一部分是国际局收取的以瑞士法郎计算的部分，另一部分是我局收取的人民币部分。我国申请人需要将应缴纳的瑞士法郎换算成美元，再将美元换算成人民币，在换算过程中涉及三种货币的两个汇率，且汇率会定期发生变化，这给申请人缴纳费用增加了复杂性。申请人希望能够直接使用人民币或者使用瑞士法郎对人民币的固定值公布费用标准，为申请人缴纳费用提供便利。

（二）国际检索

国际检索单位在国际阶段将为每一件 PCT 申请出具一份国际检索报告，国际检索报告为申请人提供重要的参考信息。中国用户十分注重国际检索报告的质量。调查结果显示，中国用户对 PCT 国际检索报告的质量基本满意，同时希望在制度层面和操作层面上进一步提升国际检索报告质量。

1. 用户注重国际检索报告质量

从历次调查看，中国用户注重国际检索报告的质量，希望国际检索报告能尽可能多地提供有价值的参考信息，客观地评价技术方案，以帮助申请人减少进入国家阶段的盲目性，避免产生不必要的、数额巨大的花费。2013 年针对申请人的调查发现，对于国际检索报告的作用，绝大多数（86.6%）用户表示可用于初步判断申请是否具有“三性”，其次是可以根据国际检索报告来考虑是否进入国家阶段，持此观点用户比例为

❶ 据世界银行公布的 2011 年数据，我国人均 GDP 为 5445 美元。

❷ 主要国家中 PCT 申请费占人均国内 GDP 的比例：美国 2.95%、日本 3.09%、韩国 6.33%、德国 3.22%、英国 3.64%、巴西 11.27%、南非 17.58%、泰国 28.54%、俄罗斯 10.09%。

74.4%，另有 57.5%用户表示可以根据国际检索报告对申请文件进行修改，以便提高国家阶段授权前景。

此外，用户普遍希望国家知识产权局作为国际检索单位确保国际检索报告的质量，认为只有国家知识产权局的检索、审查质量得到世界公认，才能使其他指定局承认我局作出的国际检索报告，才能真正有利于我国申请人向外申请专利。

2. 用户对我局 PCT 国际检索报告质量有更高期望

（1）用户对国际检索报告质量比较认可。

针对我局所作国际检索报告质量的调查发现，认为“质量高”和“一般”的比例，2012 年分别为 45.5%、48.7%，2013 年分别为 59.2%和 37.6%，可见用户对我局作出的国际检索报告总体认可，且认可度在提高。

（2）检索到的对比文件在国家阶段作用较为显著。

用户基于经验指出，通过国际检索得到的对比文件在国家阶段的引用率平均在 53.5%，成功用于评价“三性”的比例平均为 52.2%，作用较为显著。鉴于外国专利局往往对外文文献更为重视，用户希望尽可能多地引证外文文献。

（3）引证文件相关度和书面意见客观性有待改善。

在 2010 年召开的座谈会中，用户即已表达对引证文件相关度和书面意见评价客观性的关注，指出如果引证文件相关度不佳、书面意见评价过于严厉或者不够准确，将不利于申请人对申请前景作出判断，也不利于申请在进入国家阶段后获得授权。在之后的历次调查中，这两方面一直是用户的关注重点，其中在 2013 年的调查中，95.6%的申请人和 88.9%的代理机构希望书面意见尽可能保持客观。

3. 用户关注为提高国际报告质量所作的制度改进

目前，WIPO 正通过完善制度进一步提高国际检索报告质量，这些制度包括第三方意见系统、补充国际检索、协作国际检索、扩展检索主题等。

（1）第三方意见系统。

第三方意见系统是指第三方通过 WIPO 建立的网络平台就国际申请的新颖性、创造性提出意见，供指定局或国际单位参考使用。2012 年的调查中，38.4%的被访者认为“必要”。而在 2013 年，56.1%的被访企业认为“必要”，但仅有 33.7%的专利代理机构持此观点。一些专利代理机构认为在国际阶段不涉及专利授权问题，在国家阶段利用各国第三方意见系统提出意见才有更强的针对性。可见，各方对于第三方意见系统的需求不一致，总体需求不强。

（2）补充国际检索。

补充国际检索制度于 2007 年建立并于 2009 年生效实施，根据该制度，可以依申请人请求，在主管国际检索单位完成国际检索报告之后由另外一个国际检索单位再作出一份补充国际检索报告，以解决语言造成的检索不充分问题。目前共有 6 个国际单位提供补充检索，几年来总计的请求量不足 200 件，我局没有开展此项业务。调查发现，我国用户基本不了解这一制度，60%左右的申请人表示因为不了解而未进行补充国际检索，另有约 30%明确表示没有需求。可见我国用户对补充国际检索了解不足，需求不强。

（3）协作国际检索。

协作国际检索意在让处于不同地区、使用不同语言的不同局的审查员协作完成对一件 PCT 申请的国际检索工作，以期形成高质量的国际检索报告和审查意见。美、韩、欧三局从 2009 年起进行了相关试点，目前 PCT 体系尚未引入此做法。我国用户在调查中表示，如果协作国际检索需要额外收取费用，则会根据费用的高低再决定是否请求进行协作检索。

（4）检索主题的扩展。

根据条约规定，目前各国际单位可以对某些主题不作检索，例如我局对以科学理论、商业方法等为主题的申请不作检索。在 2012 年针对此议题的调查中，被访者希望我局就科学理论（42.5%）、经营方案、规则或方法（37.0%）和处理人体的外科手术或治疗方法（31.5%）等主题开展检索。许多申请人提出，应当对于国内法不作为授权主题而某些国家接受的主题进行 PCT 检索，以利于申请人在国外获得专利保护。

4. 用户期望优化操作以提高检索质量

（1）提供沟通机会。

在国际检索阶段，在国际检索报告完成之前，申请人没有机会与审查员进行沟通。调查发现，认为在国际检索阶段有必要增加沟通机会的申请人比例 2012 年为 61.3%，2013 年为 67.9%，代理人比例分别为 55.5%和 63.0%，可见多数用户希望能够增加国际阶段的沟通机会。用户希望在以下时间提供沟通机会：在检索后尚未作出国际检索报告的时候，在有疑问和需要的时候，以及在收到国际检索报告之后一定期限内。在检索报告作出之前进行沟通，有利于审查员更好地理解技术方案，提高检索报告质量；而在检索报告作出之后进行沟通，例如在申请人根据条约第 19 条修改之前，有助于申请人在根据条约第 19 条修改的过程中克服检索报告中指出的缺陷。

（2）增加修改机会。

有 41.3%的用户希望在国际检索阶段增加修改机会，46.1%的用户希望扩展允许修改的范围的比例。可见用户对国际检索阶段增加修改机会以及扩展修改范围均存在一定需求。

（3）公开检索策略。

检索策略具体体现为审查员在检索过程中采用的检索式及其组合。关于检索单位是否有必要公开其检索策略的问题，2012 年调查中，认为“必要”的比例为 55.1%，这一比例在 2013 年有所增长。用户同时表示，该公开主要应面向申请人，而不是其他检索单位或公众。

（4）公布书面意见。

针对在国际公布环节是否有必要一起公布书面意见，2012 年调查中，31.7%的用户表示“必要”，2013 年这一比例为 45.6%。可见我国用户对公布书面意见存在一定需求。

5. 用户对国际检索报告在国家阶段的作用持开放态度

2013 年的调查发现，60.8%的用户同意国际阶段报告效力等同于国家阶段的第一次审查意见，主要理由是可以减少和简化程序，缩短审查周期。另有 39.2%的用户表示不同意，主要理由为各国审查标准存在差异，应当视实际情况而定。而对于国际申请的国际检索单位与该申请要进入的国家局为同一单位的情形，绝大多数（84.7%）用户认为国际检索报告既是国际阶段的工作成果，也可以作为国家局的审查意见。

（三）国际初步审查

国际初步审查是由国际初步审查单位对国际申请是否具备新颖性、创造性、实用性提出初步的意见。半数左右的被访者表示在实践中没有使用过国际初步审查，主要的原因是国际检索已经涵盖了国际初审所要解决的主要问题，国际初审阶段的修改对选定局也无针对性。

有专利代理机构表示国际初步审查对帮助我国申请人在实行登记制或初步审查制的国家获得授权有积极的影响，如果初步审查结果是正面的，则有利于在该国获得授权。

（四）进入其他国家的国家阶段的主要问题与需求

PCT 程序仅涉及专利申请的前期阶段，最终的专利授权仍由各国家或地区专利局完成。调查发现我国用户的 PCT 申请在进入国家阶段时主要的问题和需求体现在以下几个方面。

1. 费用高

调查发现超过八成的被访者认为 PCT 费用高，尤其是国家阶段的费用。用户认为进入其他国家的国家阶段后，不能享受费用减免，律师费、翻译费、维持费的数额也偏高，很大程度上影响了申请人向外申请专利。

2. 不了解规则

申请人反映目前获取 PCT 相关信息主要通过访问 WIPO 以及我局的网站，但这两种渠道分别存在语言和内容不足的问题。2013 年的调查显示，60.8%的被访企业认为对外国法律规定不了解是影响我国申请人进入其他国家的国家阶段的主要因素之一。因此，申请人希望我局多途径多渠道收集整理世界各国的法律规定和程序要求，帮助申请人准确、及时、便捷地获得相关信息。此外，申请人希望我局提供更多的制度宣介和实务培训，增强申请人的实务操作技能，以便更好地运用 PCT 制度。

3. 认为受到不公正对待

有企业代表反映，中国的 PCT 申请进入一些国家的国家阶段受到非常严格的审查，经常需数次陈述意见、修改才能授权，审查周期远长于其本国申请。另有用户反映，在一些国家，在具备授权前景的情形下，即使申请人针对第一次审查意见通知书中指出的缺陷进行了充分说理，审查员在第一次审查意见通知书后仍然直接作出驳回决定，且这样的情形较为普遍。

4. 希望在国家阶段进行加快处理

2013 年的调查显示，绝大多数（95.2%）申请人希望在国际阶段获得正面评价的国际申请在进入国家阶段后能够得到加快处理和审查。即使这样的加快需要支付额外费用，仍有 54.1%的申请人愿意缴纳费用进行加快处理。

四、结　语

我国加入 PCT 近 20 年来，PCT 制度在我国得到了广泛的应用与发展。PCT 用户调查使我们了解到中国用户在利用 PCT 制度过程中遇到的问题和需求，这些问题和需求是我局确定下一步工作方向的重要基础。

我们应当以我国创新主体为核心，以需求为导向、以问题为抓手，充分发挥政府的引导作用，扎实做好服务工作，为我国用户走出去“修好路、架好桥”。

（一）深入研究完善 PCT 制度和我国专利制度的方案

通过调查发现，随着我国经济科技的发展，我国用户特别是一些优势企业的知识产权保护意识和运用能力提升明显，在运用 PCT 制度过程中也提出了自身的需求，主要包括以下几个方面：（1）希望实施对用户更加友好的制度，例如希望指定局允许优先权恢复、允许援引加入遗漏部分；（2）希望改进国际检索程序，提高国际检索质量，例如扩展国际检索的主题、增加国际检索中申请人与审查员的沟通机会、公开检索策略记录等；（3）希望降低申请成本，调整费用减免的标准，对中小企业和科研机构予以费用减免；（4）希望专利申请能够得到加快处理，特别是当 PCT 申请的国际检索单位和进入的国家局为同一单位时，国际阶段的国内工作成果可以作为国家阶段的审查意见。

这些需求中，有的需要通过修改 PCT 国际规则实现，有的还需要修改我国国内法。我们应立足国情，加强对相关议题的研究，综合分析各种因素，适时提出完善相关制度的意见建议，及时满足我国创新主体的合理需求。

（二）提高我国用户运用 PCT 制度的能力

调查发现，虽然我国 PCT 专利申请量增长迅速，但我国用户，特别是中小企业申请人对于 PCT 制度的运用能力仍存在不足。突出表现在：（1）对新制度的关注和了解不够，影响到企业对这些规则的充分利用。例如对于补充国际检索、协作国际检索、优先权文件接入服务（DAS）等新引入的制度或者服务的知晓度低，利用率低；（2）对 PCT 各成员国国家阶段的规则不了解，对企业 PCT 申请进入国家阶段形成障碍，影响企业最终在国外获得专利授权。

对此，我们需加大宣传培训力度，使用户充分了解 PCT 制度，提高用户运用 PCT 制度的能力。可进一步发挥国家知识产权局、地方知识产权局、行业协会和国际组织的资源优势，为申请人提供更加广泛、深入的宣介服务，通过网站、巡回宣讲、学习班、研讨会等形式提供系统的、有针对性的培训。

（三）提升国家知识产权局服务质量

调查中我国用户还对电子化服务和审查质量提出了意见，包括：(1) 电子化服务应当更加便捷、高效，例如完善 PCT 电子系统，增强系统的稳定性和用户友好性，方便申请人办理著录项目变更、通过网上银行缴纳费用等各种手续，提高申请效率；(2) 我国作为国际检索单位作出的书面意见应当更加客观、中性、避免措辞过于严厉。

为此，国家知识产权局应当从软硬件方面加强自身建设，为中国用户提供优质服务。

关于具体放弃式修改的一些问题

李　越[1]　何　炜[2]*　蔡　雷[3]

一、引　言

在专利申请和审查过程中，常会涉及对申请说明书、权利要求或附图等申请文件的修改。具体放弃（Disclaimer）是修改权利要求的一种方式，常见于化学领域。一般而言，权利要求应该用肯定的技术特征来限

❶❷❸ 作者单位：国家知识产权局专利复审委员会。
* 本文第二作者等同于第一作者。

定保护范围，不应采用否定的形式限定保护范围。但是，有些信息是申请人在递交专利申请时难以获知的（例如抵触申请的内容，或者一些来自较远的技术领域的信息）。对于这些信息，申请人在撰写申请文件时难以将其纳入考虑范围；而一旦其对权利要求的专利性造成影响并在专利审批程序中被审查员指出，申请人若不能克服由此导致的缺陷将使其发明创造无法得到专利权的保护。在此情况下，允许申请人以具体放弃的方式修改权利要求以实现重新确定保护范围满足专利授权要求的目的，符合鼓励创新的专利法立法本义，对申请人来说更为公平。

由于具体放弃是一种比较特殊的修改方式，其判断原则和具体操作方式难免存在一些含糊不清之处，造成实践中存在不同观点和做法。由于具体放弃式修改涉及的类型较多（例如对于不授权客体的排除❶、对于不可能实施的技术方案的排除等），本文拟就与新颖性和创造性问题相关的具体放弃式修改作一些探讨，这也是实践中比较容易产生问题的修改类型。

就与新颖性和创造性问题相关的具体放弃式修改而言，《专利审查指南 2010》（以下简称《审查指南》）的规定是针对涉及数值范围的情形作出的：鉴于对比文件公开的内容影响发明的新颖性和创造性，当申请人采用具体放弃原数值范围一部分使得要求保护的技术方案从整体上看明显不包括该部分时，只有在修改后的技术方案具备新颖性和创造性的情况下才被允许。当申请人对申请文件作出具体放弃式修改时，审查实践中对于《审查指南》上述规定的理解存在模糊认识，特别是围绕审查员是否应将进行具体放弃式修改后的权利要求具备创造性作为接受其修改的前提条件的问题。笔者结合案例对于具体放弃式修改中的一些相关问题展开探讨，希望起到抛砖引玉，越辩越明的效果。

二、典型案例

（一）案件情况介绍（下称“案例”）

该申请权利要求 1 要求保护通式 $[(R^1(CR^2R^3)_k)_yKt]^+\ {}^-N(CF_3)_2$

❶ 《专利审查指南 2010》第二部分第一章第 4.3.2 节规定：“对于既可能包含治疗目的，又可能包含非治疗目的的方法，应当明确说明该方法用于非治疗目的，否则不能被授予专利权。”在审查实践中，允许申请人采用具体放弃的方法，将“非治疗目的”的这一否定性的限定引入到一项既可能包括治疗目的又可能包括非治疗目的的方法权利要求中。

所示的化合物，说明书中记载该化合物应用于锂离子电池的制备。实质审查部门以该申请不符合《专利法》第33条的规定为由驳回了该发明申请（下称“本申请”）。复审请求人随后提出复审请求。原审查部门在前置审查意见中以本申请仍存在之前发出的第三次审查意见通知书中已经告知过复审请求人的权利要求1相对于对比文件2不具备新颖性的缺陷为由坚持驳回决定。

专利复审委员会合议组经审查，认为对比文件2公开了具体化合物 $(C_2H_5)_4N^+$ $(CF_3)_2N^-$，且该化合物落入权利要求1保护范围内（对比文件2的主题是探讨该类化合物的合成机理，关注点在于化合物的合成，而没有公开与化合物的用途和效果有关的任何技术信息），故而发出第一次复审通知书，指出：权利要求1相对于对比文件2公开的具体化合物 $(C_2H_5)_4N^+$ $(CF_3)_2N^-$不具备新颖性，不符合《专利法》第22条第2款的规定。

复审请求人提交了修改文本，在权利要求1中增加“条件是其中不包括化合物 $(C_2H_5)_4N^+$ $(CF_3)_2N^-$”的限定。复审请求人认为，对比文件2只是通过光谱检测，证实了溶液中存在所述化合物 $(C_2H_5)_4N^+$ $(CF_3)_2N^-$，并没有分离得到纯的该化合物，其仅仅是作为副产物而被发现的。对比文件2提到该化合物“不能被分离出”，并未教导制备和分离该化合物，从整体上来讲，该化合物仅仅是偶然被发现的。复审请求人将上述偶然发现的具体化合物从权利要求1中排除后，应符合《专利法》第22条第2款有关新颖性的规定，上述文本应被接受。

针对上述修改后的权利要求，合议组发出第二次复审通知书，首先指出复审请求人的上述修改属于具体放弃式修改；进而将对比文件2与本申请说明书关于背景技术的描述结合，通过“三步法”进行创造性审查判断，得出修改后的权利要求1不具备创造性的审查结论；最后给出对于复审请求人所作修改的审查结论，认为在本案的具体放弃不能使权利要求具备创造性的前提下，权利要求1的修改不属于《审查指南》规定的能够允许的具体放弃式修改，故不符合《专利法》第33条的规定。

（二）由案例引发的思考

复审请求人对权利要求书的上述修改使得该案的审查焦点转为：依据上述《审查指南》的规定，该修改是否属于具体放弃式修改；如果属于，则审查员能否接受该修改。具体来说，在申请人删除“偶然占先”的已知化合物使得权利要求具备新颖性的情况下，是否应继续评判该修改后技术方案是否具备创造性，并以经审查认定该技术方案具备创造性作为接受具体放弃式修改的前提条件？如果认为需要进一步得出创造性的审查结论才能接受这种修改的，出于这种目的的创造性审查应如何进行？是否需要改变新颖性判断所使用的证据或者改变该证据的使用方式，甚至补充检索？

三、分析与思考

（一）审查指南相关规定的历史研究

具体放弃（Disclaimer）是修改权利要求书的一种方式。2001 年版《审查指南》第一次规定了采用具体放弃修改数值范围的情形。[1] 2006 年版《审查指南》将其从第 5.2.2 节“允许的修改”中移至第 5.2.3 节“不允许的修改”中。2010 年版《专利审查指南》该部分内容没有变化[2]，具体表述为：“如果在原说明书和权利要求书中没有记载某特征的原数值范围的其他中间数值，而鉴于对比文件公开的内容影响发明的新颖性和创造性，或者鉴于当该特征取原数值范围的某部分时发明不可能实施，申请人采用具体放弃的方式，从上述原数值范围中排除该部分，使得要求保护的技术方案中的数值范围从整体上看来明显不包括该部分，由于这样的修改超出了原说明书和权利要求书记载的范围，因此除非申请人能够根据申请原始记载的内容证明该特征取被放弃的数值时，本发明不可能实施，或者该特征取经放弃后的数值时，本发明具有新颖性和创造性，否则这样的修改不能被允许。”

从上述规定可以看出，审查指南中没有对具体放弃式修改给出定义，

[1] 《审查指南 2001》第二部分第八章第 5.2.2.1 节规定：“如果在原说明书和/或权利要求书中没有公开某特征的原数值范围的其他中间数值，而鉴于对比文件公开的内容或者鉴于当该特征取原数值范围的某部分时发明不可能实施，在该发明申请排除所述部分后具有新颖性和创造性的前提下，允许用具体‘放弃’（Disclaimer）的方式，从一个数值范围较宽的权利要求中排除该部分，使权利要求从整体上看来，覆盖具有明显排除该部分的一个确定的保护范围。”

[2] 《专利审查指南 2010》第二部分第八章第 5.2.3.3“不允许的删除”。

而是通过一个涉及数值范围的案例[1]进行了说明。一般认为具体放弃修改方式是指排除原申请文件中没有公开的技术特征以限制权利要求的保护范围，通常是采用否定性词语或排除的方式来放弃权利要求的部分保护范围。关于具体放弃的适用范围，目前较有共识，即认可《审查指南》的规定所给出的是一种判断原则和审查思路，实践中应当不限于针对连续数值范围的修改，在《审查指南》对于其他情形下的具体放弃的审查未作出规定的情况下，应参照该规定进行审查，即该原则对其他情形（例如马库什化合物）也具有指导意义。

根据上述《审查指南》的规定，允许具体放弃修改方式的前提是：申请人能够证明排除了现有技术已公开的内容之后的数值范围相对于现有技术已公开的内容明显具有新颖性、创造性；或被排除的部分为本发明不可能实施的数值范围。从“允许的修改”移至“不允许的修改”一节中，法律依据是《专利法》第33条，其更加着重强调了修改不能超出原始申请记载的内容，意味着具体放弃式修改更多的是属于不允许的修改，只有在特殊的情形下才能被允许；并且，只有在满足《审查指南》规定的上述判断原则的情况下，具体放弃式修改才属于上述能够允许的“特殊情形”。这意味着，具体放弃式修改是否符合《专利法》第33条的规定的判断焦点集中在其是否符合上述判断原则上，由此进一步引发了审查过程中对于该判断原则应如何正确解读的关注。

（二）困惑与问题

（1）首先，针对《审查指南》中“鉴于对比文件公开的内容影响发明的新颖性和创造性”的申请人可以进行具体放弃式修改的前提，该前提是否包含对比文件公开的内容并非影响专利申请的新颖性，而影响的是创造性的情形？这种情形究竟有无可能通过具体放弃式修改克服不具备创造性的缺陷？

---

[1] 《审查指南》中给出的示例“例如，要求保护的技术方案中某一数值范围为$X_1=600\sim10\ 000$，对比文件公开的技术内容与该技术方案的区别仅在于其所述的数值范围为$X_2=240\sim1\ 500$，因为X_1与X_2部分重叠，故该权利要求无新颖性。申请人采用具体放弃的方式对X_1进行修改，排除X_1中与X_2相重叠的部分，即$600\sim1\ 500$，将要求保护的技术方案中该数值范围修改为$X_1>1\ 500\sim X_1=10\ 000$。如果申请人不能根据原始记载的内容和现有技术证明本发明在$X_1>1\ 500\sim X_1=10\ 000$的数值范围相对于对比文件公开的$X_2=240\sim1\ 500$具有创造性，也不能证明$X_1$取$600\sim1\ 500$时，本发明不能实施，则这样的修改不能被允许。”

（2）进一步，针对具体放弃式修改能够被接受所应满足的要求，如果申请人对申请文件作具体放弃式修改，是否要求审查员将经过审查认定放弃式修改后的权利要求具备创造性作为接受其修改的条件？换句话说，如果不接受这样的修改，是否必须先论述修改后的技术方案不具备创造性才能得出其不符合《专利法》第33条的结论？

对于上述问题的不同理解导致审查实践中出现了如下几种不同做法。

做法一：只有当审查员提出缺乏新颖性质疑的时候，申请人才有可能通过具体放弃对比文件中影响在后申请的技术方案的方式达到克服新颖性缺陷的目的。并且，该具体放弃被允许的前提条件是：以此方式对缺乏新颖性的缺陷予以克服，不会引发审查员进一步对创造性质疑。换言之，如果审查员还将依据同样的证据质疑修改后权利要求的创造性，则足以说明这种具体放弃式修改不应被接受，在此情形下，审查员应以不符合《专利法》第33条为由不接受该修改文本，而不必以修改后权利要求不具备创造性为由再次发出通知书。

如案例中的情形，在放弃被对比文件2公开的"偶然占先"的化合物后权利要求已经具备新颖性，且由于该化合物在对比文件2的公开属于"偶然占先"性质，单纯基于该证据无需"三步法"评判即可知晓其不能影响修改后权利要求的创造性，则应接受该具体放弃式修改；如果审查员还将依据该证据与其他证据的结合或者依据补充检索的证据进一步评价其创造性，则均应在该修改文本的基础上继续审查其创造性，而不以其修改不能被接受为审查意见。

做法二：不论审查员提出新颖性的质疑，还是提出创造性的质疑，申请人均可以通过具体放弃某些技术方案以达到克服缺陷的目的。该具体放弃被接受的要符合的条件是：修改后的技术方案既不存在缺乏新颖性的缺陷，又同时克服了缺乏创造性的缺陷。否则，审查员应发出通知书对创造性进行评述，只有经申请人答复后审查员最终认定技术方案具备创造性，才应认为该具体放弃式修改符合《专利法》第33条的规定；反之，则如案例中合议组的做法一样，在以"三步法"评判修改后权利要求相对于之前破坏新颖性的对比文件2与其他证据的结合不具备创造性的基础上，给出具体放弃式修改不符合《专利法》第33条的结论。

可见，《审查指南》的表述方式为审查实践带来了一些困惑和操作上的不一致，需要我们对该问题产生的根源加以探究，梳理不同理念的价值取向，才有助于揭开这一问题的层层面纱。

（三）比较法研究

具体放弃式修改在各国专利制度中都有涉及，例如欧专局将其描述为“disclaimer”（放弃式权利要求），日本有“否定限定”（negative limitation），PCT 国际检索和初步审查指南中描述为“排除”（excluding claim、exclusion）。这些均可以用于限制权利要求的范围，均可达到将用技术特征清楚限定的一个要素明确地排除在请求保护的范围之外的目的。

虽然欧专局的专利法律框架和审查实践与我国不完全相同，但欧专局的一些做法对我们来说具有一定的借鉴作用。欧专局扩大申诉委员会 2004 年 4 月 8 日的决定 G1/03 对具体放弃问题做了非常详尽的分析和阐述。[1]

欧专局扩大申诉委员会 G1/03 中对具体放弃给出了明确的定义：具体放弃是使用否定性的技术特征对权利要求进行修改，比较有代表性的是从全部特征中排除具体的实施方式或范围。

决定 G1/03 明确指出：不能将从权利要求保护范围中具体放弃的内容或所排除的主题在原始申请文件中没有记载作为唯一理由，引用 EPC 条约第 123 条（2）[2] 拒绝以具体放弃的形式修改权利要求。

当具体放弃的内容在原始申请文件中没有记载时，以如下标准来评价该具体放弃的修改是否允许：

（1）出于如下原因而采用具体放弃的形式进行修改是允许的。按照 EPC 条约第 54 条（3）和（4）针对现有技术重新确定权利要求保护范围，使该权利要求具有新颖性；及按照 EPC 条约第 54 条（2）针对偶然占先（accidental anticipation）重新确定权利要求保护范围，使该权利要求具有新颖性。所谓“偶然占先”是指 EPC 条约第 54 条（2）的现有技术内容与要求保护的发明不相关或距离非常远，本领域技术人员完成发明时不会考虑这些内容；及按照 EPC 条约第 52 至第 57 条，出于非技术原因排除不授权主题的具体放弃。

（2）具体放弃的内容不应超出使权利要求重新具有新颖性或出于非

[1] 姜晖，王守彦，齐宏毅．由欧洲专利局决定 G1/03 谈其具体放弃修改方式的原则［J］．中国专利代理，2006（1）．

[2] EPC 条约第 123 条：修改（2）欧洲专利申请或欧洲专利的修改不应增加超出原始申请内容以外。

技术原因排除不授权主题的需要。

（3）与评价创造性或者充分公开相关的具体放弃增加的新的主题不符合 EPC 条约第 123 条（2）的规定。

（4）包括了具体放弃内容的权利要求必须符合 EPC 条约第 84 条有关清楚和简明的规定。

从上述原则中，可以看出欧专局有关具体放弃修改方式的思路：只有为了克服新颖性缺陷或出于非技术原因排除不授权主题，才允许对权利要求采用具体放弃的修改方式。具体放弃修改方式并不是给申请人提供任意修改权利要求的机会，而是只能用来克服新颖性缺陷或出于非技术原因排除不授权主题。所述新颖性缺陷又仅限于由抵触申请和偶然占先原因造成的权利要求丧失新颖性。

（四）法理分析

1. 具体放弃式修改的设立初衷

申请人在申请专利时，为了得到较宽的保护范围往往在权利要求中对实际作出的发明创造进行合理的概括或外延，但这种概括或外延的范围并不是客观上已经作出的发明而是主观推想的结果，因而这种概括或外延的不恰当有时会导致发明包括了现有技术已公开的内容，但由于申请所要求保护的大部分内容相对于现有技术而言作出了创造性的贡献，如果仅仅因为其保护范围内的部分，甚至个别技术方案不能实施、缺乏新颖性等就否定整个权利要求也不利于给予发明创造以合理的保护。在此基础上，允许了具体放弃式这样一种对于权利要求的修改方式。

2. 具体放弃的具体情形的价值考量

现实实践中允许具体放弃的两种情形[1]（抵触申请或偶然占先）都是以该情形导致权利要求的新颖性被破坏为前提的。总体出发点在于，对于某些文献披露的技术信息，申请人在申请日时可能因难以获知该文献，而难以在撰写申请文件时将其在权利要求概括的保护范围中予以规避，因此，出于公平考虑，需要将具体放弃这种特殊修改方式作为补救的机会提供申请人，达到保护其对社会作出的技术贡献的目的；但出于防止申请人谋取不正当先申请利益的原因，这种具体放弃式修改的被接受也会受到相应的严格限制。

[1] 如前文所述，本文仅讨论与新颖性和创造性问题相关的具体放弃式修改。

排除抵触申请的具体放弃的目的应该是考虑到这样一个事实，即不同的申请就发明主题的不同方面都有获得专利权的资格，排除抵触申请内容后的部分，因为是在后申请的首次公开，应该获得相应的合理保护。由于抵触申请的内容并非现有技术，申请日前公众无法获得，不能用于评价专利申请的创造性，因此在专利申请采用具体放弃式修改排除掉抵触申请记载的内容后，相对该文献自然具有新颖性、创造性。

至于偶然占先，欧专局决定 G1/03 对此作出过清楚的解释：偶然公开必须是如此地不相关和技术领域相差如此之远，以致所属领域的技术人员在实施发明时绝不会将其列为需要考虑的对象。偶然占先的对比文件由于所属领域、所解决的技术问题、发明构思，与本申请相差甚远，仅仅由于公开内容与本申请保护范围有重叠，能破坏本申请的新颖性，在申请人采用放弃式修改从要求保护的技术方案中排除该偶然占先内容后，该文献已无法用来评价修改后权利要求的创造性。

3. 我国审查标准的修改本意

2006 年版《审查指南》的修订说明中指出："具体放弃（Disclaimer）的修改方式允许从一个较宽的数值范围内排除现有技术已经公开的部分，这样的修改方式作为超范围修改的一种特例，应该予以限制，如果申请人不能证明排除了现有技术已公开的内容之后的数值范围相对于现有技术已公开的内容明显具有新颖性、创造性，或者被排除的部分为本发明不可能实施的数值范围，则这样的修改不能被允许，只有在对比文件为抵触申请文件、或者不同的发明目的的文件等时，才有可能证明修改后的权利要求具有创造性，但这种情况是极为罕见的，绝大多数的修改均不符合该条件，不能被允许，因此将此部分移至本章第 5.2.3.3 节不允许的删除。"

从上述修订说明中，可以解读出以下信息：

解读一："排除现有技术已经公开的部分"表明从权利要求中以具体放弃的方式排除的是影响新颖性的技术内容。创造性对比文件所公开的应该是与专利申请权利要求技术方案有差别的技术。

解读二：将《审查指南》的"具有新颖性和创造性"解读为"明显具有新颖性、创造性"，并进一步解释"只有在对比文件为抵触申请文件、或者不同的发明目的的文件（即偶然占先的情况）等时，才有可能证明修改后的权利要求具有创造性"表明这两种对比文件均仅限于审查员对新颖性的质疑，这是申请人可以采取具体放弃式修改的前提，并且修改后申请具备创造性的结论类似不证自明，不会引发创造性的质疑。

综上，《审查指南 2006》将具体放弃部分内容从第 5.2.2 节“允许的修改”中移至第 5.2.3 节“不允许的修改”，借鉴了欧洲专利审查的相关规定。由欧专局的相关规定和《审查指南 2006》的修订说明，均可以得出，采取“具备新颖性和创造性”这样的规定，其初衷在于明确允许具体放弃式修改应限于抵触申请和偶然占先的情形，同时避免实践中可能出现的申请人因为创造性（而非新颖性）原因采取具体放弃式修改的努力，如下文所述，实际上这样的修改几无被接受的可能。审查指南修订就这一问题作出说明，其本意是为了规范审查员的操作并节约审查程序，避免当事人在此问题上作不必要的纠缠。

4. 结合实践的逆向思考

如果对审查指南中作出与上述导读内容不同的理解，不妨可以结合下图进一步分析：

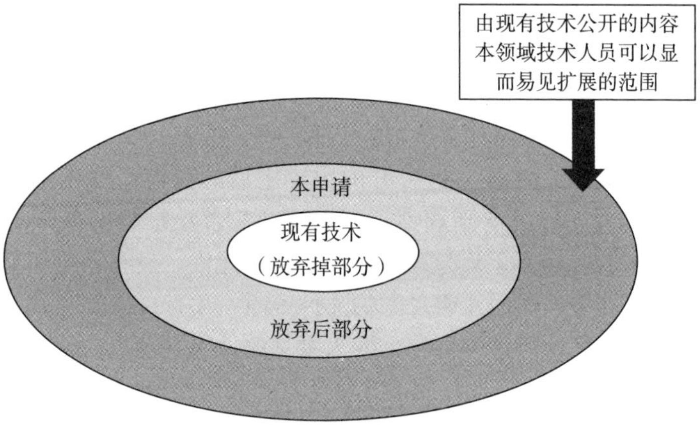

如图所示，如果对比文件并非偶然占先的现有技术，此时无论其是破坏新颖性，还是仅破坏创造性，由于对比文件与本申请技术领域、解决的技术问题（发明目的）相同或相近，则具体放弃式修改后的技术方案尽管克服了新颖性问题，但具体放弃的内容和放弃后权利要求保护范围之间必然存在临近边界，该边界附近的技术方案与放弃的技术方案非常接近，应能够从对比文件中依据技术启示得到而不具备创造性，除非边界处的技术方案相对于现有技术产生出人意料的技术效果。但是，即使区别特征为离散（非连续）变量，也几无可能证明具体放弃后的临界

点（区域）有突变或跳跃性的技术效果。原因在于：如果该效果与技术特征的关系已经记载于原始申请文件（表格或图谱等）中，则足以为修改提供依据，而依据上述记载的进行修改显然已不属于具体放弃这种特殊的修改方式；如果没有相应记载，也就无法通过补充提交相关证据的方式予以克服。即相对于非偶然占先的对比文件（基于相同发明目的、解决相同技术问题）的申请由于新颖性问题而作放弃式修改，理论和实践中均无法证明放弃后技术方案具备创造性，几无被接受的可能，故允许其存在亦不具实际意义。实际上，导读已经从结论上阐明要满足明显具备新颖性和创造性的条件，允许放弃的只能是抵触申请文件和偶然占先这两种情况。

5. 对于具体放弃式修改的审查定位

对于具体放弃式修改能否允许的审查属于文本审查，其目的在于为“三性”评判确立审查文本。确立正确的文本是为评判新颖性和创造性作准备的。一份专利申请是否能够被授予专利权，对于发明人所作出的智慧贡献的衡量是起到决定因素的。因此，判断具体放弃式修改是否符合《专利法》第33条的过程是不能替代对于一份专利申请是否具备新颖性和创造性的审查的。

根据文本审查与“三性”审查之间的关系可知，如果审查员将过多精力花费在通过审查修改后的权利要求究竟是否具备创造性来得出该文本是否可以接受的结论上，一方面导致审序混乱、整体审查思路不清，而另一方面会显示审查重心的偏移，影响到对审查实质的把握，因为文本审查阶段提及的具备创造性也仅指要相对于所放弃的现有技术具备创造性，这往往与真正认定一项权利要求是否具备创造性的审查不能画上等号。

对于具体放弃是否允许的审查属于适用《专利法》第33条的审查，应遵照《专利法》第33条的立法本意和判断标准，正确解读《专利法》第33条，并基于维护先申请原则以及公平原则之考虑，而非仅基于放弃后是否使权利要求“本发明具有新颖性和创造性”。如果只要证明修改使得权利要求具备新颖性和创造性就接受对于这种修改，其实是在文本审查阶段偏离了《专利法》第33条的判断标准，这样还有可能导致不应被授予的权利范围被授权。

（五）研究结论

经过以上分析，我们谨慎提出以下意见：

（1）如果申请日提交的说明书或权利要求中存在能够作为修改依据的相关的记载，申请人可以依据该记载对权利要求进行修改以克服相应的缺陷，则不应允许其进行具体放弃式修改，即具体放弃方式的修改应该是穷尽其他允许的修改方式之后不得已为之的最后方式。毕竟申请日提交的专利申请文件是划定申请人与第三方权益界限的基础，应当尽量避免申请人通过对专利申请文件的修改破坏这种权益界限，否则会使得申请人通过该修改不当获利，损害依赖于该原始申请文件的第三方的法律安全性。

（2）申请人对申请文件作具体放弃式修改，所放弃的内容应仅限于被现有技术（或抵触申请）公开的技术方案。具体来说：①允许排除抵触申请的相关内容以使权利要求具备新颖性；②允许排除当现有技术的技术领域与本发明相差很远，解决完全不同的技术问题，发明构思完全不同，现有技术对于发明的完成没有给出教导或启示的情况下的现有技术（“偶然占先”的情形）以使权利要求具备新颖性。上述两种情形在作具体放弃式修改之后的技术方案具备新颖性后，无论是原来构成抵触申请的文件，还是偶然占先的文件都不能破坏其创造性（前者不构成现有技术，后者无技术启示的可期待性）。

（3）如果破坏新颖性的对比文件并非抵触申请或偶然占先（既属于现有技术，又属于相同领域、解决相同问题，对发明的完成有教导和启示），则所作具体放弃式修改不应被接受（因为其既不符合该修改规则的立法目的，也无法证明修改后的技术方案具备创造性）。同理可以推知，这样的现有技术如果破坏的不是新颖性而是创造性（即排除了偶然占先的情形），则这样的申请也不应接受其作具体放弃式修改。这种情形下，可直接以具体放弃式修改不符合《专利法》第 33 条提出审查意见。否则，如果审查员将过多精力花费在修改后的权利要求究竟是否具备创造性上，可能导致审序混乱、整体审查思路不清。最后，如果只要证明修改使得权利要求具备新颖性和创造性就接受对于这种修改，也有可能导致不应被授予的权利范围被授权。

最后，本文案例中，本申请要求保护的产品具有应用于锂离子电池制备领域的用途。虽然对比文件 2 公开了影响本申请新颖性的一种具体化合物，但对比文件 2 的主题是探讨该类化合物的合成机理，关注点在于化合物的合成本身，而没有公开化合物的任何用途，可以认为其属于

“偶然占先”的情形。在此前提下，已经可以认定具体放弃式修改符合《专利法》第33条的规定，而不用再发出第二次复审通知书纠结审查文本问题。如果审查部门认为对比文件2结合其他证据后仍然导致权利要求没有创造性，则属于单纯的创造性问题，与有关具体放弃是否应允许的文本问题无关。

四、结　语

根据以上分析我们可以明确，一方面，为了公正合理地对发明创造给予鼓励和保护，使申请人能够应对在提出专利申请时难以预见的情况在专利审批过程中突然出现，具体放弃式修改的存在具备必要性。如果没有这种修改方式，使得申请人丧失在此情形下重新确定权利要求保护范围的可能性，对于发明得到合理适度的保护是不利的。另一方面，将允许具体放弃的情形限制为特殊情形兼顾了已有的对于专利申请权利要求的常规撰写方式和修改的要求，使得申请人重视原始申请文件的撰写。这样考虑的结果同样是，允许放弃的现有技术应该是极其特殊的情形，而非应对新颖性创造性审查意见的常规修改方式。

需要说明的是，申请人如果对权利要求进行具体放弃式修改，从保护范围内“抠掉”现有技术（或抵触申请）公开的内容，则应该明了其相应带来的在侵权诉讼中产生的后果。《最高人民法院关于审理侵犯专利权纠纷案件应用法律若干问题的解释》第6条规定：专利申请人、专利权人在专利授权或者无效宣告程序中，通过对权利要求、说明书的修改或者意见陈述而放弃的技术方案，权利人在侵犯专利权纠纷案件中又将其纳入专利权保护范围的，人民法院不予支持。也就是说，如果申请人对权利要求进行了具体放弃式修改，则在专利侵权诉讼中不能再将放弃的技术方案纳入保护范围，即不能主张其属于等同侵权。该规定为对等同侵权适用的限制，其出发点就是申请人不能在专利授权确权中将通过修改或解释权利要求缩小保护范围而得到专利权，又在侵权诉讼中扩大解释权利要求保护范围而两头得利。

美日欧新颖性宽限期规定新发展及比较研究

何　苗[1]

摘　要

新颖性宽限期规定作为现有技术的一种例外情形对各国专利申请可专利性的判断有着重要影响，世界知识产权组织多年来一直试图统一其成员国的宽限期规定。近几年，日本和美国相继对其专利法作出了修改和调整，本文通过对美国、日本和欧洲的宽限期规定及近几年规定的发展变化进行研究，体现其发展趋势，并与我国的宽限期规定进行比较分析，从而引发对我国新颖性宽限期规定发展方向的思考。

[1] 作者单位：国家知识产权局专利复审委员会。

一、新颖性宽限期的基本概念及我国《专利法》的规定

（一）新颖性宽限期的概念

新颖性宽限期规定源于《巴黎公约》，其第 11 条规定了缔约国应对在任何一个成员国内举办的经官方承认的国际展览会上展出的商品中可以取得专利的发明、实用新型、外观设计和商标给予临时保护。《巴黎公约》的基本原则是根据“先申请制原则”确定专利权，申请日前公开的发明属于现有技术，不具有可专利性，但存在规定的例外情形，这就是新颖性宽限期的雏形。

宽限期是指在申请人公开其发明创造后仍然可以申请专利而不丧失新颖性的期限，该期限使发明创造在申请日前一定时间内的公开不构成现有技术，为申请人提供了优惠期。

（二）新颖性宽限期的分类[1]

从宽限期的适用范围来看，可以分成两种类型：一是狭义宽限期，其适用范围仅包括在规定的国际展览会展出和违背申请人意愿公开的情形；二是广义宽限期，其涵盖的公开类型除了包括狭义宽限期的范围外，还包括申请人于申请日前在公开出版物上发表或者公开使用等方式进行公开的情形，以及直接从申请人处获知发明创造并被他人公开的情形。

从宽限期的时间起算点来看，可以分成两种类型：一种类型是以实际申请日作为时间起点计算宽限期期限；另一种类型则是当专利申请享受优先权的，以优先权日作为时间起点计算宽限期期限。

从宽限期的期限长度来看，有两种类型：即 6 个月或 12 个月。

（三）我国的新颖性宽限期规定

我国《专利法》第 24 条规定：“申请专利的发明创造在申请日以前六个月内，有下列情形之一的，不丧失新颖性：（一）在中国政府主办或者承认的国际展览会上首次展出的；（二）在规定的学术会议或者技术会议上首次发表的；（三）他人未经申请人同意而泄露其内容的。”由该规定可见，我国的新颖性宽限期属于狭义宽限期，其并不包括申请人自己

[1] 尹新天．中国专利法详解［M］．北京：知识产权出版社，2011：327—328.

在申请日之前通过在公开出版物上发表或者公开使用等方式公开其发明创造，以及他人从申请人那里获知其发明创造进而予以公开的情形。

我国《专利法》规定宽限期的期间为“申请日前 6 个月内”。且新颖性宽限期规定中的申请日，对于享受优先权的专利申请，指其优先权日。

此外，我国《专利法实施细则》第 30 条第 3 款至第 5 款对于申请人需要履行的手续和声明进行了规定❶。对于规定中第 3、第 4 款的情形而言，要求申请人在提出专利申请时就进行声明，并要求其在申请日起 2 个月内提交证明文件。对于第 5 款的情形，规定了国务院专利行政部门认为必要时，可以要求申请人在指定期限内提交证明文件。

二、欧洲的新颖性宽限期规定

《欧洲专利公约》（EPC）自 1973 年签订以来共进行过 4 次修订，其中只有最后一次，即于 2000 年 11 月进行的修改涉及若干实质性议题，修订形成了《欧洲专利公约 2000 年修订案》。而有关新颖性宽限期的规定在历次修改中均未涉及，因此目前 EPC 第 55 条❷即为 1973 年签订时的第 55 条，该条款对新颖性宽限期作出了规定。

（一）新颖性宽限期涵盖的公开类型

根据 EPC 第 55 条的规定，欧洲新颖性宽限期属于狭义宽限期，其涵盖的公开类型只包括如下两种。

---

❶ 《专利法实施细则》第 30 条第 3 款至第 5 款规定：申请专利的发明创造有专利法第二十四条第（一）项和第（二）项所列情形的，申请人应当在提出专利申请时声明，并自申请日起 2 个月内提出有关国际展览会或者学术会议、技术会议的组织单位出具的有关发明创造已经展出或者发表，以及展出或者发表日期的证明文件。专利申请有专利法第 24 条第（三）项所列情形的，国务院专利行政部门认为必要时，可以要求申请人在指定期限内提交证明文件。申请人未依照本条第三款的规定提出声明和提交证明文件的，或者未依照本条第四款的规定在指定期限内提交证明文件的，其申请不适用专利法第 24 条的规定。

❷ EPC 第 55 条：（1）在适用公约第 54 条（关于新颖性）的规定时，不应考虑一份欧洲专利申请的申请日之前 6 个月内对其发明的下列公开：（a）明显滥用与申请人或者其合法在先权利人的关系；（b）申请人或者其合法在先权利人在政府主办或者政府承认的国际展览会展出其发明，所述国际展览会符合 1928 年 11 月 22 日在巴黎签订、1972 年 11 月 30 日修订的国际展览公约规定的条件。（2）在第（1）款（b）所述的情况下，适用第（1）款的条件是申请人在提交欧洲专利申请时声明已经展出了其发明，并且在实施细则规定的时间期限内按照规定的要求提交支持其声明的证明材料。参见：尹新天．中国专利法详解［M］．北京：知识产权出版社，2011：329.

1. 明显滥用与申请人或者其合法在先权利人的关系导致的公开

此种情形规定被公开的发明创造的内容必须来源于申请人或者其合法在先权利人，明显滥用是非常严重的行为，其证明标准也是非常高的，明显滥用必须是实际发生的，假定或推定的滥用不能被接受[1]，为了确定明显滥用，就公开该发明创造的一部分人而言必须存在造成伤害的实际意图，或者其实际或推定公开行为将要或可能带来伤害。此种类型可以适用于存在明示或默示的保密协议、违反申请人意愿或未获得批准导致的公开等情况。原则上，此种情形公开的方式没有限制，可以是口头公开、书面公开、在先公开使用等。

2. 在政府主办或者政府承认的国际展览会展出其发明

对于这种情形，EPC 条款中规定了国际展览会应符合《国际展览公约》规定的条件，具体哪些会议是官方承认的展会，欧洲专利局通常在其官方公报（Official Journal）中予以定期公布，申请人可根据需要进行查询。

（二）新颖性宽限期期间

EPC 规定宽限期期间为 6 个月，任何不丧失新颖性的公开情形都不能早于申请日之前的 6 个月，计算 6 个月期限的起算日是欧洲专利申请的实际申请日，而非优先权日[2]。

（三）获得新颖性宽限期需履行的声明或规定手续

对于 EPC 第 55 条（1）（b）规定的申请人或者其合法在先权利人在政府主办或者政府承认的国际展览会展出其发明导致的公开，在提交专利申请时，申请人必须声明该发明创造已经进行过这样的展出，并且必须在申请日起 4 个月内提交确认证明文件，证明文件应符合 EPC 实施细则第 25 条所规定的具体内容，以证明其发明创造的内容、在展会公开的事实及首次公开的日期。

而对于明显滥用导致的公开，EPC 及其实施细则并未规定声明所需的法定手续。通常审查员如果检索到涉及 EPC 第 55 条的公开文献将会把

---

[1] Tegernsee Experts Group：STUDY MANDATED BY THE TEGERNSEE HEADS GRACE PERIOD，24 September 2012，http：//documents.epo.org/projects/babylon/eponet.nsf/0/d8df66ffe4ea0dbac1257ab0004f2002/$FILE/grace_period_en.pdf，第 6－8 页，最后访问：2013 年 10 月 4 日。

[2] CATALOGUE OF REMAINING DIFFERENCES 2012 Update of the CDP 2011，http：//www.fiveipoffices.org/documentation/cdp/catalogue2012.pdf，最后访问：2013 年 10 月 4 日。

它列入检索报告中，申请人通常也是通过审查员传送的检索报告或书面意见而得知该明显滥用导致的公开，而后申请人需要提交相关证明，审查部门将会对此进行审查。

（四）发展历程及各方观点

于 1963 年签订的《斯特拉斯堡公约》统一了欧洲各国专利法中的若干实质性问题，其中该公约第 4 条规定欧洲国家均采用狭义宽限期。当时，奥地利、德国、意大利、瑞士和英国都有宽限期规定，但是其他欧洲国家没有。在 1973 年于慕尼黑举行的外交会议中，芬兰和挪威的代表注意到对于不丧失新颖性的公开的应用非常之少，因此建议应当包括更大范围的展览会并允许政府指定属于例外的展览会，但该提议被完全否定[1]。同年，EPC 签订，其中该公约第 55 条统一了欧洲各国关于新颖性宽限期的规定，该规定采用了以申请日为起算日的 6 个月期限的狭义宽限期，此规定一直沿用至今。

广义宽限期始终未被欧洲采用主要出于以下几方面的原因：（1）有人认为，如果所述保护对于欧洲有效但是对于非缔约国无效时，会给发明人在非缔约国申请专利带来不便和困扰；（2）广义宽限期的反对者更加注重法律的确定性，他们从社会公众利益角度出发，认为如果公众通过正常途径得知了发明创造，却无法确定在什么范围内能够予以应用，将会增大专利制度对于第三方的不确定性；（3）反对者也认为广义宽限期也会使欧洲专利局的工作更加复杂，在欧洲专利局，如果依据 EPC 第 55 条提供非常狭义范围的声明，针对新颖性的现有技术检索将非常简单，而当存在广义宽限期时，则需要考虑其他事宜，例如公开的来源，或者公开的发明是否属于在后申请人等，这将对审查的期限和效率产生影响；（4）反对者还认为，出于申请人的角度考虑，对于那些未接受过专利体系培训的申请人，告知他们“不要在申请专利前公开”比使用宽限期更为简单，例如日后申请涉及的时间限制问题，申请前公开引起的复杂性问题以及第三方在间隔期公开相关现有技术等状况，都将使没有经验的申请人产生较大的困惑。

---

[1] Tegernsee Experts Group：STUDY MANDATED BY THE TEGERNSEE HEADS GRACE PERIOD，24 September 2012，http：//documents. epo. org/projects/babylon/eponet. nsf/0/d8df66ffe4ea0dbac1257ab0004f2002/ $ FILE/grace _ period _ en. pdf，第 39－42 页，访问时间：2013 年 10 月 4 日。

尽管如此，支持广义宽限期的声音也始终存在：他们声称欧洲专利体系并未与科学研究的现实以最优的方式相匹配，同时也难以满足大学、公共科研机构及中小企业对于及时的技术交流、市场测试与分析、技术价值和商业价值评估等需求。❶

目前，在欧洲知识产权战略的推动下，欧洲单一专利制度的形成正在逐步推进，2013 年 2 月，经过多年艰苦谈判，欧盟单一专利计划扫清最后障碍，获得欧洲议会批准，欧洲专利局也计划在 2014 年授予首件单一专利权❷。欧洲单一专利制度将使欧洲专利的申请、授权、管理和保护更加集中和统一，也将使欧洲成为世界上区域性专利制度一体化进程最快的地区。对于欧洲单一专利制度形成后，其关于新颖性宽限期的规定是否会发生变化是值得我们重点关注的。

三、美国的新颖性宽限期规定

美国总统于 2011 年 9 月 16 日正式签署《美国发明法案》（AIA），2013 年 3 月 16 日该法案正式生效，至此美国专利史上的最大变革终于得以实施，专利制度的国际协调也向前迈进了一大步。修改后的《美国发明法案》最根本性的变革是将先发明制改为先申请制，这一专利制度根基性的变革带来了众多实质性法条的修改，其中新颖性规定的改变是特别重要的，同时，与新颖性密切相关的宽限期规定也作出了修改，下文将对《美国发明法案》实施前后关于新颖性宽限期的规定作相关介绍和分析。

（一）《美国发明法案》实施前的新颖性宽限期规定

AIA 实施前的美国专利法中与宽限期有关的规定体现在 35USC102（b）中❸，这一条款又称为“绝对法定限制”，根据该款规定发明人本人

❶ Tegernsee Experts Group：STUDY MANDATED BY THE TEGERNSEE HEADS GRACE PERIOD，24 September 2012，http：//documents. epo. org/projects/babylon/eponet. nsf/0/d8df66ffe4ea0dbac1257ab0004f2002/ $ FILE/grace _ period _ en. pdf，第 19—20 页，访问时间：2013 年 10 月 4 日。

❷ 欧洲紧锣密鼓谋求单一专利体制，中国知识产权报，2013 年 2 月 16 日，http：//www. sipo. gov. cn/mtjj/2013/201302/t20130207 _ 785344. html，访问时间：2013 年 10 月 4 日。

❸ 35USC102（b）规定：一个人应当有权获得专利，除非在其向美国提出专利申请之前的 1 年之外，其发明已经在美国或者任何其他国家被授予专利权或者在出版物上发表，或者在美国公开使用或者销售。

或者其他人在申请日之前 1 年以内作出的任何公开，包括申请专利、发表论文、公开使用或者销售等，均不影响其专利申请的新颖性❶。同时这种公开也不能构成 35USC102（b）所规定的现有技术而用来评价创造性。可见，这一条款实际上给发明人提供了一个 1 年的宽限期，这种宽限期不仅适用于新颖性，同样也适用于创造性。从其得到豁免的公开行为来看，包括在世界上任何国家获得专利权及公开出版，或在美国公开使用或销售，其包含的范围极其广泛。从实施公开的主体来看，也未作任何限制，既可以是发明人，也可以是其他人。

（二）《美国发明法案》实施后的新颖性宽限期规定

为了适应先申请制这一重大变化，AIA 对宽限期的规定相应进行了修改，继续将其规定在该法案的第 102 条（b）款中。修改后的具体法条如下：

“§102（b）例外。

（1）在要求保护的发明实际提交日前 1 年内进行的公开。

在要求保护的发明实际提交日前 1 年内进行的公开不被认为是根据（a）（1）项的现有技术，如果

（A）此公开是由发明人或共同发明人，或者由直接或间接从发明人或共同发明人处获得其主题的其他人进行的公开；或者

（B）在公开前该主题已经被发明人或共同发明人或直接或间接从发明人或共同发明人处获得该主题的其他人进行了公开。

（2）在申请和专利中显示的公开。

不认为是根据（a）（2）项的现有技术的公开，如果

（A）该被公开的主题是直接或间接地由发明人或共同发明人处获得；

（B）在根据（a）（2）项进行实际申请之前，该主题已经被发明人或共同发明人直接或间接从发明人或共同发明人处获得该主题的其他人进行了公开；或者

（C）在不晚于发明的实际申请日前，该被公开的主题以及发明是由同一人持有，或属于同一人的因任务所负义务”❷。

AIA 与修改前的美国专利法相比，其仍然维持了 12 个月的宽限期期

---

❶ 尹新天．中国专利法详解［M］．北京：知识产权出版社，2011：330.

❷ LEAHY-SMITH AMERICA INVENTS ACT，PUBLIC LAW 112-29-SEPT. 16，2011，http：//www. uspto. gov/aia _ implementation/20110916-pub-1112-29. pdf，访问时间：2013－10－5.

限，但也产生了一些变化，主要表现在公开类型所包含的他人作为公开主体时的限制及计算宽限期的起算日的变化。

1. 新颖性宽限期涵盖的公开类型

AIA将原来美国的混合新颖性标准修改为绝对新颖性标准，也就是全世界范围内的任何形式公开都可能构成现有技术。相应的，对于其宽限期所涵盖的公开形式也规定了包括世界上任何国家进行的任何形式的公开，如：出版物公开、公开使用或销售、获得专利权及其他任何可被公众获知的方式，可见，AIA仍然采用了广义宽限期的规定，其宽限期涵盖的公开类型非常宽泛。

但是，为了适应新的先申请制，AIA对于导致公开的主体在原美国专利法无任何限制的基础上进行了限制式修改，对于他人进行公开的发明创造的来源限定为直接或间接从发明人或共同发明人处获得的，也就是说，如果他人公开的发明创造不是来源于发明人或共同发明人，而是其自行作出的或从其他独立作出发明的第三人处获知的，对于这样的发明创造的公开将不属于在后申请不丧失新颖性的公开。

2. 新颖性宽限期期间

AIA仍然规定了12个月的宽限期期限，但AIA对于宽限期的起算日期的规定发生了变化。

原美国专利法是以先发明制为基础的，外国优先权具有证明发明日的效力，但根据35USC119（a）规定的例外情形，美国专利法所规定的宽限期的起算时间点为实际申请日或本国优先权日，但不包括外国优先权日。先申请制实施后，外国优先权的效力在美国大大增强，AIA现在认定的美国有效申请日也包括外国优先权日，因此，对于宽限期的起算日期以其申请日计算，但专利申请要求优先权的，按其优先权日，包括本国或外国优先权。

3. 获得新颖性宽限期需履行的声明或规定手续

AIA与原美国专利法一样，都未在法条中限定申请人在提出宽限期要求时需要作出声明。据悉，2012年7月26日美国专利商标局（USPTO）在提出细则草案时建议，申请人要享受宽限期的，应在提出专利申请时对在先公开进行声明以避免专利审查被延误❶。但这一建议暂时还未

❶ Tegernsee Experts Group：STUDY MANDATED BY THE TEGERNSEE HEADS GRACE PERIOD，24 September 2012，http：//documents.epo.org/projects/babylon/eponet.nsf/0/d8df66ffe4ea0dbac1257ab0004f2002/$FILE/grace_period_en.pdf，访问时间：2013－10－4.

被接受。

（三）发展历程及各方观点

早在1839年，美国专利法就对宽限期进行了规定，其规定在申请日以前对于发明创造的购买销售或使用不会影响专利申请的新颖性，除非申请人已经将该发明创造贡献给社会，即放弃该发明，或者发明创造的购买销售或使用的行为发生在申请日前2年。可见，该法案为申请人或他人的某些先用行为规定了2年的宽限期。1870年专利法明确了2年的宽限期期间，取消了“获得申请人同意”的规定，并将先用行为限制在本国范围内。1897年宽限期的规定再次被修改，具体为“在申请专利前2年，未在本国或任何外国取得专利或在任何出版物上被说明——或未在本国公开利用或出售”的发明。1939年，宽限期期间改为1年[1]。再之后就形成了1952年专利法，即AIA实施前的专利法第102条（b）款那样的规定。2013年3月AIA的全部规定正式实施，同样在第102条（b）款中对宽限期进行了规定，至此形成了美国以先申请制为基础的宽限期制度。

一直以来，美国始终采用的是12个月的广义宽限期，这样的规定受到了其社会各界的一致赞同，大学、科研机构及企业普遍认为这样的宽限期规定对于促进科技进步、保护发明人利益是非常有益的，特别是在AIA改为先申请制后，专利权将授予最先提出专利申请的人而非最早作出发明创造的人，此时发明人将产生强烈的不安全感，生怕由于自己的疏忽泄露了技术内容而使他人获利，在此情况下，保留广义宽限期规定在美国各界看来成为保护发明人利益的必要措施。

此外，美国还有一些团体和机构提议：建议美国专利商标局促使并说服其他国家也采用广义宽限期，这样对于促进早期公开格外有利，也具有较好的商业应用价值，广义宽限期应被世界各国更广泛地予以接受[2]。

可见，似乎美国各界一致赞同广义宽限期的规定，并希望广义宽限

---

[1] 李华英．论专利新颖性的宽限期［D］．中国政法大学硕士学位论文，2005：12.

[2] Tegernsee Experts Group：STUDY MANDATED BY THE TEGERNSEE HEADS GRACE PERIOD，24 September 2012，http：//documents. epo. org/projects/babylon/eponet. nsf/0/d8df66ffe4ea0dbac1257ab0004f2002/$FILE/grace_period_en. pdf，第27页，访问时间：2013－10－4.

期在世界范围内被更广泛地接受。

四、日本的新颖性宽限期规定

日本近年来为了适应国内外形势的要求，特别是1994年以来，对其专利法进行了频繁而广泛的修改。同时对新颖性宽限期的相关规定也进行了多次修改完善，使其宽限期所涵盖的范围逐步扩大。在2011年公布的新专利法中关于新颖性宽限期的规定如下：

"丧失新颖性的例外

（对于在2012年4月1日当天或之后提交的专利申请）

《日本专利法》第30条第（1）款规定：对于非出于有权获得专利权的人的意愿而导致落入法第29条第（1）款的任一条款之中的发明，从该发明首次落入任意这些条款的日期起6个月内该人提交的该专利申请中请求保护的发明，针对法第29条第（1）款和第（2）款，不应当视为落入法第29条第（1）款的任意条款之中。

《日本专利法》第30条第（2）款规定：对于由于有权获得专利权的人的行为而导致发明落入法第29条第（1）款的任一条款之中的发明（不包括由于在关于发明、实用新型、外观设计或商标的公布中公开而导致落入所述段落的任意条款中的发明），从该发明首次落入任意这些条款的日期起6个月内该人提交的该专利申请中请求保护的发明，针对法第29条第（1）款和第（2）款，也应当适用前述段落。

《日本专利法》第30条第（3）款：寻求本条款第（2）段申请的任何人应当在提交专利申请时向专利局官员提交声明文件，声明将在专利申请提交日起30天之内，提交证明否则会落入法第29条第（1）款的任一条款之中的发明是适用于前述段落规定的发明的文件❶。"

新专利法的上述规定提到的第29条第（1）款和第（2）款分别对发明不丧失新颖性和创造性的各种情况进行了规定，也就是说，日本规定的新颖性宽限期既适用于新颖性、也适用于创造性的判断。同时，新颖性宽限期规定也适用于实用新型专利和外观设计专利❷。

---

❶ CATALOGUE OF REMAINING DIFFERENCES 2012 Update of the CDP 2011，http：//www.fiveipoffices.org/documentation/cdp/catalogue2012.pdf，访问时间：2013—10—4.

❷ 曲燕，艾变开，王大鹏．日本新颖性宽限期制度研究［J］．电子知识产权，2012（10）.

（一）新颖性宽限期涵盖的公开类型

由上述《日本专利法》第 30 条规定可以看出，日本采用广义宽限期，其所涵盖的公开类型几乎覆盖了所有可能的公开方式，包括他人违背申请人意愿的公开和排除在公报公布外的所有形式的公开。

2011 年修改前的《日本专利法》，新颖性宽限期所涵盖的公开类型包括：①进行试验；②在公开出版物上发表；③通过电信线路（网络）发表；④在特许厅长官指定的学术团体召开的研讨会上公开；⑤在特定的博览会或展览会上展示；⑥违背申请人意愿的新颖性丧失行为❶。可见修改前其涵盖的范围已非常宽泛。

随着社会发展、科技进步，发明创造的公开方式、公开时机也呈多样化的趋势，为了尽可能地覆盖所有可能的公开方式，2011 年《日本专利法》修改后，删除了上述列举的几种适用情形，扩大了不影响新颖性的公开行为的范围。除了在国内外有关专利、实用新型、外观设计或商标的公报上公开的发明之外，申请人任何公开行为都可以适用新颖性宽限期。例如，申请专利的权利所有人在各种集会上公开发表，或通过展示、销售、记者会见公开发表，或通过电视、广播公开发表的发明，都可以适用新颖性宽限期❷。此外，对于上述公开行为没有次数限制，只要是在申请日以前 6 个月内发生的上述公开行为，即可享受新颖性宽限期。由此，专利申请人能够享受宽限期的范围更广泛且选择更多，给申请人带来了更多的优惠和便利。

（二）新颖性宽限期期间

考虑到各大学以及研究机构的发明人对于尽早公开自己的研究成果有一定的需求，同时也需要在公开后有足够长的时间为专利申请做准备；同时也考虑到过长的宽限期将增加专利申请权安全性的风险，同时也使第三方难以判断公开的发明创造是否可以实施，最终为了实现申请人利益与社会公众利益的平衡，《日本专利法》规定了 6 个月的新颖性宽限期，其期限是从向日本特许厅提出专利申请的实际申请日向前追溯 6 个月。关于时间起算点，即使是按照《巴黎公约》规定要求了优先权的申

---

❶ ［日］荣元敏公：日本知识产权法规介绍——新颖性宽限期，IP Newsletter，2012 年 1 月，http：//www.isshiki.com/cn/ipnews/，访问时间：2013－10－5.

❷ ［日］荣元敏公：日本知识产权法规介绍——新颖性宽限期，IP Newsletter，2012 年 1 月，http：//www.isshiki.com/cn/ipnews/，访问日期：2013－10－5.

请，其起算日也不考虑优先权日，而仍然按照日本实际申请日起算。此外，《日本专利法》对包含国内优先权的专利申请、分案申请和变更类型申请及日本 PCT 国际申请等几种特殊情形也进行了规定。

在 2011 年《日本专利法》修改的过程中，引发了宽限期的期限应该维持 6 个月还是应该延长到 12 个月的讨论，最终一致认为期限长度的变化应根据国际趋势的变化作出，现在作出改变为时尚早。

（三）获得新颖性宽限期需履行的声明或规定手续

根据 2011 年修改后的《日本专利法》，日本特许厅于 2011 年 10 月发布了适用发明丧失新颖性的例外规定的申请人操作程序❶，其中区分了两种情形：一，是在有权获得专利的人同意或知情的情况下导致的公开，二，是公开的发明在违背有权获得专利的人的意愿的情形下导致的公开。对于上述两种不同情形，规定了不同的声明要求。

（四）发展历程及应用现状

1. 宽限期规定的发展变化

《日本专利法》关于新颖性宽限期规定的发展变化主要体现在其所涵盖的公开范围在经历每次专利法修改后都进行了进一步的扩张，这一变化主要是为适应专利环境的变化并满足专利申请人的需求。

在 1959 年以前，《日本专利法》对宽限期涵盖的范围限制在非常有限的范围内。在 1959 年修改专利法之后，发明创造在出版物公开或在学术会议公开被包括在宽限的范围内，其之所以规定在公开出版物上发表为丧失新颖性的例外，是着眼于它与在学术研讨会上的发表、在博览会上的展出行为一样，都是以简明易懂的方式积极地公开技术内容的行为，不应限制该行为❷。1999 年，《日本专利法》关于新颖性宽限期的规定再次进行了修改，主要包括如下两个方面。第一，宽限期涵盖的公开范围扩展到互联网公开。第二，提出申请的发明即使与被公开的发明不完全相同也可以获得新颖性宽限期，这使得有关新颖性宽限期的规定也适用于两者不同的情况，即在判断发明的创造性时，该在先公开也不认为是现有技术。2011 年，《日

❶ Procedures for Seeking the Application of Exceptions to Lack of Novelty of Invention，Corresponding to the Patent Act Article 30，October 3，2011，http：//www.jpo.go.jp/cgi/linke.cgi?url=/tetuzuki_e/t_tokkyo_e/e_pae_paa30.htm，访问时间：2013—10—5.

❷ ［日］田村善之．日本知识产权法［M］．4 版．周超，李雨峰，李希同，译．北京：知识产权出版社，2011：197.

本专利法》再次进行修改，从而形成了现行《日本专利法》的规定。

2. 宽限期规定的应用现状

2012年4月修改后的《日本专利法》开始实施。在2011财政年度（2011.4～2012.3），要求新颖性宽限期的申请量约1 500件，占2011财政年度日本总的发明专利申请量（345 000件）的0.44%。但新专利法实施后，要求新颖性宽限期的申请案件数量大幅增长，仅在2012年4～6月已达到588件，这是2011年同期数量的1.7倍。从仅有的这些数据进行分析，新颖性宽限期涵盖范围的扩大带来了如下几点变化：（1）要求新颖性宽限期的案件量增长；（2）要求新颖性宽限期的申请中，大学和公共研究机构或二者联合作为申请人的申请量增长了近16%，在2012年4～6月间达到了206件，而2011年同期只有177件；（3）中小型企业要求新颖性宽限期的申请量增长迅速，几乎增长了4倍。[1] 可见，在日本新专利法实施以来，新颖性宽限期制度无论从数量上还是应用人群的范围上都得到了更广泛的应用，获得了更多人群的认可。

五、新颖性宽限期规定的比较分析

新颖性宽限期规定中蕴含着各种矛盾和利益平衡的问题，从多年以来关于新颖性宽限期的国际协调发展过程以及美、日、欧对自身规定的修改过程来看，各国在不同阶段为适应其专利制度发展需要、促进科技创新，随时都在对新颖性宽限期规定进行着适应性修改，下文将对现行美、日、欧及我国关于新颖性宽限期涵盖的相关规定进行比较分析。

综合表1关于新颖性宽限期规定的各方面因素可以看出，美国规定的新颖性宽限期条件最为宽松，其采用了最长的时间期限、最广的公开范围、最优厚的时间起点，给予了申请人最为宽松自由的环境；欧洲的规定则最为严格，其规定了最窄的公开范围并以申请日起计算6个月的新颖性宽限期期限；日本的规定比美国稍严格些，虽然也包括任何形式的公开范围，但其规定了与欧洲相同的宽限期期限和时间起算点；我国

---

[1] Tegernsee Experts Group：STUDY MANDATED BY THE TEGERNSEE HEADS GRACE PERIOD，24 September 2012，http：//documents.epo.org/projects/babylon/eponet.nsf/0/d8df66ffe4ea0dbac1257ab0004f2002/$FILE/grace_period_en.pdf，第29—30页，访问时间：2013—10—4.

的规定介于欧洲和日本之间，允许的宽限期公开范围比欧洲略多一点，时间起算点也比欧洲略优厚一些，可以按照优先权日起计算新颖性宽限期，但仍然属于狭义新颖性宽限期的范围。

表1 现行中、美、日、欧的新颖性宽限期规定比对表

	中国	欧洲	美国	日本
涵盖的公开范围	1. 在国际展览会上展出 2. 在学术会议或者技术会议上发表 3. 他人未经同意泄露	1. 他人滥用与权利人的关系造成公开 2. 国际展览会展出	任何形式公开	任何形式公开
期限长度	6个月	6个月	12个月	6个月
起算时间点	申请日 或优先权日	申请日	申请日 或优先权日	申请日
声明要求	申请时声明 2个月内提交证明文件	申请时声明 4个月内提交证明文件	新规定不详	申请时声明 30天内提交证明文件

（一）广义宽限期与狭义宽限期

我国和欧洲采用的都是狭义宽限期，这使得其在促进技术交流方面的作用极其有限，也不能够充分满足创新主体的多方面需求。而美国和日本采用的是广义宽限期，其能够使发明人在创新的过程中自由地进行交流，对于社会公众而言，也能够及时了解相关行业的发展状况。

事实上，新颖性宽限期制度设立的初衷更多还是为创新主体服务的，从维护创新主体的利益出发，广义宽限期是有其优势的。首先，广义宽限期的规定能够使发明人在宽松的环境下进行发明创造和技术交流，不必对其有意或无意的泄露将导致其发明创造丧失新颖性而过于紧张，摆脱了一定的束缚；其次，广义宽限期为没有强大的资金支持的个体独立发明人和中小企业提供更多交流的机会，以允许他们通过多种方式对其发明创造的商业潜力及可专利性进行充分的评估和预测，或充分宣传自己的技术，以获得充分的资金支持。最后，满足了发明人由于一些客观原因不得不尽早发表其研究成果的需求。采用广义宽限期对于促进新研究成果的及时公开和科学技术的发展是非常有益的。

目前，越来越多的国家采用了广义宽限期，预计采用狭义宽限期的各国将在今后一些年面临是否要扩宽不丧失新颖性公开类型的问题，特别是涉及多国利益的欧洲以及专利制度快速发展的中国，加紧步伐制定策略以应对国际发展趋势已迫在眉睫。

（二）新颖性宽限期的期限与起算时间点

宽限期期限长度实际上与宽限期涵盖的公开范围是类似的，期限的长度体现了时间上的范围。目前，欧洲、日本和中国都采用的是 6 个月的宽限期，而美国采用的是 12 个月的宽限期。宽限期设置的长度越长，其所带来的益处和弊端也会随之凸显。

此外，不同的新颖性宽限期起算时间点直接影响了宽限期的有效期限。目前，中国和美国采用的是以申请日或优先权日为起算点的规定，有优先权的以优先权日计算宽限期，无论是本国优先权或是外国优先权；而欧洲和日本采用的仍是以实际申请日为时间点计算新颖性宽限期，而不考虑优先权日。通常在先申请制度下形成的专利法，对于绝大多数规定都按照《巴黎公约》的要求认可优先权日期，刚刚改为先申请制的美国也对优先权日予以接受，但是，老牌的先申请制国家/地区欧洲和日本却只规定了以实际申请日计算宽限期，可见，在宽限期时间点的控制上欧洲和日本的规定要更加严格。这也可以看出各国决策的考虑因素，美国为申请人提供了最为宽松的条件，因此其对于时间起算点也采用了宽松的政策；欧洲的规定最为保守，对于时间起算点也仅接受实际申请日；日本采用了广义宽限期，故而在时间期间上进行了相对严格的规定，以达到一种平衡。

（三）宽限期的声明和手续

当要求享有宽限期时，通过对所需的声明和手续进行一定的要求，能在一定程度上降低宽限期带来的公知技术法律状态的不确定性影响。中国和欧洲由于能够享受新颖性宽限期的情形十分有限，对于申请人要求宽限期的，都规定了需要在提出申请时进行声明，由此可以将宽限期带来的法律不确定性尽可能地加以控制。但对于申请人而言，则增加了举证负担，特别是采用广义宽限期规定的美国和日本的申请人，其举证负担则更重。

结　论

由于各国一直以来对于新颖性宽限期的规定均各不相同，对此，世界知识产权组织在近几十年为推动新颖性宽限期做法的协调统一作出了很大努力，其试图建议所有成员国均采用12个月的广义宽限期，但始终未被各国全部接受。

但从世界各主要国家近些年关于新颖性宽限期规定的修改变化来看有趋同的发展趋势。2011年日本修改后的专利法取消了对新颖性宽限期所涵盖的公开类型的限制，使不丧失新颖性的公开范围进一步扩大；2013年3月美国实施了《美国发明法案》，其在保持原有12个月的广义宽限期规定的基础上，将新颖性宽限期的时间起算点由原有不考虑外国优先权日的规定修改为对外国优先权日也予以认可。可见，近几年日本和美国这类专利制度较发达的国家，都在原有规定的基础上进一步放宽新颖性宽限期的规定，向WIPO于2001年提出的《实体专利法条约》靠拢。同时，随着欧洲单一专利制度的推进，欧盟国家的专利制度一体化进程将进一步提高，虽然其目前采用最严格的狭义宽限期的规定，但在世界专利制度协调统一的大背景下，欧洲专利局也面临放宽新颖性宽限期的规定以顺应世界发展趋势的调整需要。

在此背景下，中国对于现行新颖性宽限期制度是否需要放宽也是迟早要面对的议题。笔者认为中国应尽早考虑世界发展趋势下的新颖性宽限期对策，提出更趋科学、合理的建议，以适应中国的社会法律环境，顺应国际发展趋势，保障创新主体和社会公众利益的平衡，进一步促进专利制度和科学技术的发展。

专利不正行为法律规制的思考*

——与美国专利不正行为抗辩比较为中心

李秀娟[1]

摘　要

行为人意图利用专利制度获得不正当利益或制止他人的正当实施行为，故意采取规避法律或者不正当手段获得专利权的行为称专利不正行为。如果行为人行使以不正行为取得的专利权，那么专利制度成为不正行为人谋取利益的工具。为探求如何规制、惩戒专利不正行为，在分析我国现有相关法律规定基础上，以美国专利法上的不正当行为抗辩为中心，探讨美国专利不正当行为的认定标准和惩戒。最后与美国对专利不正当行为的规制比较，反思我国专利不正行为的规制。

* 本论文系上海市教委第五期重点学科（项目号 J51104）建设之阶段性成果。

[1] 作者单位：华东政法大学知识产权学院。

伴随我国对创新的重视和激励，专利授权量成为许多评价体系中的重要指标，例如申报专利示范单位、试点单位等就必须满足专利申请量的基本要求。同时，专利权作为市场竞争的利器，不仅能够增强企业竞争优势，专利权作为财产权，专利侵权损害赔偿也可为企业带来经济收益。这些均促使一些行为人为获得不正当利益、滥用专利制度而恶意申请专利。例如，将不具授权条件的技术方案申请专利以套取政府专利资助资金。在“消防用球阀”案中，专利权人故意以不具授权条件的技术方案申请专利并提起专利侵权诉讼。❶ 此种行为人（专利申请人或代理人）意图利用专利制度获得不正当利益或制止他人的正当实施行为，故意采取规避法律或者不正当手段获得专利权的行为称专利不正行为。专利不正行为既包括明知将不具授权条件的技术方案提出专利申请的行为；也包括为获得专利授权，在专利申请中故意欺骗专利行政部门的行为。如果行使以不正行为申请并获得的专利权，例如提起侵权诉讼获得损害赔偿等，那么行为人获得不合理的利益，专利制度成为不正行为人（亦称恶意行为人）牟利的工具。专利申请和专利权行使不能损害公共利益，“专利的本质对公共利益造成重要影响……基于公共利益，对专利申请是否授权的首要条件是确保该申请是在无欺诈或不正当行为的情况下被赋予。”❷ 美国衡平法格言：“获得救济者自身必清洁❸。”在美国专利侵权诉讼中，以专利不正行为抗辩限制以欺诈或者不道德行为获取专利权的行使。❹ 如果在美国专利侵权诉讼中认定专利申请阶段存在不正行为，那么授权专利不可执行，不正行为人也应受到严厉的惩戒。美国对专利不正行为的规制不仅有效限制以不正行为获取专利权的行使，甚至提高了专利申请质量和审查效率。❺

为探讨如何规制专利不正行为，分析我国相关的法律规定，并以美国专利不正行为抗辩的判例沿革和认定标准为主要线索，分析美国专利

---

❶ 王活涛，郑友德．专利恶意诉讼及其法理应对［J］．知识产权，2009（5）：40－49.

❷ Leigh T. Anenson，Gideon Mark. Inequitable Conduct in Retrospective：Understanding Unclean Hands in Patent Remedies［J］．American University Law Review，2013，62：1441－1527.

❸ Maxim is “he (or she) who comes into equity must come with clean hands”。

❹ Cotter，*supra* note 6，at 752 (commenting that “a more traditional view would locate the inequitable conduct doctrine in considerations of ethics and as the name of the doctrine implies equity”).

❺ Christopher A. Cotropia. Modernizing Patent Law's Inequitable Conduct Doctrine［J］．Berkeley Technology Law Journal，2009（24）：1－57.

不正行为的认定标准。在与美国专利不正行为抗辩比较的基础上，从规制专利不正行为的法理依据、专利不正行为的认定标准和不正行为人惩戒等方面反思我国专利不正行为的规制。

一、规制专利不正行为的作用

伴随专利制度发展，专利权带给企业的竞争优势或者其他利益逐渐显现，更多行为人希求获得专利权。受利益驱使一些行为人在专利申请中采取不正行为如欺骗或者其他不道德的手段以获取专利权。❶ 但在专利申请阶段，专利行政部门难以发现专利不正行为。对专利不正行为的规制更多体现在对专利权行使的限制，即在侵权诉讼中对以不正行为获取的专利权予以限制。专利不正行为是故意行为，因此，不仅应限制以不正行为获取专利权的行使，更应当惩戒不正行为人（申请人或代理人），这样才能减少垃圾专利，避免专利制度被恶意滥用。

区别专利申请审查阶段和授权后权利行使阶段分析专利不正行为的规制。在专利申请审查阶段，专利不正行为可划分为两大类：(1) 故意就不具授权条件的技术方案提出专利申请。(2) 为获得专利授权，在专利申请审查过程中故意欺骗专利行政部门。行为人明知技术方案不具授权条件，故意提出专利申请，这加重了专利行政部门的审查负担。为获得授权，故意欺骗专利行政部门的行为，更偏离了诚实信用的道德准则。专利授权后，行为人行使以专利不正行为获得的专利权，例如，提起侵权诉讼或者妨害他人的正常经营行为，那么行为人假借专利制度获得了不应获得的排他权和不合理利益。

从专利申请审查程序看，专利申请过程属于单方程序（ex parte)，即除专利行政部门外，对专利申请人的行为没有独立部门或者主体予以监督或者管控。发明专利在实质审查中，审查员需对发明专利的新颖性、创造性等授权条件予以审查。专利申请审查过程并不完全透明。❷ 审查员

---

❶ Sean M. O'Connor. Defusing the "Atomic Bomb" of Patent Litigation: Avoiding and Defending Against Allegations of Inequitable Conduct After McKesson et al [J]. John Marshall Review of Intellectual Property Law, 2009, 9 (2): 320—359.

❷ Hercules Inc. v. Exxon Corp., 434 F. Supp. 136, 152 (D. Del. 1977) ("The prosecution of an application before the Patent Office is not an adversary, but an ex parte proceeding.").

作为代表公众利益的看门人，在专利申请与审查中扮演重要角色。但是，如果行为人故意编造证据而欺骗审查员，审查员将难以正确判断申请文件的专利性。例如1944年的Hazel-Atlas案中，专利申请人为获得专利授权，贿赂并以专家的名义在商业期刊上发表编造的论文，以证明其专利申请具有进步性（inventive step）。[1]而审查员参照该捏造的论文，授予了专利权。在专利申请中故意欺骗专利行政部门的行为，完全背离了诚实信用的道德准则，也干扰了审查员的正常审查工作。此种以不正行为所获得的专利权必须受到有效的限制，不正行为人也应受到惩戒。

从信息或者资源的角度看，审查员必须获得足够、正确的信息以判断专利申请是否具备新颖性等授权条件。对于一些技术领域，例如商业方法有关的软件技术，相关的现有技术并非以专利形式存在，更多是非专利技术的其他现有技术。如果申请人故意将本领域内已经被广泛采用的现有技术申请专利，因审查员难以获知该行业的具体技术情况，那么，申请人很可能藉此就不具授权条件的申请获得专利权。此时，行为人明知技术方案不具备专利性而故意提交专利申请，只会制造“垃圾”专利。尽管可以通过专利无效程序撤销专利，但是在专利无效前，权利人仍旧授权专利享有排他权。权利人甚至依据此专利权获得不合理的市场竞争优势。以“消防用球阀”案为例，专利权人故意就不具授权条件的技术方案申请专利并提起专利侵权诉讼，这种不具合理理由的诉讼不仅加重了被控侵权人的诉累，更使得专利权沦为不法行为人获得不合理利益的工具。

二、现有专利不正行为的规制和分析

我国现行《专利法》及《专利法实施细则》并未明确如何规制专利不正行为。从司法的层面看，2013年，北京市高级人民法院发布的《专利侵权判定指南》第113条规定了滥用专利权抗辩：“被诉侵权人以专利权人恶意取得的专利权且滥用专利权提起侵权诉讼进行抗辩的，应提供

[1] Hazel-Atlas Glass Co. v. Hartford-Empire Co. 322 U.S. 238 (1944).

相当的证据。”此处恶意取得专利权指[1]：“将明知不应当获得专利保护的发明创造，故意采取规避法律或者不正当手段获得了专利权，其目的在于获得不正当利益或制止他人的正当实施行为。”恶意取得专利权的行为人必然在专利申请中存在不正行为，即为获得授权故意将不具授权条件的技术方案提出专利申请。此外，从行政管理方面看，2007 年国家知识产权局出台《关于规范专利申请行为的若干规定》（以下简称《若干规定》），明确规定对非正常申请专利行为[2]予以惩戒[3]。并且部分地方知识产权局也出台相应政策，以遏制和防范非正常申请专利行为。此处的非正常申请专利行为指行为人故意就内容明显相同的专利申请或者明显抄袭的现有技术提出专利申请，属于专利不正行为。

（一）我国现有专利不正行为的规制分析

我国对专利不正行为的规制可区分为专利申请审查和专利权行使两个阶

---

[1] 《专利侵权判定指南》第 114 条规定：“恶意取得专利权，是指将明知不应当获得专利保护的发明创造，故意采取规避法律或者不正当手段获得了专利权，其目的在于获得不正当利益或制止他人的正当实施行为。以下情形可以认定为恶意：

（1）将申请日前已有的国家标准、行业标准等技术标准申请专利并取得专利权的；

（2）将明知为某一地区广为制造或使用的产品申请专利并取得专利权的。”

[2] 《关于规范专利申请行为的若干规定》第 3 条规定：“所称非正常申请专利的行为是指：

（一）同一单位或者个人提交多件内容明显相同的专利申请，或者指使他人提交多件内容明显相同的专利申请；

（二）同一单位或者个人提交多件明显抄袭现有技术或者现有设计的专利申请，或者指使他人提交多件明显抄袭现有技术或者现有设计的专利申请；

（三）专利代理机构代理提交本条第（一）项或者第（二）项所述类型的专利申请。”

[3] 《关于规范专利申请行为的若干规定》第 4 条规定：“国家知识产权局对非正常申请专利的行为，除依据专利法及其实施细则的规定对提交的专利申请进行处理之外，可以视情节采取下列处理措施：

（一）不予减缓专利费用；已经减缓的，全部或者部分追缴；

（二）在国家知识产权局政府网站以及《中国知识产权报》上予以通报；

（三）在国家知识产权局的专利申请数量统计中扣除非正常申请专利的数量；

（四）建议各地人民政府管理专利工作的部门不予资助或者奖励；已经资助或者奖励的，建议全部或者部分追还；

（五）建议中华全国专利代理人协会对从事非正常申请专利行为的专利代理机构以及专利代理人采取行业自律措施，必要时建议专利代理惩戒委员会根据《专利代理惩戒规则（暂行）》的规定给予相应惩戒；

（六）通过非正常申请专利的行为骗取资助和奖励，情节严重构成犯罪的，依法移送有关机关追究刑事责任。”

段，见图1。依据《若干规定》对专利申请阶段的不正行为予以惩戒。此外，根据《专利代理惩戒规则》第8条第4款规定，如果代理人在专利申请阶段“提供虚假证据、隐瞒重要事实的，或者指使、引诱他人提供虚假证据、隐瞒重要事实的”，应受到惩戒。在专利授权后，主要以无效、滥用专利权抗辩和《若干规定》限制以不正行为获取的专利权利行使或者惩戒不正行为人。

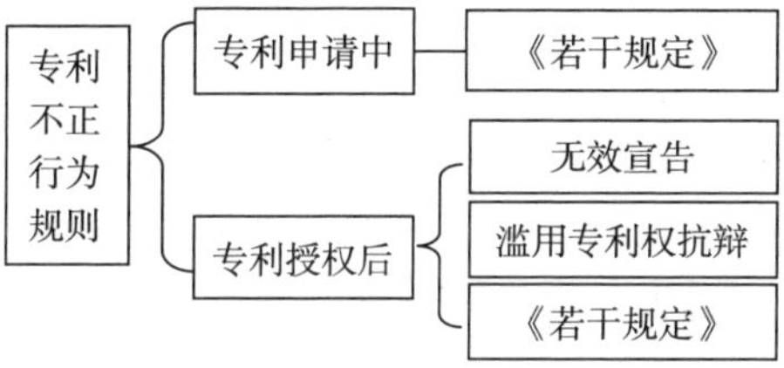

图1　我国规制不正行为的相关法律规定

可将行使以不正行为获取专利权的行为划分为三种类型：(1) 专利恶意起诉。即以不正行为申请并获得授权的专利权提起侵权诉讼。(2) 恶意套取资助或奖励。即以不正行为申请专利并以获取的专利套取政府专利资助资金。(3) 以不正行为获取专利权获得其他不合理利益的行为。对于专利恶意起诉，可适用滥用专利权抗辩限制专利权的行使。对恶意申请并套取资助资金的行为可以依据《若干规定》对行为人予以行政惩戒。此外，有些以不正行为获取的专利权因不具授权条件可提起专利无效宣告。从以上分析可知，我国已经有较为系统的法律规定限制以不正行为获取的专利权的行使或者惩戒专利不正行为人。

（二）滥用专利权抗辩及其法理分析

滥用专利权抗辩是指：“被诉侵权人以专利权人恶意取得专利权且滥用专利权提起侵权诉讼进行抗辩。”❶ 滥用专利权行为，是指“将明知不应当获得专利保护的发明创造，故意采取规避法律或者不正当手段获得了专利权，其目的在于获得不正当利益或制止他人的正当实施行为”。滥用专利权抗辩是对恶意取得专利权并以此提起专利侵权诉讼的抗辩，并非仅仅因专利技术方案不具授权条件。

滥用专利权是指恶意申请专利并提起侵权诉讼，应属于恶意诉讼的

❶ 《专利侵权判定指南》中的滥用专利权抗辩区别于美国专利法上的专利权滥用（patent misuse）抗辩。专利权滥用抗辩是指行为人超出专利权的合理范围而限制或者妨害正常竞争行为。

一种。[1] 在我国恶意诉讼也称滥用诉讼权利。恶意诉讼是指当事人故意提起一个在事实和法律上无根据之诉，使受害人陷于不利境地、受到不利益甚至不公正判决，从而为自己谋取不正当利益的诉讼行为。[2] 恶意诉讼是随着现代法的不断发展，伴随着诉讼主体权利的扩大化而出现的负面产物。[3] 恶意诉讼并非专利法所特有的，只要有诉权就有诉权被滥用的可能。在诉讼中，当事人的行为同样需要与"诚实"的道德要求相符合。我国 2012 年的《民事诉讼法》第 13 条第 1 款明确规定："民事诉讼应当遵循诚实信用原则。"尽管诚实信用原则属于实体法范畴，但是伴随法律变迁逐渐影响到程序法。在诚实信用原则的要求下，诉讼提起者符合"诚实原告"的道德标准，不以损害他人利益为目的和不损害社会公益和道德秩序的前提下，通过正当的诉讼实现自己的目的。而恶意诉讼使得无辜的公民、法人或组织的权益遭受不应有的侵害，严重浪费了人民法院宝贵的司法资源。[4]

在美国，行为人如果恶意地提起民事诉讼，而且这种民事诉讼缺乏合理和可能的理由，那么受害人就"恶意地被提起民事诉讼"，可提起侵权诉讼[5]，称恶意诉讼侵权（misuse of legal process）。在美国法律体系中，恶意诉讼侵权并非仅仅源自衡平法，美国很多州法以成文法的形式规定禁止恶意诉讼。此外，恶意诉讼在美国法上并非一种抗辩，更是一种侵权行为（tort）。除恶意刑事诉讼之外，美国主要有两种民事恶意诉讼：一种为恶意起诉（malicious prosecution，又称 malicious civil litigation，译为恶意民事诉讼）侵权。恶意起诉主要指行为人毫无根据地提起诉讼要求当事方承担责任。[6] 另一种为滥用诉讼程序（abuse process 或 abuse of process）侵权。滥用诉讼程序既包括滥用起诉权也包括滥用反诉权。区分恶意起诉和滥用诉讼程序，两者的构成要件不同。通常恶意起诉包括四个要件[7]：

---

[1] 恶意诉讼（misuse of legal process）属于英美法的概念，我国通常称滥用诉讼或者滥用诉讼权利。

[2] 肖建华．论恶意诉讼及其法律规制［J］．中国人民大学学报，2012（4）：13－21.

[3] 张晓薇．滥用诉讼权利之比较研究［J］．比较法研究，2004（4）：121－126.

[4] 郭卫华．滥用诉权之侵权责任［J］．法学研究，1998（6）：129－138.

[5] 徐爱国：英美法中滥用法律诉讼的侵权责任［J］．法学家，2002（2）：117－123.

[6] JOSEPH B. Maher. Survival of the Common Law Abuse of Process Tort in the Face of a Noerr-Pennington Defense［J］. The University of Chicago Law Review，1998，62（2）：627－652.

[7] PAUL PERELL. Tort Claims for Abuse of Process［J］. Advocates Quarterly Journal，2007，33：193－222.

(1) 行为人提起诉讼；(2) 行为人就诉讼受有利益；(3) 诉讼缺乏合理的原因；(4) 行为人恶意 (malice)。依据美国的司法实践，恶意起诉成立的重要要件在于：行为人恶意且缺乏合理的诉讼原因。与恶意起诉不同，以俄亥俄州的法律规定为例，滥用诉讼程序包括三个要件[1]：(1) 以适当的形式和可能的原因启动法律程序；(2) 试图不正当地利用诉讼程序实现其不可告人的目的，而该诉讼并未设计来实现该目的；(3) 行为相对方基于诉讼程序受有直接损害。尽管均属于恶意诉讼，恶意起诉与滥用诉讼程序在构成要件上存在一定的差异。恶意起诉更注重对缺乏合理诉讼理由、恶意提起诉讼行为予以规制；而滥用诉讼程序更注重对利用诉讼程序而损害行为相对方的利益为构成要件。

我国滥用专利权抗辩与英美法上的恶意诉讼对应，应当属于恶意起诉，并非滥用诉讼程序。因滥用专利权抗辩是对恶意取得专利权并提取诉讼的抗辩，专利权人提起诉讼所依据的专利不具授权条件，故诉讼缺乏合理的诉讼原因，故应当属于恶意起诉。

三、美国不正行为抗辩及其认定标准

专利不正行为原则 (inequitable conduct) 是美国司法创建 (judicially-created) 的判例原则，并且与整个专利申请过程相关。不正行为抗辩是美国专利法上的特有制度。美国专利法规定专利申请人及其代理人应向美国专利商标局披露专利申请有关的重要资讯[2]，如果专利申请人或代

---

[1] 转引自判例 Yaklevich v Kemp, Schaeffer & Rowe Company LPA, 68 Ohio St 3d 294, 626 NE2d 115, 118 (1994). (1) that a legal proceeding has been set in motion in proper form and with probable cause; (2) that the proceeding has been perverted to attempt to accomplish an ulterior purpose for which it was not designed; and (3) that direct damage has resulted from the wrongful use of process.

[2] 37 C. F. R. § 1. 56 Rule 56 (b): Under this section, information is material to patentability when it is not cumulative to information already of record or being made of record in the application, and

(1) It establishes, by itself or in combination with other information, a prima facie case of unpatentability of a claim; or

(2) It refutes, or is inconsistent with, a position the applicant takes in:

(i) Opposing an argument of unpatentability relied on by the Office, or

(ii) Asserting an argument of patentability.

理人在申请专利过程中，恶意欺骗专利局或者故意隐瞒与专利授权有关的重要资讯，那么构成不正行为（inequitable conduct）。一旦认定构成不正行为，那么授权专利不可执行，行为人也受到严厉惩戒。[1] 美国不正行为的法律规制使得专利申请人及其代理人都非常注重诚信申请，避免专利不正行为。[2]

但应要注意到，美国不正行为抗辩是专利侵权案件中最为广泛适用的一种抗辩，超过80%的专利诉讼以不正行为抗辩。大量的不正行为抗辩和严厉的惩戒使得不正行为被视为专利救济的“原子弹（atomic bomb)”。[3] 甚至有学者将不正行为抗辩视为瘟疫（plague）[4] 和怪兽(monster)[5]，不正行为抗辩的泛滥使得诉讼和解的机会降低，不正行为抗辩的充斥阻碍着专利系统的正常运转。2011 年，在 Therasense 案中，美国联邦上诉法院（下称 CAFC）以全席的方式作出判决，提高不正行为的认定标准，以治愈不正行为抗辩泛滥的问题。[6]

（一）不正行为的认定标准概述

1933 年 Keystone 案、1944 年 Hazel-Atlas 案和 1945 年 Precision 案构成了美国早期不正行为的判例框架。[7] 在 Keystone 案专利申请中，申请人发现专利申请日之前，他人已经使用了专利技术，其专利申请不满足先发明要件。[8] 为了获得专利授权，申请人买通在先使用者（先发明人）作了虚假宣誓（a false affidavit），最终获得专利授权。在 Hazel-At-

---

[1] CHRISTOPHER A. COTROPIA. Modernizing Patent Law's Inequitable Conduct Doctrine [J]. Berkeley Technology Law Journal，2009，24 (2)：1—57.

[2] CHRISTOPHER A. COTROPIA. Modernizing Patent Law's Inequitable Conduct Doctrine [J]. Berkeley Technology Law Journal，2009，24 (2)：723—752.

[3] AVENTIS PHARMA S. A. v. AMPHASTAR PHARM.，Inc.，525 F. 3d 1334，1349 (Fed. Cir. 2008).

[4] Christian E. Mammen. Controlling the Plague：Reforming the Doctrine of Inequitable Conduct [J]. Berkeley Technology Law Journal 2009，24 (4)：1329—1398.

[5] ALEXIS N. SIMPSON. The Monster in the Closet：Declawing the Inequitable Conduct Beast in the Attorney-Client Privilege Arena [J]. Georgia State University Law Review，2009，25 (3)：735—766.

[6] THERASENSE，Inc. v. Becton，Dickinson & Co.，No. 2008—1511 (Fed. Cir. 2011).

[7] CHRISTOPHER A. Cotropia. Modernizing Patent Law's Inequitable Conduct Doctrine [J]. Berkeley Technology Law Journal，2009，24 (2)：1—57.

[8] 当时美国专利申请采发明人先发明制。

las 案中，专利申请人为了获得专利授权，贿赂并以专家的名义在商业期刊上发表编造的论文，以证明其专利技术具有进步性（inventive step）。最终审查员参照此编造的论文，授予专利权。Precision 案中的行为人 Automotive 公司在专利争议程序中发现 Larson 做伪证（perjury）。但 Automotive 未向美国专利商标局披露，而故意隐匿该资讯，并受让获得 Larson 的专利权。以上 3 个判例均根据衡平原则，判令因不正当行为而获取的专利权不可执行。不正行为抗辩发展过程中，不同法院或判例采用不同的术语描述不正行为，包括欺诈美国专利商标局、不正当取得专利以及不正行为等，直到 1984 年的 J. P. Stevens 案，CAFC 统一了专利不正行为的名称。❶

美国专利不正行为有两个构成要件：申请人未向美国专利商标局披露重要资讯（materiality）；申请人有欺骗的意图（intent to deceive）。在判例的发展过程中重要资讯和欺骗意图的认定标准不断降低。在 J. P. Stevens 案中 CAFC 指出不需达到故意图谋（deliberate scheming），即使重大过失也可认定构成不正行为，并且逐渐发展出不正行为认定的重要资讯—欺骗意图—权衡（materiality-intent-balancing framework）的分析框架。即在判断是否构成不正行为的过程中，综合衡量应披露资讯的重要程度和欺骗意图，进而权衡（balancing）判断申请人的行为是否正当。

1. 重要资讯（materiality）

美国曾采用过多个重要资讯的判断标准，主要包括：（1）“若非”（but for）标准。即只有证明申请人披露或隐匿的资讯影响专利授权，方认定构成重要资讯。（2）“可能”（but it may have test）标准。该标准并未限定应披露的资讯是否影响专利性。SCM Corp. 案中指出❷：“申请专利过程中，任何不正行为足以使得不应救济专利权人”。显然，该案扩大了重要资讯的范围。（3）合理审查员标准。该标准指如果“对于合理的审查员而言，在其审查申请案时，有相当的可能性认为该资讯是重要的……”❸（4）表面证据/不一致标准。依据美国《专利实

❶ J. P. Stevens & Co. v. Lex Tex Ltd., 747 F. 2d 1553, 1559, 223 U. S. P. Q. 1089, 1092. (Fed. Cir. 1984).

❷ SCM Corp. v. Radio Corp. of America, 407 F. 2d 166 (2d Cir. 1969).

❸ American Hoist & Derrick Co. v. Sowa & Sons, Inc., 725 F. 2d 1350 (Fed. Cir. 1984).

施条例》的规定[1]，应当披露的重要资讯主要体现在两个方面：①该资讯本身或该资讯与其他资讯结合构成推定某一专利权利要求不具可专利性的表面证据；②该资讯与申请人在反驳专利商标局为申请专利之发明不具可专利性，或是支持其申请之发明具可专利性时，与所采取的论点矛盾或不一致。在 2006 年 Digital Control 案[2]之后，更多适用合理审查员标准和表面证据/不一致标准。

2. 欺骗意图

尽管专利申请人不应违反披露义务而欺骗美国专利商标局，但是不正行为并非严格责任，需要行为人具有欺骗意图（intent to deceive）方构成不正行为。但是行为人是否具有欺骗意图属于行为人主观状态，难以证明，几乎没有可以证明欺骗意图的直接证据。因此，需要从事实、行为或不作为的情况与专利申请过程文件等间接证据综合判断。

CAFC 在 1984 年的 J. P. Stevens 案中指出不需证明行为人有故意图谋（deliberate scheming），只要行为人有重大过失即可认定构成不正行为。从行为人在专利申请过程中负有注意义务的角度看，如果申请人已知（know）或应知（should have known）应向专利部门披露某重要资讯而未披露，则属于重大过失。[3] 由此可知，不正行为的认定门槛被进一步降低。例如，在 1988 年 Burlington 案中 CAFC 明确指出[4]："申请人应知（should have konwn）有重要资讯未向专利局披露，那么也可能推导出具有欺骗意图。"尽管此种情形申请人具较少恶意（bad faith），但并不能据此认为不构成不正行为。随着不正行为抗辩的泛滥，CAFC 就重大过失是否可以构成不正行为在 Kingsdown 案指出，在检视全部相关的证据，包含善意的证据之后，必须显示足够的可责性来支持构成不正行为，单

---

[1] 37 C. F. R. § 1. 56 Rule 56（b）：Under this section，information is material to patentability when it is not cumulative to information already of record or being made of record in the application，and（1）It establishes，by itself or in combination with other information，a prima facie case of unpatentability of a claim；or（2）It refutes，or is inconsistent with，a position the applicant takes in：

（i）Opposing an argument of unpatentability relied on by the Office，or

（ii）Asserting an argument of patentability.

[2] Digital Control，Inc. v. Charles Machine Works，No. 05－1128（Fed. Cir. Feb. 8，2006）.

[3] J. P. Stevens & Co. v. Lex Tex，Ltd.，747F. 2d1553（Fed. Cir. 1984）.

[4] Burlington Indus，v. Dayco Corp.，849 F. 2d 1418（Fed. Cir. 1988）.

纯的重大过失并不能推导出欺骗意图❶。

3. **权衡**

在判断是否构成不正行为时，需要权衡重要资讯和欺骗意图。权衡并非定性分析重要资讯或欺骗意图，而是一种价值取舍，权衡是指在描述不正行为要件的程度上，皆已经达到具有可责性的门槛的情况下，判断是否构成不正行为。正如在 Digital Equipment 案中指出❷："程度较低的欺骗意图与资讯具有高度重要性相配合，则欺骗意图的门槛可因此而降低，反之亦然。"权衡重要资讯和欺骗意图时❸：首先，必须依据明确且有说服力的证据发现重要资讯和欺骗意图两个要件皆各自独立地达到其门槛；最后，权衡重要资讯与欺骗意图与全案的公平正义来决定专利权是否不可执行。在实际案件中存在明确欺骗意图和完全没有欺骗意图的情形并不常见。因此大多数情况下需在资讯重要性与欺骗意图之间衡量而判断是否存在不正行为。如图 2 所示，在重要资讯—欺骗意图—权衡标准框架下，即使单独的重要资讯或欺骗意图的证明比较弱，但在权衡之后，也有可能构成不正行为。

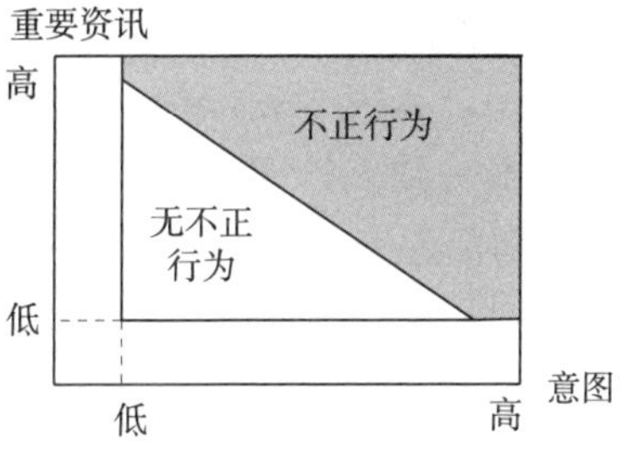

图 2　权衡的分析框架

（二）Therasense 案后不正行为认定标准

由于大量专利诉讼案件中请求适用不正行为抗辩，使得不正行为抗辩被视为瘟疫（plague）。2011 年的 Therasense 案中，CAFC 以全席的形式作出判决，摒弃了重要资讯—欺骗意图—权衡的分析框架。在 Thera-

❶ Kingsdown Medical Consultants, Ltd. v. Hollister Inc. 876 F. 2d (Fed. Cir. 1988).

❷ Digital Equipment Corp. v. Diamond, 653 F. 2d 701, 716, 210 USPQ 521, 538 (1st Cir. 1981).

❸ Star Scientific, Inc. v. R. J. Reynolds Tobacco Co., 537 F. 3d 1357, 1366 (Fed. Cir. 2008).

sense案中CAFC适用更严格更明确的不正行为认定标准。

Therasense案中，系争专利是一次性血糖试纸。争议的551专利权利要求中写明："……其特征在于，所述活性电极被暴露在没有干预膜保护全血样或其他全血过滤元件……"而权利人在先授权382专利的说明书中披露："可选择地（optionally），测量活血样本血糖浓度时，最好有包围酶和介体层的保护膜……"1997年，权利人的研发主管Sanghera在给美国专利商标局的声明（declaration）中指出，所属领域一般技术人员在阅读过382专利之后，不会认为在全血样测量时，保护膜可有可无。权利人的专利律师在宣誓书（affidavit）中说："一般技术人员不能从382专利中读出全血测试时，保护膜可有可无。可选择的，但最好有（optionally，but preferably）的描述并非技术启示，更属于撰写技巧（patent phraseology）。551专利不会因382专利之教导而丧失新颖性或创造性。"但是，权利人向欧洲专利局就相同技术方案申请专利的答复意见中对"可选择的，但最好有"的解释是："该披露相当明确（unequivocally clear），保护膜是可选择的（即可有可无），但是以活血为测试样本时，为了避免血液中较大的组成成分如红血球干扰电极，最好有保护膜……"显然，专利申请中，申请人对美国专利部门和欧洲专利部门在先技术方案的解释存在一定程度的不一致。该案地区法院因专利权人未向美国专利商标局提交其向欧洲专利局递交的简短声明（briefs）而判令构成不正行为，专利不可执行。

如果采用重要资讯—欺骗意图—权衡的分析框架，即使申请人应知该资讯应提交而未提交，那么该行为也可能构成不正行为。但在Therasense案中，CAFC彻底摒弃重要资讯—欺骗意图—权衡的分析框架。按照Therasense案给出的标准，见图3，需单独分析资讯是否影响专利申请的授权；是否有欺骗美国专利商标局或者隐匿该资讯以获得专利授权的意图。显然，Therasense案中，申请人仅仅是"应知"而非"知悉"该资讯可能影响专利授权。此外，申请人没有欺骗美国专利商标局的意图（该资讯是向EP专利部门提供，而美国和欧盟的专利申请材料均可查询，故不可能隐匿该资讯）。因此，该行为不构成专利不正行为。依据Therasense案给出重要性资讯和欺骗意图的分析如下。

1. 重要资讯

Therasense案中，CAFC认可"若非"的重要性判断标准（but-for-

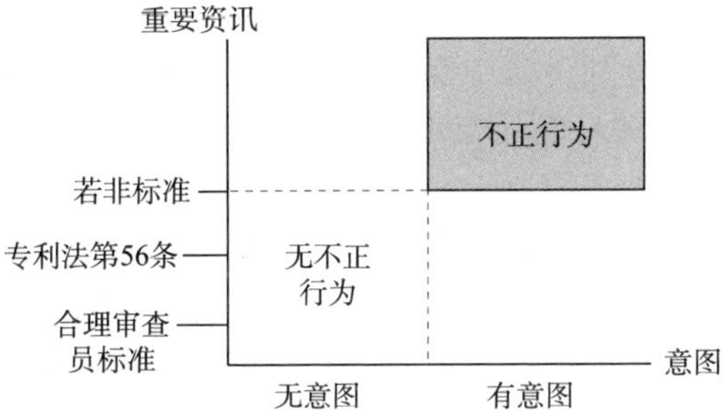

图 3　Therasense 案确立的分析标准

materiality standard)。即必须发现行为人对系争资讯的隐匿或者欺诈，否则专利商标局就不会或是不应该核准专利授权。换言之，该资讯应当与专利授权有直接影响，否则不认为应披露的资讯是重要资讯。

2. 欺骗意图

CAFC 在 Therasense 案中指出重大过失并不能推导出欺骗意图[1]。还需进一步证明申请人故意欺骗（deliberate decision to deceive）为目的隐匿资讯或者以此资讯欺骗专利商标局以获得专利授权。

四、我国与美国专利不正行为规制的比较

与美国对不正行为规制比较，我国除行政法律规定限制、惩戒专利不正行为之外，对恶意取得专利权的行使主要依据《专利侵权判定指南》的规定，以滥用专利权抗辩限制明知不具授权条件而提出专利申请，这一种专利不正行为获取的专利权行使。但从滥用专利权和不正行为抗辩比较而言，我国与美国对不正行为的规制尚存在一定的差异。

（一）滥用专利权与不正行为抗辩的比较

滥用专利权抗辩是限制以不正行为取得专利权行使的重要途径。依据美国相关法律规定，对恶意申请专利并提起诉讼的行为，可以提出恶意起诉之诉（反诉或者恶意起诉抗辩），也可在专利侵权诉讼中以专利不正行为抗辩。在专利侵权诉讼中，因恶意起诉抗辩与不正行为抗辩属于同源抗辩，通常在专利诉讼中适用专利不正行为抗辩。在美国因行使

[1] Therasense，Inc. v. Becton，Dickinson，and Co.，649 F. 3d 1276 (Fed. Cir. 2011).

不具授权条件的专利权致使他人受损害而提起恶意诉讼侵权之诉的案例非常鲜见，即使在专利诉讼中以恶意起诉反诉或者抗辩的判例也非常鲜见。美国超过 80%的专利侵权诉讼中被控侵权人会采取不正行为抗辩。因滥用专利权抗辩在美国属于恶意起诉，现将恶意起诉、滥用专利权抗辩和不正行为比较，见表 1。美国不正行为抗辩与恶意诉讼抗辩均源自衡平原则。相比之下，美国不正行为抗辩并非一种侵权（Tort）。不正行为抗辩区别于恶意起诉或者滥用专利权抗辩差异之处体现在以下两个方面。

表 1　滥用专利权与不正行为抗辩的比较

	恶意起诉（美国）	滥用专利权	不正行为
目的	规制恶意提起民事诉讼	规制恶意提起专利侵权诉讼	要求向专利局披露重要资讯
涉及程序	专利申请并诉讼	专利申请并诉讼	专利申请全过程
依据	衡平原则	诚实信用原则	衡平原则（equitable doctrine of unclean hands）
效果	侵权救济	限制胜诉权	专利权不可执行
惩戒	—	—	严厉惩戒（包括代理人） 案中案
性质	侵权行为（tort）	抗辩（defense）	抗辩（defense）
适用	专利诉讼中几乎没有判例	我国已适用	超过 80%的判例
行为		恶意取得专利权 《专利侵权判定指南》第 114 条	欺骗专利部门、隐瞒重要资讯

（1）不正行为与滥用专利权抗辩对行为人是否惩戒存在差异。在美国司法判例中如果认定构成专利不正行为，对行为人予以严厉惩戒。例如，专利代理人的行为被认定为不正行为，严重的可取消代理人资格。因此，不正行为抗辩不仅是对专利权更是对个人生计的挑战。[1] 如果代理人行为不当（malpractice of attorneys），就此可提起诉讼（malpractice suit）。美国采取案中案（case-within-a-case）的方式对代理人的不当行为

[1] Nisus Corp. v. Perma-Chink Systems，Inc.，497 F. 3d 1316 (Fed. Cir. 2007).

予以惩戒，这使得专利代理人非常注意诚信申请。❶ 而滥用专利权抗辩或者恶意起诉，限制无合理理由提起的侵权诉讼，并不对行为人予以惩戒。

（2）不正行为与滥用专利权抗辩针对的行为不同。美国专利不正行为针对专利申请全过程，依据申请人的披露义务，即对申请过程中行为人是否有故意欺骗专利商标局或者故意隐匿与专利授权相关的重要资讯而判断行为人是否存在专利不当行为。专利不正行为的重要分析因素包括重要资讯和欺骗意图两个方面。滥用专利权抗辩仅限制无合理依据获取专利权的行使，即更注重诉权是否有依据。不正行为与滥用专利权抗辩比较，不正行为抗辩涉及的范围更宽泛。例如在专利申请中，行为人为获得授权，故意编造虚假材料以证明专利申请具有创造性。尽管此种专利不正行为干扰了专利审查部门的审查工作，但是申请人并未故意将不具授权条件的技术方案申请专利，不能认定构成滥用专利权抗辩中的恶意取得专利权，也不能在侵权诉讼中适用滥用专利权抗辩。如果在美国存在此种行为，则应认定构成专利不正行为，适用专利不正行为抗辩，专利权不可执行。

（二）我国与美国对专利不正行为规制的比较

从美国专利不正行为抗辩和我国的滥用专利权抗辩比较可知，美国对专利不正行为规制更为广泛。如果在专利申请中故意欺骗专利行政部门而获得专利授权，我国目前就此种不正行为获取的专利权行使是否应当加以限制尚不明确。如图 4 所示，如果行为人为获得专利授权故意欺骗专利行政部门，那么从滥用专利权抗辩的角度，因行为人并非明知专利不具授权条件而恶意获取专利权并提起诉讼，故难以适用滥用专利权抗辩限制专利权的行使。当然，对此种不正行为，可以依据我国《专利代理人惩戒规则》对代理人予以惩戒。但是如果代理人诚信代理，而专利申请人为获得授权欺骗专利行政部门，那么无法依据《专利代理人惩戒规则》惩戒申请人。依据美国专利不正行为的判例可知，只要认定行为人为获得授权故意欺骗专利部门，甚至故意隐匿应提交的重要资讯，那么即使获得专利授权，也应限制专利权行使。对于明知不具授权条件提出专利申请的不正行为，可采取滥用专利权抗辩的途径限制权利行使。但是，我国滥用专利权抗辩并未涉及对不正行为人的惩戒。

❶ Samuel A. Oddi. Patent Attorney Malpractice：Case-within-a-Case-within-a-Case ［J］. Akron Intellectual Property Journal. 2012，6（1）：71－146.

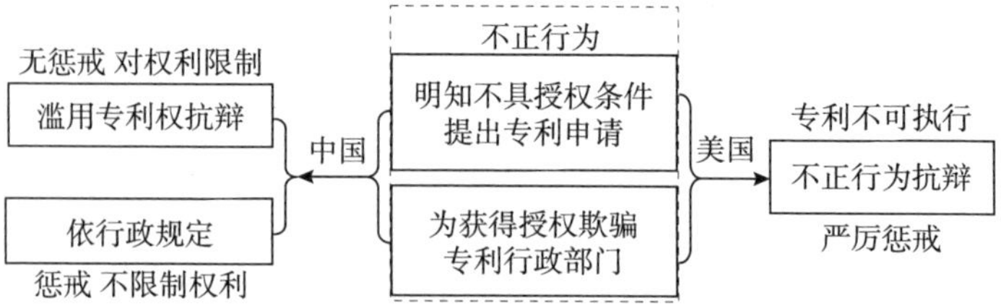

图 4　专利不正行为规制的比较

不正行为是一种故意行为，对专利不正行为人的惩戒能够有效威慑、抑制不正行为的发生。尽管我国已经确立了较为完善的专利不正行为规制体系。但从图 4 可知，我国现有的不正行为规制体系尚有待于进一步完善。例如，是否应限制为获得专利授权而欺骗专利行政部门获取的专利权的行使？不正行为人是否应受惩戒？

五、对我国专利不正行为规制的思考

我国除《专利侵权判定指南》《若干规定》等有关规定涉及对不正行为的规制之外，对不具授权条件的专利申请可以请求无效宣告。但应注意到，只有对不正行为予以较为严厉的惩戒才能有效抑制作用，避免专利制度被滥用。笔者从以下两个方面思考我国专利不正行为的法律规制。

（一）规制专利不正行为法理依据的思考

从滥用专利权抗辩的法律性质可知，滥用专利权抗辩作为诉讼法上的恶意诉讼，对专利权限制的原因在于权利人违背诉讼法上的诚实信用原则。诚实信用原则作为民事行为的道德规则，与恶意抗辩同出一源。[1] 诚信原则系权利内容的限制，行使权利违反诚信原则者，乃逾越其权利的内容，构成滥用，法所不许。[2] 美国源于衡平原则，法院对不正行为获取的专利权不予保护。[3] 那么我国应当以何种法理依据规制专利不正行为呢？

---

[1] 梁慧星．诚实信用原则与漏洞补充［J］．法学研究，1994，91（2）：23—29.

[2] 王泽鉴．诚实信用与权利滥用［J］．北方法学，2013，7（6）：5—17.

[3] LEIGH T. ANENSON. GIDEON MARK. Inequitable Conduct in Retrospective：Understanding Unclean Hands in Patent Remedies［J］. American University Law Review，2013. 62：1441—1527（protect the court against the odium that would follow its interference to enable a party to profit by his own wrong-doing）.

专利申请以及相关行为均是包含民事主体意思表示的民事行为。行为人在实施民事行为时要秉持诚实和善意的心态，善意地行使权利，善意地履行义务，尽其所能避免损害他人的权利和利益，这是诚实信用原则的内在要求之体现，非善意的行为不受法律保护❶。即使从英美法上看，对民事行为也有诚信要求❷："诚信标准要求人们应在每一种具体情况中找到两个相互对立原则的中间地带。一个原则主张一个人在行使自己的权利时可以无视其他人的利益，而相反的原则是一个人必须正确对待他人的利益，仿佛就是自己的利益。"因此行为人申请获得专利权的民事行为应当符合民事行为的基本原则——诚实信用原则，即专利申请人及代理人在专利申请中应当遵循诚实信用原则，诚实、善意地申请专利，不应以损害他人权利或权益为目的或者以获得不合理利益为目的申请专利，不正行为所获得的专利权不应受法律保护。

我国现行《专利法》并未明确规定专利申请规程中，申请人或代理人的行为应遵循诚信原则。有些学者认为，知识产权法属于技术性规范，没有诚实信用原则适用的空间。但是，笔者认为，诚实信用原则作为民事行为的帝王条款，作为一般民事行为所应遵循的道德准则和法律原则，也是专利申请人或代理人在专利申请中应遵循的行为准则。例如在 2008 年 LV 案❸中，申请人的外观设计与权利人的 LV 商标几乎完全相同。显然，该案中授权外观设计并非申请人努力创新的结果。该案申请人利用《专利法》没有规定行为人负有诚信义务，而恶意为之，即申请人故意将他人商标申请外观设计并获得了授权。对于此种违反诚信原则的不正行为，我国《专利法》第 23 条第 3 款规定："授予专利权的外观设计不得与他人在申请日以前已经取得的合法权利相冲突。"尽管我国目前将该规定作为外观设计授权的消极条件，但此条款同样反映出专利申请中行为人应当遵循诚实信用原则的内在要求。《若干规定》的第 2 条规定：提交或者代理提交专利申请的，应当遵照法律、法规和规章的有关规定，恪守诚实信用原则，不得从事非正常申请专利的行为。由此可知，我国已经肯定行为人在专利申请中应当遵循诚实信用原则。

---

❶ 张玉敏．诚实信用原则之于商标法［J]．知识产权，2012（7)：40—45.

❷ ［美］昂格尔．现代社会中的法律［M]．吴玉章，周汉华，译．北京：中国政法大学出版社，1994：195.

❸ 北京市高级人民法院（2008）高民终字 114。

申请人或代理人应诚信申请专利是我国《专利法》的内在要求。我国虽然没有如美国专利法确立不正行为所依据的衡平原则（equity）。但是作为大陆法系国家，我国尊崇诚实信用原则。而诚实信用原则不仅体现在实体法中，也体现在程序法中。诚实信用原则作为行为人法律行为的伦理价值，追求实质的公平正义。而诚实信用原则与衡平原则具有接近的功能。对专利申请人诚信申请要求可以视作诚实信用原则在专利申请过程的程序中的具体体现。诚实信用原则作为民事行为的道德规则，与恶意抗辩同出一源❶。因此，依据诚实信用原则，可以在专利法中明确申请人及代理人负有诚实申请的义务，惩戒专利不正行为，限制以不正行为获取专利权的实施。诚信申请义务是诚实信用原则在我国《专利法》上的具体体现，也是民法基本原则在专利申请程序中的延伸。

专利不正行为违背了民事行为所应遵循的诚实信用原则。诚实信用原则是将道德规则与法律规则合为一体，因而同时具有法律调节和道德调节的双重功能，使法律获得更大的弹性。尽管我国在《若干规定》中明确指出申请人和代理人负有诚信申请义务，但是由于该规范法律位阶较低，无法实现其作为专利法基本申请原则的价值和作用。因此，应当在专利法中明确将诚实信用原则作为专利申请的基本原则。这样才能更好地依据《专利法》在《专利法实施细则》或其他法规中进一步细化如何规制专利不正行为，为我国规制专利不正行为提供必要的法律支撑。正如我国 2013 年《商标法》第 7 条明确规定："申请注册和使用商标，应当遵循诚实信用原则。"因此，相应在我国《专利法》中明确规定："申请和实施专利，应当遵循诚实信用原则。"

但也应注意，就理念而言，依诚实信用原则规制专利不正行为，固属无误，但就现行法的适用而言，未能落实于请求权基础上法律构成要件的含义。使得专利不正行为的规制容易流于空泛，因此，我国应在《专利法》或其实施细则中进一步明确如何规制不正行为。

（二）对我国专利不正行为规制的思考

我国与美国不同，我国《专利法》并未要求申请人应向专利行政部门披露专利申请有关的重要资讯，因此我国不能基于披露义务而认定是否存在专利不正行为，也不能移植美国专利不正行为抗辩。从我国现有

❶ 梁慧星．诚实信用原则与漏洞补充［J］．法学研究，1994，91（2）：23－29.

存在的专利不正行为及其规制可知，在我国专利权无效宣告与专利侵权分属不同权力机关管辖的情况下，在专利侵权诉讼中增加滥用专利权抗辩能够有效抑制恶意取得专利的权利行使，这不仅提高专利司法效率，更实现了对不正行为获取专利权的有效限制。

专利不正行为可划分为两大类：(1) 故意就不具授权条件的技术方案提出专利申请。(2) 为获得专利授权故意欺骗专利行政部门。如果行为人未向我国专利行政部门提出专利申请，由于不具专利申请行为，也就无从构成专利不正行为。而以上两种专利不正行为，均存在行为人为获得专利授权，故意欺骗专利行政部门的意图。根据《专利侵权判定指南》的规定，构成滥用专利权行为需“被诉侵权人以专利权人恶意取得专利权且滥用专利权提起侵权诉讼”。滥用专利权行为既要求行为人恶意取得专利权，也要求滥用专利权提起侵权诉讼。笔者认为从恶意起诉和滥用诉讼程序的不同构成要件可知，只要以恶意取得的专利权提起侵权诉讼，即可认定构成滥用专利权行为。但从《专利侵权判定指南》的具体规定可知，滥用专利权抗辩并不能限制在专利申请中故意欺骗专利行政部门获取专利权的行使。从前面的分析可知，我国对此种不正行为获得的专利权行使并没有任何限制。尽管专利行政部门难以认定是否存在“故意欺骗”获取专利权，此种专利不正行为获取的专利权同样应受到限制。

行为人是否有欺骗专利行政部门的意图是行为人的主观状态，需要以客观的证据予以证明。是否行为人将某一已广为使用的技术申请专利即可推定行为人具有欺骗专利行政部门的意图呢？笔者认为不能推定出申请人具有欺骗专利行政部门的主观目的。我国没有专门的技术公告，即不以授权为目的，仅公告技术。因此，如果希望避免他人以相同技术获得专利权而被提起诉讼，行为人采取向专利行政部门提出专利申请的途径公开技术方案。只要专利申请人在专利申请公布后主动撤回该申请，那么就可以此种方式实现技术公开，避免该技术方案之后获得授权。因此，将现有技术或依据申请策略重复申请专利的行为并不具有欺骗专利行政部门获得专利授权的“恶意”。但对于实用新型和外观设计则不同，因实用新型和外观设计不经实质审查，也不存在授权前的公告。如果行为人故意就相同内容大量重复提交外观设计或者实用新型申请，必然会加重专利行政部门的审查负担。因此，我国应严格认定构成专利不正行为的“欺骗意图”要件，将不正行为的规制限制在明显恶意的范围内。

严格认定“恶意”的标准可避免滥用专利权抗辩被过度适用。从美国的不正行为抗辩的发展看，依据不正行为抗辩判例可知，过低的重要资讯和欺骗意图的认定标准致使不正行为抗辩成为专利侵权诉讼的“瘟疫”。大量广泛地适用不正行为抗辩，阻碍着美国专利系统的正常运转，甚至直接影响到整个专利系统的效率。

不正行为抗辩成立后对申请人或代理人的惩戒是美国有效抑制恶意申请专利的重要手段。但应注意，正如在侵权法上故意侵权与过失侵权间存在差异一样。“故意侵权是一种计划行为”❶，而专利不正行为也是一种故意的计划行为，惩戒仅对“故意”行为具有威慑、预防等价值。因此，我国在具体规制不正行为时，应当区别过失与故意。例如对重复申请，应惩戒存以欺骗的意图就不具授权条件而提出的重复申请发明、外观设计或者实用新型的行为，不应对过失或者疏忽大意所致重复申请行为予以惩戒。此外，我国曾出现过将已经在美国超过保护期的失效外观设计到中国申请专利的案例。如果行为人明知该申请不具备授权条件，而利用外观设计不实质审查，以欺骗专利行政部门的意图申请专利，那么应属专利不正行为。但因不同国家的专利制度存在较大的差异，不能排除申请人对外观设计的授权条件存在错误理解，申请人没有欺骗专利行政部门以获得专利权的意图。因此笔者认为不应因提出专利申请即推定申请人存在欺骗专利行政部门的意图。此外，在专利代理中，代理人应该负有诚信申请义务，如果代理人明知该申请不具备授权条件，那么代理人属专利不正行为，应当受到惩戒。我国应当完善不正行为人的惩戒制度，如认定构成滥用专利权抗辩或者专利无效中认定行为人存在不正行为，则对相应行为人（申请人或代理人）予以一定惩戒。

从专利不正行为的认定看，“欺骗意图”或者主观“恶意”的认定较为困难。从美国不正行为的规制看，认定不正行为成立后，对行为人包括代理人的惩戒可有效抑制不正行为。如果在完善专利不正行为认定的基础上，进一步完善不正行为人（申请人或代理人）的惩戒，更能实现对专利不正行为的有效规制。

---

❶ 叶名怡．侵权法上故意与过失的区分及其意义［J］．法律科学，2010（4）：87—98.

结　语

规制专利不正行为可以有效提高专利质量，减少“垃圾”专利，避免专利制度被滥用。我国以行政途径和滥用专利权抗辩的途径规制专利不正行为及获取专利权的行使。我国应当借鉴美国专利不正行为抗辩的判定标准，将专利不正行为严格限制在“明显恶意”或者有限情形范围内。此外，我国应进一步完善对专利不正行为人的惩戒制度。

对《职务发明条例(送审稿)》中相关问题的思考

唐素琴[1] 朱 达[2] 何坤忆[3]

摘 要

自2012年11月中旬国家知识产权局公布了《职务发明条例（草案）》以来，引发了社会各界的广泛关注和争议。2013年12月30日，《职务发明条例（送审稿）》（以下简称《送审稿》）在吸纳草案公开征求意见的基础上，进行了一定的修改。但是关于条例的调整对象、制定的必要性及可行性，以及一些具体条款等规定仍然存在一定程度的争议。笔者从《送审稿》与现存立法的关系，《送审稿》的适用范围，《送审稿》可能存在的负面影响，单位经营自主权，约定优先原则，行政执法第十个方面，对相关争议进行归纳和分析，并建议立法机关对争议较大的问题再次充分论证。

[1][2][3] 作者单位：中国科学院大学。

2013年12月30日，《职务发明条例送审稿（送审稿）》提交国务院审议，《送审稿》包括七章44条。其中，《送审稿》的适用范围、发明报告制度、奖酬的细化落实、促进职务发明运用实施、强化真实署名权等内容与以往法律法规相比有突出的特点。早在2012年年底《职务发明草案》向社会公布后，引发了社会各界对草案的广泛关注。在《送审稿》讨论中，有的学者对条例的必要性和可行性提出质疑；有的专家学者对条例部分条款提出不同看法；还有专家学者对条例的条款进行了完善和补充。进一步客观分析和深入探讨目前存在的一些疑问和观点，对条例的后续立法推进有积极的作用。

一、《送审稿》制定的必要性和紧迫性

（一）我国面临的国际国内形势的迫切需要

当前，我国已经步入经济发展大国的前列，处于经济发展方式转型的关键时期，依赖引进和仿效他国技术已经不能解决我国经济持续增长的需求。为此，我们必须大力加强自主创新能力，以科技驱动经济发展。人才是科技创新的核心和根本，人才的激励和保护是持续创新的源泉。为此，《（2010—2020年）国家中长期人才发展规划纲要》明确提出："制定职务技术成果条例，完善科技成果知识产权归属和利益分享机制，保护科技成果创造者的合法权益。明确职务发明人权益，提高主要发明人受益比例。"根据这一要求，国家决定加大对人才的保护力度，《中央人才工作协调小组实施〈国家中长期人才发展规划纲要2010—2020年〉任务分工方案》明确国家知识产权局牵头落实"实施知识产权保护政策"。据此，国家知识产权局启动了《职务发明条例（送审稿）》的起草工作，经过一年多的理论研究和大量的调研访谈，形成了向社会公布的征求意见稿。

（二）现行职务发明制度存在一定的问题

在《送审稿》征求意见中，有学者认为，目前实践中存在的不尊重职务发明人权益的现象，其问题根源不在于相关法律法规的缺失，而在于执法和司法不到位。而通过调研发现，当前我国职务发明制度存在的突出问题表现为，现有立法和制度规定比较原则，缺乏可操作性。因此，有必要完善立法，对职务发明制度进一步细化，增强可操作性并补充程

序性规定，确保发明人的合法权益落到实处。

另外，由于目前我国法律中，关于职务发明的相关权利义务的规定大多分散于《专利法》《科技成果转化法》以及《劳动合同法》中，相互之间逻辑性不强，法律规范繁多、散乱且不完全一致。因此，制定一部明确的、条理清晰的、实际操作性强的法律条例势在必行。

（三）用人单位和职务发明人之间的关系需要法律协调

尽管我国不同类型的单位对待职务发明人的态度不完全相同，但因为绝大多数职务发明人是以普通劳动者的身份出现的，劳资关系的矛盾决定了单位与职务发明人之间不可避免地存在利益冲突。单纯依靠单位的自觉自律是难以达到共赢的局面的，国家和政府在这一领域必须有所作为，进行必要的引导和扶持。

二、对部分疑问和争议问题的思考

《送审稿》公布后，公众对《送审稿》提出了一些疑问和不同看法，笔者将这些问题归纳为如下十个方面，并尝试对这些疑问和争议进行一些分析，以期对《送审稿》的进一步完善有所帮助。不当之处，请专家学者批评指正。

（一）《送审稿》与现存立法的关系

有学者认为，奖酬制度在《专利法》以及《科技成果转化法》等法律中已有规定。此外，在《合同法》和《劳动合同法》中也有不同程度的体现。《送审稿》有重复立法的嫌疑，同时也存在可能侵入别的法律规范边界的问题。

通过研究发现，我国职务发明奖励报酬制度散见于法律、行政法规、部门规章、地区法规、地方政府规章中，这些规定以报酬比例为重点，相互之间并不完全一致，这种突破上位法以及分散立法的状况不仅存在是否合理的问题，同时也造成了实践中职务发明奖酬的混乱，给法律适用带来一定困难。同时，对职务发明奖酬规定相对明确的《专利法》及其实施细则的适用范围仅限于专利，并不包括其他知识产权客体，所以，需要制定一个统一的制度来规范职务发明奖酬。此外，现行《专利法》的规定还缺乏操作性，“合同优先约定”原则的贯彻需要细化。《送审稿》一方面细化了《专利法》关于奖酬的规定，同时又使得其他知识产权权利人有了获得奖酬的法律依据，这对全面调动科研人员的创新积极性是有裨益的。

尽管《合同法》和《劳动合同法》对职务技术成果的归属和劳动报酬等似乎有一些规定，但其规定与目前《送审稿》规定内容并不相同。退一步说，《职务发明条例》中的约定以及劳动报酬从性质上是一种特殊的约定和特殊的劳动报酬，这一规范相对于《合同法》和《劳动合同法》而言是特别法。

（二）关于《送审稿》的适用范围

《送审稿》第 4 条规定："本条例所称发明，是指在中华人民共和国境内完成的，属于专利权、植物新品种权、集成电路布图设计专有权或者技术秘密保护客体的智力创造成果。"这里的"发明"是大发明的概念。在征求意见过程中，也有建议采用"技术成果"来表述，但经过论证发现也有一个问题，就是外观设计不属于技术成果。在 2008 年《专利法》第三次修改中也重点澄清了外观设计保护客体是产品的新设计，不属于技术方案，对此进行了相应的修改。如果采用"智力成果"来描述，范围又太宽泛，条例规范的仅仅是其中很小的一部分。综合起来看，要用一个词来概括专利、植物新品种、集成电路布图设计和技术秘密，确实难度比较大。"发明"一词虽然会与《专利法》中的发明范围不同，但通过定义确定本条例发明的具体范围，来明确具体所指也许能说明问题。

在公众意见中，对是否将"技术秘密"纳入《送审稿》的适用范围存在一定争议。一些学者认为，技术秘密泛指一切不为公众所知的技术信息，其对象可以是一张图纸、一个参数。在专利申请前以及未公开前，一项技术均处于技术秘密的状态。如果将技术秘密纳入职务发明条例的客体，是否意味着发明人每时每刻都可能在完成职务发明？是否每天都应该报告发明？发明的"完成时间"又应如何确定？因此，一些学者强烈建议删除"技术秘密"。笔者认为，应当同时从发明人角度来考虑这一问题。发明人作出一项发明后，如果单位决定申请专利，那么发明人的署名权、奖励和报酬都会随之实现。如果单位决定用技术秘密的方式来保护，则发明人的上述权利都将没有办法实现。而且技术秘密往往是一个单位的核心技术，其给单位带来的经济效益有时甚至超过专利。实践中，已经存在一些企业给予技术秘密的发明人一定补偿的做法。《送审稿》将"技术秘密"纳入发明中予以奖励补偿的主要目的是防止单位以技术秘密为由来剥夺开发者应该获得的利益。同时应当注意的是，技术秘密广泛存在于单位的科研开发活动中，很多技术信息、实验数据甚至实验失败的记录等都属于技术秘密。应当将一般信息性的技术秘密和与达到一定高度的能够像专利一样给单位带来经济效益的技术秘密区分开，这需要再从立法技术角度加以解决。但将技术秘密完全删除的做法并不可取。至于“技术秘密”如何界定，笔者认为可以参考《反不正当竞争法》第10条的规定，单位也可以根据行业特点通过规章制度规定“技术秘密”的保护范畴。对技术秘密进行保护并给予技术开发者一定的奖酬，但这并不意味着技术开发者可以由此限制或影响单位对该技术申请专利还是按技术秘密保护的战略。同时，也并非所有的开发者认为的“技术秘密”都要给予补偿。技术开发者只有在将技术报告提交到单位后，由单位审核确定是通过申请专利还是作为技术秘密保护的节点时，才涉及单位应该给予技术开发者一定的合理补偿问题。

（三）《送审稿》是否会产生不可预测的负面影响

有学者担心《送审稿》通过后可能会带来一些负面影响，这些忧虑归纳为如下三点：第一，发明报告制度可能会为恶意的发明人开创了另一种生财之道；第二，《送审稿》可能会像《劳动合同法》一样，最终导致“善意结恶果”；第三，《送审稿》的某些条款可能会导致国有资产的流失。

笔者认为，第一个担心是完全不必要的。因为目前很多单位对什么情况下给予发明人奖酬已经有了一些规定，并非不区分情况见到报告就给付奖酬。单位对于哪些技术成果达到奖酬的标准是有掌控能力的。因为总的来说，单位相对于发明人处于一种相对强势的地位。

第二个担心是没有依据的。真像有些学者担心的，《送审稿》颁布后可能会像《劳动合同法》一样导致单位通过劳动合同限制聘用发明人、发明活动的逆向对策，反而损害职务发明人的利益。事实上，通过研究发现，《劳动合同法》并不是一个“善意结恶果”❶ 的法律，以一个本不

---

❶ 笔者2013年1月5日在《中国知网》上键入“劳动合同法的负面影响”，搜索主题，从2008年1月以后一共有16篇文章与“劳动合同法”和“影响”相关。其中，仅有一名作者写的两篇文章直接论述了劳动合同法的“负面影响”，其他文章并没有认为劳动合同法存在“善意结恶果”的问题。具体文章见：金志峰．试析《劳动合同法》对用人单位行为的负面影响[J]．人力资源管理，2010（5）：69．金志峰．论劳动者利益的负面影响与《劳动合同法》部分条款[J]．中国经贸导刊，2009（20）：81．

成立的前提作为职务发明条例实施后的前车之鉴是没有依据的。从长远来讲，靠压低劳动者的收入来提高竞争力是不可取的，优秀的企业肯定是尊重人才、尊重劳动的。

第三个担心看似有一定的道理，实则不然。当前，防治“国有资产的流失”往往会成为一些国有企事业单位固步不前的借口。而现实情况是，很多国有单位，专利放在那里闲置甚至放弃也没有人去过问，又何尝不是一种国有资产的流失呢？这一问题，早在美国“拜杜法案”立法时就进行过广泛讨论❶。而从发明人的角度看，正是因为单位的不作为可能影响到了发明人报酬权的实现。假如一个有经济效益的专利，单位由于种种原因不积极实施，发明人本可以获得的报酬也无法实现。《送审稿》在这种情况下赋予发明人与单位协商的权利，在单位同意的前提下，可以不改变其权属去实施该专利或者有偿、无偿受让该专利。在这种情况下，单位和发明人是双赢的，特别是在发明人有偿受让时，单位的资产不但不会减少反而会增加。所以，那些对于认为国有资产放在那里不用甚至放弃可以，一旦有人想让其发挥效益就属于国有资产流失的观点未免有些教条。《送审稿》第 9 条、第 12 条、第 15 条都涉及单位和发明人约定知识产权权利归属或转移知识产权权利的规定，这些规定的内容有很大的不同，并不必然导致国有资产的流失。况且，这些规定都是有前提的，任何单位让渡权利是需要有依据的。如果没有依据就将权利让渡出去就是失职。事实上，《送审稿》这样规定的目的并不是为了转移权利的归属，而是通过对职务发明人的监督，督促有知识产权实施能力的单位积极行动。

（四）单位的经营自主权是否有界限

有学者认为，企业是市场的主体，也是创新的主体，企业应当被给

---

❶ 美国“拜杜法”的支持者认为，在 1980 年前，美国资助给研究单位的研究成果，几乎都倾向于归属政府所有，且以免费或非专属方式授权让民众使用；或直接放弃权利纳入公共所有（public domain）。但是由于这些研究成果商业化的数量很低，有人称之为变成“由死者掌握”（dead hand control），这样的结果往往导致很多研究成果被搁置在政府布满灰尘的书架上无人问津。法案的反对者托比．莫菲特认为：“因为一个国家会存在很多这样或那样的问题，我们没有必要因生产力的暂时降低和曾经逝去的才智而烦恼。这是一个复杂的问题，折射了多年来许多事态发展的结果。因此，没有必要急于通过一项我们目前还不确定正确与否的议案，我们需要经过很多富有智慧的同仁对该项立法的影响进行全面的深思熟虑和咨询后再制定这样的法律也不为迟。”唐素琴．美国拜杜法的立法争议及影响［D］．北京：中国科学院大学，2011：41—54.

予充分的经营自主权。进而认为，知识产权管理乃至专利申请等属于企业自己的事，完全可以由双方去约定，国家和政府不要去干预，要“相信市场的智慧与力量”。对此观点，笔者不敢苟同。任何自由都是相对的，单位的经营自主权是有一定限制的，特定情况下需要法律的介入，具体而言：

第一，市场自由是在一定条件下的自由。

市场自由与政府干预是经济学发展中的历史性话题。英国经济学家凯恩斯发动了经济学史上的“凯恩斯革命”，提出要用政府这只看得见的手参与经济，政府应该发挥作用，用国家的力量推动经济的运转。美国罗斯福总统实施大规模的政府干预经济措施，促进了美国经济的复苏。[1]因此，遵循历史的线索去理解市场自由与政府干预理论与实践产生的背景，对建设有中国特色社会主义市场经济无疑具有重要的现实意义。[2]纵观经济发展的历史以及经济发展模式的演变，不难发现，各种经济发展模式的异同主要是由政府作用所致；各种经济发展模式的成败，也是由在不同发展阶段，对政府作用的“度”的把握决定的。所以，正确认识当今中国政府的作用，对于中国经济和社会发展有着现实的指导意义。[3]中国经济和科技发展到今天，强化企业的知识产权管理，加速企业的转型和创新，必须发挥国家和政府的宏观指导作用。

第二，行政立法不是简单的政府干预。

当今社会，完全靠企业自主完成其社会责任乃至国家宏观目标的情况基本不存在。特别是在劳资关系等明显存在主体地位不平等的情形中，政府不采取干预措施就是政府的失职。有意见认为，职务发明问题应当完全由单位和发明人自主约定。人才市场也是有竞争的，不尊重人才的企业早晚会被市场淘汰，要“相信市场的智慧与力量”，法律和政府没必要操心。这种观点有一定的道理，但必须承认，职务发明这一法律关系的双方当事人是不平等的，法律规定职务发明的权利归单位，单位处于主动的控制地位，发明人只能被动地等待单位去署名、去实施、去盈利、去发放奖酬。劳动力买方市场的现状又决定了发明人敢怒不敢言，完全处于被动的状态。退一步说，即使企业可能最后因不尊重人才“自取灭亡”，但在这一过程已经损害到发明人的合法权益，法律应当介入加以保护。法律类似的介入也是有的，例如，对上市公司的监管，股民把钱交给上市公司后，一般也失去了对这些资金的直接控制，法律应当对上市公司进行严格的监管，规范其如何使用募集的资金，如何去分红等。如果完全靠市场的力量去“惩罚”那些不尊重投资者的上市公司，恐怕没人敢去买股票了。知识产权管理是提升企业核心竞争力的重要工具。通过立法手段和政府运用行政指导手段，可以促使企业提升知识产权管理水平和企业竞争力。引导和规范企业在内部首先建立知识产权管理制度，与为企业营造外部环境同等重要。[4]

第三，《送审稿》规定下的企业经营自主权。

企业经营自主权，又称为“企业的生产经营活动自主权”，是指企业作为独立的社会经济组织，有权根据市场需要，依法制定自己的生产经营计划，选择生产经营方式，开展营销活动，实行独立的经济核算。概括地说，企业享有独立地进行生产经营活动的自主权，而不受任何单位或个人的非法干预。❶《送审稿》的主要立法动机是通过立法平衡职务发明人和企业的利益关系，达到创新驱动发展的目的。其中主要的手段是要发挥企业的经营自主权，而不是要限制企业的经营自主权。《送审稿》第 6 条规定的“国家鼓励从事研究开发的单位建立职务发明的知识产权管理制度……。”正是鼓励企业发挥自主管理的明确证据。此外，对权属、奖酬等实质内容双方都可以自主约定，也包括单位依法制定的规章制度，在没有约定的情况下，才适用法律建议的标准。因此，《送审稿》应当在很大程度上尊重了企业经营自主权。企业可能的负担就是要在条例实施前建立自己的职务发明管理制度，这也促使那些管理不规范的企业去提升自己的管理水平，从而实现企业获益，发明人利益也得到了保障。中国的很多中小微企业目前在知识产权管理能力上十分薄弱，需要进行知识产权管理能力的培养，而要求企业重视制度建设并保护职务发明人的权利，是为企业的后续发展积累后劲。如果认为，通过立法引导对企业加强制度建设就是增加了企业负担的话，这与《劳动合同法》颁布是督促企业合法用工是一个道理。我们不能认为《劳动合同法》要求企业建立健全用人制度就是增加了企业的负担，就是干预了企业的用人自主权。

有学者担忧：“《送审稿》对职务发明的综合保护方式将无法适用，职务发明的奖励和报酬更是无法计算。”这些学者认为，企业对技术类成

❶ 杨紫烜．经济法［M］．北京：北京大学出版社，高等教育出版社．2000：87．

果的保护，大多选择的是综合保护战略。通常选择专利和技术秘密相结合的保护方式，还可能将部分技术信息公开。如果《送审稿》要求企业对职务发明人的报告予以奖励，是否意味着企业无法自主选择技术保护策略，而要处处受制于职务发明人？这种担心是不必要的。这是因为：

第一，《送审稿》鼓励单位自行制定知识产权制度，单位可以通过规章制度决定单位技术策略的走向，作为单位规章制度的组成部分，发明人必须服从。发明人可以主张的是企业是否对相应的知识产权给予保护，而无权决定企业应该以什么方式保护。部分技术信息的公开也是企业技术策略的组成部分，发明人不能在这个问题上与企业讨价还价。至于什么程度构成“知识产权”并达到单位应支付给职务发明人奖酬的标准，多年来奖励制度的实践已经积累了不少经验，同时企业也可以通过内部专家评审的方式来决定，这些内容应该属于企业知识产权管理制度的组成部分。而至于是否属于技术秘密以及技术秘密和专利的临界点问题，同样可以通过上述办法得以解决。

第二，对于综合保护策略下奖酬的计算问题，《送审稿》第 22 条规定：“单位在确定报酬数额时，应当考虑每项职务发明对整个产品或者工艺经济效益的贡献，以及每位职务发明人对每项职务发明的贡献等因素。”我们相信，随着奖酬制度的不断落实，实践中将会积累很多奖酬计算办法，单位也可以根据行业特点规定本单位奖酬计算的基本依据和办法。

第三，发明报告制度是否过分加重了企业的负担？发明报告制度是《送审稿》的一个突出亮点，但也引来不少争议。有学者认为，报告制度是借鉴了德国的雇员发明法，而德国的雇员发明法并不为世界上很多国家采纳。原因是其程序烦琐，管理成本太高。由此，不少学者认为发明报告制度加重了企业的管理成本和负担。然而，仔细研读《送审稿》会发现，发明报告制度不仅仅是对职务发明人的保护，更主要的是对单位利益的保护。有企业建议，只有职务发明才有必要报告，非职务发明无需报告，否则会给企业造成负担。仔细想一下，这种建议相当于将判定是否属于职务发明的权利完全交给了发明人，发明人自己可以选择哪个要报哪个不要报，单位完全处于被动地位。现实中也确有这种情况，有发明人在外有自己的公司，将经济效益好的发明交给自己的公司，而相对较差的交给企业。通过报告制度，可以加强单位对职务发明的整体把握，有利于宏观技术布局，也为日后的知识产权管理扫清了障碍。部分成熟的知识产权管理企业的做法已经说明了这点。比如，某些企业反映人员流动后，企业申请知识产权因为缺乏发明人的配合而耽搁时间或难以进行的问题，报告制度可以通过向单位提交报告的过程完成对发明人对企业申请知识产权的配合义务。当然，对于发明报告的范围是否包括非职务发明，报告的具体内容以及报告的程序等问题还有进一步斟酌的必要。

（五）《送审稿》是否保障了“约定优先”原则的实现

有学者提出，《送审稿》把“约定优先”确定为一项基本原则，应该把该原则写进总则部分，否则不利于其贯彻落实。还有学者认为，《送审稿》第 18 条规定的“任何取消或者限制发明人根据本条例享有的权利的约定和规定无效”，将使得“约定优先”原则形同虚设。

笔者认为，现代企业的本质是一种建立在契约基础上的利益共同体[5]，企业与劳动者可以通过契约对劳动内容进行约定。同时，企业规章制度无疑是企业进行有效人力资源管理，体现其经营自主权的一项重要制度。当然，在劳动合同存在的情形下，作为经营自主权的体现，用人单位行使劳动管理指挥权的边界不是无限制的，用人单位有权通过规章制度要求劳动者遵守和服从，但同时也不能任意妄为地剥夺劳动者本应该享有的法律赋予其的应有权利。也正是基于此，《送审稿》并没有把“约定优先”原则置于总则中规定，而是在具体的条文中给予企业进行约定或制定规章制度的权利。这样规定的目的很明确，防止企业借助“约定优先”一揽子剥夺职务发明人应该获取的权益。正因为如此，《送审稿》在第 18 条第 2 款对单位约定和单位规章的规定进行了限制。但这些限制并没有超出现行法律法规的规定，也不存在剥夺单位约定权的问题。《专利法》第 16 条确定了单位对职务发明人支付奖酬的义务，《专利法实施细则》第 76 条、第 77 条、第 78 条细化了奖酬的给付方式和最低数额和比例。需要注意的是，对于是否给予奖酬问题，《专利法》使用的是“应当”，强调单位的法定义务；而对于支付奖酬的方式和具体数额，《专利法实施细则》采用了“约定优先”（允许在“规章制度”中规定）的方式。《送审稿》第 17 条和第 18 条有关奖酬给付与上述《专利法》及其实施细则的规定是吻合的。

不过，对于“限制”一词目前存在很大争议，很多意见认为其含义不够明确，可能在将来会引发纠纷。笔者认为，《送审稿》应当再论证，使表达更准确，避免因为双方理解不一致而可能引起纠纷。

（六）“约定优先”原则、“最低保障”原则和“权利义务平衡”原则的优先性排序问题

《送审稿》第四章对“约定优先”原则、“最低保障”原则和“权利义务平衡”原则进行了详细的规定。然而假设一种情境，某单位与发明人之间所约定的报酬计算方式使得发明人最后取得的报酬低于其按照“最低保障”原则所应取得的数额，那么在逻辑上这便与“权利义务平衡”原则相悖，不符合其合理性。于此情况下，该三原则之间应该首先适用哪一条呢?

基于《送审稿》的文本，或许没有对该三原则之间的关系以及相互之间的适用优先性作出明确的规定，仅仅在第 21 条规定了“单位未与发明人约定也未在其依法制定的规章制度中规定对职务发明人的报酬的，单位实施获得知识产权的职务发明后”的“最低保障”原则适用情况，故从文本中，我们仅能看出“约定优先”原则优先于“最低保障”原则。然而，如果放任其模糊的逻辑关系而交给法院在具体案件的审判中进行量度，势必会造成法的极大不稳定性，破坏其可预期性。因此，有必要对三原则之间的具体逻辑内核进行分析。

笔者认为，首先，“约定优先”原则在《专利法实施细则》第 76 条即已规定：被授予专利权的单位可以与发明人、设计人约定或者在其依法制定的规章制度中规定《专利法》第 16 条规定的报酬的方式和数额。《送审稿》对该原则的再次强调，正是因为考虑到单位与发明人之间首先存在的是民事关系，故而强调遵循民法上平等、自愿和公平的基本原则，同时也体现了合同法意思自治原则。

其次，《送审稿》对约定之程序性保障进行了充分而有力的规定，避免了在实践中发明人出于职场压力而对单位侵权忍气吞声的现象，给予发明人充分的知情权，明确要求单位的规章制度或者约定应当告知发明人所享有的权利、请求救济的途径以及单位在确定给予职务发明人的奖励和报酬的方式和数额时，应当听取职务发明人的意见。因此，发明人虽然身为雇员，但有可能且有能力明确得知自己的相关权利，并且依此作出决定。故而《送审稿》中“约定优先”原则实质上是通过对程序正义的保证，最终保障了结果的公平、平等。

因此，在三原则中，“约定优先”理应，并且事实上亦优先于其他两

原则的适用，即使是在该约定的报酬标准低于法定最低保障标准的情况下。然而在个案审查中，也不应刻板遵守，当单位与职务发明人的约定中发明人最基本的署名权、知情权等基本权利受到侵犯时，仍应审查该约定之合理性。

（七）职务发明的奖励报酬制度是否合理

《送审稿》本着“保护职务发明人和单位的合法权益，充分调动职务发明人和单位的创新积极性”的立法初衷，对发明人的合理报酬与计算标准进行了详细的规定，并且还规定了最低的支付标准，以充分保障职务发明人的合法权益。然而，本《送审稿》中的计算标准是否合理呢？

首先，《送审稿》中的计量标准是以“发明取得的经济效益”与“发明人的贡献程度”为标准的。显然，该标准仅是起到方向性的指示作用，并没有具体的定量分析，在实践中尚缺乏可供参考的操作细则。这种宣示性的计量标准将会给予个案裁量以极大的不稳定性。

其次，在很多高新科技企业，尤其是信息技术、网络计算机等领域，经常一件新产品包含着数以千计的专利技术，且由整个研发团队投入研发而成，逐一计算每件专利技术所蕴含的贡献以及价值之大小，以及每位科研人员对此应得的报酬，显然是存在诸多障碍难以实现的。再加上如今新科技、新技术之发明成果，往往是多重科技领域交叉的成果，因此对于单位转让、许可他人实施或者自行实施获得知识产权的职务发明之估价往往是一揽子打包政策，难以拆分计算。因而，由发明取得的经济效益、发明人贡献程度来计算发明人的合理报酬在实践中往往是不现实的。

最后，在实践中往往职务发明人获得奖励或报酬的方式是多元的、长期性的，比如升职、股权奖励、进修机会等，《送审稿》将对职务发明人的奖励单一化为金钱方式，一方面对于职务发明人来说，未必能奖其所需，仅仅折算成现金奖励难免会给职务发明人带来潜在的补偿不足。另一方面对于公司而言，奖励机制的僵化无疑会对其长期的人才战略不利。

因此，我们可以看到在上述观点的视角下，《送审稿》对给予职务发明人的奖励报酬规定仍存在一些过于僵化的部分，在此不妨借鉴日本的模式对《送审稿》作出发散性理解，即由法律作出原则性的、方向性的奖励政策，并不具体对报酬标准进行规定，而是以诱导、建议或提倡性的法律规范，促使单位自觉保护职务发明人的相关权利，并且依照《送审稿》以及《专利法》《科技成果转化法》《劳动合同法》等多部法律法规的规定进行参考，制定既符合企业自身发展、又能保障职务发明人相关权利的发明奖励报酬制度。[6]

（八）知情权是否与商业秘密相抵触

《送审稿》的第 19 条第 2 款规定："单位自行实施、转让或者许可他人实施职务发明获得经济效益的，应当将所获得经济效益的有关情况通知发明人。"这一条规定，可以说是为了避免实际中，诸多单位不隐瞒专利实际所得而损害职务发明人应得之报酬的情况。然而究竟专利所得是否是商业秘密呢？

依照我国《反不正当竞争法》的规定，商业秘密是指不为公众所知悉，能为权利人带来经济利益，具有实用性并经权利人采取保密措施的技术信息和经营信息。在实践中，一项专利技术所产生的经济效益很难被是否是商业秘密来界定。一方面，专利技术的转让往往是属于相关企业之间的转让，若提前允许发明人获知，则很有可能会被提前泄露给交易对方单位。尤其是在职务发明人离职成为相关企业的员工时，这种泄露的危险极大，会很大的损害企业在竞争中的优势地位，从而可能会被滥用，产生严重的恶果。另一方面，由于技术秘密、商业秘密的宽泛定义和模糊界定，一项新发明中究竟有哪些部分属于商业秘密，哪些不属于是很难界定的。因此，若专利技术中所包含的诸多由商业秘密产生的法律关系，用《送审稿》来进行调整，势必会引起奖励报酬之泛滥，从而损害企业之利益，最终削弱职务发明人在企业中的竞争力。

《送审稿》第 19 条之规定，可以说是综合考虑了单位利益和职务发明人之正当权益，最终进行了调和，即单位没有义务将所有职务发明的经济效益都依次通知给职务发明人，而是仅在必要时，发明人有权获知单位从其相关发明中所获得之经济效益。

（九）关于发明报告制度的设计是否合理

鉴于实践中混乱的发明权利归属纠纷，《送审稿》借鉴了德法等国的相关发明申报制度，并在我国实际情况的基础上，创新性的规定了发明报告制度，可以说是《送审稿》中一个亮点。《送审稿》第三章分别就发明人的报告义务、报告内容、发明人完成发明后向单位报告的时间、单位收到发明人报告后的处理方式等一系列问题进行了详尽的规范。

首先，《送审稿》第12条、第13条分别就发明人主张其报告属于非职务发明，和属于职务发明两种情况分别进行了规定。然而，这样同时规定究竟是否必要呢？显然，这样的逻辑是借鉴了《德国雇员发明法》的规定。但是，德国对两种情况分别加以规范是建立在德国雇员拥有其所创造专利之申请权的情况之上，因此如果雇员不将职务发明或非职务发明向所在企业报告，则企业无法对其加以合法使用。而我国职务发明的申请权属于单位。相信《送审稿》甘冒重复规定之嫌，对两种情况分别进行规定，除了意欲使得法律条文更加清晰，便于操作之外，更是为了显而易见地保护职务发明人的权利，避免默认情况规范不明从而导致权利归属混淆的问题。虽然从法律规范之成本，抑或是法律实施之成本方面考虑，这样的详细似乎有过火之嫌，但鉴于我国目前实际情况，似乎这样的重复之举又成了必然之选。

其次，《送审稿》第15条规定："单位拟停止职务发明的知识产权申请程序或者放弃职务发明的知识产权的，应当提前一个月通知发明人。"这1个月的时间是否合理？对于目前的高科技企业，尤其是信息技术领域内的高新技术企业，往往1年要申请成百上千件专利，并且伴随着大量商业价值不大的专利被放弃，或流通进入公知领域等，如果每一项都需要提前1个月通知发明人，势必会造成极大的知识产权管理成本的浪费，并且在实施上也存在诸多现实障碍。然而，换个领域来看，在生物技术领域等需要长期、大规模投入研发的领域，完成一个职务发明往往需要数年之久，并且投入了职务发明人大量的心血，在此情况下，提前1个月并未增加过多的知识产权管理成本。并且可以想象，如果没有此保护机制，职务发明人的合法权利在其不知情的情况下遭到损害，对其的投入而言，后果也十分恶劣。因此，《送审稿》在综合各方利益的基础上，在此本着对职务发明人保护的立场上，对此发明报告的时间跨度作出了相对中和的规定。虽有过度保护之嫌，也是情有可原的。

（十）基层知识产权行政机关是否具备监督执法能力？行政权力是否存在涉入过多的嫌疑

针对《送审稿》加大监督检查和法律责任问题，有学者提出疑问：第一，地方政府是否有落实监督检查的能力？第二，是否会给部分执法部门滥用行政权力提供机会？

笔者认为，就目前而言，我国地方政府知识产权执法部门的能力的确需要加强。与商标执法部门相比，专利等执法部门的机构设置以及执法人数目前确实还不足，这样自然会让公众对《送审稿》的可行性提出质疑。但需要注意的是，执法部门以及执法能力的不足并不是《送审稿》本身是否可行的问题，而是这些事是否需要完成以及依靠什么力量完成的问题。至于《送审稿》赋予行政部门监督检查权，是否会出现频繁检查，随意检查的情况，滥用行政权力的问题的处理，笔者建议《送审稿》规定行政权力启动的条件和程序，比如应该规定“依当事人申请或者根据举报信息”才可以启动检查监督权，不能随意启动执法检查权，同时还需要强调执法程序。

三、结　论

综上所述，笔者认为，条例立法的必要性、基本原则、框架结构以及主要内容的论证已经比较成熟。客观来讲，由于单位和发明人的意见从根本上存在对立性，所以一部以双方利益关系为调整对象的法律在意见上不统一也是很自然的事，但任何立法都是各种利益关系博弈的结果，不可能存在各方都满意的立法。而立法者的使命就是通过广泛的调查研究，考虑不同利益相关方的利益，站在中立的立场，得出相对平衡的解决方案。但鉴于职务发明法律关系的敏感性和复杂性，笔者建议立法机关应当对几个争议较大的问题再充分论证、谨慎取舍，最终方案虽然不太可能使各方都接受，但一定要尽可能完善，以使得这部法律经得起历史的检验。

参考文献

[1] 蔡丽丽．市场经济是否需要政府的干预 [J]．商业经济，2010 (8)：29.
[2] 周中林．市场自由与政府干预的理论与实践 [J]．山东社会科学，2007 (1)：54.
[3] 陈宪．市场自由、政府干预与“中国模式” [J]．上海大学学报：社会科学版，2009 (6)：6.
[4] 沈世娟，刘海锋．提升企业知识产权管理水平的政府行为模式 [J]．科技进步与对策，2011 (24)：135.
[5] 何小勇，游鹤近．职务变动与薪酬确定——一个关于企业经营自主权边界的探讨

[J]．法律适用，2009（6）：82.

[6] 肖冰．日本与德国职务发明报酬制度的立法比较及其借鉴 [J]．电子知识产权，2012（4）：52.

[7] 常喆．约定优先原则、合理性原则与最低保障原则的关系 [J]．电子知识产权，2013（6）：86－88.

[8] 王海波，柯春磊．对《职务发明条例（送审稿）》的评议 [J]．电子知识产权，2013（1）：69－73.

[9] 吴艳．论信息技术领域职务发明制度——兼评职务发明条例草案（征求意见稿）[J]．科技管理研究，2013（19）：133－135.

职务发明报酬实现的程序困境及司法应对

凌宗亮[1]

摘　要

《专利法》及《专利法实施细则》等法律法规对职务发明报酬的数额和计算方式均进行了详细的规定，但总体上侧重于实体规范，缺乏对实现职务发明报酬的程序保障，导致在此类纠纷中发明人往往面临举证难的困境。鉴于发明人与单位之间既具有发明人与专利权人间平等的民事关系，又具有劳动者和用人单位间不平等的劳动关系，在此类纠纷的审理中，可以借鉴劳动法对劳动者“倾斜保护”的价值理念，适当降低发明人的举证保全门槛，适时适用举证妨碍规则。对于人民法院基于发明人的申请进行的证据保全，或者依据职权，要求被授予专利权的单位提供相关产品、财务账册等证据以供事实查明，相关单位能够提供而拒不提供，甚至转移、毁灭证据的，人民法院可以结合发明人诉讼主张的合理性，推定发明人的相关诉讼请求成立，无需再次对该事实进行举证。

[1] 作者单位：上海市第二中级人民法院。

【案情】

原告：钱鸣。

被告：上海昂丰矿机科技有限公司。

2005年3月29日，原、被告签订《专利使用协议》，该协议第1条约定，原告在被告任职期间，利用本身多年工作经验与理论知识，结合被告产品需要而研发的专利，由被告申请经审查批准后，适用本协议。其他专利为原告的非职务专利。第4条约定原告任职期间，或原告虽然离职但不单独使用专利时，被告向原告支付产品（含成套部件、专利部分的配件）售价的1%作为专利使用费。被告在每年一月份结算并支付前一年度原告应得的专利使用费。但每项专利的使用费每年最低为1万元，最高为3万元；第6条约定本协议在专利有效期内生效。失效的专利双方均不受本协议的约束。

2005年7月15日，被告向中华人民共和国国家知识产权局（以下称“国家知识产权局”）先后申请名称为“双液流自动控制阀块”（以下称为“专利1”）、“双液流差动油缸自动控制阀块”（以下称为“专利6”）、“遥控换向电动液压抓斗”（以下称为“专利8”）以及“具有电磁插装阀控制结构的电动液压抓斗”（以下称为“专利10”）的专利，并均获得专利授权。

2010年4月20日，被告与东莞中科电力有限公司（以下称“东莞中科公司”）签订《遥控抓斗改造协议》，东莞中科公司对被告改造后的抓斗进行了验收，并向被告支付另加的改造费用人民币5万元。

庭审中，经法院释明举证妨碍的相关规定，被告提交了AMG、AMGD、AMG-F型系列液压抓斗的销售情况，其中，2010年上述三个型号液压抓斗的销售金额分别为5 648 000元、1 640 800元、1 242 500元（2010年4月13日起）；2011年的销售金额分别为8 781 130元、1 549 800元、4 132 039元；2012的销售金额分别为7 126 000元、280 000元、2 812 000元。

被告在庭审中表示，其在AMG型、AMGD型、AMG-F型系列液压抓斗中并没有使用原告主张的专利，而是对相关专利进行了技术改进。被告在对东莞中科公司的抓斗进行改造过程中对专利8和专利10进行了试用，但因未改造成功，故被告也没有使用过专利8。为证明其主张，被告提交了其生产的AMG型、AMGD型、AMG-F型产品所使用自动控制阀块实物及 AMG 型产品的液压原理图。

原告诉称，自 2003 年至 2011 年 6 月，原告在被告处任总工程师。2005 年 3 月 29 日，原告与被告签订《专利使用协议》。之后，原告共为被告研发并申请获得多项专利。被告生产的 AMG 型、AMGD 型、AMG-F 型产品分别使用了专利 1、专利 6 和专利 10；在对东莞中科电力有限公司（以下称“东莞中科公司”）的抓斗进行改造过程中使用了专利 8 和专利 10。按照《专利使用协议》的约定，被告应当向原告支付相应的专利报酬。因多次催要专利报酬未果，原告故诉至法院，请求判令被告立即向原告支付自 2010 年 1 月至 2012 年 8 月期间的专利使用报酬人民币 25 万元。

被告昂丰公司辩称，(1) 双方确实签订过《专利使用协议》，但之后双方并未实际按照《专利使用协议》履行。被告虽然曾经向原告给付过奖励，但这并非专利使用费或专利报酬；(2) 2009 年之前，被告确实曾使用过涉案部分专利，但 2010 年之后，被告对所用的技术进行了改进，不再使用涉案专利，故被告不应向原告支付所谓的专利报酬。因此，请求法院驳回原告的诉讼请求。

【审判】

一审法院经审理认为，原告是涉案专利的发明人，其依法享有的获得职务发明报酬的合法权益应当受到保护。经比对，被告生产的 AMG 型、AMGD 型、AMG-F 型系列液压抓斗分别落入了专利 1、专利 6 及专利 10 的保护范围；东莞中科公司对被告使用专利 8 改造后的抓斗进行了验收，并向被告支付另加的改造费用人民币 5 万元，可以认为被告在改造项目中使用了专利 8。原告与被告签订的《专利使用协议》系双方的真实意思表示，依法成立并生效。虽然《专利使用协议》使用的是“专利使用费”的表述，但从协议约定的内容看，《专利使用协议》约定的“专利使用费”实质上即为《专利法》规定的职务发明报酬。因此，在没有证据证明《专利使用协议》已经终止的情况下，原告请求按照《专利使用协议》的约定向原告支付职务发明报酬，并无不当。按照《专利使用协议》第 4 条约定，原告任职期间，或原告虽然离职但不单独使用专利时，被告向原告支付产品（含成套部件、专利部分的配件）售价的 1%作为专利使用费。被告在每年 1 月份结算并支付前一年度原告应得的专利使用费。但每项专利的使用费每年最低为 1 万元，最高为 3 万元。本案中，结合被告生产的AMG型、AMGD型、AMG-F型产品的销售金额，法院依据《中华人民共和国专利法》（以下简称《专利法》）第16条、第42条及《中华人民共和国专利法实施细则》（以下简称《专利法实施细则》）第76条第1款之规定，判决被告应向原告支付自2010年1月至2012年8月期间的职务发明报酬人民币212 451元。

一审判决后，被告昂丰公司不服，上诉于上海市高级人民法院。二审法院经审理认为，原审法院查明事实清楚，适用法律正确，判决驳回上诉，维持原判。

【评析】

职务发明成果的权利归属和利益分配制度，直接影响发明人及其所在单位进行科技创新和转化运用的积极性，《专利法》及《专利法实施细则》都对此进行了较为详细的规定，但上述规定总体上重实体规范，缺乏对实现职务发明报酬的程序保障，特别是在举证责任分配方面没有充分考虑发明人与所在单位在地位上的不平等性，致使在发生纠纷时，发明人往往面临举证难的困境。为最大限度地确保有关职务发明报酬的实体规范能够真正落到实处，笔者结合该案审理过程中遇到的困难和问题，重点从程序保障的角度对职务发明报酬的实现困境进行分析，并提出相应的对策建议，以期对相关纠纷的审理和立法完善有所裨益。

一、职务发明报酬实现的基本条件

根据《专利法》第16条及《专利法实施细则》第78条的相关规定，发明创造专利实施后，被授予专利权的单位应当根据专利推广应用的范围和取得的经济效益，对发明人给予合理的报酬。被授予专利权的单位可以与发明人约定或者在其依法制定的规章制度中规定职务发明报酬的方式和数额；没有约定，也未在规章制度中规定的，在专利权有效期限内，实施发明创造专利后，每年应当从实施该项发明或者实用新型专利的营业利润中提出不低于2%或者从实施该项外观设计专利的营业利润中提取不低于0.2%，作为报酬给予发明人，或者参照上述比例，给予发明人一次性报酬。从上述规定可以看出，我国确立的职务发明报酬制度是“约定优先，法定为辅”，单位与发明人有约定的，从约定，否则按照法律规定。本案中，由于当事人之间签订了《专利使用协议》，对职务发明报酬的支付条件和数额进行了明确约定，应当按照约定确定发明人的报酬。但作为发明人的原告要顺利实现发明报酬，仍然需要满足以下条件。

首先，职务发明已经被实施。职务发明报酬不同于职务发明奖励，二者的区别在于给付的前提和条件。“目前比较一致的观点是：只要发明人完成了一项职务发明，单位就应该给予发明人一定的奖励；而职务发明报酬，则是有赖于职务发明成果的实施和利用。”[1] 职务发明专利的实施具体包括单位将专利使用于自身生产的产品，许可他人使用职务发明专利，将职务发明有偿转让给他人等。本案中，原被告争议的焦点即在于被告生产的产品是否使用了原告主张的专利。这也是此类案件审理中必须查明的基本事实。

其次，单位在实施职务发明过程中获得经济效益。职务发明专利被实施后，单位必须从实施专利中实际获得经济利益，才应向发明人支付报酬。否则，单位也没有义务向发明人支付。根据《专利法实施细则》第 78 条的规定，单位获得的经济效益主要表现为营业利润，即在没有约定的情况下，单位应当从实施职务发明创造过程中获得盈利。但根据约定优先的原则，如果当事人另有约定，则应根据当事人之间的具体约定确定“经济效益”的表现方式。例如本案中，原被告约定的是“产品售价”。即只要单位实现了产品的销售，就应向发明人支付报酬，而不论单位是否在销售过程中盈利。

二、职务发明报酬实现的程序困境

在发明人职务发明报酬纠纷中，按照“谁主张，谁举证”的基本原则，发明人若要主张被授予专利权的单位应当向其支付职务发明报酬，首先应当对上述两个条件进行举证。具体而言，证明单位已经实施了职务发明专利的证据主要有：单位或被许可人生产的产品落入了专利的保护范围、专利许可使用合同、专利转让合同等；证明单位获得经济效益的证据主要是单位的财务账册、销售发票等。发明人可以自行获得上述证据，也可以通过诉前或诉中财产保全的方式获得。然而，由于诸多事

---

[1] 周路，肖冰．职务发明奖酬制度的立法完善——以地方性专利法规为研究对象［J］．北京理工大学学报：社会科学版，2013（2）．

实和法律上的障碍，发明人往往在举证方面陷入困境。

首先，发明人相对于单位所处的弱势地位决定了其很难直接获得相关的证据。在职务发明报酬纠纷中，发明人实质上仍系处于劳动关系中相对弱势的劳动者，职务发明专利是否已经用于产品生产、许可他人实施或者转让以及产品销售价格、销售数量等信息，往往涉及企业重大经营事项，即使是在职期间，发明人也很难有所知悉，更无法直接获得专利许可使用合同或转让合同的文本。单位往往也不会主动告知发明人。何况出于劳动关系的考虑，很多发明人都是离职以后才通过诉讼等方式主张职务发明报酬，对于职务发明专利是否已经实施的信息更加难以获得或知晓。

其次，高昂的维权费用为发明人获取相关证据设置了事实障碍。在职务发明专利用于产品生产的情况下，发明人要顺利实现职务发明报酬，发明人一般要购买到相关产品以进行产品和专利权利要求的比对。如果相关产品的价格高昂，动辄几十万，甚至上百万，作为普通技术工作者的发明人根本无力负担。而没有产品实物，根本无法证明相关产品是否使用了发明人主张的职务发明专利。另外，如果技术比较复杂，还有可能会进行司法鉴定，这也需要负有举证责任的发明人预先垫付相关的鉴定费用，在当前的情况下，鉴定费用也会对发明人造成一定的负担。此外，如果发明人申请对产品或财务账册进行证据保全，还要提供保全金额 30%的担保金。如果再考虑发明人聘请律师的费用，发明人为诉讼支出的维权费用无疑是高昂的，会对发明人造成沉重的负担，而即使发明人胜诉，相关法律规定并没有规定单位应当赔偿发明人相关的维权费用。

最后，相对较高的证据保全门槛为发明人获取相关证据设置了法律障碍。有人也许会提出，发明人虽然无法直接获得相关证据，但可以通过《中华人民共和国民事诉讼法》（以下称《民事诉讼法》）规定的诉前财产保全或诉中财产保全的方式对相关产品和财务账册进行保全。但为了防止错误保全的发生，实践中对申请证据保全往往设置了较高的门槛，发明人除了要提供相应的担保，一般还要提供初步的证据证明相关产品可能使用了发明人主张的职务发明专利。由于是否使用了专利往往需要进行复杂的技术比对，发明人很难提供初步的证据予以证明。而对于财务账册的保全，涉及职务发明报酬的数额计算，前提应为相关产品已经使用了职务发明报酬，在该前提无法满足的情况下，法院一般也很难准许发明人的保全申请。

本案中，原告在诉讼中同样面临上述困境。一方面，由于涉案产品为大型的抓斗，动辄几十万元，原告根本无法事先通过购买产品进行技术比对的方式证明被告使用了原告发明的专利，其仅提供了一些产品照片，而仅凭照片很难判断被告是否使用了原告所诉的专利。另一方面，如果严格按照证据保全的规定，原告的证据保全申请也很难得到准许。因为单凭产品照片无法初步证明被告使用了原告主张的职务发明专利。本案之所以支持了原告的诉求，关键在于被告为了证明其没有使用相关专利，主动提交了相应的产品，才使得相关事实得以查明。

三、职务发明报酬制度的内在理念

职务发明创造是指发明人为执行本单位的任务或者主要是利用本单位的物质技术条件所完成的发明创造。因此，职务发明报酬制度中的发明人和单位之间一般都存在劳动关系，相对于被授予专利权的单位而言，发明人不仅是职务发明创造的完成者，还是单位的劳动者。发明人身份的双重性决定了在职务发明报酬纠纷中当事人主体地位的特殊性，既具有发明人与专利权人间的平等性，又具有劳动者和用人单位间的不平等性。一方面，劳动力资源相对过剩以及劳动力市场供大于求的客观事实，决定了作为劳动者的发明人缺乏与单位之间进行平等对话的资本；另一方面，无论是经济实力，还是对信息、社会资源的掌握，发明人都缺乏与单位在诉讼中进行平等对抗的实力。因此，作为劳动者的发明人，在争取职务发明报酬的过程中，总体上处于弱势地位。

然而，我国现有的职务发明报酬制度以《专利法》及《专利法实施细则》为中心进行设计，而《专利法》及《专利法实施细则》的规定总体上仍属于私法范畴，基本以调整平等主体间法律关系的任意性规范为主要调整手段。这虽然充分尊重了发明人与单位之间的意思自治和平等协商，但却并未考虑发明人与单位之间在地位上的不平等性，导致制度设计蕴含的平等、自由、公平等理念无法真正得到落实。作为私法范畴的知识产权法，其制度设计的逻辑前提是当事人之间的地位平等。而职务发明报酬制度的特殊性恰恰在于其虽然规定于专利法之中，但是其产生的基础却是劳动关系。“在职务发明产生的基础，即劳动关系的背景中，职务发明人并非一般的民事主体，而是应有法律给予特殊保护的民事主体——劳动者。”[1] 仅仅用平等主体间任意性规范来调整本不平等的发明人与单位之间的报酬支付关系，具有先天上的不足。正如有学者指出“欲完全以私法自治规范职务发明权益事宜，恐对受雇人不利”。[2]

为此，职务发明报酬制度设计应当充分注意到职务发明报酬纠纷的特殊性，既要体现发明人与专利权人间的平等民事关系，又要正视劳动者和用人单位间的不平等劳动关系。在制度设计的理念上，虽然应当以知识产权法等私法的基本理念为基础，但也应当考虑发明人在职务发明报酬纠纷中的弱势地位，借鉴劳动法“倾斜保护”[3] 的价值理念对发明人在制度设计上给予倾斜性保护，从而实现知识产权法调整手段和劳动法调整手段的合理配置。“现代民法兼顾弱势意义上平等的理念，为发明人与单位之间知识财富公平与合理的分配，奠定了实质意义上自由与平等协商的基础。劳动法于劳动者‘倾斜性保护’的基本原则，则为发明人与单位之间知识财富公平与合理的分配，提供了全面而有力的保障。”[4]

四、当前司法实践的合理应对与完善建议

从当前司法实践看，笔者认为可以围绕降低证据保全门槛和适时适用举证妨碍规则两个方面进行规则设计，最大限度地减少发明人实现职务发明报酬的障碍。

1. 降低证据保全的门槛

考虑到发明人在经济实力、证据获取能力等方面存在的不足，司法实践应尽量降低发明人通过证据保全的方式获取证据的门槛。一方面，降低申请证据保全应当提交初步证据的要求。在很多情况下，即使最初步的证据，发明人很有可能也无法收集到。笔者认为，如果发明人能够证明其是相关职务发明专利的发明人，而单位亦在正常的进行生产经营，

---

[1] 肖冰．职务发明奖酬制度公平的价值取向及立法完善［J］．湖南工业大学学报：社会科学版，2012（3）．

[2] 李素华．雇佣关系下发明权益之研究［J］．台大法律论丛，2010（3）．

[3] 关于劳动法或劳动合同法的立法宗旨．参见：董保华．论劳动合同法的立法宗旨［J］．现代法学，2007（6）．

[4] 肖冰．职务发明奖酬制度公平的价值取向及立法完善［J］．湖南工业大学学报：社会科学版，2012（3）．

即使发明人无法提供特定产品确实可能使用了该专利的证据，人民法院也可以准许发明人针对产品或单位财务账册提出的证据保全申请。本案中，原告在仅提供产品照片，无法证明相关产品是否使用了涉案专利的情况下，法院考虑到原告举证确实存在难度，准许了原告提出的保全被告财务账册的申请。另一方面，降低担保金的数额。按照《民事诉讼法》的相关规定，当事人申请证据保全的，人民法院可以要求其提供相应的担保。因此，考虑到发明人的实际情况，人民法院可以酌情减低担保的数额，或者采用灵活的担保方式。对于经济上确有困难，而现有证据表明单位确应向发明人支付职务发明报酬的，可以不要求发明人提供担保。

2. 适时适用举证妨碍规则

举证妨碍是指不负有证明责任的一方当事人通过作为或者不作为阻碍负有证明责任的一方当事人对其事实主张的证明。[1] 根据《最高人民法院关于民事诉讼证据的若干规定》第 75 条的规定，有证据证明一方当事人持有证据无正当理由拒不提供，如果对方当事人主张该证据的内容不利于证据持有人，可以推定该主张成立。因此，举证妨碍行为的实施者应当承担相应的不利后果。在职务发明报酬纠纷中，人民法院基于发明人的申请进行的证据保全，或者依据职权，要求被授予专利权的单位提供相关产品、财务账册等证据以供事实查明，相关单位能够提供而拒不提供，甚至转移、毁灭证据的，人民法院可以结合发明人诉讼主张的合理性，推定发明人的相关诉讼请求成立，无需再次对该事实进行举证。本案中，由于保全的被告的销售发票尚无法确定被告销售涉案产品的数量，法院便将举证妨碍的规定向被告进行了释明，被告事后主动提交了具体的产品销售合同及发票。法院据此准确查明了涉案产品的销售金额。

当然，司法实践中的上述应对仅仅是出于审理职务发明报酬纠纷的实际需要，若要从制度上真正扫除实现职务发明报酬的障碍，还可以在以下几个方面对相关法律制度进行修改和完善。

（1）在职务发明报酬纠纷中实行举证责任倒置。综合考虑发明人与单位在地位上的不平等性以及双方获取证据的难易性、便捷性，相关法律可以规定在职务发明报酬纠纷中实行举证责任倒置。即由单位对于没

---

[1] 张卫平．证明妨碍及对策探讨［M］//何家弘．证据法学论坛第 7 卷，北京：中国检察出版社，2004：157.

有使用发明人所主张的专利承担举证责任。当然，这并不是免除发明人在职务发明报酬纠纷中的举证责任。发明人应当首先证明发明人实际生产了与专利相关的产品；之后，则由单位证明该产品并没有使用发明人的专利。将是否使用专利的举证责任赋予单位并不会增加单位的举证负担，因为产品、产品使用的技术实际都是由单位掌握，单位可以很容易地进行举证。需要注意的是，维护发明人合法权益的同时，要注重对发明人技术信息等商业秘密的保护，不能让发明人借主张职务发明报酬之名行窃取单位技术秘密之实。对此，司法实践中应当要求发明人签订保密承诺书，在举证质证、庭审过程中采取合理的保密措施。

（2）规定酌情确定职务发明报酬数额制度。有些情况下，即使用人单位提供了完整的财务账册，但由于这些财务账册并没有体现相关专利产品名称、销售价格、销售数量等具体的销售数据，单位基于这些专利产品获得的利润仍然无法得到准确计算。在职务发明报酬穷尽各种手段仍然无法准确查明的情况下，可以借鉴知识产权侵权纠纷中法定赔偿制度，规定在职务发明报酬纠纷中，发明人可以选择申请由法院根据发明专利的情况、单位的经营规模、专利在产品中的贡献、产品的价格等因素酌情确定职务发明报酬数额的制度。日本专利法即规定："报酬约定被认为不合理时，应考虑使用者等基于该项发明所获得的利益、使用者等对该项发明所付出的负担及所作出的贡献、从业者等的待遇及其他情况来确定具体数额"。[1]

（3）规定发明人支出的合理费用由败诉的单位承担。鉴于职务发明报酬纠纷并不比知识产权侵权纠纷简单，同样需要证明相关产品是否落入了专利的保护范围，发明人往往需要聘请专业的律师代为诉讼；而职务发明报酬的能否实现将直接影响发明人进行发明创造的积极性，为了最大限度的维护发明人的合法权益，在发明人胜诉的情况下，可以借鉴《著作权法》等知识产权法的已有规定，判令单位赔偿发明人为维权所支付的合理费用，包括但不限于聘请律师的费用、公证费、差旅费等。本案中，虽然法院支持了原告的诉请，但由于法律尚没有对合理费用如何承担进行规定，而且原告也没有主张为本案支出的合理费用，故法院没有判令被告承担相应的合理费用。

[1] 张玲．日本专利法的历史考察及制度分析［M］．北京：人民出版社，2010：148．

对《职务发明条例草案》若干基本问题的思考*

张永华❶

摘　要

本文根据《职务发明条例》起草过程中争议的主要问题，分析了条例起草的必要性、可行性、约定优先原则及奖酬等基本问题，一方面将立法过程中各方主要意见介绍给大家，另一方面提出了个人对这些问题的思考。

---

* 本文仅代表作者个人观点，不代表作者所在单位。

❶ 作者单位：国家知识产权局条法司。

科技创新离不开两个基本要素，一个是科研人员的创造性劳动，一个是资金的投入。对于一项职务发明来讲，职务发明人付出创造性劳动，单位付出资金、设备等物质技术条件，双方合作共同完成发明创造。要想激励科技创新，必须要让智力和资金的投入都能够分享发明创造带来的收益，以此来激励双方的积极性。职务发明制度就是调整职务创新成果的权属和利益分配的基本法律制度，保障双方的合法权益，调动双方的创新积极性。本文将结合《职务发明条例草案》（以下简称《条例草案》）征求意见过程中各方不同意见，分析探讨《条例草案》的几个基本问题。

一、立法的必要性

第一个基本问题就是职务发明制度是否需要立法来调整。在《条例草案》征求意见过程中，企业最根本的否定意见就是职务发明制度属于企业的内部经营管理事务，法律没必要介入。而发明人的意见则相反，不仅认为需要立法规范，而且希望法律规定地尽可能明确。

双方截然相反的意见是由其在法律关系中的地位决定的。从单位的角度看，一方面，单位在劳动关系中总体上处于强势地位，而职务发明人总体上处于弱势地位，即所谓的“强资本，弱劳动”的现状决定了单位在职务发明权益分配上拥有更多话语权，既然能够自己说了算，当然不希望法律介入太多；另一方面，我国《专利法》《植物新品种保护条例》等法律法规已经明确将职务发明的原始权利归属于单位所有，单位拥有了职务发明的支配权，进一步增强了这种不平等性。从世界各国的立法来看，关于职务发明权利归属的立法大致有以下三种模式：美国、日本等是将职务发明的原始权利归发明人，但依据劳动合同，发明人有将职务发明所有权或者独占实施权转让给单位的义务；法国、英国与我国类似，将职务发明的原始权利归单位；德国、芬兰、挪威、瑞典等国家则是将原始权利归发明人，通过申报程序，单位有权选择对职务发明拥有无限权利。显然我国在职务发明的权属上实行的是“单位优先”，但同时规定，单位应当保障职务发明人的署名权及获得奖励和报酬的权利。

从发明人的角度看，本来自己在劳动关系中处于弱势地位，再加上法律在职务发明原始权利分配上又采取了“单位优先”的原则，其对发明创造合法权益的实现依赖于单位，基本上处于被动状态。因此，希望法律能够为自己的署名权、获得奖励报酬的权利规定尽可能明确的标准。

从法律制度设计上讲，职务发明的原始权利归属于单位，而单位有保障职务发明人的署名权和获得奖励报酬的权利，这是一套完整的、不可分割的法律制度。而单位往往将其割裂开来，在自己依法获得职务发明的所有权后，认为其他的事情法律就不用管了，完全由双方自主决定。因此在征求意见过程中，一些企业的代表的意见是，哪怕我企业一分钱的奖酬都没有，但是发明人愿意在我这里工作，属于“一个愿打一个愿挨”，法律无权干涉。殊不知，权利义务是对等的，单位在获得发明所有权的同时，也有支付奖励报酬的义务。这也从另一个方面印证了，如果没有完善的职务发明制度，发明人的合法权益很难得到保障。

从立法调研的情况来看，现行法律规定的职务发明制度在实践中还存在一些突出的问题，主要表现在两方面：

一是职务发明立法和制度还很原则，缺乏可操作性。法律只是规定了职务发明人的署名权和获得奖励报酬权，但对实现权利的有关程序未作规定，导致发明人的合法权益落不到实处。

二是现实中单位忽视和侵害发明人权益的现象时有发生，挫伤了发明人的积极性。单位侵害发明人署名权、不依法支付奖励、报酬等现象时有发生。我们通过检索发现有不少企业每年数百件专利的发明人均署名为该企业的负责人，发明人的署名权这一基本权利都被剥夺了，其获得奖励报酬的基础也都没了。这些现象严重挫伤了发明人从事发明创造的积极性。

另外，由于职务发明纠纷举证困难，发明人通过司法途径维权成本较高，加上目前就业市场中单位仍具有优势地位，许多发明人往往不敢也不愿选择维权。有一些发明人则选择跳槽并带走原单位的发明，通过这种违法的方式维护自己的权益。我们通过调研发现，我国目前超过90%的职务发明权属纠纷案件是单位作为原告起诉发明人。不完善的职务发明制度容易引发纠纷，对发明人及单位权益的保护都是不利的。

为此，有必要完善立法，对职务发明制度进一步细化，增强可操作性并补充程序性规定，明确发明人权利救济措施和途径，确保发明人的合法权益落到实处，同时，引导单位建立完善的职务发明管理制度，明确单位及发明人对职务发明的权利义务，完善相关程序，预防纠纷的发生，保障双方的合法权益，从而激发双方的创新活力。

二、立法的可行性

（一）关于企业的经营自主权

单位的经营自主权应当尊重，但经营自主权绝非没有边界，绝非没有任何限制。职务发明人与其所在单位的关系属于一种劳动关系，这种法律关系决定了单位与职务发明人之间不可避免地存在利益冲突。由于法律将职务发明的原始权利划归单位所有，单位处于主动的支配地位，而发明人的署名权、获得奖酬权需要被动地依赖单位来实现。劳动力买方市场的现状又决定了发明人处于相对弱势地位，在这种情况下，若想达到劳资双方的共赢，光靠单位的自觉自律是难以实现的，法律应当在这一领域进行适当的规范和指导来保障发明人的合法权益。

同时，《条例草案》在最大程度上尊重了企业的经营自主权。《条例草案》规定，在保障发明人基本权利的前提下，单位可以与发明人协商确定职务发明的权属、报告、奖酬等实质内容，或通过单位依法制定的规章制度对此作出规定；在没有约定和规定的情况下，才适用法律建议的标准。企业可以充分利用这种规定与发明人共同商定职务发明的权属、报告、奖酬等内容，达到双方的共赢。

（二）将来中小企业执行条例规定的负担

有专家和企业代表提出，《条例草案》在现行法律法规之外，给单位增加了许多管理义务，很多中小企业可能无法做到，从而引起纠纷，不利于建立和谐的劳资关系，也不利于调动单位从事创新的积极性。针对这些意见，在立法调研中专门评估了《条例草案》可能对中小企业产生的影响。从调研情况来看，多数企业已经建立了自己的职务发明管理制度，只不过有些环节不够规范，对发明人权益保护还不够。同时，受访中小企业也表示建立完善的职务发明制度符合其长远利益，自己能够不断完善知识产权管理制度，适应《条例草案》的规定。我们在条例调研和征求意见过程中，也一直在积极宣传《条例草案》的相关内容，引导企业了解草案的规定，向那些管理比较优秀的企业学习，逐步建立规范的管理制度。《条例草案》制定过程中以及将来颁布后我们也将积极宣传和普及，帮助中小企业建立规范的职务发明管理制度，将对中小企业可能产生的不利影响降到最低。

三、职务发明人是否有权获得报酬

在征求意见过程中，有些企业代表认为，单位已经给职务发明人支付了工资，就是对应了其研发工作，因此，发明人无权再就其发明获得报酬。听起来似乎有道理，但需要注意的是研发工作不同于普通劳动，是一种特殊劳动，对发明的作出起决定性作用，是发明作出的必不可少的基础条件之一。美国、日本等国将发明的原始权利划归发明人享有，正是基于这一原因。如果允许单位获得职务发明的所有收益，发明人无权从自己作出的发明获得任何回报，发明人从事创新的积极性就会受到打击，激励创新的立法目的也就无法实现。

实际上，劳动、资本、技术、管理等生产要素都应当有资格按其贡献参与生产收益的分配。但人们似乎习惯了资本、管理等生产要素从生产收益中获得回报，例如，股东分红、CEO 的从经营业绩中提成等。但对于劳动特别是智力劳动从其发明的收益中获得回报就觉得没有道理，这还是长期以来“强资本，弱劳动”现状造成的。

四、关于约定优先原则

在《条例草案》征求意见过程中，有些企业的意见认为，实践中一件产品可能包含多项发明，同时一项发明也可能用于多项产品，很难计算某一项发明对于产品收益的贡献率。考虑到单位与发明人之间的关系首先是民事关系，应当遵循平等、自愿、公平等民法基本原则。同时，不同地区、不同行业、不同发明对于单位经济效益的贡献差别非常大，很难作出统一规定，为了建立更加和谐的劳动关系，《条例草案》对奖励报酬的给予规定了约定优先的原则，充分尊重当事人的意思自治，当事人依法达成的协议对权利归属和奖励报酬有约定的，首先适用其约定。没有约定的情况下，法律给出了建议标准。在规定法定标准时，考虑到不同地区收入差距很大，不同企业情况也有较大差别，《条例草案》规定将发明人所在单位的在岗职工月平均工资作为基数来计算奖金的最低数额。由于报酬的计算更为复杂，《条例草案》规定了 4 种报酬的计算方式，未在规章制度中规定也未约定的情况下，单位应当根据具体情况选择其中之一向发明人支付报酬。其中包括了相对简单的计算方法，例如，以发明人的月工资作为技术估算，或者规定一次性给予报酬的方式等。

在《条例草案》征求意见过程中，一些单位也建议在总则中写入约定优先原则，明确单位与发明人可以就发明的权属划分、发明报告、署名权和奖励报酬等所有事项进行约定。很显然，单位相对于发明人总体上处于优势地位的状况下，单位总希望更多地由自己决定，而不是由法律来规定。

发明人和部分学者对此持反对意见，认为如果法律允许职务发明的所有事项都可以约定，则可能导致单位通过约定剥夺发明人的基本权利，最终使发明人的合法权益得不到保障。甚至有发明人及部分学者认为，法律应当规定一个统一的标准或者计算公式作为最低标准，约定不应当低于此标准。由于实践中专利实施情况千差万别，这种“一刀切”的标准很难制定，将来也很难执行。对于这个问题，法律只能划出一条最基本的底线，引导单位与发明人根据具体情况平等协商确定奖酬，保证单位在此过程中不会利用自己的优势地位剥夺发明人的合法权益。至于保证约定绝对公平合理，或者对发明人的尊重达到多高的水平，可能最终还需要市场竞争的力量。市场竞争会促使企业产生创新的内生动力，人才的竞争会促使企业尊重有创新能力的发明人。当然也有企业的代表以此为理由，认为奖酬问题应当完全交由市场竞争来解决，发明人觉得奖酬标准不合适，跳槽就可以了。对于这样的观点，本文前面已经作了解释，我国职务发明制度的设计是职务发明的原始权利归属于单位，而单位有保障职务发明人的署名权和获得奖励报酬的权利，这是一套完整的、不可分割的法律制度。如果完全由市场竞争解决这一问题，恐怕需要重新设计整个职务发明制度，例如，职务发明的原始权利应当归单位和发明人共有，或者像美国、日本的方式，职务发明的原始权利归发明人，在此基础上，后续的奖酬完全由双方自由协商决定。

综合各方意见，《条例草案》在规定约定优先原则的同时，也规定了最低保障原则，明确权属划分、发明报告和奖励报酬等具体程序和数额等事项可以适用约定优先，而发明人的署名权、获得奖励报酬的权利、知情权等基本权利是不能通过约定取消或者限制的，并明确规定，任何取消发明人根据本条例享有的权利或者对前述权利的享有或者行使附加不合理条件的约定或者规定无效。

五、总 结

从前文的介绍来看，在很多问题上，单位与发明人的意见是对立的，对于这样的法律关系，法律规范的设计基本上是要综合双方的意见，找到双方利益的平衡点。因此，每一方的意见都不可能被完全采纳。为了让利益相关方全面了解各方意见，国家知识产权局在官方网站上设置了“职务发明条例”专栏（网址：http：//www.sipo.gov.cn/ztzl/ywzt/zwfmtlzl/），将《条例草案》制定过程中的重要立法资料在网站上都公布出来，包括重要时间节点的《条例草案》及其说明、前期的调研报告、征求意见会的记录、调查报告、立法过程中争议的主要问题及论证过程等，希望各方都能更全面理解法律规范的设计，逐步缩小分歧，以便更深入地参与后续立法程序。除了前文列举的几个重要的基本问题外，条例起草过程中对于技术秘密条款、约定无效条款、发明人的知情权等很多问题，各方还有很多争议，由于这些问题及其论证过程都列举在前述专栏中的“征求意见过程中的主要问题及论证”这一份资料中，感兴趣的读者可以去阅读，在本文中就不再重复分析。

当然，单位与发明人之间并不是完全对立的，从长远来讲，他们的利益是一致的、是统一的，正如俗话所讲，“水涨才能船高”，单位取得成功，发明人才能获得更多利益。反过来讲，法律规范职务发明制度，引导单位建立完善的职务发明管理制度，营造尊重发明人、尊重创新的和谐劳动关系，也符合单位的长远利益。这也是我们之所以相信条例能够在单位与职务发明人对立意见之间找到平衡点的根本原因。

当然法律不是万能的，它只能划一条底线，保证单位不剥夺发明人的合法权益。真正促使单位尊重创新、尊重发明人的动力还来自于公平、充分的市场竞争。二者缺一不可。没有法律的底线，职务发明人的合法权益将得不到基本保障，没有市场竞争，只能保证单位在职务发明管理制度上“及格”，但没有促使其获得“更高分”的动力。

“标准化中的知识产权问题”相关背景政策*

安佰生❶

摘　要

“标准化知识产权问题”涉及标准化、知识产权、反垄断等多项政策。此外，关于“标准化中的知识产权问题”的讨论也离不开国内立法和国际规则制定的具体背景。为此，只有在弄清这些背景政策和立法、规则制定背景的情况下，才能更好地探讨“标准化中的知识产权问题”的解决方案。本文主要将各界目前对知识产权信息披露、FRAND许可承诺等问题的研究结果，置于相关的背景政策及国内立法和国际规则制定中，以便为“标准化中的知识产权问题”的解决提供更为清晰的路径。

* 文中所述仅为个人观点，不代表所在单位立场。

❶ 作者单位：商务部世贸司。

一、“标准化中的知识产权问题”涉及多项政策

世贸组织内关于“标准化中的知识产权问题”提案的英文为（Intellectual Property Issues in Standardization）。这个提案是中国提出的，中国提案表达的意思是“与标准化中的知识产权相关的问题”。当时的英文是一种直译，中文“标准化中的知识产权问题”基本能表达这个意思，但英文更为准确的表述应该是“Issues Related to IPRs in Standardization”。这一理解能更为准确地理解“标准化中的知识产权问题”所涉及的问题，比如知识产权信息披露问题，“公平、合理、无歧视”（RADN）许可承诺问题等。

中国政府世贸组织“标准化中的知识产权问题”提案，主要就与标准化中的知识产权问题相关的问题做了实事上的描述，即通讯和信息领域技术标准中含有大量知识产权技术，标准化组织通过合同方式要求参与标准化组织的知识产权所有人披露其知识产权，并作出标准实施过程中以“公平、合理、无歧视”的方式进行许可的承诺。提案进一步指出仅依赖这些模糊的合同无法解决标准化中的知识产权相关的问题，为此世贸组织这一负责各国政策的机构应就这些问题的解决方案进行讨论。

中国的提案并没有进一步明确指出“标准化中的知识产权问题”所带来的具体政策。这是因为，“标准化中的知识产权问题”包括诸多问题，涉及多项政策。这些问题及相关政策均需成员进行努力探索。也就是说，只有弄清“标准化中的知识产权问题”所处的特定政策中才能找到问题的解决方案。为此，本文将主要分析这一问题的背景政策，如知识产权法、反垄断法以及标准化管理模式，[1] 这些政策的国际差异及其对各国处理“标准化中的知识产权问题”的影响等。

二、从知识产权制度的角度看“标准化中的知识产权问题”

在学术界，知识产权制度本身充满争议。尽管在政策上，知识产权

[1] 标准化组织关于知识产权信息的披露作为一种合同，还受制于合同法的约束，也可基于普通法的欺诈进行裁决。本文对此将不做分析。“标准化中的知识产权问题”涉及的各项政策很早就已引起学界关注，如 MAUREEN O'ROURKE. Striking A Delicate Balance：Intellectual Property，Antitrust，Contract，and Standardization in Computer Industry [J]. Harvard Journal of Law & Public Policy，1998，12（1）：1—41.

保护作为创新的激励已经明确下来，但学界的争论仍没有停止。[1] 争论双方虽然又提出了诸多规范或实证的支持，但都无法完全驳斥对方。经济学者关于知识产权保护制度的数理分析和实证研究所得出的市场竞争可提供最优创新激励、专利保护效果因产业而异的结论，[2] 尽管在学界有一定影响，但对20世纪八十年代美国知识产权制度转向强保护未见实质性影响。国内学者对目前这些争论做了较为系统的总结和评价，但在目前的激烈争论中，学术观点如果没有充分有力的规范和实证支持，也难以消弭这些争论并为政策提供具有相对共识的建议。[3]

尽管存在学界的诸多质疑，美国知识产权制度在20世纪八十年代稳步、快速转向高保护。其中，专利授予快速增长，尽管这是否是由于美国创新真的具有相应的进步无从得知；知识产权诉讼中权利所有人胜诉率高、禁令发放成为一般规则……。[4] 此外，知识产权保护制度也在质疑声中被纳入世贸组织。[5]

而今，在标准化中的知识产权问题的政策讨论中，知识产权制度、特别是专利制度改革已经成为一个重要的内容。美国学界和产业界热议的是信息技术标准中的知识产权问题美国国会专利制度改革讨论明确的指向是“专利蟑螂”(patent troll)，而非“标准化中的知识产权问题”。从专利制度改革可能导致的实践效果看，专利制度改革将对标准化中的

---

[1] 学界对知识产权的批评很多，如 FRITZ MACHLUP，“An Economic Review of the Patent System”，Washington：United States Government Printing Office，1958；DAVID VAVER. 知识产权的危机与出路［J］. 知识产权，2007（4）.

[2] 关于市场竞争提供创新激励、知识产权保护制度化导致双重创新和过度激励的分析，参见：PARTHA DASGUPTA，JOSEPH STIGLITZ. Industrial Structure and the Nature of Innovative Activity［J］. The Economic Journal，1980（90）：266－293. 知识产权保护制度对不同产业的影响的分析，参见：RICHARD LEVIN，ALVIN KLEVORICK，RICHARD NELSON，SYDNEY WINTER. Appropriating the Returns from Industrial Research and Development［J］. *Brookings Papers on Economic Activity*，1987（3）：783－831.

[3] 朱谢群．知识产权的法理基础［J］. 知识产权，2004（5）.

[4] 关于20世纪八十年代美国知识产权制度的变化，可参见：亚当．杰夫，乔希，勒纳．创新及其不满——专利体系对创新与进步的危害及对策［M］. 北京：中国人民大学出版社，2007. 另见 F. M. SCHERER. The Political Economy of Patent Policy Reform in the United States［J］. *Journal of Telecomm. and High Tech. Law*，2009（7）：167－216.

[5] 美国推动世贸组织《与贸易相关的知识产权政策》TRIPs 协定谈判情况，可参见彼得·达沃豪斯，约翰·布雷斯韦特．信息封建主义［M］. 北京：知识产权出版社，2005. 苏珊·赛尔．私权、公法：知识产权的全球化［M］. 北京：中国人民大学出版社，2008.

知识产权问题产生重要的影响。

“专利蟑螂”或者一个更为中立的称呼“非生产机构”（NPE）或“专利诉讼机构”（PAE）的专利行为，已经在某种程度上被视为美国创新的一种威胁。2006 年，NPE 提起的一张导致黑莓无线服务几乎关张的专利诉讼，在产业界要求美国最高法院调整专利诉讼制度的请求被拒绝后，“太多轻佻的诉讼”（too many frivolous lawsuits）导致国会接手对专利制度的关注。❶ 国会开始对相关问题进行积极的讨论，旨在提高专利质量、防止滥用诉讼的《Leahy-Smith 美国创新法案》（AIA）被认为未能解决专利制度诸多棘手问题，❷ 并不能有效约束 PAE。更为严厉的《反针对高新技术创新者恶意诉讼法案》（SHIELD）针对频发的 PAE 提起的诉讼随后被提交国会讨论。❸

为国会讨论准备的研究报告❹中认为，高新技术领域众多专利与医药领域相比权力界定模糊、检索困难，生产中侵权往往难以避免。另外，目前专利侵权诉讼判决往往导致诉讼费用高于 PAE 要求的和解费用的情况，为 PAE 诉讼盈利模式提供了基础，被 PAE 盯上的企业往往愿意寻求和解，以“破财消灾”。

基于以上情况，报告认为，可对专利制度进行有选择的“指向性改革”（targeted reform），主要针对信息领域而不触动医药及其他领域。❺ 在信息领域专利改革方面，报告建议的改革内容包括：可明确专利权利的界限，调整此前 CAFC 允许 IT 专利权“实质性模糊”（substantial

---

❶ GERARD MAGLIOCCA. Blackberries and Barnyards: Patent Trolls and The Perils of Innovation [J]. *Norte Dam Law Review*, (82): 1810, 1837.

❷ ALAN DEVLIN. Systemic Bias in Patent Law [J]. *DePaul Law Review*, 2011 (61). : 61.

❸ 国会相关立法过程的介绍可参见：SANNU SHRESTHA. Trolls of Market-Makers? An Empirical Analysis of Nonpracticing Entities [J]. *Columbia Law Review*, (110): 136－139.

❹ BRIAN YEH. An Overview of the "Patent Troll" Debate [J/OL] //Congressional Research Service, August 20, 2012, at http: //www. fas. org/sgp/crs/misc/R42668. pdf, (2014－04－16).

❺ 持类似观点的学者包括 DAN BURKE, MARK LEMELEY. Is Patent Law Technology-Specific? [J]. *Berkeley Technology Law Journal*, (17), 2002 (4). Alan Devlin 在分析了医药、化学、生物和信息科技领域的情况后指出统一规则的局限性。参见：ALAN DEVLIN. Systemic Bias in Patent Law [J]. *DePaul Law Review*, 2011 (61). “指向性”改革的一个重要原因是医药等未受“专利流氓”危害的产业将反对打击面过广的专利制度改革。参见 GERARD MAGLIOCCA. Blackberries and Barnyards: Patent Trolls and The Perils of Innovation [J]. *Norte Dam Law Review*, (82): 1812－1813, 1834.

ambiguity）的标准。[1] 考虑到2006年美国最高法院在eBay中关于禁令发放标准的立场对ITC裁决的影响有限，报告建议ITC改革其排除令发放标准，慎发排除令。此外，基于PAE的诉讼特征（在专利有效期后期展开诉讼），也应考虑缩短IT专利的保护期和/或提高专利维护费。[2] 报告建议在IT专利诉讼中逐步采取"输者付费"诉讼费支付模式，以遏止"专利蟑螂"的恶意诉讼。[3]

以上的改革建议未必没有争议，[4] 也未必会完全、顺利在美国国会获得通过。但报告建议体现了为解决"标准化中的知识产权问题"应在专利政策方面进行的政策调整。[5] 这实际上与前文提及的对专利制度本身的争议相关。

---

❶ 权力界定不清导致专利制度实施的巨大困难。Mark Lemley指出，专利权被视同为私权。如同建造房屋一样，建房子的人首先需要弄清楚土地这一私权的所有者及其界限。医药领域也是如此，制药者首先需要弄清楚生产涉及哪些专利。在没有弄清楚之前，建筑商不会建造房子，制药商不会投入生产（当然，医药领域专利权界定模糊的问题也存在，但由于他们往往可通过私下交易（side deal）等方式处理）。但在IT领域，专利检索不会穷尽所有专利权，制造商的策略甚至可能是"忽视专利"，起码这样可以防止恶意侵权的诉讼。参见：MARK LEMLEY. Ignoring Patents [J]. *Michigan State Law Review*，2008. 至于这种"权力界定"的表述是否涉及专利质量问题，则在目前的讨论中尚不明确，尽管"标准化中的知识产权"相关诉讼问题中，专利质量、特别是软件专利和PAE所属专利的专利质量问题已经浮出水面且得到了实证上的支持。关于专利质量的分析，可参见：JOHN ALLISON，MARK LEMLEY，JOSHUA WALKER. Patent Quality and Settlement Among Repeat Patent Litigants [J]. *The Georgetown Law Journal*，2011 (9).

❷ BRIAN LOVE. An Empirical Study of Patent Litigation Timing：Could A Patent Term Reduction Decimate Trolls Without Harming Innovations? [J]. *University of Pennsylvania Law Review*，(161)，1309—1359.

❸ 此前的AIA法案关于"多方合并诉讼"（joinder of parties）等的规定，也被认为有利于遏制PAEs的诉讼。参见：PAUL GUPTA，ALEX FEERST. The US Patent System After the Leahy-Smith America Invents Act [J]. European *Intellectual Property Review*，2012 (1). 美国国内该方面的讨论也可参见：和育东．"专利丛林"问题与美国专利政策的转折 [J]. 知识产权，2008 (1). 关于专利制度改革的具体建议，也可参见：MARK LEMLEY. Ignoring Patents [J]. *Michigan State Law Review*，2008 (1)：32—33.

❹ 除未深受"专利流氓"危害的医药领域的反对外，相关讨论对PAE所谓的危害的证据也未必清晰明确。参见：SANNU SHRESTHA. Trolls of Market-Makers? An Empirical Analysis of Nonpracticing Entities [J]. *Columbia Law Review*，(110)：150. 为此，专利法相关修改不会是轻而易举、一蹴而就的。在国际场合将更是如此。另见：MICHAEL RISCH. Patent Troll Myths [J]. *Seton Hall Law Review*，(42)：457—499.

❺ 如我国《国家标准中涉及专利处理办法暂行规定》是由国际标准化管理委员会和国家知识产权局联合发布的。

或者说，正是专利制度本身存在的一些问题，为滥用专利制度提供了空间。[1]因此，“标准化中的知识产权问题”的解决，需要从知识产权保护制度本身入手考虑。[2] 在我国，知识产权主管部门积极参与了“标准化中的知识产权问题”的讨论和相关政策制定，但从专利法的角度探讨该问题的解决方案的思路，目前还较少。美国国会中的一些法案，特别是与诉讼相关的法案，未必是知识产权局负责的。这就需要法院对这些问题给予考虑。[3] 这是今后我国知识产权相关法律政策制修订和执法过程中应予考虑的问题。

三、从反垄断法的角度看标准化中的知识产权问题

标准化中的知识产权问题从政策上说，其本质是一个反垄断的问题。其中既涉及标准制定过程中联合抵制，即专利购买者联合抵制，也涉及滥用进入标准的知识产权导致的反垄断问题。因此，标准化中的知识产权问题的解决方案势必涉及对反垄断法的理解和执行。该方面的理解起码应注意以下几个方面的问题。

首先，反垄断法本身的政治内涵比较丰富。从美国反垄断谢尔曼法的缘起来看，最初短短的文本并没有太多技术上的内容，更多是一些原则性的表述。这与当时反垄断法的制定背景相关。有学者曾明确指出：“国会立法注意到的并不是经济问题，而是公众的情绪所反映出的社会问题和政治问题。”[4] 反垄断法不仅理应具有政治内涵，[5] 实践中反垄断法也

---

[1] Tom Ewing 和 Robin Feldman 考察了“专利制度的不完善”潜在经济风险，如大规模专利收购者（mass aggregators）本身不从事生产，专事专利收费，实际上会构成阻碍创新的对生产的抽税行为（tax on production）。TOM EWING，ROBIN FELDMAN. The Giants Among Us [J]. *Stanford Technology Law Review*，2012（1）.

[2] Gerard Magliocca 认为，正是专利法本身为机会主义的诉讼提供了有营养的土壤。针对类似于今天“专利流氓”的 20 世纪针对农民的农业“专利鲨鱼”，国会的改革方案是取消这些导致诉讼的专利。他认为，如果这一剂药太猛的话，起码专利局可提高专利维持费用。GERARD MAGLIOCCA. Blackberries and Barnyards：Patent Trolls and The Perils of Innovation [J]. *Norte Dam Law Review*，2007（5）.

[3] Alan Devlin 认为，法院的机构特征使其更有能力作出针对具体行业的专利法制度上的调整，而此前国会的诸多系统改革专利法的法案则未获得通过。ALAN DEVLIN. Systemic Bias in Patent Law [J]. *DePaul Law Review*，2011（61）：60.

[4] 郭跃. 美国反垄断法价值取向的历史演变 [J]. 2005（1）：80.

[5] ROBERT PITOFSKY. The Political Content of Antitrust [J]. *University of Pennsylvania Law Review*，1979（127）.

的确经常受到官僚政治的影响。❶ 因此，我们在分析反垄断法对“标准化中的知识产权问题”的适用时，有必要考虑相关的政治背景，而不能单纯局限于反垄断法相关的法律技术问题。❷

其次，“标准化中的知识产权问题”被视为一个反垄断法与知识产权保护平衡的问题。而反垄断法与知识产权法之间的关系本身错综复杂。❸其中，知识产权权利内在的排他性使知识产权所有人合法获得的市场地位与反垄断法意义上的排他性和限制竞争之间的关系如何处理，成为相关政策上悬而未决的焦点。❹

最后，标准化为知识产权与反垄断之间的关系这一复杂问题增加了新的维度，也增加了难度。❺ 而今，中国商务部在微软收购诺基亚案公告的有关立场则进一步增加了标准化、知识产权、反垄断相关问题的维度。❻ 公告所称“非标准必要专利也可能构成专利持有人封锁竞争者和从事滥用行为的基础”，从客观事实的角度讲确是如此，因为既然专利具有排他权，那么“可能”成为持有人限制竞争和滥用的“基础”的判断并无疑义。不过，商务部在这一典型的标准化中的知识产权问题的这一立场，难免会引起各界

---

❶ B. DAN WOOD，JAMES ANDERSON. The Politics of U. S. Antitrust Regulation [J]. *The American Journal of Political Science*，1993 (1).

❷ 比如，奥巴马政府否决美国国际贸易委员会关于苹果公司与三星公司专利诉讼案的裁决，似乎就难以从单纯的法律角度来理解。

❸ 安佰生．洛夏墨点：关于知识产权保护制度与竞争政策关系的争论 [J]. 知识产权，2008 (2). RICHARD BRUNELL. Appropriability for Antitrust ： How Much is Enough? [J]. *Antitrust Law Journal* ，2001 (69).

❹ ROBERT PITOFSKY. Antitrust and Intellectual Property：Unresolved Issues at the Heart of New Economy [J]. *Berkeley Technology Law Journal*，(15)：535－559.

❺ 如 Bambus 案中华盛顿特区联邦巡回法院与美国联邦贸易委员会（FTC）之间关于 Rambus 标准专利市场地位的认识差异。参见：*Rambus Inc. v. FTC*，No. 07－1086，(D. C. Cir. Apr. 22，2008)。而美国最高法院拒绝受理 FTC 的上诉，则使该问题进一步陷入争论之中。

❻ 商务部公告认为：“非标准必要专利不是由标准制定组织（SSO）或联盟制定的正式技术标准，这些专利往往能够为产品带来增值，其商业重要性各异。非标准必要专利为公司积极竞争创造了空间，基于非标准必要专利而获得的市场优势是企业创新的强大推手。一般而言，非标准必要专利不构成重要的市场进入障碍，但是也存在着非标准必要专利成为某项产品或服务在技术上或商业上不可或缺的部分的情形，当市场上不具备可获得的有效替代技术或解决方案时，非标准必要专利也可能构成专利持有人封锁竞争者和从事滥用行为的基础。”“商务部公告 2014 年第 24 号关于附加限制性条件批准微软收购诺基亚设备和服务业务案经营者集中反垄断审查决定的公告” 2014－04－08，at http：//fldj. mofcom. gov. cn/article/ztxx/201404/20140400542415. shtml，accessed 2014－04－22.

的联想。反垄断法并不受制于明确的国际规则约束，各国对反垄断法的理解和执行方面有很多差异，而这些差异可能只能陷入各执一词的争论中。

四、从标准治理模式的角度看“标准化中的知识产权问题”

标准化治理模式本身，对“标准化中的知识产权问题”解决方案的探讨具有重要的影响。如果标准化被视为一种私人合作，那么标准化本身就受制于反垄断法的约束。而通过将专利纳入标准则首先被视为一种私人合同，并可从串谋等角度考察反垄断法对标准化和标准化中的知识产权问题。另外，标准治理模式也对进入标准的专利人的市场地位产生很大影响。如果标准是一种完全的私人治理，那么标准中的专利的市场地位应该做具体的分析，笼统地说标准中的核心专利将赋予专利人市场垄断地位，将难以区分这种垄断地位到底来自专利权本身还是因为专利搭乘标准的“便车”而形成的。如微软视窗操作系统本身作为一个实施标准，它对其中的知识产权对该系统市场地位的影响到底该如何界定呢？相反，如果标准被视为一种政府行为，则反垄断的适用应考虑反垄断例外的诺一本宁顿原则。由于美欧中标准治理模式本身存在很大差异，因此，标准化中的知识产权问题的探讨必需首先被置于特定的标准治理模式下。

美国标准化遵循严格的市场自由主义原则，标准化排他性地属私人事务。如果政府需要援引技术标准协助规制，则应援引私人部门制定的自愿性技术标准。如果自愿性标准不能满足规制需求，政府需单独制定标准，则规制部门负责人需专门向管理与预算办公室（OMB）作出说明。❶ 与美国比较而言，欧盟的标准管理虽然也遵循市场模式，但有更多的政府协调，因为被称为“协调的市场主义”❷。欧盟的三大标准化组织（CEN、CENLEC、ETSI）接受政府的资助制定标准，欧盟法规援引的标准主要来自这三个标准化组织。

美欧标准化治理模式差异有着深刻的政治背景。美国自建国以来即重视私人部门的权力，坚守经济领域的自由主义，未经授权政府不得干

---

❶ National Technology Transfer and Advancement act 1995.

❷ JANE WINN. Globalization and Standards: the Logic of Two-level Games [J]. *I/S: A Journal of Law and Policy for the InformationSociety*, 2009, (5): 185-218.

预经济事务。为此，诸如标准化这样经济领域的协调工作一直掌控在私人部门手中。美国产业界为维护自身对标准化排他性的治理权，甚至拒不接受政府的资助，以防政府干预标准化。❶ 相对而言，欧盟成员国、特别是法国有着传统的对行业协会的抵触，并在公共利益实现方面主要依赖政府部门。❷

源自美欧标准化治理模式的差异对标准化中的知识产权反垄断问题产生了重要的影响。标准化和知识产权在美国被视为纯私人事务和私人产权，反垄断执法过程中会强调对“私人”行为的管制。而欧盟标准化具有的“协调”特征及“公益”色彩，会使欧盟反垄断部门对私人行为和权利采取更为严格的管制。因此，欧盟或欧盟成员国在标准化中的知识产区问题政策讨论中曾提出明确的标准化中的知识产权强制许可，也曾暗含应适用“关键设施原则”（EFD）等观点。当然，这些观点均因美国的强烈反对而被搁置。

近年来，美欧标准化治理差异开始出现收敛。起码在信息技术领域，欧盟已经考虑向美国式的市场自由主义模式靠拢。❸ 即便这种靠拢不会马上对标准化中的知识产权问题产生直接的影响，也会因欧盟信息技术标准化组织对美国企业开放，而在讨论中影响标准化组织乃至欧盟政府在标准化中的知识产权问题上的立场。❹

中国标准化基于几十年来的计划经济传统，政府色彩浓于欧盟。不过，随着中国改革开放的不断深入，中国的标准化管理模式也在发生实质性的改变。如果标准化是一种政府行为，那么首先应考虑的是反垄断

---

❶ U. S. Congress, Office of Technology Assessment, “Global Standards: Building Blocks for the Future”, TCT－512, Washington, DC: U. S. Government Printing Office, March 1992, at http://www. strategicstandards. com/files/GlobalStandards. pdf, accessed 2014－04－18.

❷ 详见安佰生：“标准化全球治理：收敛的挑战”，印第安纳大学中国政治与商务中心工作论文 32 号，2012 年 11 月，http://www. indiana. edu/～rccpb/pdf/An _ RCCPB _ 32 _ Standards _ Nov _ 2012. pdf, accessed 2014－04－18.

❸ The EC Commission White Paper. Modernising ICT Standardisation in the EU-The Way Forward [P/OL]. [2014 － 04 － 28]. http://ec. europa. eu/enterprise/newsroom/cf/itemdetail. cfm? item _ id=3263. accessed.

❹ 如摩托罗拉作为欧盟通讯标准化学会（ETSI）成员，成功游说 ETSI 其他成员关于 GSM 网络互不进行专利侵权诉讼的“君子协定”。参见 RUDI BEKKERSA, BART VERSPAGEN. JAN SMITS. Intellectual property rights and standardization: the case ofGSM [J]. *Telecommunications Policy*, 2002 (26).

诺一本宁顿原则的适用问题。而随着标准化管理越来越脱离政府影响，纯私人部门制定的社团标准将严格适用反垄断法。

起码在通讯和信息领域，包括中国在内的各国标准化均朝着更为市场化的方向发展。在一个充分竞争的市场上，当相互竞争的私人部门之间制定的相互竞争的标准并存的时候，每个标准对市场地位的影响将是有限的。那么此时标准中的核心专利的市场控制地位也因而是有限的，除非某项专利对所有的标准而言都是必不可少的。[1]

随着中国标准走向市场化并对国外开放，中国私人标准将逐步走向市场加反垄断法监管的治理模式。这样一来，“标准化中的知识产权问题”将具有更为实质性的适用反垄断法的内在需求。此时，国内各界将在获得反垄断法律技术方面的支持和推动的情况下，将国内反垄断法对包括“标准化中的知识产权问题”在内的标准化的适用问题逐步研究推向深入。

五、从国内立法和国际规则谈判的角度看标准化中的知识产权问题的解决方案的探索路径

诸多利益集团已深度卷入很多国家国内和国际社会关于“标准化中的知识产权问题”的讨论。利益集团对国内立法和国际规则讨论的游说、“俘获”等诸种影响在这一讨论均难以避免。目前无论国内治理还是国际治理都面临着诸多难题，[2] 其中技术性复杂、信息不对称导致的规制俘获问题尤其突出。[3] 国会的授权立法已无法逆转，至于国会和法院对行政部门监督和控制的有效性，目前则只能在学术上表达关注，实践中尚难有

---

[1] 即便某项专利对所有的标准均必不可少，似也应考虑技术市场的动态变迁情况对标准中知识产权所有人市场地位的影响。

[2] 关于国内治理和国际治理的困境问题的讨论，可参见：安佰生．标准化的全球治理：全球收敛的挑战［P/OL］. 印第安纳大学中国政治与商务研究中心工作论文第 32 号，2012 年 11 月，at http：//www. indiana. edu/~rccpb/pdf/An _ RCCPB _ 32 _ Standards _ Nov _ 2012. pdf.

[3] Alan Devlin 认为，专利法改革中，各种利益集团均深度卷入，但相关的信息却并不完善，我们对专利法的了解依然有限，且存在很多偏见。这势必影响了，甚至扭曲专利法改革的进展。参见：ALAN DEVLIN. Systemic Bias in Patent Law ［J］. *DePaul Law Review*，2011 (61). 关于基于信息不对称和利益集团游说导致的规制失灵的一般性论述，参见 JOSEPH STIGLITZ. Regulation and Failure ［P/OL］. ［2014－04－30］. in David Moss and John Cisternino eds.，*New Perspectives on Regulation*，The Tobin Project，2009，at http：//www. tobinproject. org/books-papers/new-perspectives-regulation.

良策。[1] 无论是美国作为独立规制机构联邦贸易委员会，[2] 还是作为行政机构欧盟的竞争政策总司，本质上都是行政部门。行政规制内在的制度特征为大企业俘获提供了空间。

"俘获"问题在国内立法和国际规则谈判中均存在，但国际场合的"俘获"问题更为严重。总统为首的行政部门基于三权分立获得了管理外交的权力。行政部门在外交活动中并不受制于基于国会授权立法的行政程序法项下的透明度约束。[3] 尽管在国会和总统的博弈中，总统在将外交权拓展至外贸谈判权的过程中，未完全脱离国会控制，但由于信息不对称以及大公司的游说能力，贸易谈判几乎完全暴露于大公司游说下，而

---

[1] 关于技术性复杂问题国会对行政部门的授权立法及其存在的问题，［美］理查德·斯图尔特．美国行政法的重构［M］．北京：商务印书馆，2011.

[2] 关于美国独立规制机构的法律和政治地位及特征，参见：宋华琳．美国行政法上的独立规制机构［J］．清华法学，2010（6）.

[3] 一般而言，根据现行法律，贸易政策谈判可援引外交事务条款免受《美国行政程序法》（APA）约束。参见：C. J. TIBBELS. Delineating the Foreign Affairs Function in the Age of Globalization［J］. *Suffolk Transnational Law Review*，1999（23）：389－412. 这一方面，因为贸易谈判机构所从事的谈判并非规则制定行为（rule-making）；另一方面，总统领导的行政部门所从事的贸易政策谈判为外交事务，而外交为宪法授予总统的权力，不受国会和法院的约束。参见：DAVID LIVSHIZ. Updating American Administrative Law：WTO，International Standards，Domestic Implementation and Public Participation［J］. *Wisconsin International Law Journal*，2005（4）. 不过，由于缺乏立法和司法的约束，行政部门主导的贸易政策谈判容易为利益集团"俘获"。这不能比引发行政部门是否能充分代表美国国家的利益进行谈判的质疑。相关机构也的确就此提起诉讼，如在北美自由贸易协定（NAFTA）谈判期间，要求负责谈判的美国贸易谈判代表办公室提供该协定的环境评估报告。参见：Pub. Citizen v. Office of U. S. Trade Representatives，970 F. 2d 916（D. C. Cir. 1992）。目前，随着全球化的进一步深入，贸易政策谈判越来越深入地影响到公众生活的各个方面。特别是近年来外贸谈判更深地介入国内规制事务。国内规制是传统的由行政部门主导并通过行政程序法受制于严格是立法监督和司法审查的部门。贸易政策谈判就国内事务达成一致后，将对国内受影响的相关方和公众产生很大影响。这些谈判结果往往会被转化为国内法，成为未经规则制定程序而生效的国内规则。为此，相关利益方和公众根据行政程序法要求和惯例，提出提高贸易政策谈判透明度，要求更多参与和磋商的要求。针对美国"跨太平洋伙伴关系协议"（TPP）谈判，抗议者占领了美国贸易谈判代表办公室，要求结束"秘密谈判"。一些国会议员也要求结束公司主导的反民主的谈判，立即公布谈判文本，否则国会应拒绝授予行政部门快速谈判授权。参见："Protesters Demand Transparency for the Trans-Pacific Partnership" at http：//dissidentvoice. org/2013/09/protesters-demand-transparency-for-the-trans-pacific-partnership/，accessed 2014－04－02. 此外，还有三十名法学教授置信美国贸易谈判代表柯克，就 TPP 谈判缺乏透明度表示关注。"Law Professors Call for Trans-Pacific Partnership（TPP）Transparency" at http：//infojustice. org/archives/21137，accessed 2014－04－02.

对公众则往往秘而不宣。针对这种情况设置的世贸规则如《技术性贸易壁垒协定》第 2.9 条等[1]并不能覆盖反垄断问题，这使得反垄断相关立法中的透明度问题尤其严重。大公司在政策游说中上下其手，要求相关评论对公众公布的国际规则和国内法依据尚需明确。[2]

为此，关于“标准化中的知识产权问题”的讨论，只有对利益集团影响下国内立法和国际规则谈判的情况有清醒的了解，才能既允许利益集团表达其政策诉求，又能避免在其不合适影响下使政策“走偏”。

前文指出，反垄断法本身具有浓厚的政治背景，但反垄断法越来越成为技术内容复杂的政策而主要由行政部门掌控。知识产权固然可被视为一种私人财产权，但同时也被视为一种市场准入的“规制”，而需获得诸如专利局、反垄断机构等行政部门某种形式的“批准”[3]。在知识产权问题上，虽然国会拥有很大的控制权，但知识产权作为一个外贸政策问题则受到作为行政部门的贸易谈判机构很大影响。标准化在中国等国家受行政部门影响很大，在美国等国家则基本为私人部门掌控。这样一来，标准化中的知识产权所涉及的各种讨论都难逃包括贸易谈判部门在内的行政部门的影响。尽管贸易谈判可利用国外力量防止国内利益集团“俘获”规制部门从而增强国内民主，[4] 但总体而言，行政部门的“民治赤字”势必使相关政策制定难以关闭利益集团游说之门。[5]

标准化中的知识产权问题比较复杂，涉及各方利益，良好的政策制定亟须完善的政策讨论环境。但在现行国内和国际政策讨论环境中，公司游说与公共部门私人利益化（如私人部门通过公益性课题资助）相结合，对相关政策讨论带来了诸多障碍。只有有了良好的政策制定环境，

---

[1] 这些规则借鉴了美欧等行政程序法，对国内政策讨论作出了严格的透明度规定，如法规草案向世贸组织通报并允许成员提出评论意见等。

[2] 中国《国家标准中涉及专利处理办法暂行规定》在制定过程中，曾收到国内外大量评论，但这些评论对公众公布仍需明确相关法律依据，并处理好相关机密信息。

[3] MARK LEMLEY. The Regulatory Turn in IP [J]. *Harvard Journal of Law and Public Policy*，(36)：109—115.

[4] JOHN MC GINNIS，MARK MOVSESIAN. The World Trade Constitution [J]. *Harvard Law Review*，2000 (114)：511—605.

[5] 知识产权制度到底是一种基于财产权的私人合同制度，还是政府市场准入的监管，是一个“复杂”的问题。Mark Lemley 从政府监管的角度考察了知识产权制度对创新的负面影响。参见：MARK LEMLEY. The Regulatory Turn in IP [J]. *Harvard Journal of Law & Public Policy*，2012，36 (1)：109—115.

才能制定出好的政策。[1] 这一方面国内外已经做了一些很好的工作，特别是诸多公开研讨会的召开，对于各方公开表达其政策诉求，起到了良好的透明和沟通的作用。但系统性的国内外制度建设，显然尚需时日。我们目前应尽量通过公私合作等各种方式，更加充分、公开地深入开展国内外“标准化中的知识产权问题”的政策讨论。

六、小　结

西方世界难以欣赏中国山水画，正如东方世界难以欣赏西方油画。东西方交流的增加会多少缓解这个问题。即便不懂油画的人到了梵高所生活过的法国南部，也会对他的油画产生一些感觉：那样一种生活的直接写照。政策亦是如此。任何政策都扎根于特定的生活，差异难免。但随着全球化的发展、交流的增多，差异收敛既是必要的，也是可能的。但此前一国主导、带有胁迫（coercive）性质的刚性收敛显然不是国际间政策讨论的主导模式。倒是中美商贸联委会、亚太经济合作组织（APEC）项下标准化中的知识产权问题的讨论，契合里斯劳特政府间网络的国际治理新模式。[2] 在这种新模式下，国内外公私各界公开交流，将逐步收敛各国间政策差异，在“标准化中的知识产权问题”解决方案问题上逐步趋同。[3]

---

❶ 至于法院在“标准化中的知识产权问题”这一问题上的作用，在相关政策讨论进一步“发酵”成熟后再行介入也许是一个更好的选择，正如美国最高法院回避对 Rambus 案的裁决一样。但目前诉讼的激增，法院作出裁决——不管不同法院乃至同一法院在不同时期以及同一法院就同一案件不同法院之间这些裁决存在怎样的差异——也是现实的无奈之举。

❷ 斯劳特政府间网络仍然存在一个局限，即其所倡导的网络仍以规制主管部门主导。这种网络对于国家信息交流、增加互信有积极的作用。但对于俘获问题仍未实质性减轻，且容易达成部门间的机构性欺骗，如规制部门会过分强调公权力行使相对私人权利保障的必要性。因此，政府间网络应扩展至国际间私人部门间的交流。斯劳特关于政府间网络的论述，可参见：ANNE-MARIE SLAUGHTER. The Real New World Order [J]. *Foreign Affairs*, 1997 (9).

❸ 当然，目前的这些建议只能依赖相关部门的“良好意愿”（good-faith）去实现。贸易相关国内政策讨论的程序约束只有法制化，才能从根本上解决复杂问题讨论和决策的程序化和科学性问题。这就需要将外交事务行政程序法豁免问题置于全球化的大背景下进行重新思考。参见：C. J. TIBBELS. Delineating the Foreign Affairs Function in the Age of Globalization [J]. *Suffolk Transnational Law Review*, 1999 (23).

标准必要专利行使的反垄断规制

——以欧盟2014年摩托罗拉、三星案为视角*

韩　伟[1]

摘　要

标准必要专利的行使成为近年各国反垄断执法部门关注的热点问题。针对摩托罗拉公司与三星公司的标准必要专利禁令救济行为，欧盟委员会2013年4月29日分别作出禁止决定与承诺决定，判定摩托罗拉公司停止违法行为，消除负面影响，并接受三星公司提出的具有法律约束力的承诺。结合这两起案件，标准必要专利禁令救济中反垄断规制的角色、FRAND费率的确定机制、承诺决定的适用等问题，值得引起我国反垄断理论与实务界的重视。

---

* 本文为2013年国家社科基金青年项目“合并救济中限制性条件的匹配性研究”，2011年国家社科基金重大项目“中国云计算知识产权问题与对策研究”，2012年国家社科基金重大项目“垄断认定过程中的相关市场边界划分与技术研究”，2013年中国科学院大学校长基金项目“云计算环境下垄断行为的认定”的阶段性成果。

[1] 作者单位：中国科学院大学竞争法研究与咨询中心。

前　言

标准化活动能够给经济生活带来很多好处，特定行业的技术标准经常是确保行业中的产品具备互操作性，行业实现持续创新的关键因素。标准必要专利是实施特定标准而必需的专利。如果标准在行业中具有广泛影响力，由于不使用这类专利厂商便无法生产出符合标准的产品，标准必要专利持有人往往容易获得一定的市场力量。为预防标准必要专利持有人滥用这种市场力量，避免出现“专利劫持”现象（Patent Hold-up），标准化组织往往会要求成员承诺基于“公平、合理、无歧视”（FRAND）的条件向第三方许可其标准必要专利。从理论上看，这种制度安排可以确保消费者在更大范围内选择具有互操作性的产品，同时确保标准必要专利持有人就其知识产权获得适当的补偿。

围绕标准必要专利，近年全球出现了大量的纠纷，谷歌、苹果、微软等一大批高科技公司均陷入相关专利大战，这一趋势也引起各国反垄断执法部门的关注。标准必要专利行使的反垄断规制，已成为各国理论与实务界关注的焦点。

2014 年 4 月 29 日，针对两起涉及标准必要专利行使的反垄断案件，欧盟委员会发布了正式处理决定，引起全球关注。就摩托罗拉移动公司（以下简称“摩托罗拉”）针对苹果公司寻求禁令救济，欧委会认定摩托罗拉违反欧盟竞争法，构成滥用市场支配地位，作出禁止决定（Prohibition Decision）。就三星电子公司（以下简称“三星”）针对苹果公司寻求禁令救济，欧委会正式接受了三星公司提出的具有法律约束力的承诺，作出承诺决定（Commitment Decision）。本文拟结合欧委会的上述执法进展，就标准必要专利行使的反垄断规制问题，作一粗浅分析。

一、摩托罗拉案

（一）基本情况

就标准必要专利问题，近年摩托罗拉与苹果公司在全球多个反垄断司法辖区展开博弈。2011 年 12 月，德国曼海姆地区法院同意了摩托罗拉就其无线通信方面的标准必要专利，针对苹果公司提出的禁令请求。尽管苹果公司已经宣称其愿意接受德国法院判定的FRAND费率，摩托罗拉仍要求执行禁令，法院因此禁止iPhone以及3G版iPad在德国销售，但该禁令在2012年初被德国卡尔斯鲁赫高等地方法院所撤销。苹果公司向欧委会进行了投诉，欧委会在2012年4月正式对摩托罗拉展开调查。2013年5月，欧委会对摩托罗拉发出“异议声明”（Statement of Objections）。❶ 2014年4月29日，欧委会针对该案正式作出禁止决定。❷

本案涉及的标准必要专利与欧洲电信标准协会（ETSI）的GPRS标准相关，作为GSM标准的一部分，该标准是移动电话与无线通信方面的关键行业标准。该标准被采用时，摩托罗拉宣称其拥有一些标准必要专利，并承诺基于FRAND条款对外许可其标准必要专利。

欧委会认为，在标准必要专利持有人自愿承诺基于FRAND条款许可其必要专利的前提下，如果专利持有人针对那些愿意基于FRAND条款与其签订许可协议的主体寻求专利侵权方面的禁令救济，可能构成滥用市场支配地位。欧委会认为，由于禁令一般会禁止侵权产品在市场上销售，如果对那些善意被许可人寻求禁令救济，就会导致将产品从市场上排挤出去的风险。此外，由于存在权利人寻求禁令救济的威胁，这会使得专利许可协商的过程发生扭曲，使得许可协议中出现一些反竞争性的条款。这些问题的存在，将损害创新，也将损害消费者利益。

（二）案件决定

针对摩托罗拉案，欧委会发布了禁止决定。欧委会认定，摩托罗拉在德国针对苹果公司寻求禁令救济，是违反《欧盟运行条约》第102条滥用市场支配地位的行为，要求摩托罗拉消除其导致的负面影响。欧委会同时还认定摩托罗拉以禁令为威胁，让苹果公司放弃质疑其相关标准必要专利有效性的权利，也构成反竞争行为。欧委会认为，标准的实施者以及最终的消费者不应该为那些无效的专利支付费用，标准实施者应享有权利去质疑专利的有效性。值得注意的是，尽管认定摩托罗拉的行为违法，欧委会决定不对摩托罗拉处以罚款。该案之所以对涉案企业不

---

❶ European Commission Press Release，Antitrust：Commission sends Statement of Objections to Motorola Mobility on potential misuse of mobile phone standard-essential patents，6 May 2013.

❷ European Commission Press Release，Antitrust：Commission finds that Motorola Mobility infringed EU competition rules by misusing standard essential patents，29 April 2014.

处以罚款，欧委会主要考虑到：第一，欧委会以及欧洲法院没有针对标准必要专利禁令救济行为进行罚款的先例；第二，欧盟成员国法院对该问题也没有达成一致意见。❶

二、三星案

（一）基本情况

三星拥有大量移动通信标准相关的标准必要专利。2011 年以来，三星开始在欧盟多个成员国法院就其标准必要专利，针对苹果公司寻求禁令救济。针对上述行为，欧委会 2012 年 1 月对三星发动调查。2012 年 12 月，欧委会正式发布异议声明，认为苹果公司是善意被许可人，三星在欧盟若干成员国基于标准必要专利针对苹果公司寻求禁令救济，可能违反《欧洲联盟运行条约》第 102 条。❷ 为避免欧委会的反垄断处罚，三星撤销了其在部分国家针对苹果公司的禁令申请，并向欧委会提出承诺，希望欧委会停止调查。2013 年下半年，欧委会拒绝了三星提出的两次承诺方案。2014 年 2 月，三星提出最终承诺方案。2014 年 4 月 29 日，欧委会针对该案正式作出承诺决定，接受三星的承诺。❸

该案涉及的标准必要专利与欧洲电信标准协会（ETSI）的 3G UMTS 标准相关，该标准是移动电话与无线通信的关键行业标准。三星认为苹果公司侵犯其拥有的特定 3G UMTS 标准必要专利。

与摩托罗拉案的竞争关注一样，欧委会认为，对那些善意被许可人寻求标准必要专利的禁令救济，会导致产品从市场上被排斥掉，并会扭曲许可协商过程，导致反竞争许可条款的出现，从而损害创新以及消费者利益。

（二）案件决定

该案中，欧委会接受了三星提出的具有法律约束力的承诺，发布了

---

❶ European Commission Press Release, Antitrust: Commission finds that Motorola Mobility infringed EU competition rules by misusing standard essential patents, 29 April 2014.

❷ European Commission Press Release, Antitrust: Commission sends Statement of Objections to Samsung on potential misuse of mobile phone standard-essential patents, 21 December 2012.

❸ European Commission Press Release, Antitrust: Commission accepts legally binding commitments by Samsung Electronics on standard essential patent injunctions, 29 April 2014.

承诺决定。三星提出的承诺是：五年内，在欧洲经济区（EEA）范围内，对于那些同意基于特定许可机制使用三星的标准必要专利的被许可人，三星承诺不会针对他们就智能手机和平板电脑相关的标准必要专利寻求禁令救济。相关的许可机制是：第一，十二个月的初步协商期；第二，如果协商不成，由第三方确定 FRAND 条款的具体条件，比如法院确定（任一方起诉），或者仲裁机构确定（双方同意）。为确保这些承诺的有效实施，欧委会要求委任一名独立的监督受托人去监督上述承诺的履行。❶

三、对两起案件的简要评析

（一）对标准必要专利禁令救济的反垄断规制

通过摩托罗拉案以及三星案，我们可以看出，欧委会试图通过积极的反垄断执法，阻止标准必要专利持有人以反竞争的方式，针对标准必要专利寻求禁令救济，从而确保竞争机制的维系以及消费者利益的维护。同时，欧委会的执法也没有否定标准必要专利持有人就其知识产权获得适当补偿的权利。

整体而言，欧委会对两起案件的处理决定，很大程度上提升了市场预期，特别是明确了通过反垄断法去规范标准必要专利禁令救济的基本框架，为潜在被许可人免遭专利持有人提出的禁令提供了安全港，即如果潜在被许可人愿意遵守 FRAND 条款进行协商，并在协商失败后愿意接受法院或仲裁机构的裁判，则标准必要专利权人就不得对这类潜在被许可人寻求禁令救济。此外，三星的承诺，实际上为摩托罗拉一案决定的实施，提供了实质性参考。

我们同时也应该认识到，欧委会对这两起案件的处理，并不是消除了专利持有人寻求禁令救济的权利。欧委会指出，一般情况下，其不会对专利持有人寻求禁令救济提出质疑。在专利侵权案件中，寻求禁令救济是专利持有人的法定权利。针对非善意被许可人的禁令救济，更是具有正当性。❷

---

❶ European Commission Press Release，Antitrust：Commission accepts legally binding commitments by Samsung Electronics on standard essential patent injunctions，29 April 2014.

❷ European Commission MEMO，Antitrust decisions on standard essential patents (SEPs) - Motorola Mobility and Samsung Electronics-Frequently asked questions，29 April 2014.

值得注意的是，就欧委会针对标准必要专利禁令救济的反垄断规制，实际上近年也出现了一些质疑的声音。标准必要专利持有人往往会主张，依据知识产权相关法律，当其知识产权被侵犯时，他们有权去寻求救济，欧委会不应该限制他们去法院申请禁令这一基本权利。此外，也有人担心，反垄断规制的威胁可能阻止部分专利持有人去法院寻求禁令救济的权利，从而导致“反向劫持”（Reverse Hold-up）的出现，使得专利权人可能迫于反垄断规制的压力，接受一些低于合理水平的许可条款，从而无法就其前期的投入获得合理的补偿。

（二）美国反垄断执法部门对禁令救济的态度

与欧委会类似，对标准必要专利相关的禁令救济，美国反垄断执法部门也表达了担忧。自从 2011 年 3 月美国联邦贸易委员会（FTC）发布的一份报告[1]提及专利持有人寻求美国国际贸易委员会（ITC）禁令救济（或称为“排除令”Exclusion Order）时可能损害竞争，专利权人在 ITC 的禁令救济近年便受到美国反垄断执法部门的高度重视。

2013 年 1 月，美国司法部与美国专利商标局联合发布了《基于 F/RAND 承诺的标准必要专利救济政策声明》[2]。该声明指出：在一些环境下，ITC 发布的有关标准必要专利的禁止产品销售的禁令，可能损害美国市场的竞争。依据该声明，如果专利权人已承诺基于 F/RAND 条款许可专利，ITC 官员应该考虑其禁止侵权产品销售的决定所带来的竞争影响。反垄断执法部门关注的是，ITC 的权力可能被用于不公平地将竞争性产品排除在市场之外，或者给竞争对手施加压力，让其支付超出专利技术实际价值的高额许可费。司法部与专利商标局指出，考虑到公共利益因素，ITC 可能会发现，当标准必要专利权人已作出 F/RAND 承诺，且潜在被许可人愿意基于这些条款支付许可费时，ITC 作出的禁令有时可能是不合适的。

此外，美国反垄断执法部门也进行了一些执法实践，比如 2013 年 1 月，FTC 宣布了有关谷歌反垄断调查的处理结果，对谷歌及其子公司摩托罗拉移动就其拥有的标准必要专利寻求禁令救济进行了限制，因为

[1] FTC，The Evolving IP Marketplace：Aligning Patent Notice and Remedies With Competition，March 2013.

[2] DOJ & USPTO，Policy Statement on Remedies for Standards-essential Patents Subject to Voluntary F/RAND Commitments，8 January 2013.

FTC 认为这会损害智能手机以及平板电脑市场的竞争。

（三）待解决的主要问题

尽管两起案件的决定具有重要意义，但反垄断执法部门要有效处理标准必要专利禁令救济的相关问题，仍存在很大的不确定性。一些问题仍待解决，特别是如何认定善意被许可人的问题。

从两起案件的决定来看，欧委会针对标准必要专利禁令救济的反垄断规制，潜在被许可人属于善意被许可人是前提要件之一。一般而言，一个企业是否应该被视为善意被许可人，应该基于个案的特定因素来判断。摩托罗拉案中，欧委会认为，苹果公司同意基于 FRAND 条款进行许可，特别是苹果公司愿意接受德国法院对 FRAND 费率的判决约束，这说明苹果公司是善意被许可人。欧委会的基本观点是，当双方无法就许可事宜达成一致意见时，如果被许可人愿意接受第三方对 FRAND 条款的裁定，这便是一个清晰的指标，可以说明潜在被许可人有意愿达成 FRAND 许可协议。相反，如果一个潜在被许可人保持消极的态度，对许可协商反应迟缓，比如实施了明显的拖延策略，则一般不应该被视为善意被许可人。此外，欧委会也提出，即使潜在被许可人质疑标准必要专利的合法性，这些行为本身不会影响其成为善意被许可人。

尽管存在上述分析思路，但具体案件中如何认定善意被许可人，仍存在很大的不确定性。比如，善意被许可人提出协商要约等相关行为，是否有时间方面的要求？如果潜在被许可人仅通过一般的方式表明其协商的意愿，比如口头方式，是否也能够推定其为善意被许可人？还是只有在潜在被许可人正式提交达成许可协议的特定条件，与权利人进行了实质性协商，才能推定其为善意被许可人？潜在被许可人的要约是否应该包括所涉及的技术领域中一般许可协议应该包括的所有条款？这些问题都有待执法部门进一步明确。

四、对中国的启示

（一）反垄断执法部门的态度

从欧盟对摩托罗拉、三星两起案件的处理情况来看，当标准必要专利的行使可能影响市场有效竞争机制时，欧委会持比较积极的规制态度。就我国而言，随着标准在现代经济生活中的地位不断提升，我国执法部门也应警惕相关企业利用标准必要专利实施排除、限制竞争的行为，与标准必要专利行使相关的问题在我国反垄断执法中会越来越重要。

工商总局起草的《禁止滥用知识产权排除、限制竞争行为的规定》将标准相关的排除、限制竞争行为作为重点规范对象。2013年底国家标准委、国家知识产权局发布的《国家标准涉及专利的管理规定（暂行）》也涉及相关内容。执法方面，针对标准必要专利的行使，我国反垄断执法部门已有动作，比如国家发改委针对IDC、高通发起的反垄断调查。商务部在谷歌收购摩托罗拉移动、微软收购诺基亚设备和服务业务等案件中，所附加的限制性条件也涉及标准必要专利问题。下一步如何细化相关规则，稳妥执法，是我国反垄断理论与实务界面临的一项重要任务。

（二）标准必要专利持有人市场支配地位的认定

标准必要专利行使反垄断规制的难点之一是，如何认定标准必要专利持有人具有市场支配地位。

从美欧立法与实践来看，不能仅因为企业拥有知识产权而认定其拥有市场支配地位，要基于各种因素综合分析，比如市场上是否存在可获得的替代性技术？实际或潜在竞争对手能否及时开发出替代性技术？但是，当企业拥有的知识产权是标准必要专利时，问题会变得更为复杂。尽管如此，将企业持有标准必要专利简单等同于其拥有市场支配地位，这是一种过于武断的方法。就欧盟的情况来看，欧盟竞争法对于评估标准必要专利持有人的市场力量还缺乏非常清晰的指引。[1] 依据欧委会2011年的新版《关于横向合作协议的指南》，即使确立一项标准可以形成或增强标准必要知识产权权利人的市场地位，该指南并不假定拥有或实施标准必要知识产权等同于拥有或行使市场支配地位。市场地位仅能够基于个案的情况进行评估。[2] 然而，欧委会在评估谷歌收购摩托罗拉移动一案时却指出，每个标准必要专利可以被视为一个独立的相关市场。[3] 尽管该案并非滥用市场支配地位案件，但这表明欧委会认为标准必要专利持有人可能在相关市场拥有100％的份额，因此很可能具有市场支配地位。本文截稿时，欧委会还没有发布摩托罗拉案的正式决定文书，在滥用案件

[1] 适用《欧共体条约》第82条执法重点指南，世界主要国家和地区反垄断法律汇编（上册）[M]. 曾雄，译. 北京：中国商务出版社，2013.

[2] 2011 Horizontal Guidelines，paragraph 269.

[3] COMP/M. 6381-Google/ Motorola Mobility (2012)，paragraph 61.

中欧委会对标准必要专利持有人市场地位采用何种具体的分析思路，值得关注。

值得注意的是，在我国 2013 年的华为诉 IDC 滥用市场支配地位一案中，广东法院将涉案的每一个标准必要专利的许可市场确定为独立的相关市场，进而认定 IDC 在相关必要专利许可市场具有市场支配地位。笔者认为，华为诉 IDC 滥用市场支配地位一案的结论不能普遍化适用，今后的案件仍应结合涉案的具体行业、具体标准等情况进行个案判断。整体来说，执法部门不能简单地基于标准必要专利的存在去推定权利人拥有市场支配地位，也不能过度依赖市场份额这类结构性指标，应充分考虑标准必要专利持有人在市场上面临的各种影响其市场地位的约束性力量。[1]

（三）FRAND 费率的确定

FRAND 承诺是约束标准必要专利持有人不当行使专利权的一种基础性防御机制。但是，实践中，各方对于 FRAND 条款的具体理解可能出现争议。对于标准必要专利涉及的 FRAND 费率的确定，近年国外反垄断理论与实务界讨论的非常热烈，该问题是目前各国反垄断执法面临的一个重大难题。

整体来看，目前各国在标准必要专利 FRAND 费率的确定问题上，并未达成共识。我国 2013 年的华为诉 IDC 标准必要专利使用费纠纷案中，广东法院对 IDC 公司的标准必要专利下许可费费率进行了明确，即判定 IDC 公司在中国的标准专利许可费率不超过 0.019%。该判决引起全球的极大关注，也引发了一些争议。值得注意的是，2013 年 4 月以来，美国几起案件的法院判决也涉及 FRAND 费率的具体判定，包括 Microsoft v. Motorola 案，Ericsson v. D-Link 案，In re Innovatio Litigation 案，以及 Realtek v. LSI 案，这几起案件针对标准必要专利许可费的考量因素与分析方法也存在一定的差异。

通过当事人自行协商、仲裁机构确定以及法院判决是确定标准必要专利 FRAND 费率最为重要的几种机制。就我国的情况而言，由于反垄断行政执法具有突出的地位，因为我们需要思考的是，反垄断行政执法

[1] 韩伟，尹锋林．标准必要专利持有人的市场地位认定［J］．电子知识产权，2014（3）：35—39.

部门对标准必要专利的许可费费率，是否有能力、有必要进行具体的干预？国外理论界很多专家倾向于不通过公共权力机构对费率进行确定，主张通过仲裁这类市场化的争议解决机制去确定许可费费率。[1] 欧委会在三星案与摩托罗拉案中，没有对 FRAND 费率进行具体的干涉。可见，欧委会在这个问题上的态度非常慎重。欧委会认为，法院以及仲裁机构更适合在那些出现争议的案件中确定 FRAND 的费率。

从目前我国的反垄断行政执法来看，商务部经营者集中反垄断审查中，对于部分涉及标准必要专利的附条件案件，并没有针对具体的 FRAND 费率进行干涉。实际上，就经营者集中附条件批准而言，从国外实践来看，涉及包括标准必要专利在内的竞争要素的“开放救济”案例中，对于所开放的特定要素的具体费率或价格，执法部门往往在具体的限制性条件中不会进行明确要求，而是待日后出现争议时再交由事前确立的仲裁机构处理。笔者认为，商务部应保持目前的执法态度，在涉及具体竞争要素的开放救济中，针对相关要素的价格不作具体的干预。就滥用支配地位规制这类事后规制而言，以国家发改委调查“高通”一案为例，针对涉案的相关标准必要专利，国家发改委也应持审慎的态度，即使最终针对标准必要专利采取具体的救济措施，原则上也不应主动对“高通”的相关专利许可费率作出具体的要求，除非“高通”主动就其标准必要专利费率作出明确的承诺。这方面国外便有相关先例，比如 2009 年欧委会处理的 Rambus 案中，为让欧委会停止调查，Rambus 便针对案件涉及的“动态随机存储内存”（DRAM）的标准必要专利，承诺了具体的费率上限。

（四）承诺决定的适用

就欧委会对两起案件的处理，值得注意的是，欧委会分别作出了“禁止决定”与“承诺决定”。欧委会这种做法的依据是欧盟理事会第 1/2003 号条例。依据该条例，对于违反《欧洲联盟运行条约》第 101 条和第 102 条的行为，欧委会可以作出两类决定：一类是依据该条例第 7 条作出禁止决定，一类是依据该条例第 9 条作出承诺决定。作出承诺决定的情形下，欧委会并没有确定涉案企业的违法性，但企业的承诺具有法律

[1] MARK A. LEMLEY, CARL SHAPIRO. A Simple Approach to Setting Reasonable Royalties for Standard-Essential Patents [J]. *Berkeley Technology Law Journal*, 2013, (28).

约束力。如果企业违反承诺，欧委会在不用确定企业违反《欧洲联盟运行条约》第 101 条或第 102 条的前提下，便可以对企业最高处以全球年营业额 10％的罚款。

2014 年 3 月，欧委会发布了一项政策简报[1]，就具体案件中欧委会如何在禁止决定与承诺决定之间进行选择，进行了大致的解释。依据该政策简报，欧委会在具体案件中保有一定的自由裁量权。如何选择，基于执法追求的主要目标以及具体案件的特定要素。实践中，承诺决定不适合于那些针对过去行为需要附加高额罚款的案件，或者具体案件中无法确定有效、清晰以及精确救济措施的案件。承诺决定只在涉案企业愿意提供适当承诺的案件中适用。如果执法的主要目的是惩罚过去的行为，比如卡特尔案件，欧委会将选择禁止决定。

就我国而言，《反垄断法》第 45 条规定了承诺制度。虽然理论上来看，第 45 条可以适用于垄断协议、滥用市场支配地位以及经营者集中反垄断审查，但由于《反垄断法》第 29 条针对经营者集中反垄断审查规定了附加限制性条件制度，所以对第 45 条的理解应作缩限性解释，即第 45 条的承诺制度只适用于垄断协议和滥用市场支配地位案件，而不适用于经营者集中案件。具体而言，尽管经营者集中附条件制度存在“被动救济原则”，即执法部门一般不主动提出限制性条件方案，而是由当事人主动提出来，所以限制性条件往往从当事人的角度看可理解为一种“承诺”，[2] 但承诺要产生法律效力，最终需要纳入经营者集中反垄断审查这一行政许可行为，从而转化为附加的限制性条件（主要从执法部门的角度来看）。因此，虽然目前理论探讨中可将限制性条件表述为承诺，但从严格意义上去梳理我国的反垄断规则体系，同时考虑到附加限制性条件受限于我国经营者集中反垄断审查的“行政许可”性质，笔者认为，应该将《反垄断法》第 45 条项下的承诺制度与经营者集中的附条件制度区分开来。换个角度看，如果将我国的反垄断规则分解为反竞争效果的认定规则、抗辩规则与救济规则，[3] 则《反垄断法》第 45 条的承诺与第 29

---

[1] European Commission Competition Policy Brief：To Commit or not to Commit? Deciding between Prohibition and Commitments，March 2014.

[2] 商务部有时也将附加的限制性条件称为“承诺”，比如 2013 年 4 月批准的嘉能可收购斯特拉塔案的决定文书的附件便是“交易救济承诺方案”。

[3] 韩伟．经营者集中附条件法律问题研究［M］．北京：法律出版社，2013：9—11.

条的经营者集中附条件规则都可以解释为反垄断中的救济规则。第 45 条的承诺规则是针对垄断协议与滥用支配地位的救济规则，属于事后救济规则，而第 29 条的附条件规则是针对经营者集中的救济规则，属于事前救济规则。

最后，我们也应注意《反垄断法》第 45 条的适用范围。从欧盟的经验看，反竞争效果非常明显的核心限制往往不应该适用承诺制度。因此，国家发改委与工商总局在相关执法中要审慎适用该规则。进一步通过规则细化，明确我国《反垄断法》第 45 条的承诺制度的适用条件，也就显得非常必要。

结　语

正如欧委会负责竞争政策的副主席阿尔穆尼亚先生针对三星案指出的那样，保护知识产权与保护竞争，是创新与经济增长的两个关键驱动器。知识产权不能被滥用，从而损害竞争，最终损害消费者。标准必要专利行使的反垄断问题正成为全球反垄断执法的热点与难点问题，虽然我国还处于反垄断执法初期，但我们与美欧一样面临着同样的复杂问题。从反垄断执法的角度来看，对于这类涉及知识产权的反垄断法律问题，执法部门应该持有审慎的态度，具体案件中充分重视对涉案行为具体反竞争效果的判定，警惕过度执法对市场创新机制造成的长远损害。

标准必要专利与经营者集中反垄断审查*

袁　嘉❶

摘　要

本文对欧盟委员会在谷歌收购摩托罗拉移动案中所采用的审查分析框架进行分析和总结的基础上，结合中国经营者集中审查实践，对我国与标准必要专利有关的分析框架之建立和完善提出初步建议，即借鉴欧盟三加三审查分析框架模式，宽泛理解交易所特有的竞争影响，对所有相关的候选市场进行审查，最终得出是否排除限制竞争的结论或选择合适的承诺性救济方式。

---

* 本文受到四川大学中央高校基本科研业务费研究专项项目——海外优秀博士科研资助计划项目（项目编号：skyb201304）资助。

❶ 作者单位：四川大学法学院。

近两年来，标准必要专利逐渐成为国内外竞争执法领域的热门话题，与此有关的案件层出不穷，谷歌、摩托罗拉、微软、诺基亚、苹果、三星、华为、中兴、高通、IDC 等移动通信、互联网领域的巨头公司都或多或少被卷入到与标准必要专利有关的反垄断案件中。一般认为，标准必要专利由于从需求角度的不可替代性而构成单独的相关市场，标准必要专利持有人则在该相关市场上具有当然的市场支配地位。在反垄断法的三大支柱领域中，与标准必要专利直接相关的大部分是滥用市场支配地位的垄断行为，而在经营者集中的审查中也逐渐涉及更多的标准必要专利问题。本文试图对与标准必要专利有关的经营者集中审查分析框架进行利弊分析，然后结合个案提出我国进行相关审查的分析框架建议。

一、谷歌公司收购摩托罗拉公司移动案中的分析框架

2011 年 8 月 15 日，谷歌公司（以下简称“谷歌”）和摩托罗拉公司（以下简称“摩托罗拉”）签订了合并协议和计划，双方同时宣布，谷歌将以每股 40.00 美元现金收购摩托罗拉移动，总额约 125 亿美元；2011 年 11 月 25 日，谷歌向欧洲的竞争执法机构欧盟委员会提交了反垄断审查申请；2012 年 2 月 13 日，欧盟委员会批准了该交易，但其同时表示，委员会将对谷歌及其竞争对手对摩托罗拉移动专利的使用进行监控，以确保其符合欧盟的反垄断规定。

该审查决定在欧盟及世界范围内都引起了较大的反响，特别是移动互联网领域的很多其他公司都表达了对于谷歌收购摩托罗拉移动的专利后可能产生的影响竞争效果的担忧。首先，我们可以来看看欧盟委员会在其审查过程中对于这一问题具体是怎么分析的。笔者将其总结为三加三分析模式，第一个三是指欧盟委员会从能力、动机和影响三个方面分析了摩托罗拉移动的标准必要专利在被谷歌收购之后是不是会严重的阻碍有效竞争（significantly、impede、effective competition），而在每一方面，欧盟委员会又会从三个问题着手：第一，谷歌是否会将许可费提高到超出应该的范围，即过高的许可费问题；第二，谷歌是否会强迫一些潜在的被许可人接受他们本不想接受的交叉许可条件，即交叉许可问题；第三，谷歌是否会利用这些标准必要专利排除某些市场上的竞争者，即排除竞争者问题。

（一）谷歌是否有能力严重阻碍有效竞争

欧盟委员会认为，交易之前谷歌并没有移动通信领域的标准必要专利。而交易完成后，谷歌获得摩托罗拉移动的标准必要专利后将使其在某些技术市场上取得市场力量。当然，谷歌已经作出了愿意继续遵守FRAND承诺（公平、合理、无歧视原则）的公开说明，但欧盟委员会认为该承诺并不会限制其严重阻碍有效竞争的能力。谷歌仍然可以通过向成员国法院提起禁令请求或者威胁提起禁令请求而影响竞争，这些成员国法院在审查时不一定会考虑或顾及《欧洲联盟运行条约》第102条关于禁止滥用市场支配地位的规定，特别是在目前司法和执法实践都对滥用标准必要专利的垄断行为没有统一定性的情况下，更无法对谷歌进行有效的制约。所以欧盟委员会认为谷歌有一定的能力去利用标准必要专利对有效竞争造成重大阻碍。

但是欧盟委员会又认为这种能力可能因为下列情形受到限制，即谷歌的很多竞争对手已经与摩托罗拉移动达成了专利许可协议或者专利交叉许可协议，而交易完成后，谷歌仍然应当遵守这些协议，其也已经承诺会遵守这些协议。这样一来，谷歌利用标准必要专利打击竞争对手的能力会受到一定的限制。

但是对于苹果公司和微软公司这两大谷歌的竞争对手来说，摩托罗拉移动并没有与他们达成许可协议，并且在收购前就已经对其发起了禁令请求，欧委会认为收购完成后，谷歌有能力通过这样的安排严重阻碍有效竞争。

最后，欧委会认为，由于上述可能影响竞争的行为在摩托罗拉移动被谷歌收购的交易发生前就已经存在，所以该问题并不是本合并交易所特有的（merger specific）。欧盟竞争法的合并控制审查框架中，强调应当对该合并交易所特有的竞争问题进行考虑和衡量，所以，这里欧盟委员会认为并没有出现应当禁止的情形。

（二）谷歌是否有动机严重阻碍有效竞争

1. 许可费问题

摩托罗拉移动长期以来对于其所拥有的标准必要专利进行许可时收取的费率都是在相关产品净销售额的2.25%，其曾公开宣称这就是它的FRAND费率。欧盟委员会认为，只有当谷歌在收购完成后，可能将该FRAND费率提高到超过2.25%，才会产生合并交易带来的特殊影响。

而根据现有证据，欧盟委员会认为不太可能发生这样的影响，原因在于：

第一，现有材料显示，谷歌收购摩托罗拉移动的合理原因之一在于寻求在智能移动通信设备行业创造出专利平衡（patent balance），以使得谷歌公司和安卓系统的OEM商可以免受其他专利诉讼的威胁。[1] 谷歌明确指出他们的策略是通过与竞争者和解，从而达到专利和平（patent peace）。

第二，欧盟委员会认为，如果谷歌向其他人收取过高的许可费，会导致自己的安卓系统遭受更大的攻击，所以其也没有动机去进行过高收费；这里的关键点也在于谷歌如果要进行手机的生产和销售，不得不顾及其受到其他手机标准必要专利持有人的威胁，消除这种威胁的正常途径不是进行过高收费，而是进行交叉许可。

第三，谷歌已经主动提出其将继续受摩托罗拉移动对标准化组织作出的FRAND承诺之约束，这也使其进行过高收费的动机受到限制。如果其收费过高，可能被认为是滥用标准必要专利的垄断行为而遭到处罚，这样的潜在风险使其不太可能有动机收取过高的许可费。

2. 交叉许可问题

欧盟委员会认为，交叉许可一般不被看作是反竞争的，而且交叉许可也是移动通信行业广泛存在和接受的实践。所以，谷歌可能会利用摩托罗拉移动的标准必要专利寻求交叉许可的行为本身并不会引发竞争法关注的问题。

所以，欧盟委员会在审查中关注的重点问题是：谷歌是否有动机通过强迫别人进行交叉许可而明显阻碍有效竞争，特别是通过对善意的被许可人威胁申请禁令或者实际上寻求禁令。

整体而言，欧盟委员会并不认为谷歌有强烈的动机要进行上述行为，有四点理由：

首先，谷歌的内部文件显示其进行此交易的目标主要是为了保护安卓的生态系统，而不是阻碍竞争。

其次，谷歌利用标准必要专利阻碍有效竞争的动机将会减小，因为欧盟委员会根据《欧洲联盟运行条约》第101条和第102条对与FRAND

[1] 谷歌的安卓系统、苹果公司的IOS系统和微软公司的windows mobile系统是目前智能手机操作系统市场上最主要的三大操作系统，但谷歌由于缺少移动通信设备的硬件生产，无法给予预装其安卓系统的OEM商足够的专利保护，而该交易完成后，谷歌可以利用摩托罗拉移动在该领域的专利与其他专利持有人进行交叉许可的谈判，并最终达到专利平衡。

承诺和标准必要专利所有权人寻求禁令的行为进行反垄断执法的实施政策是很严厉的。[1]

再次，谷歌已经发出了不可撤销的、有法律约束力的公告，表明其将继续遵守摩托罗拉移动曾作出的 FRAND 承诺，这也将削弱其滥用标准必要专利影响交叉许可的动机。

最后，谷歌还必须考虑其他竞争者的反诉威胁，特别是苹果和微软等公司，他们也持有大量的标准必要专利。

3. 排除竞争者问题

欧盟委员会认为，谷歌也没有足够的激励将竞争者排除出市场，首先是谷歌的内部文件并没有显示出谷歌有此目的，此外上述对交叉许可的分析也可以适用到这里。

（三）谷歌收购交易对于竞争的影响

欧盟委员会认为，在不对摩托罗拉移动是否已经或者正在利用其标准必要专利进行反竞争行为进行判断的前提下，其在合并控制审查中的主要任务是该收购交易是否会产生对于现有竞争的影响。

首先，摩托罗拉移动的 FRAND 费率以及其计算基数均不是该集中交易所特有的。而且，谷歌也不太可能有动机在交易完成后提高该费率。

其次，欧盟委员会强调在交易发生前，摩托罗拉移动已经有能力和动机通过寻求禁令以阻止竞争者进入相关市场。实际上，摩托罗拉也已经在有的司法辖区针对苹果和微软提起相关的诉讼。例如在德国，摩托罗拉与苹果公司之间进行了一系列的诉讼，有的胜诉，有的败诉，还有很多正在程序中，欧盟委员会认为其并不能在经营者集中审查中对双方各自的法律地位进行评断，也很难去判断到底谁属于善意。

值得注意的是，2011 年年末摩托罗拉公司与苹果公司进行了关于交叉许可和解的谈判，并且讨论了如果谷歌收购摩托罗拉公司交易完成对于该和解的影响。欧盟委员会认为此事项属于与本收购交易有特殊联系的，但是由于现有资料显示，谷歌给予摩托罗拉公司在和解谈判中的充分自主权，并愿意接受其结果，没有利用该谈判为安卓系统获取利益的打算，所以欧盟委员会认为该事项也不属于该交易所特有的可能对竞争造成的影响。

---

[1] Case C-13/03 Commission v. Tetra Laval [2005] ECR I—1113，paragraph 74.

最后，交叉许可一般来说并不一定是反竞争的。

综上，欧盟委员会认为谷歌收购摩托罗拉移动标准必要专利的交易并不会引起严重的与欧洲内部市场不一致的竞争法问题。

二、对中国经营者集中审查实践的启示

中国的经营者集中审查制度与欧盟的企业合并控制制度具有很强的可比性，而在实践中，欧盟委员会与中国的反垄断执法机构商务部反垄断局也经常需要对相同个案进行类似的审查。从审查的标准到审查的分析框架，两个司法辖区的反垄断执法机构都作出了一定的相互协调、借鉴的尝试，包括欧盟和美国的反垄断执法机构，也常常在相同或类似的案件中采用近似的分析方法。这也是竞争执法实践全球化的体现和要求。所以，对于欧盟委员会在涉及标准必要专利的企业合并控制审查中所使用的分析框架，可以为中国的反垄断执法机构提供批判性的借鉴。

（一）三加三审查分析框架的科学合理性

在涉及标准必要专利的经营者集中审查中，从能力、动机和影响三个方面对交易完成后可能会产生的竞争行为进行分析，可以较为全面地衡量所涉及企业以及其所在市场上的竞争状况，值得借鉴。而在每一方面的审查中，结合标准必要专利的特点，对许可费问题、交叉许可问题和排除竞争者问题进行预测和分析，也体现出该分析框架的针对性。特别是企业可能利用标准必要专利所进行的排除限制竞争行为中制定过高的许可费，进行不合理的交叉许可以及通过差别待遇、掠夺性定价等方式排除竞争者是最突出和最有可能出现的问题，应当被囊括进审查框架之中。

（二）是否存在专利平衡需求是关键

这里的专利平衡是指专利持有人为了满足自身生产的需要，而不可避免地需要使用别人的专利时，通过交叉许可达到互不干扰的平衡状态。换言之，专利平衡的核心是各个标准必要专利持有人之间进行交叉许可。在欧盟委员会的三加三审查分析框架中，每一层分析其实都或多或少地提到了专利平衡的问题。例如，欧盟委员会在论证谷歌在交易完成后是否会收取过高的许可费时指出，如果谷歌向其他人收取过高的许可费，会导致自己的安卓系统遭受更大的攻击，所以其也没有动机去进行过高

收费，这是以存在专利平衡需求来证明谷歌没有动机去滥用标准必要专利。而欧盟委员会在论证谷歌是否有能力严重阻碍有效竞争时提到，摩托罗拉移动公司并没有与微软和苹果签署交叉许可协议，并且向其提起了禁令请求诉讼，收购完成后，谷歌有能力通过这样的安排限制竞争，这是以不存在专利平衡的需求来证明谷歌有能力滥用标准必要专利。

目前引起争议比较大的滥用标准必要专利案中，往往都与失去专利平衡相关。例如，2013 年二审终审的华为诉 IDC 案，IDC 公司并不需要得到华为的授权以进行生产，而华为却必须得到 IDC 的授权才能不侵权地继续生产其手机产品，专利平衡需求不存在的情况下，就出现了滥用标准必要专利的纠纷。另外，摩托罗拉移动公司与苹果公司之间的专利战也出现了类似的局面，摩托罗拉移动公司近几年在手机终端产品市场上的销售量急剧下降，而苹果公司则在智能手机时代坐上了头把交椅，双方的出货量出现了较大的不平衡，也导致专利平衡需求减少，摩托罗拉移动公司不同意苹果公司提出的交叉许可或者低许可费条件，主要动因还是在于自身对于使用对方专利需求的减少。

所以，在与标准必要专利有关的经营者集中审查中，应当将是否存在专利平衡需求作为审查的重点之一。

（三）更宽泛地理解“交易所特有的”竞争影响

在谷歌收购摩托罗拉移动公司案中，欧盟委员会过于强调企业合并所特有的影响（merger specific）。例如，在判断谷歌是否有能力通过提起禁令请求阻碍有效竞争时，欧盟委员会虽然得出了肯定的答案，但是其同时又认为这样的安排并不是谷歌收购摩托罗拉移动公司这一交易所特有的影响，所以不应产生竞争法的怀疑。这种方法存在对于“交易所特有的”影响理解过窄的问题。欧盟企业合并控制制度中的实质性审查标准是“该交易是否严重阻碍有效竞争，尤其是通过建立或者加强市场支配地位”。如果某一交易符合上述标准，就可以被宣告与欧洲共同市场不一致，而禁止其完成，或者要求其进行某些方面条件的承诺。仅从此标准出发，可以得出的结论是，只要在交易发生后，欧洲共同市场内的有效竞争可能受到严重的损害，就可以认为其存在竞争法问题。此时不用考虑如果不发生该交易，是否同样会发生损害竞争的效果。

企业合并控制本来就是一种防患于未然的事先审查（ex-ante control），其立法目的就在于通过这种事先审查对欧盟市场内的竞争进行维持和保护。从经济学的角度看，事先审查应当比事后控制（ex-post control）更审慎，因为其更多的是对未来将要发生的事实进行预测和判断。而事后控制则往往是对已经发生的事实进行发掘和分析。但是反垄断法的执法实践却是不断在发展变化之中的。同一时间，在有的司法辖区会出现事后控制类的反垄断执法比较有效和强势的局面；而在其他的司法辖区，同时可能会出现事后控制类的执法比较弱的情形。在同一个司法辖区，会出现不同时期事后控制类的反垄断执法强度的不同，这些都会影响到事先审查的效率要求问题。

欧盟委员会目前的态度是，有些竞争法问题，在某一企业合并发生之前就已经存在的，不属于合并所特有的影响，所以不能据此对其进行干预。此态度的前提是这些竞争法问题能够通过禁止垄断协议和禁止滥用市场支配地位的反垄断执法得到有效的解决。但是事实却并不如此，谷歌收购摩托罗拉移动案中，欧盟通过强调合并可能产生的限制竞争影响并不是合并所特有的，而选择无条件通过该交易。在该交易完成后不到两个月，欧盟委员会宣布对被收购后的摩托罗拉可能滥用其标准必要专利的行为进行调查，并最终在 2013 年 5 月 6 日发布异议声明认为摩托罗拉涉嫌构成滥用市场支配地位的行为。如果欧盟委员会在对该项合并交易进行审查时，就已经预见（其确实已经预见到）并认为该项合并结束后，摩托罗拉有可能滥用其标准必要专利，因此可能严重损害有效竞争，而对其加以附条件的承诺，完全可以避免重新进行一次长时间的调查和处理，节约大量的时间和精力。

谷歌收购摩托罗拉移动案也受到了中国商务部反垄断局的审查。商务部却以附加限制性条件的方式批准了该项交易。在限制性条件的承诺中，谷歌应当履行以下义务：（1）谷歌将在免费和开放的基础上许可安卓平台，与目前的商业做法一致；（2）谷歌应当在安卓平台方面以非歧视的方式对待所有原始设备制造商；（3）本次交易后，谷歌应当继续遵守摩托罗拉移动在摩托罗拉移动专利方面现有的公平、合理和非歧视（FRAND）义务。此外，谷歌还将委托独立的监督受托人对谷歌履行上述义务的情况进行监督。中国商务部反垄断局比欧盟委员会在处理此案中更值得称道的是，其已经开始试图在经营者集中审查的过程中对可能出现的所有竞争问题（而不是交易所特有的问题）进行考虑，并通过附条件的方式打消该顾虑。但在个案中，谷歌收购摩托罗拉移动案的行为救济方案的设计却并没起到应有的作用。“继续遵守公平、合理和非歧视义务”是一项比较模糊且难以判断的要求，无论是商务部本身，还是独立的监督受托人，都很难对其进行最终的评判。

（四）借鉴“候选市场”理论，扩大审查相关市场的范围

在欧盟的企业合并控制制度中，对建立合营企业这种企业合并方式的审查，不仅要审查该交易对于合营企业（Gemeinschaftsunternehmen）自身所处市场的竞争影响，还要审查对于包括母公司（Mutterunternehmen）所处的市场竞争的影响以及上下游、相邻市场的影响，它们被统称为候选市场（Kandidatenmarkt）。这一理论的基础在于，企业合并对于市场竞争的影响是全方位的，既可能只影响到某一细分市场本身，也可能影响到其利益相关方所在的其他市场。尤其是在合营企业这一特殊情形中，合营企业的母企业可能在建立合营企业后，反而在自己本身处于直接竞争状态的其他相关产品市场上进行竞争行为的协调，并由此可能违反欧盟竞争法。而这种可能进行竞争行为协调的可能也称为欧盟企业合并审查中需要考虑的重要因素。这也可被称为事后控制转事前审查的典型模式。

笔者认为，在与标准必要专利有关的经营者集中审查中也可以借鉴这一理论，将本应属于事后控制的滥用市场支配地位行为放到事前审查中，对其滥用市场支配地位的可能性进行预测和控制，最终达到维护整体市场有效竞争的目的。而此时审查的一大关键则是要对与此相关的所有的候选市场进行审查，具体到个案，即不仅需要对谷歌本身所处的各个相关产品市场的竞争状况进行分析，也要对摩托罗拉移动公司自身所处的各个相关产品市场的竞争状况进行判断，特别是摩托罗拉移动公司可能滥用其标准必要专利，损害在该标准必要专利技术许可市场上的竞争之可能性进行衡量。

试论技术标准中专利信息不披露行为的规制

樊延霞❶

摘　要

本文针对目前我国对技术标准中违反专利信息披露义务的制度上的缺失以及法律界观点上的分歧作为切入点，研究技术标准制定中专利信息披露制度的必要性，重点以《合同法》《反不正当竞争法》《反垄断法》的规制为考察对象给出不披露行为的法律责任、法律适用的论述，最后提出加强我国的技术标准管理部门和专利管理部门的协调工作，可以避免技术标准中“必要专利”有效性较低的问题。

❶ 作者单位：国家知识产权局专利复审委员会。

随着经济全球化步伐的不断加快，跨国公司挟其专利及标准两大利器，不断在全球扩大自己的市场份额，追求其利益的最大化。我国自2001年加入世界贸易组织以来，和标准有关的知识产权纠纷就此起彼伏，成为贸易冲突的焦点，如6C联盟的DVD案件、思科诉华为案件、欧盟的“打火机事件”等，使我国产业和企业遭受巨大经济损失，也引起了标准制定组织、知识产权界和国家政府层面的高度重视。

从2004年，国家标准管理委员会发布《国家标准涉及专利的管理规定（暂行）（征求意见稿）》到现在，已经十年的时间，经历了几多修改仍处于征求意见阶段。目前的“2012年稿”中并没有在标准化组织内规定对违反披露义务的惩罚，而是统一交给外部法制环境进行约束与支撑。

期间，最高人民法院在（2008）民三他字第4号中认为（下称“案例一”），专利权人参与了标准的制定或者经其同意，将专利纳入国家、行业或者地方标准的，视为专利权人许可他人在实施标准的同时实施该专利，他人的有关实施行为不属于侵犯专利权的行为，专利权人可以要求实施人支付一定的使用费，但支付的数额应明显低于正常的许可使用费。也即“默示许可”中的“不披露即低价许可”。

广西在（2007）桂民三终字第46号民中认为（下称“案例二”），YJ药业的发明专利技术转化成国家药品标准，他人按照国家药品标准生产药品，属于实施专利技术的行为，应取得专利权人的许可，故判定TG药业侵权行为成立。该案与案例一的结论正好相反，其基于药品的特殊性，根据药品管理法律规定，YJ药业有限公司必须将其药品专利转化为国家药品标准才能取得合法生产权。因此，尽管该公司参与了药品标准的制定，但就专利是否并入标准，权利人并无选择的自由，也就无需专门作出专利许可与否的申明。[1] 这个结论是无可厚非，并且783号专利的无效宣告程序中也宣告了涉标专利有效。

最高人民法院于2009年6月18日公布的《关于审理侵犯专利权纠纷案件应用法律若干问题的解释》（征求意见稿）中提出“不披露即以合理价格许可”，其中考虑了专利创新程度及其在标准中的作用等因素对专利许可费用的影响。

---

[1] 黄姝．沉默是“金”——论标准中的专利默认许可［D］．探索社会主义司法规律与完善民商事法律制度研究——全国法院第23届学术讨论会获奖论文集（下），2011.

由此可知，我国目前对不披露行为的规制存在制度上缺失和观点上的分歧。本文以此为切入点，研究技术标准制定中专利信息披露制度的必要性，重点以《合同法》《反不正当竞争法》《反垄断法》的规制为考察对象给出不披露行为的法律责任、法律适用以及审查策略的论述，最后提出加强我国的技术标准管理部门和专利管理部门的协调工作，可以避免技术标准中“必要专利”有效性较低的问题。

一、专利标准化需要调节的内在冲突

专利制度和标准化制度的设立是基于不同的立法目，前者更注重保护专利权人的利益，通过激励发明创造促进科技进步和经济发展；[1] 而后者更注重公共利益的获得以及公共秩序的优化。[2] 技术标准具有公益性和开放性，这是由它的制定目的决定的。如果不是，就难以达到广泛规范社会生产的目的，也很难实现对技术的统一管理和应用。而专利技术受法律保护，建立在垄断和私有的基础之上，为了收回科研投入和谋取经济利益，专利权人一般不会允许他人无偿使用其技术，目的是实现其利益最大化。二者融合时，必然存在着技术标准的公益性、开放性和专利的有偿使用性及垄断新方面的矛盾冲突。这种矛盾是因为专利权作为“私权”被纳入作为“公共产品”的技术标准中，使“公共利益”被“个人利益”冲击，“公共权力”被“私权”侵入。专利信息披露制度正是平衡两者的重要制度安排。

二、专利信息披露制度的设定是技术标准化的客观要求

技术标准很大程度上改变了专利权的行使方式。一项专利技术的保护可能仅影响几个企业的利益，当这项专利作为实施技术标准的必要专利被纳入技术标准中时，专利权人利用技术标准的网络效应[3]和

[1] 参见现行《专利法》第1条。

[2] 参见现行《标准化法》第1条。

[3] 网络效应理论是随着通信技术革命而产生的一种重要的经济思想。它所关注的是信息通信技术产品不同于其他产品的独特特征，即使用一种产品的人数越多，该产品的价值越大，从而吸引更多的人购买和使用它。这种网络效应不仅存在于消费者的需求方面，还存在于辅助产品之间的需求上。

锁定效应[1]取得市场竞争的有利地位，其所产生的影响则会波及整个行业中，甚至整个国际市场。在该专利增值的过程中，标准实施者为此付出了大量的劳动。那么基于公平原则，赋予作为标准受益者的专利权人以及标准制定者和拥有者一定的义务是无可厚非的。而专利信息披露制度[2]通过赋予专利权人以及标准制定者和拥有者充分披露其方案中的专利技术的义务，促进标准的顺利推广、减少标准实施者的侵权风险、解决消息不对称等问题，实质上是基于民法上诚实信用原则和禁止权利滥用原则提出的防止对专利权滥用的一种反垄断规制。

不能忽略的是，专利本身就有公开换保护制度，其专利技术已经公开，理论上专利权人并没有义务再次进行专利信息的披露。但是当其被标准引入后，其实质上是与公众签订了一份合同，该合同是公众让渡了一部分“资源共享权”，尤其是强制性标准，当专利纳入其中，专利权人就通过国家的强制工具与标准实施者形成的一种契约，即使是推荐性标准，此时附有披露义务的组织或专利权人如果没有告知标准中有不属于公益性的内容，在标准制定过程中隐瞒其专利，等其专利和技术标准结合之后，再主张其权利，目的是日后能够通过不正当主张专利权来谋取非法利益，会导致标准不能顺利的推行，损害了公众对标准正当的行使权力，明显与标准和专利的捆绑契约中最终实现优化公共秩序的目的不符。由此技术标准化中需要专利信息披露制度的利益平衡功能来规制专利权的行使方式。

三、不披露行为可能导致的违法性

利益是权利的核心与客体，没有利益也就没有权利。追求利益是人的本性与行为的准则之一。专利权人为了追求更高的利益，而通过“技术专利化——专利标准化——标准国际化”能够实现行业的绝对优势地位，由此专利权人有可能不按标准组织的要求提供专利信息，在标准制

---

[1] 即使出现一个更先进的标准，旧的标准实施者也会因为转移成本过高而放弃，继续使用旧的标准。

[2] 技术标准制定中专利信息披露制度是指标准组织中的成员依据标准组织的规定向标准组织披露其所拥有或控制的专利权信息和其所了解的专利权信息以及标准组织向社会公众公布其制定的标准中所含有的专利技术的信息。

定过程中隐瞒专利，等专利和技术标准结合之后可以利用标准的网络效应扩大其专利的实施范围，此时主张权利不仅因专利阻碍效应使标准组织即使考虑有可替代的技术也必须付出高昂的转移成本而接受该专利，而且可以向标准实施者提出高额许可费。

信息披露原则在给专利权人设置了披露义务的同时，标准化组织却很难制定违反义务的制裁措施，虽然有规定强制性披露制度标准化组织，如国际贸易协会（VITA），但其后果是相当严厉的——必须免费许可 VITA 标准的使用者使用该专利，属于标准组织内赋予成员的合同义务，但采用强制性披露政策的标准组织毕竟是少数。我国在《国家标准涉及专利的管理规定（暂行）（征求意见稿）2012 稿》关于专利信息披露的后果也仅规定到不披露专利信息则“应承担相应的法律责任”的程度，表面上给了不披露的后果，但却没有制定像 VITA 一样的严厉后果。同时大多标准化组织不是国家机构，即使像我国法定标准由公权的介入，但也缺乏行政执法的权力。如果专利权人滥用其权利违反信息披露原则，受到损害的标准制定机构或其成员以及标准实施者通常可以提起违约之诉讼，或者向法院和反垄断行政机构提起反垄断审查。

由此，对专利信息不披露行为的法律规制体系应当是多层次性的，至少包括合同法、专利法、反不正当竞争法和反垄断法。标准制定组织可以通过制定相关政策，赋予成员以合同义务，此时的不披露行为更多的是适用合同法。专利法的规制主要包括强制许可，反不正当竞争法则主要侧重于从保护市场公平竞争、诚信竞争的角度进行规制。[1] 同时不是所有的涉及专利信息不披露行为都应当直接适用垄断法，只有当专利信息不披露行为排除或限制市场竞争时，才有适用的必要。

以下将以几个相关法律的规制为考察对象加以研究。

(一)《专利法》

专利权是根据专利法所授予的一种独占权或一种排他性权利，《专利法》中规定的专利权人行使专利权的方式主要包括行使独占实施权、实施许可权和转让权。《专利法实施细则》中规定专利权人的义务：缴费义务、实施发明的义务，后者包括推广其发明、实用新型、外观设计，促进科学技术进步；许可他人使用、制造、销售其发明、实用新型、外观

[1] 王记恒．技术标准中专利信息不披露行为的反垄断法规制［J］．科技与法律，2010（4）．

设计新技术，使之尽快发挥经济效益。同时专利本身就有公开换保护制度，其专利技术已经公开，从《专利法》层面上专利权人并没有义务再次进行专利信息的披露，其防止专利权的滥用，是在已经被依法认定为垄断行为后依申请进行强制许可，由《专利法》第 48 条第 2 款规定。

由此技术标准中涉及专利持有人的不披露行为是对专利权的处分权的行使，我国专利法只能在反垄断机构作出其不披露行为导致了垄断而依法进行强制许可。

（二）《合同法》

1. 相关法条规定

《合同法》第 329 条规定：非法垄断技术、妨碍技术进步或者侵害他人技术成果的技术合同无效。第 343 条规定：技术转让合同可以约定让与人和受让人实施专利或者使用技术秘密的范围，但不得限制技术竞争和技术发展。

最高人民法院 2004 年 12 月 16 日发布的《关于审理技术合同纠纷案件适用法律若干问题的解释》中的第 10 条规定，限制当事人一方从其他来源获得与技术提供方类似技术或者与其竞争的技术，属于《合同法》第 329 条所称的“非法垄断技术、妨碍技术进步”。

2. 法条适用

当专利被标准引入后，其实质上是与公众签订了一份合同。民法上的诚实信用原则、权利滥用之禁止原则及公序良俗原则是规制专利滥用的基础。但上述原则是对所有类型的民事权利的行为进行的概括，本身缺乏清晰的判断标准和明确的判断方法，而技术标准中的专利权滥用不同于普通权利滥用行为甚至是普通知识产权滥用行为，这决定了对其的判断要考虑特殊主体利益和特别的判断依据。此外，《合同法》相当于民法典债编的合同部分，是合同领域的主要调整法律，现行条件下，相对于《民法通则》属于特别法，通常是合同领域的案件都优先适用合同法，合同法没有规定的，才上溯至《民法通则》。由此本文并不在这里讨论民法的适用，但合同订立时也要基于诚实信用原则、权利滥用之禁止原则及公序良俗原则来规制专利滥用，在保护契约自由的基础上，也需要提及对技术保护有权限制的可能。

（1）基于合理信赖的“默示许可”。

标准作为共同遵守的准则和依据，通常是鼓励推广，甚至强制推广的，因此，标准的实施者通过标准化组织发布的技术标准，没有看到有关专利信息的披露，可以合理地期待能够不被拒绝地使用标准中的技术，即使他知道存在某项专利，都可能合理信赖专利权人愿意放弃标准涉及的专利权。也就是说产生一种“默示许可”的合同关系。

上述的合理信赖应当建立的基础是：专利权人应当遵守诚实信用原则是标准实施者产生合理信赖的社会基础，而标准实施者依照商业常识、惯例或可预见性的结果等能从中推断出默示许可的意思表示是信赖产生的事实基础，尤其是专利权人主动将专利技术纳入标准给标准实施者的意思表示，当然上述的合理信赖要在具有理性人的基础上。需要明确的是这里不包括企业凭借垄断地位建立的事实标准。

当然，这里的合理信赖还需要考虑专利权人自己设定的限制条件有可能排除或阻碍默示许可的成立，以及专利权人遵循法令的默示行为有可能排除或阻碍默示许可的成立。[1]

总之，只有在专利权人默示形式的行为让标准实施者产生了允许使用其专利的合理信赖，并且不存在反对许可的限制性条件时，才能适用专利默示许可的规则，其有别于书面合同等方式确立的明示许可。正如美国联邦最高法院 De Forest 案中对专利默示许可的定性：“此后当事人之间的关系以及相关的任何诉讼，都必须认定合同关系，而不是侵权关系。”这种默示许可通常根据专利是否为必要专利、权利人是否贡献、发起或者批准了该标准、专利是否成为进入下游市场的关键性条件等判断适用不披露即低价许可或不披露即合理许可。

（2）非法垄断导致的“免费许可”。

专利权人在参与标准制定工作时，为谋求自己的专利技术被采纳会隐瞒专利信息，也即专利的纳入是专利权人积极参与的结果，等待标准出台并推广使用后，再以专利权人的身份向标准使用者主张权利，此时可能导致重新采纳另一种技术，面对这种情况，不但耗时且成本不菲，由此其他可替代技术囿于成本问题而不能再进入标准中与之形成竞争，此时实质上“限制当事人一方从其他来源获得与技术提供方类似技术或者与其竞争的技术”（上述最高法院司法解释中的第（二）项），从而构成非法垄断技术，造成合同无效，由此专利权人与公众以标准为基础的

[1] 参见案例二。

合同无效，专利权人不得再向技术标准使用者主张专利权，标准作为公共产品被无偿使用，也即免费许可。

（3）“明知或应当知道”的例外。

作为非标准化组织成员的专利权人在明显或者应当知道其所拥有之专利技术将被纳入标准体系时，而未向标准化组织进行专利信息的披露。当然“明知或者应当知道”是应当有确切证据表明的，而且专利权人在此种情形下很可能是标准实施后的巨大受益者。虽然当专利被标准引入后，其实质上是与公众签订了一份合同，但非标准化组织成员的专利权人并未在标准制定过程中主动促成其获益的实现，更确切说其是标准实施的间接受益者，由此与该专利权有关的这份合同是标准化组织作为无权代理的方式与公众签订的合同，专利权人可以对无权代理行为追认，也可以拒绝承认。专利权人不应为了标准化组织行使了无权代理而承担合同义务。更何况，专利权人的专利技术信息已于专利申请公开日后向公众公开，公众可自由获取和检索专利权人的专利信息，包括标准化组织，专利权人不能因他人制定、实施标准而承担附加的合同义务或责任，即使是“明知或应当知道”，也不应该承受违反合同义务的“罪名”。

（三）反不正当竞争法

按照《巴黎公约》[1] 的规定以及世界知识产权组织的定义，工业产权包括制止不正当竞争的权利。其中，一方面，制止不正当竞争的权利不涉及排他性权利，而其他知识产权均具有在使用上的排他性权利；另一方面，反不正当竞争法指向工商业活动中违反诚实惯例的竞争行为，如在涉及商业秘密中有关未披露信息的行为。在我国，工业产权主要是指商标专用权和专利权。

用反不正当竞争法保护可以延及无合同关系的当事人。从表面上看，对专利与反不正当竞争的保护是不同的，专利权需要经国家专利行政主管部门批准并授予专利权，反不正当竞争的保护无需授权，只需要按照法律的具体规定和一般原则进行保护就足够了，也即违反诚实商业习惯的行为都可以禁止。[2] 虽然我国的《反不正当竞争法》只是对商业性标

[1] 按照《巴黎公约》的规定，工业产权包括发明、实用新型、外观设计、商标、服务标记、厂商名称、货源标记、原产地名称以及制止不正当竞争的权利。

[2] 孔祥俊，武建英，刘泽宇．反不正当竞争法实用问答［M］．北京：知识产权出版社，2006：7.

记、商业秘密上不正当竞争作出了规范，但从立法宗旨“为保障社会主义市场经济健康发展，鼓励和保护公平竞争，制止不正当竞争行为，保护经营者和消费者的合法权益，制定本法”。可以看出，其与《巴黎公约》中的对应关系是一致的：反不正当竞争法是其他知识产权法的“口袋”法，即其他知识产权法未保护的内容可以纳入反不正当竞争法的保护。

德国联邦最高法院 2004 年关于 Spundfass 一案的判决主要涉及德国化工行业的一个事实标准，虽然该案是涉及与技术标准相关的专利权强制许可的一个典型案例，但是它对知识产权法与竞争法之间关系的阐述意义深远。德国最高法院的观点可总结为，专利权的“排他性”可以体现竞争的优势，但不能阻止竞争，即便专利权人支配市场依旧可以行使“排他性”进行不平等待遇，原则上有其客观的正当性，但是因为专利权人的市场支配地位并非完全来自创造性技术进步，而更多来自标准化的事实，且标准使得专利方案无法与不同的技术方案进行竞争，无法完全体现专利保护的精髓，因此对不平等待遇威胁到反不正当竞争法所保护的竞争自由的要求不应太低。更重要的是，这与上述合同关系所考虑的因素“权利人是否贡献、发起或者批准了该标准”没有关系。[1] 由此在上述“明知或应当知道”的例外中，虽然专利权人不应为了标准化组织行使了无权代理而承担合同义务，但是如果专利权人明知或应当知道专利被纳入标准而未要求披露的目的是为了技术标准实施后通过高额许可费用获得巨大经济利益，从而限制或排除市场竞争，由此形成专利权的滥用，标准实施者是可以以此在侵权诉讼中进行抗辩或是请求进行反不正当竞争和反垄断审查。

该案虽然不涉及技术标准中专利信息不披露行为的判断，但因为如果不披露行为涉及是否披露会影响到标准制定时技术方案的选择，也即如果标准制订时知晓该专利信息则有可能会寻找其他可替代的专利或公知技术方案代替，此时因标准已经实施必须付出高昂的转移成本，专利权人的不披露行为就造成了上述的限制“竞争者能以替代品进行竞争”，从而威胁到反不正当竞争法所保护的竞争自由的。

[1] 张韬略.“Spundfass 标准案”及评论［EB/OL］.［2012－04－20］. 同济知识产权与竞争法研究中心。

（四）《反垄断法》

《反垄断法》第 55 条规定："经营者依照有关知识产权的法律、行政法规行使知识产权的行为，不适用本法；但是，经营者滥用知识产权，排除、限制竞争的行为，适用本法。"

虽然技术标准与反垄断法不具有天然的联系，技术标准和专利的联系也不是天然的，但是一旦专利被纳入标准中，专利与反垄断具有天然的联系，由此技术标准在涉及专利权的实施时就自然与反垄断产生联系。

反垄断法的出发点是维护国家利益，其侧重国家的战略利益，专利法的出发点是保护对世权，侧重物质利益，标准化法的出发点是提高社会经济效益，虽然侧重国家的经济利益，但专利和标准的实施也一定程度上体现了国家的战略利益，比如专利战略和标准化战略，反垄断法所保护的是一种"竞争秩序而非竞争者"，一旦不披露行为是形成专利权的滥用，就可能形成垄断。

专利权本身并不必然等于市场支配地位或者垄断地位。虽然专利权本身具有"专有性"，由此市场上涉及它的生产、使用和销售活动在一定程度上受到了排他性的限制，但在与专利权相关的反垄断问题上，市场势力是一个决定性的因素，仅当一个不披露行为事实上已经成为妨碍竞争的因素和市场势力时，它的行使才会受到反垄断法的制约。实际上，绝大多数的专利权在市场竞争中受到了足够大的竞争压力，除了像微软公司的计算机操作系统中的专利等少数情况除外。[1]

四、展　望

近年来，国内一些企业通过长期积累的技术进步，在标准化领域确实有所突破，比如以大唐为主的通信企业推出的第三代通信的 TD-CDMA 标准，但不能忽视技术标准中"必要专利"有效性较低的问题。比如在"高空预压加固软土方法"专利纠纷一案中，专利号为"85108820"的发明专利被纳入由国家建设部发布的强制性标准规范，该专利在诉讼中止阶段，已被国家专利复审委员会宣告专利权全部无效；上述案例一中被纳入行业推荐标准的涉案专利也同样被宣告专利权全部无效而成为

[1] 王记恒．技术标准中专利信息不披露行为的反垄断法规制［J］．科技与法律，2010，86（4）．

非必要专利。当然不能否认知识产权部门和标准管理部门的协调工作的缺失一定程度上造成了上述的技术标准中“必要专利”有效性较低问题的存在。

由此本文在此提出，我国的技术标准管理部门和专利管理部门均具有行政职能，相对于多为民间组织性质的欧美标准体系，我国上述两部门的协调是易于操作的。而欧洲专利局已经在 2009 年与包括美国电气及电子工程师学会（IEEE）和欧洲电信标准协会在内的标准化组织签订了合作意向书，并积极需要与国际电信联盟的合作[1]，由此欧洲专利局与欧洲和国际标准化组织的合作已经走在我们的前面。

在发达国家创设专利的收益已经成为其设置技术壁垒的重要手段时，专利战略已变得越来越复杂、越来越多样化，其中技术标准与专利战略的紧密结合是一种新的形式。对于我国，技术标准化战略是一个机遇和挑战并存的大事，是实现“中国梦”的一个战略手段。为协调技术标准与专利权之间的矛盾，充分利用技术标准和专利制度促进我国经济社会发展，需要高度重视技术标准制定中专利信息披露问题。希望本文的探讨对于完善我国相关制度有所裨益。

❶ 张平．冲突与共赢：技术标准中的私权保护——信息产业技术标准的知识产权政策分析［M］．北京：北京大学出版社，2011.

我国的标准和专利政策

——对《国家标准涉及专利的管理规定（暂行）》解读*

王益谊❶

摘　要

2013年12月19日国家标准化管理委员会和国家知识产权局联合发布了我国的标准和专利政策——《国家标准涉及专利的管理规定（暂行）》（以下简称《管理规定》）。《管理规定》作为部门规范性文件，对我国国家标准制修订和实施过程中专利问题的处置进行了规定。参与国家标准制修订的各利益相关方都应遵守《管理规定》。为了帮助各方更好地理解和实施《管理规定》，本文对《管理规定》进行详细解读。

* 国家科技支撑计划“照明用LED产品与系统技术研究及应用示范”项目“LED产品与技术的标准化关键技术研究”任务（任务编号：2011BAE34B01）。

质检公益性行业科研专项“标准化系统工程方法及应用研究”项目子任务“标准化国内外现状、问题及趋势研究”资助（项目编号：201310201—3）。

❶ 作者单位：中国标准化研究院。

一、引　言

为了合理处置我国标准中涉及的专利问题，国家标准化管理委员会和国家知识产权局于2013年12月19日联合发布了我国的标准和专利政策——《国家标准涉及专利的管理规定（暂行）》，并于2014年1月1日起开始实施。《管理规定》是我国首部关于标准和专利的部门规范性文件，同时，从全球来看，它也是国际上首个由标准化管理部门与专利管理部门联合发布的标准与专利政策。它首次从管理制度层面明确规定了我国国家标准涉及专利相关问题的处置办法。这对于规范我国国家标准中涉及专利问题的处理、促进国家标准合理采用新技术将发挥重要的作用。为了帮助读者更好地理解管理规定，本文将对《管理规定》进行解读。

二、《管理规定》制定的背景

知识经济时代，在以高新技术产业为代表的知识产业中，作为标准制定基础的科学研究的成就、技术进步的新成果和实践中积累的先进经验大多受专利保护，而且专利的密集度和复杂性不断增强，这就使得许多标准的制订都无法回避受专利保护的技术。标准与专利结合越来越难以避免。研究显示[1]，截至2008年年底，国际标准化组织（ISO）涉及专利的国际标准有185项，占当年ISO国际标准总数的1.04%；国际电工委员会（IEC）涉及专利的国际标准有221项，占当年IEC国际标准总数的3.68%。在我国，涉及专利的第一项国家标准发布于1987年，而且是等同采用IEC国际标准制订的国家标准。截至2008年年底，我国涉及专利的国家标准达到29项，占当年国家标准总数的0.12%。

随着标准与专利的结合，传统的标准化过程发生了改变。传统情况下，标准制订组织只需为各利益相关方开展标准制定工作搭建公平、公开、公正、透明、协商一致的平台，并负责文本的编辑以及标准制订过程各项程序的落实，标准实施者只需购买标准文本即可实施该标准。而标准中纳入专利后，上述情况发生了重要的改变：标准制订组织除了承担传统标准化过程的职责之外，还要处理专利信息披露，与专利权人进行沟通以获取专利权人的许可声明等事宜，增加了标准制修订程序的复杂性；而对于标准实施者来说，仅使用标准文本是不够的，它还需要与专利权人就专利许可费用等事宜进行协商才能实施标准等。这种改变迫切需要标准制订组织积极应对，以平衡标准化活动各相关方的权益，保障标准的顺利制订和实施。不仅如此，从国外发展情况来看，促进标准与专利结合已经上升到竞争战略层面，发达国家凭借其技术上的优势以及在标准化活动中的主导地位全力推进标准与专利的战略性结合，抢占制高点。

在这样的背景之下，国家标准化管理委员会自 2000 年起便组织开展国际国外标准化组织或机构的知识产权政策规则跟踪、研究，组织起草了《国家标准涉及专利的规定》（征求意见稿），并在 2004 年进行了第一次公开征求意见。鉴于其时国际标准组织 ISO、IEC 和国际电信联盟（ITU）正在酝酿制定三个组织共同的专利政策，且国内各相关方意见不一，国家标准化管理委员会决定继续开展跟踪研究。其后，通过承担国家知识产权战略相关专题研究和参与国家知识产权战略制定工作，国家标准化管理委员会系统性研究了标准涉及专利的相关问题，研究成果直接支撑了《国家知识产权战略纲要》的制定，同时，还与国家知识产权局建立起定期的联络交流机制。2008 年以来，围绕贯彻落实《国家知识产权战略纲要》相关要求，国家标准化管理委员会在组织开展深入跟踪研究的基础上，对《国家标准涉及专利的规定》进行了修改和完善，并先后于 2009 年和 2012 年进行了两次公开征求意见，期间多次与国家知识产权局相关部门进行意见交流和沟通协调，并最终于 2013 年年底由两个部门联合发布。

三、《管理规定》的制定目的和依据

《管理规定》的制定依据了我国标准化和专利领域相关的法律法规和规章制度，其目的是为了规范国家标准管理工作，鼓励创新和技术进步，促进国家标准合理采用新技术，保护社会公众和专利权人及相关权利人的合法权益，保障国家标准的有效实施。

1. 制定目的

标准中涉及专利的问题由来已久。目前，国内外由标准涉及专利引发的纠纷层出不穷，如微软诉摩托罗拉案[2]、华为诉美国交互数字公司案[2]等。对这些纠纷的处理往往需要相关方投入大量的人力、物力和财力。这些纠纷也从一定程度上影响了标准的有效实施，阻碍了创新和技术进步。

纵观国际国外的做法，国际标准组织和大多数的发达国家都早已出台了自己的标准和专利政策。这些政策对于保障标准和专利问题的顺利解决提供了较好的参考，同时也为一旦发生纠纷提供了解决依据。而从我国的实际情况来看，不论是标准化管理还是专利管理领域目前都缺乏对标准和专利问题的政策规制。因此，在2008年6月出台的《国家知识产权战略纲要》的第17条就提出“制定和完善与标准有关的政策，规范将专利纳入标准的行为”。由此可见，管理规定是满足我国现阶段标准化管理工作需要和实施我国知识产权战略的必要手段。通过《管理规定》对国家标准制修订和实施过程中涉及的各利益相关方的责、权、利进行明确规定，为保障各方的合法权益提供政策框架；为推动创新和技术进步，进而促进国家标准合理采用新技术提供路径；为规范和创新国家标准的管理工作，保障国家标准的顺利制订和有效实施提供指导。

2. 制定依据

《管理规定》的制定主要依据了标准化和专利管理的相关法律法规和规章制度，包括《中华人民共和国标准化法》《中华人民共和国专利法》和《国家标准管理颁发》；同时还参考了国际标准组织的专利政策《ITU-T/ITU-R/ISO/IEC共同专利政策》和《ITU-T/ITU-R/ISO/IEC共同专利政策实施指南》。

四、管理规定的主要内容

管理规定主要对国家标准中涉及专利的信息披露、专利实施许可、强制性国家标准涉及专利问题的处理、采标中专利问题的处理等问题进行了规定。

（一）专利信息的披露

标准制修订过程涉及两类主体，一类是“参与标准制修订的组织或个人”，另一类是“没有参与标准制修订的组织或个人”。这两类主体因其对标准影响作用的不同，故而管理规定对其进行披露的要求也不同。

1. “参与标准制修订的组织或个人”的披露要求

“参与标准制修订的组织或个人”随着标准制修订过程的推进在不断变化，这类主体主要包括项目提案方、技术委员会的全体委员、工作组所有成员以及提供技术建议的单位或个人。对于这类主体，由于它们能直接影响标准草案文本或决定标准草案能否通过，因此披露要求是“应披露其拥有和知悉的必要专利”。不仅如此，这类主体除了要披露自身拥有和知悉的必要专利外，还要披露其关联者所拥有的必要专利。

在进行专利信息披露的时候，这类主体应通过提交书面材料的方式进行披露。这些书面材料包括专利披露者填写的必要专利信息披露表，以及相关证明材料。对于已授权专利来说，证明材料是专利证书复印件或扉页；对于已公开但尚未授权的专利申请来说，证明材料是专利公开通知书复印件或扉页；对于未公开的专利申请来说，则是专利申请号和申请日期。同时，这类主体应对其所提交的证明材料的真实性负责。此外，如果这类主体未按要求披露其拥有的专利，违反诚实信用原则的，应当承担相应的法律责任。

2. “没有参与标准制修订的组织或者个人”的披露要求

“没有参与国家标准制修订的组织或者个人”是指除上述“参与标准制修订的组织或者个人”之外的其他主体。对于这类主体，由于它们没有直接参与标准的制修订工作，只能通过公开的信息获取标准中相关的专利信息，因此，标准制订组织鼓励这类主体在标准制修订的任何阶段披露其拥有和知悉的必要专利。

在进行专利披露的时候，“没有参与国家标准制修订的组织或者个人”披露的专利可以是自己的，也可以是他人的。在进行专利披露的时候，这类主体应提交专利信息披露表，同时还要提交相关证明材料。证明材料与参与标准制修订主体进行专利信息披露时提交的材料是一致的。

3. 技术委员会对所披露专利信息的报送要求

对于涉及专利的国家标准来说，在其立项和批准阶段，技术委员会需要向国家标准化管理委员会提交标准涉及专利的情况及相关材料。这些材料包括：搜集到的必要专利信息披露表、证明材料、已披露的专利清单和必要专利实施许可声明表。除此之外，标准立项后，一旦披露了新的必要专利，技术委员会都要按要求获得专利权人的许可声明，并将新获得的专利信息披露表、证明材料、必要专利实施许可声明和更新的专利清单尽早报送国家标准化管理委员会。

4. 国家标准化管理委员会在收到专利信息后的公布要求

国家标准化管理委员会在批准发布国家标准之前，应对其中涉及或可能涉及专利的情况进行公示。公示渠道为国家标准化管理委员会的网站或国家级期刊等。公示内容包括：标准或标准草案；标准或标准草案中涉及专利的信息（至少包括已披露的专利清单和技术委员会的联系方式）；向社会公众征集有关标准涉及专利的信息的陈述。已披露的专利清单由技术委员会根据收到的专利信息披露表和必要专利实施许可声明表等填写。

为了确保涉及专利的国家标准制修订的公开性，国家标准化管理委员会在涉及专利的标准正式批准发布之前设立一段公示期，公示期为30天。在公示期内，任何组织或者个人可以将其知悉的其他专利信息书面通知国家标准化管理委员会。

（二）专利实施许可

《管理规定》中明确了对标准中涉及的必要专利进行许可的三种许可方式，以及必要专利实施许可声明的必需性，并对国家标准批准发布后发现新专利的处理进行了规定。

1. 对标准中涉及的必要专利进行许可的方式

（1）专利实施许可声明的提交。

在收到披露的专利信息后，技术委员会应及时联系必要专利的权利人，获取其填写的专利实施许可声明表。填写专利实施许可声明表的目的是为了事先获得专利权人的许可承诺，以避免在标准实施阶段专利权人拒绝标准实施者实施标准时实施其专利，保障标准的顺利实施。值得注意的是，专利权人提交的许可声明表只代表其对专利许可条件作出了一种承诺，并不是真正的许可。关于专利许可的具体事宜，将由专利权人和标准实施者在实践过程中进行协商。

（2）许可承诺的条件。

必要专利权人在进行许可承诺的时候，必须填写许可声明表。许可声明表按照《管理规定》第9条的要求给出了三种许可方式，专利权人只能在其中选择一种。这三种许可方式参考了三大国际标准组织专利政策的做法。第一种许可方式是公平、合理、无歧视基础上的免费许可，指专利权人不对专利实施者收取许可费，但专利权人仍然有权要求专利实施者在合理的基础上签署相关许可协议，例如要求专利实施者承诺专利的使用范围、要求专利实施者提供一定的担保等。第二种许可方式是公平、合理、无歧视基础上的收费许可。第一种和第二种许可方式中的“公平”意味着专利权人不能在相关市场上利用专利许可限制竞争，“合理”意指专利许可费或者许可费率应该合理，“无歧视”则要求专利权人对每个条件相似的被许可人采取相同的许可基准。此外，对于第一种和第二种许可方式来说，专利权人或专利申请人可以在互惠或防御性终止条件下作出上述声明。

专利权人如果同意许可的话，应选择第一种或第二种许可方式。如果专利权人选择了第三种许可方式的话，实际上是不同意将其专利纳入标准。

2. 必要专利实施许可声明的必需性

必要专利实施许可声明的必需性表现在两个方面。一是在专利纳入标准方面。获得专利权人作出的实施许可声明是专利进入标准的前提条件。不仅如此，专利权人在作出实施许可声明的时候，只有当其选择第 9 条中的第（一）项或第（二）项时，其专利才能被纳入标准中。否则，工作组应考虑修改涉及该专利的条款，以绕开该项专利技术。如果实在绕不开该项专利技术，又得不到专利权人的许可承诺，那么，工作组应考虑删除该涉及专利的条款。对于强制性国家标准来说，如果未获得专利权人或专利申请人根据《管理规定》第 9 条第（一）项或第（二）项规定作出的专利实施许可声明，则按照《管理规定》的第四章第 15 条进行处理。

二是体现在标准报批方面。涉及专利的国家标准在报批时除了要提交标准报批稿外，还要提交必要专利信息披露表、已披露的专利清单、证明材料和专利实施许可声明。否则的话，该标准报批稿被视为不符合报批要求，应退回技术委员会，限时解决问题后再行报批。

3. 标准中涉及的必要专利的实施许可依据

对于已发布的国家标准来说，纳入其中的专利一定获得了专利权人的许可承诺。因此，标准实施者在实施这类标准的时候，可以依据专利权人事先作出的许可承诺来获得其许可。对于国家标准中所涉及专利的许可及许可费问题，由标准实施者和专利权人或专利申请人协商处理。国家标准化管理委员会不负责专利的许可和许可费事宜。

（三）国家标准批准发布后发现新专利的处理

如果国家标准发布后发现了新专利，首先应该由技术委员会联系专利权人，并通知其在规定的期限内作出许可声明。该具体时间期限可以由技术委员会根据具体情况作出要求。如果专利权人在规定期限内，按照《管理规定》第 9 条的第（一）项或第（二）项作出了许可声明，技术委员会应将获得的新的专利信息披露表、专利许可声明表，以及更新后的专利清单提交国家标准化管理委员会。

除强制性国家标准外，如果技术委员会在规定的时间内未能获得专利权人的许可承诺，或者专利权人是根据《管理规定》第 9 条第（三）项作出的许可声明，技术委员会应该及时将这一情况上报国家标准化管理委员会。如果有充分的证据证明该专利权人并没有违反《管理规定》或 GB/T 20003.1 的有关要求，国家标准化管理委员会则可暂停实施该国家标准，并责成相应的技术委员会修订该标准。如果有证据证明该专利权人违反了《管理规定》或 GB/T 20003.1 的有关规定，则出于保障公众利益的考虑，可以由国家标准化管理委员会、国家知识产权局和专利权人协商处理。

对于强制性国家标准来说，如果其在实施过程中发现了新的必要专利，对新必要专利的处理按照《管理规定》的第四章第 15 条进行。

（四）已经提交实施许可声明的专利进行转让或转移时的要求

专利权人一旦向技术委员会作出了许可承诺，就应该遵守其承诺，不应为了规避该承诺而故意去转让或转移专利权。专利权人或专利申请人在转让或转移该专利时，应事先告知受让人这一事实，让受让人了解该许可承诺的内容；并确保受让人同意继续受该许可承诺的约束。

（五）强制性国家标准涉及专利的特殊规定

按照标准化法的规定，强制性国家标准发布后必须执行，其实施的范围覆盖全国。各领域的生产活动必须满足相关强制性国家标准的要求。如果不执行强制性国家标准，就要承担相应的法律后果。正是由于强制性国家标准的特殊效力，一旦其中涉及专利，则所有标准实施者在实施该项标准时都必须获得专利权人的许可。此时，一旦发生专利权人不同意许可或者提出不合理的许可条件，都会影响强制性国家标准的实施。因此，为了更好地促进强制性标准的实施，强制性国家标准原则上不应涉及专利。

强制性国家标准涉及专利的时候，应该由技术委员会联系必要专利权人，并获取必要专利权人的许可声明。当必要专利权人按照《管理规定》中第9条的第（一）项或者第（二）项作出许可声明时，标准可以继续制定或实施。如果必要专利权人不愿意作出许可承诺，或者选择第（三）项许可选项，此时，为了保证强制性标准的顺利制定，国家标准化管理委员会、国家知识产权局和相关部门应和专利权人进行协商。

根据国家标准化管理委员会2002年发布的《关于加强强制性标准管理的若干规定》（国标委计划［2002］15号）中第20条的规定："强制性标准的批准、发布实行公告制度，并在指定的媒体上刊登已批准发布的强制性标准的有关信息。"因此，对于涉及专利的强制性国家标准来说，国家标准化管理委员会应在其批准发布前将标准草案和专利信息进行公示，其公示期为30天。根据世界贸易组织1980年发布实施的《世界贸易组织贸易技术壁垒协议》中规定："在批准一个标准之前，标准化机构须留出至少60天的时间让其他世界贸易组织成员境内有利害关系的各方对标准草案提出意见。"按照该要求，对于涉及或可能涉及专利的强制性国家标准在批准发布前，其公示期可以依有关组织申请延长至60天。

（六）采用国际标准时专利问题的处置

GB/T 20000.2—2009《标准化工作指南第2部分：采用国际标准》中规定："国家标准与相应国际标准的一致性程度分为：等同、修改和非等效。"GB/T 20000.2—2009还规定："国际标准是国际标准化组织（ISO）、国际电工委员会（IEC）和国际电信联盟（ITU）确认并公布的其他国际组织制定的标准。"

在2012年发布的《ITU-T/ITU-R/ISO/IEC共同专利政策实施指南》的第二部分"ISO和IEC专用条款"中对采用国际标准作出了以下规定："ISO、IEC和ISO/IEC标准化文件中的专利声明仅适用于声明表中所列出的ISO和/或IEC文件，该声明不适用于在国家采标或区域采标过程中修改了的文件。然而，在实施ISO和/或IEC标准化文件，以及实施国家或区域等同采标的标准时，则可以按照专利权人提供的许可声明获得其许可。"根据该规定，在等同采用ISO或IEC标准制定我国国家标准时，专利权人针对国际标准作出的许可承诺对于该项国家标准依然有效，不需要重新获得专利权人的实施许可声明。除此之外，其他情况均应遵照《管理规定》的要求重新获得专利权人的许可声明。

（七）引用涉及专利的标准的问题

编写标准时，如果有些条款在其他文件中已经进行了规定并且适用，可以采用规范性引用的方法。在制修订国家标准过程中，如果规范性引用了涉及专利的标准，尽管专利权人已经对被引用的标准作出了许可承诺，然而，由于新制定或修订的标准可能会涉及新的领域，也可能会扩大专利的实施范围或改变专利的实施目的，因此，也应由技术委员会联系专利权人并获得其许可声明。

五、总　结

《管理规定》既与国际规则保持了高度一致，坚持了必要专利原则、披露原则和许可声明原则；又考虑到我国标准体系的特点，对强制性标准中专利问题的处置进行了作出特殊规定。然而，《管理规定》只是从原则层面对标准中专利问题的处理进行了规定。为便于理解和实施管理规定，国家标准化管理委员会还组织起草了配套标准——GB/T 20003.1《标准制定的特殊程序第 1 部分：涉及专利的标准》，对国家标准制修订过程中各利益相关方的操作细节进行了详细规定。

《管理规定》和 GB/T 20003.1 共同构筑了我国处理标准与专利结合问题的具体框架，然而，由于标准涉及专利的问题极其错综复杂，《管理规定》及其配套标准只是处理标准和专利问题的事前规制规则，未来还需要建立和完善事后处理机制，如相应的司法处理规制等，以取得相得益彰的效果。

参考文献

[1] 国家标准中涉及专利的信息搜集与分析，中国标准化研究院中央基本科研业务费支持项目，2009 年 9 月至 2010 年 12 月。

[2] 标准涉及专利的处置规则——《国家标准涉及专利的管理规定（暂行）》和相关标准实施指南［M］. 北京：中国标准出版社，2014.

标准涉及专利问题研究

孙茂宇[1]　苏志国[2]　毛　琎[3]

摘　要

本文从2013年12月19日出台的《国家标准涉及专利的管理规定（暂行）》出发，结合国际标准制定组织的专利政策，分析了标准必要专利选取，标准涉及专利的信息披露中存在的问题，标准涉及专利的许可中存在的问题，以及涉及专利的强制性标准制定中的特殊问题，对上述问题的法律行为和法律后果进行了分析。

[1][2] 作者单位：国家知识产权局专利复审委员会。

[3] 作者单位：北京市金杜律师事务所。

一、引　言

2013年12月19日，国家标准化管理委员会、国家知识产权局联合发布《国家标准涉及专利的管理规定（暂行）》（以下简称《标准管理规定》），该规定于2014年1月1日起实施。《标准管理规定》明确了标准制定过程中，标准制定组织在制定涉及专利的标准时应该采取的专利政策，以及参与制定标准的主体应该承担的义务和责任，弥补了我国涉及专利的标准制定过程中的立法空白，为处理标准制定过程中的专利问题提供了明确的指引。

二、我国标准化管理法规以及标准化管理体系

标准，是指为在一定范围内获得最佳程序，经协商一致制定并经公认标准机构批准，共同使用和重复使用的一种规范性文件[1]。我国的标准化管理法律规范，由基本法与补充法两个层次构成。1988年颁布的《中华人民共和国标准化法》（下称《标准化法》）为标准化管理的基本法；国务院和标准化管理委员会、国家质检总局、国家药监局等行政机关颁布了《标准化法实施条例》等一系列行政法规和规章，构成补充法，解释、实施和完善《标准化法》。

根据《标准化法》第5条第1款规定，中国标准化工作实行统一管理与分工，分级管理相结合的管理体制。国家标准化管理委员会经国务院授权，统一管理全国标准化工作，国务院有关行政主管部门或授权的行业社团、企业集团以及各省、自治区、直辖市政府技术监督局分工或分级管理本部门、本行业或本地区的标准化工作。

我国除企业标准外，国家标准、行业标准、地方标准的具体起草、审订由行政主管部门组织相关专业技术部门完成，且由标准化行政主管机关批准并以其名义公布，因而，除行业标准外，标准化行政主管部门

[1] 参见我国2002年GB/T 20000.1—2002《标准化工作指南第1部分：标准化和相关活动的通用词汇》第2.3.2条。国际标准化组织（ISO）对标准的定义与本文中类似，参见TSO/TRC Guide 2：2004 _ definition 3.2.

是标准的制定者。[1] 与美国、欧洲等国家以民间标准制定组织为主导的标准化体系[2]不同，我国这种完全行政管理体制下的标准化体系在处理标准涉及的专利问题时，无法真正实现与国际标准制定体制接轨，在纳入标准的专利选取、制定标准过程中专利信息披露、获取专利许可等操作上，可能出现与国际标准实践不一致的情形。

三、标准必要专利的选择

《标准管理规定》第3～4条规定，国家标准中涉及的专利应当是必要专利，即实施该项标准必不可少的专利，所称专利包括有效的专利和专利申请。我国的这一专利政策与国际上的主要标准制定组织的专利政策基本一致，但在具体纳入标准的专利类型上有所差别。国际标准化组织/国际电工委员会（ISO/IEC）的专利政策为：原则上不反对用包括采用专利权覆盖的专利项目的条款制定国际标准——这些专利项目被定义为专利、实用新型或其他基于发明的法定权利[3]。联合国贸易促进与电子商务中心（UN/CEFACT）规定：UN/CEFACT的标准提案中是可以包含那些标准技术方案所必需的“必要专利”，“必要专利”可以是发明专利，也可以是发明专利申请，但不可以是实用新型专利和外观设计专利。[4]

《标准管理规定》虽然规定国家标准中涉及的专利应当是必要专利，但对于何种专利为必要专利却并没有给出可操作性的规范，实践中对于何种专利属于标准必要专利存在较大的模糊性。笔者认为，确定必要专利首先需要明确专利与标准的关系。标准中涵盖专利的全部技术特征是一种明显的标准涉及专利情形，更多的情况下，标准只是表达了专利的指标、功能或者部分技术特征，但实质上专利是实现上述指标、功能，或支持标准中的技术要素的技术方案。这些情形下，从表面上看，标准

---

[1] 中国标准化研究院．2006中国标准化发展研究报告［M］．北京：中国标准出版社，2006：26－28．

[2] 张书倾．美国国家标准管理体系及运行机制［J］．世界标准化与质量管理，2007（10）．

[3] 《ISO/IEC导则》第1部分第2.14条“专利条款”（Reference to Patented Rights）的第1款。

[4] 参见：UN/CEFACT于2002年11月22公布的《UN/CEFACT临时知识产权政策》（UN/CEFACT Provisional Intellectual Property Policy）．

规定的技术要素与专利只有部分重合或无关，但实际上，实施标准时无法避免实施该专利。

如何界定标准必要专利，国际上有些规则可供我们借鉴。据欧洲电信标准化协会（ETSI）知识产权政策第15.6条规定，必要性是指，考虑到通常的技术实践以及在标准化时技术通常可利用的状态，在遵守一项标准时，制造、销售、租赁、修理，使用或操作设备或方法，不侵犯那项知识产权是不可能的。学者认为[1]，必要专利的必要性体现在两点：一是该技术的必不可少使得没有其他非专利技术可以替代它。二是该专利技术必须与标准针对的产品或方法有直接的联系。

可见，标准必要专利是指标准针对产品上，为实现标准设定的指标或功能，没有其他技术可替代的、必不可少的专利技术。标准必要专利应该是一个动态概念，某专利在制定标准时为必要专利，但如果在标准公布后，出现了新的非专利技术能够替代该专利技术，则该专利就不再是标准必要专利。确定标准必要专利，一方面是要在实质内容上把握，另一方面是要在标准制定程序中，设定标准必要专利筛选程序。对于标准提案人选取的标准必要专利，一方面应该设定专门的程序让其他标准实施人提供反对意见；另一方面，还应该设定专门程序，聘请独立专家，进行专利必要性筛选和评估。

四、标准涉及专利的信息披露

（一）专利信息披露

《标准管理规定》第5条对标准制定过程中的专利信息披露进行了规定，其中第5条规定，参与标准制修订的人有披露其拥有和知悉的必要专利的义务。专利信息披露的价值在于：一方面，使得标准制定组织在制定标准之时能够获知可能被并入标准的专利，从而对并入标准的专利的必要性进行考虑，尽量避免专利并入标准，降低标准运行的社会成本；另一方面，使社会公众能够及时获知可能并入标准中的专利，从而及时寻找和研发可能替代并入标准的专利的其他技术方案。

---

[1] SHEILA F., ANTHONY. Antitrust and Intellectual Property Law: From Adversaries to Partners [J]. *AIPLA Quarterly Journal*, 2000 (1).

专利信息披露制度，是一项与国际接轨的制度。ISO/IEC 规定：如果一个 ISO/IEC 的国际标准提交审议的技术方案中包含有专利技术，那么提交人应当提请 ISO/IEC 注意自己发现的并准备在技术标准提案中采纳的专利技术。任何参与标准提案编写工作的相关方也应当提请 ISO/IEC 注意自己发现的并准备在技术标准提案中采纳的专利技术。❶ UN/CEFACT、ITU（国际电信联盟）等标准化组织也都明确要求标准提案人在提交标准提案时以及在标准提案的审议过程中承诺已经将自己知晓的在标准提案中涉及的专利权进行了详尽的披露。❷

（二）违反专利信息披露的法律责任

《标准管理规定》第 5 条规定了违反事前披露原则的标准制定人，应当承担相应的法律责任，但究竟为何种法律责任，《标准管理规定》并未明确规定。司法实践中可供参考的法律规范目前仅有 2008 年最高人民法院针对辽宁省高级人民法院就（2007）辽民四终字第 126 号专利侵权纠纷一案的请示，出具的［2008］民三他字第 4 号答复函。

［2008］民三他字第 4 号答复函的主要意见是："鉴于目前我国标准制定机关尚未建立有关标准中专利信息的公开披露制度，专利权人参与标准的制定或者经其同意，将专利纳入标准的，视为专利权人许可他人在实施标准的同时实施该专利，他人的有关实施行为不属于侵害专利权的行为。专利权人可以要求实施人支付一定的使用费，但支付的数额应明显低于正常的许可使用费；专利权人承诺放弃专利使用费的，依其承诺处理。"上述批复表明，法院在专利侵权案件审理中发现上述情形的，应按照专利许可使用费纠纷审理。❸ 最高人民法院的上述意见函仅仅针对我国尚未建立标准涉及的专利信息披露制度的情形，在目前《标准管理规定》已经明确规定了专利信息披露义务的情形下，对于专利权人违反专利信息披露义务，应该承担何种法律责任，无论是法律规范还是司法实践都属于空白。

在美国，在标准提案人违反事前披露原则时，标准实施人可能采用

---

❶ 参见《ISO/IEC 导则》第 1 部分第 2.14 条。

❷ 参见 UN/CEFACT 于 2002 年 11 月 22 公布的《UN/CEFACT 临时知识产权政策》(UN/CEFACT Provisional Intellectual Property Policy)，以及 Guidelines for Implementation of ITU-T-Patent Policy，http：//www. itu. into。

❸ 宋妍．专利标准化对专利侵权判定的影响［N］．人民法院报，2013－11－06.

禁止反言、默示许可、欺诈、专利权滥用等多种抗辩方式；违反披露义务的专利权人还可能受到美国联邦贸易委员会（FTC）的限制竞争指控。

在 Wang Laboratories，Inc.，v. Mitsubishi 案[1]中，Wang Laboratories，Inc. 参与美国联合电子装置委员会（JEDEC）组织的标准制定过程，其并未披露被 JEDEC 纳入标准的存储器专利，在 JEDEC 出台标准后，Wang Laboratories，Inc. 对 Mitsubishi 公司提出专利侵权诉讼，二审法院最后认为，原告在标准制定过程中，从来没有披露过专利信息，原告的行为使得被告有充分的理由认为自己的行为是符合原告要求的，是原告默示同意的，因此，被告也无须承担侵权责任。

在 Dell 案[2]中，DELL 公司的代表参加了美国声频电子标准联合会（VESA）举行的“VL-bus”标准制定会议。在制定标准的过程中，DELL 公司未披露标准涉及总线技术已申请专利的事实。在标准出台，一些生产商开始按该技术标准生产产品后，DELL 公司对这些生产商提出了专利侵权诉讼。在此情形下，FTC（美国联邦贸易委员会）根据《联邦贸易委员会法》第 5 条，起诉 DELL 公司限制了竞争。最终，DELL 公司与 FTC 达成妥协，DELL 公司同意无偿向生产商提供专利许可。

笔者认为，根据《标准管理规定》第 5 条的规定，标准参与人在标准制定过程中违反专利信息披露义务，标准实施人至少不应该承担侵权责任。标准实施人是否需要支付专利许可使用费，需要根据专利权人的主观过错程度来认定。标准与专利结合的情形可能比较复杂，有些特定的情形下，专利与标准结合的并非显而易见，在标准参与人只存在疏忽大意的主观过失时，可以判定标准实施人只需要支付明显低于正常的许可使用费；如果标准参与人存在明显的主观过错，则可以判定标准实施人免费获得许可。参考我国的司法实践，标准实施人请求只支付较低许可费或免费许可的具体抗辩理由，一般可以是默示许可或专利权滥用。当标准参与人存在主观故意，客观上达到限制竞争的效果时，标准实施人可以对标准参与人提起限制竞争或反垄断诉讼；标准实施人也可以请求我国工商行政管理局进行反垄断查处；情节特别严重的情形，可以请

---

[1] Wang Laboratories，Inc，v. Mitsubishi Electronics America，Inc. &Mitsubishi Electronics Corporation，united statescourt of appeals for the federal circuit 95，1276—1324.

[2] Agreement containing consent Order To cease and Desist In re Dell computer Corp, No. 931—0097 (FTC. 1996).

求商务部反垄断局发起反垄断调查。

五、标准涉及专利的许可

（一）RF 或 FRAND 许可

专利权是法定的权利，没有法律依据任何人不得实施他人的专利权，即便专利被纳入标准，也不得以实施标准为由实施他人专利。为保证标准的有效实施，国际标准组织都规定了标准制定过程中的 RF（免费许可，Royalty-Free）或 FRAND 许可（公平、合理、无歧视许可，fair，reasonable，non-discriminatory）的要求。

ISO/IEC 专利许可规则要求："如果由于技术原因接受了该提案，则提出者应要求已确定的专利权持有人发表声明，说明专利权持有人愿意在合理和非歧视的条款和条件下与全球的申请人协商其授权的国际许可证。"[1] ITU 规定：出于普及 ITU 标准及促使标准互惠的目的，专利权人同意向全球范围的任何用户提供非歧视的免费许可；或者专利权人同意在合理的情况下，向全球范围的任何用户提供非歧视的和合理的许可。[2]

我国的国家标准制定和发布机关为行政管理机关，并不直接面对企业，在《标准管理规定》出台前，存在未经专利权人授权，将专利权纳入标准的情形。其他人在标准实施时，不可避免地侵害了专利权人的利益。最高人民法院曾打算针对这种情况出台司法解释。

2003 年 7 月 9 日，最高人民法院在起草的《关于审理专利侵权纠纷案件若干问题的规定（征求意见稿）》中，第 75 条"技术标准与专利许可"规定："标准管理组织或者标准制定者未经专利权人许可，也未获得专利实施的强制许可，将专利纳入国家标准、行业标准和其他专业技术标准，他人根据国家有关规定、标准管理组织的章程或者标准制定者规定的条件实施包括专利在内的标准的，人民法院应当认定标准管理组织或者标准制定者和标准采用人构成专利共同侵权。但让具有公共行政管理职权的国家行政机关承担专利侵权责任，不利于行政机关行使日常职权，也与我国的司法实践不符，该条规定最终未获得通过。多年来，对

[1] 参见：《ISO/IEC 导则》第 1 部分第 2.14 条第 2 款（b）项。

[2] ITU 通用专利声明和许可声明（ITU General Patent Statement and Licensing Declaration）。

于标准制定组织未经专利权人许可，将专利权纳入标准的情形，一直缺乏明确的法律约束。

《标准管理规定》专门针对上述问题作出规定，其中第9条、第10条规定了涉及专利的国家标准制定时，必须获得专利权人作出的RF或FRAND许可声明。无法获得许可的法律后果，除强制性国家标准外，国家标准不得包括基于该专利的条款。上述规定与国际标准制定组织的专利政策接轨，有效的保护了标准涉及的专利权人利益。

（二）违反许可声明的法律责任

专利权人在标准制定过程中作出了RF声明，实践中一般不存在执行的争议；但对于FRAND许可声明，存在较大的不确定性，往往存在专利权人认为许可条件是公平、合理、无歧视的，但是标准实施人认为并不公平、合理、无歧视的情形。《标准管理规定》对于上述争议，只提出双方协商解决的方案，没有作出可操作性的具体规定和相应的法律责任。实践中，标准涉及专利的FRAND许可争议主要集中在许可费超高定价、限制性许可条款、歧视许可方面。对于专利权人违反许可声明应该承担的法律责任，可以运用反垄断法、专利权滥用、合同法等相关法律规定确定。

1. 专利使用许可费超高定价

对于普通专利而言，没有任何法律要求专利使用许可费不能过高，拥有专利权并不必然构成垄断❶，专利许可费属于商业决策的范围，应该由当事人自由决定。但是，对于纳入标准的专利而言，基于标准中的每一个标准必要专利的唯一性和不可替代性，标准必要专利权人在相关市场中具有市场支配地位。❷ 由于标准实施人对于标准中纳入的专利并无选择权，对于标准纳入专利权人对专利使用许可费超高定价的情形下，如果无法协商解决，标准实施人可以对专利权人提起反垄断诉讼，或请求反垄断行政机关对专利权人的超高定价行为进行反垄断调查。

---

❶ 参见国家工商行政管理总局发布的《工商行政管理机关禁止滥用知识产权排除、限制竞争行为的规定》，其中第7条规定，市场支配地位根据《反垄断法》第18条和第19条的规定进行认定和推定。经营者拥有知识产权可以构成认定其市场支配地位的一个因素，但是经营者不因拥有知识产权而直接被推定为在相关市场上具有市场支配地位。

❷ （2013）粤高法民三终字第306号（华为诉交互数字集团垄断侵权案）判决。

欧盟高通反垄断案❶中，爱立信等公司对高通公司就 WCDMA 专利超高收取专利使用费问题提出的指控，认为高通公司违背对国际标准设定过程中的 FRAND 承诺对 WCDMA 标准中涉及的专利收取了高昂的专利费，违背了欧盟竞争法。欧洲委员会随后对高通公司限制竞争行为展开调查。最终，高通与爱立信等公司达成专利使用费和解协议，爱立信公司向欧盟委员会撤回了反垄断投诉。❷

我国司法实践中，已经给出了标准必要专利使用费是否符合 FRAND 的标准，应考虑以下几种因素❸：一是评估特定无线通信产品中应支付的标准必要专利许可使用费的比例；二是考虑涉案标准必要专利的数量、质量、研发投入等情况；三是参考标准必要专利权人之前已达成协议并收取的可量化的使用费率标准；四是考量欲授权的标准必要专利的地域范围。根据上述因素，法院最后认定 IDC 公司过高收取标准必要专利许可费，构成滥用市场支配地位。

2. 歧视性定价

标准涉及专利权人对不同标准实施人提出不同的许可费条件，可能被认为违反 FRAND 声明，属于歧视性定价的行为。在华为公司诉 IDC 公司垄断侵权案中，IDC 公司授权给苹果公司、三星公司的专利许可条件，已向华为公司发出的要约条件进行比较，无论按照一次性支付专利许可使用费为标准，还是按照专利许可使用费率为标准，拟授权给华为公司的专利许可费均远高于苹果公司、三星公司，IDC 公司还要求华为公司给予其所有专利的免费许可，最后法院判决 IDC 公司违反了 FRAND 声明，歧视性定价的行为。❹

3. 限制性许可条款

除了专利使用许可费外，专利权人还可能在专利许可谈判中提出类似于限制产品市场、购买专利权人产品、不得质疑专利有效性、针对专利改进的技术应该允许专利权人使用等非价格性条款。这些条款往往可

---

❶ 欧盟对美国高通公司发起反垄断调查 [EB/OL]. [2007－10－01]. "新华网", http://news. xinhuanet. com/newscenter/2007－10/01/content_6821337. htm.

❷ 欧盟停止对美国高通公司的反垄断调查 [EB/OL]. [2009－11－25]. "新华网", http://news. xinhuanet. com/newscenter/2007－10/01/content_6821337. htm.

❸ 叶若思，祝建军，陈文全．标准必要专利使用费纠纷中 FRAND 规则的司法适用——评华为公司诉美国 IDC 公司标准必要专利使用费纠纷案 [J]. 电子知识产权，2013 (4).

❹ (2013) 粤高法民三终字第 306 号（华为诉交互数字集团垄断侵权案）判决。

能被标准实施人认为不公平、合理，违反了专利权人在标准制定过程中作出的FRAND声明。

对于限制性条款，各国都通过法律或司法判决确立了一些条款违反了FRAND原则，甚至有些条款本身就是限制竞争的。但不同国家对限制性条款的容忍程度有所差异，整体而言，发达国家不允许的限制性条款较少，而不发达国家相对较多。TRIPS协定就明确规定单方面回授条款、不得对有效性提出异议的条款以及强制性的一揽子许可条款是禁止的或需要得到控制的。[1] 我国《合同法》及《技术进出口管理条例》明确列举了技术转让及专利许可合同中不允许制定的条款[2]，标准涉及专利权人在许可合同中提出这些条款，应该被认为违反国家法律强制性规定也必然违反FRAND声明；在许可合同中提出的其他限制性条款，则需要根据对竞争的具体影响判断是否构成违反FRAND声明。

六、强制性标准涉及专利的处理

我国《标准化法》根据标准实施的强制程度，把标准分为强制性标准和推荐性标准（自愿性标准）。保障人体健康、人身、财产安全的标准和法律、行政法规规定强制执行的标准是强制性标准，其他标准是推荐性标准。[3]《标准化法实施条例》进一步将八类标准规定为强制性标准。[4]《标准管理规定》规定，但对于强制性标准，无法获得专利权人许可时，应当由相关国家机关和专利权人协商专利处置办法，标准仍然可能被批准发布。《标准管理规定》作上述规定的原因在于，强制性标准涉及人体健康、人身、财产安全，如果由于涉及专利延误或取消标准的发布，可能影响基本人权和社会安全。

《标准管理规定》并未具体规定无法获得强制标准中专利权人许可情况下，相关国家机关和专利权人如何协商专利处置办法。显然，即便涉及强制标准，也不得非法剥夺权利人持有的专利权。笔者认为，在协商不成之时，存在国家行政机关适用专利强制许可的可能。

---

[1] TRIPs协定第40条第2款。

[2] 《合同法》第329条；《技术进出口管理条例》第29条。

[3] 《中华人民共和国标准化法》第7条第1款。

[4] 《标准化法实施条例》第18条。

TRIPs 协定规定，在专利权人合理长时间内拒绝许可的情形下，可以给予强制许可。[1]我国 2000 年《专利法》也规定合理长时间内未获得许可的情形，可以实施强制许可。2008 年《专利法》删除上述规定，即不得以专利权人拒绝许可给予强制许可，但仍然规定基于公共利益目的，可以实施强制许可。强制标准本身具有安全性、公共性属性，对于涉及医疗、卫生等人身安全、社会安全的强制标准，如果涉及的专利权人拒绝给予许可，可以适用 2008 年《专利法》第 49 条的规定，以公共利益的目的，实施强制许可。

[1] TRIPs 协定第 31 条（b）款：TRIPs 协定第 31 条第（b）项规定："只有当拟使用者在此种使用前已按合理商业条款和条件努力从权利持有人处获得授权，但此类努力在合理时间内未获得成功，方可允许此类使用。"

《专利合作条约》发展动向及展望

王韦玮[1] 董 琤[2] 吕德军[3]

摘 要

《专利合作条约》实施三十多年来，在全球范围内得到了广泛的运用，制度不断发展和完善，业已成为专利领域最为主要和最具影响力的国际条约之一。特别是21世纪以来，PCT进入较为频繁的修改期，引入了一系列新制度。使PCT体系变得更加高效、全面，对用户更加友好。在国际平台中关于进一步改进PCT功能的讨论仍在进行之中，未来PCT体系的发展方向初现端倪。了解好、掌握好、运用好PCT体系对于我国创新主体提高知识产权国际竞争力具有重要意义，对于增强国家核心竞争力和创新型国家建设也将发挥重要作用。

---

[1][2][3] 作者单位：国家知识产权局条法司。

《专利合作条约》(The Patent Cooperation Treaty，以下简称 PCT)于 1970 年 6 月 19 日在华盛顿外交会议通过，1978 年 6 月在 18 个国家开始实施。在短短三十多年的时间里，PCT 已经发展成为全球最主要的国际专利申请体系。截至 2014 年 3 月，PCT 的成员国数量已经达到 148 个。2007 年，通过 PCT 途径提交的跨国专利申请数量首次超过通过《巴黎公约》途径提交的专利申请数量。[1] 2013 年，全球通过 PCT 体系提交的国际专利申请达到 20.53 万件，同比增长 5.1%，创历史新高。[2]

PCT 体系在被广泛运用的同时，其制度本身也经历着不断变化、发展和完善的过程。截至 2014 年 1 月，PCT 修改了 3 次[3]，PCT 实施细则的修改多达 29 次，并且 PCT 实施细则的修改均是在 1992 年之后，平均计算 PCT 实施细则每年都进行修改，甚至在某些年份进行过两次修改。PCT 实施细则的某些条款修改次数达到 7 次之多，例如 PCT 实施细则第 4.10 节，47.1 节，48.2 节和第 48.3 节。本文将介绍近十年来 PCT 制度的主要变化，分析其中的共同特点，展望未来发展的趋势，探讨对于我国可能产生的影响，以期帮助读者了解 PCT 制度的最新变化，增进对 PCT 体系的了解，提高运用 PCT 制度的能力，促进创新性国家的建设。

一、PCT 制度的主要变化

(一) 引入全部指定系统

2004 年 1 月 1 日起，申请人在提交国际申请的同时自动获得 PCT 体系下的全范围指定，包括所有保护类型以及国家和地区专利保护。申请人无须在提交申请时指定将来国际申请要进入的国家或者地区以及希望获得的保护类型。

(二) 引入改进的国际检索和初步审查系统

2004 年 1 月 1 日之前，在国际检索程序中，国际检索单位仅制定国际检索报告，该报告列出可能对要求保护的发明的可专利性产生影响的引证文件，以及引证文件与权利要求之间的相关性。

2004 年 1 月 1 日起，除了国际检索报告，国际检索单位还要就所要

[1] Fig A. 6. 2. PCT Yearly Review 2013. WIPO.

[2] http: //www. wipo. int/pressroom/en/articles/2014/article _ 0002. html.

[3] 1979 年、1984 年、2001 年。

求保护的发明是否具有新颖性、创造性和工业实用性制定一份初步的、不具有约束力的书面意见。该意见在范围和内容上和国际初步审查单位的书面意见类似。国际检索单位的书面意见随检索报告一并送交申请人。申请人可以对国际检索单位的书面意见向国际局提出非正式的意见陈述。

国际检索单位的书面意见既用于 PCT 第 I 章程序的目的，也可用于第 II 章程序的目的。如果申请人未要求进行国际初步审查，国际局以国际检索单位的书面意见为基础制定“专利性国际初步报告（第 I 章）”。如果申请人要求进行国际初步审查，国际检索单位的书面意见将被视为国际初步审查单位的首次书面意见。

（三）延长进入国家阶段的时间

2002 年 4 月 1 日之前，根据 PCT 第 I 章的规定，PCT 国际申请进入国家阶段的期限是自优先权日起 20 个月。2002 年 4 月 1 日起，PCT 国际申请进入国家阶段的期限修改为自优先权日起 30 个月。并且，自 2003 年 1 月 1 日起，申请人延误该期限的，可以请求指定局或者选定局恢复。

（四）引入援引加入遗漏部分制度

2007 年 4 月 1 日起，申请人在递交国际申请时，如果遗漏了某些项目或部分[1]，可以在递交国际申请之日起 2 个月或者受理局发出改正通知的发文日起 2 个月内，通过援引在先申请中相应部分的方式加入遗漏的项目或者部分，而保留原国际申请日。这避免了因为后提交文件而导致国际申请日发生改变。

（五）引入优先权恢复制度

根据《保护工业产权巴黎公约》的规定，发明和实用新型专利申请的优先权期限为 12 个月，自首次申请之日起计算。2007 年 4 月 1 日起，PCT 实施细则允许申请人即使在 12 个月的优先权期限届满之后递交国际申请，仍能享有该项更早的优先权。条件是必须在最早的优先权日起 14 个月内提交国际申请，并且说明在优先权期限内未能递交国际申请的原因。

（六）引入利用在先检索结果的制度

2008 年 7 月 1 日起，申请人可以请求国际检索单位考虑由其他国际

[1] 项目是指全部说明书或者全部权利要求。部分是指部分说明书、部分权利要求、全部或部分附图。

检索单位或国家专利局作出的在先检索的结果。如果国际检索单位在进行国际检索时考虑了在先检索结果，国际检索单位应当退还部分国际检索费。

（七）引入补充检索制度

2009年1月1日起，PCT体系引入了补充国际检索制度。在国际申请进入国家阶段之前，申请人可以请求任意一家提供该服务的国际单位进行补充检索，但主管国际检索的国际单位除外，其目的是克服主管国际检索单位在检索现有技术时，由于语言造成的检索不充分，扩展检索范围，降低进入国家阶段后发现新的现有技术的风险，避免给申请人带来不必要的巨额花费。

目前共有6个国际单位提供补充检索，分别是俄罗斯、北欧、瑞典、芬兰、奥地利的专利局和欧洲专利局。关于补充检索所接受的语言，6个单位均接受英语，其他语言为俄语、丹麦语、芬兰语、法语、德语、冰岛语、挪威语和瑞典语。各局提供补充检索覆盖的文献各有不同：俄罗斯局限于俄语文献、奥地利限于德语文献，这两局在申请人付费或者主检索未做的情况下则检索最低文献，而其他局则提供与主检索完全相同的完整检索。在收费方面，俄罗斯局的收费为主检索的70%，奥地利局收费介于50%～100%之间，其他局为100%主检索的费用。然而，补充检索的请求量较低，2009年25件，2010年41件，2011年41件，2012年46件，共计153件，其中108件向俄罗斯局提出。究其原因，国际上认为可能有以下3个原因，一是费用太贵；二是覆盖其他语言的专利局提供补充检索的比较少；三是对补充检索的宣传少。[1]

（八）引入扩展（top-up）检索

2014年7月1日起，国际初步审查程序中将施行扩展（top-up）检索。所谓扩展（top-up）检索即为了发现“保密的现有技术”而在国际初步审查程序中进行的检索。“保密的现有技术”是指申请日早于国际申请的申请日，但在国际检索时尚未公布的相关专利申请。扩展检索在一定程度上可以降低进入国家阶段后发现新的现有技术的风险。

（九）PCT费用的改革

PCT实施细则规定了国际阶段的费用种类，包括国际申请费（附加

---

[1] PCT工作组第四次会议，PCT/WG/4/11.

费）、传送费、国际检索费、优先权文本制作费、补充检索费、补充检索手续费、初步审查费、单一性异议费、附加检索费、附加初步审查费、优先权恢复费、后提交费、手续费、副本复制费、滞纳金等。其中，国际申请费、国际检索费和传送费三项费用是申请人在提交国际申请过程中必须提交的费用，其他费用则视国际申请的具体情况而发生。根据PCT实施细则，这些费用分别为国际局、受理局、国际检索单位、国际初步审查单位履行各自相应职责而设立，除国际申请费、手续费、补充检索手续费三项费用的数额由PCT实施细则费用表确定外，其他费用的数额分别由受理局、国际检索单位、国际初步审查单位确定。

PCT体系运行30年以来，费用表中的费用种类和数额在不断变化。[1]总体上看，费用种类增减不大，申请费的数额呈现上涨和下调的波动，向申请人提供的费用减免措施不断增加。

从费用种类看，在PCT体系运行之初，费用表中有4项费用，即基本费（2006年起改名为国际申请费）及其附加费、指定费和手续费。1979～1982年，费用表中先后增加了补充手续费、后提交费和确认指定费。1992年7月起，取消了补充手续费、后提交费。2004年，随着全面指定的改革措施，申请人提交国际申请就意味着指定所有的成员国，费用表中的指定费、补充指定费也随之取消。补充检索制度建立的结果是2009年的费用表中增加了补充检索手续费。

从申请费数额上看，1978年4月至1997年各项费用的额度持续上升。申请费从最初的300瑞郎上升到1997年的762瑞郎。1998年申请费下调至650瑞郎，指定费也有所下调。2004年的费用改革取消了指定费，国际申请费上调至1 400瑞郎。自2008年7月1日起，国际申请费下调5%，为1 330瑞郎。费用额度的上涨可能与通货膨胀、费用合并等原因有关。

除了费用种类和数额变化之外，PCT体系还提供了一系列的费用减免政策，鼓励、吸引用户使用PCT系统的措施。除了在1992年、2004年先后取消了补充手续费、后提交费、指定费等措施之外，1996年1月1日起，PCT首次采取了给予申请人费用减免的政策。如果国际申请是由自然人提交，并且该自然人是人均国民收入低于3 000美元的国家的国民

[1] WIPO, History of the PCT Regulations-June 19, 1970-July 1, 2011.

和居民（依据联合国用于确定 1995 年、1996 年和 1997 年缴纳会费估算标准的人均国民收入数字），则费用表中的费用减少 75%。这一减免资格标准迄今仍在适用，并且从 2008 年 7 月 1 日起，上述标准的减免比例提高至 90%，此外安提瓜和巴布达、巴林、巴巴多斯、阿拉伯利比亚民众国、阿曼、塞舌尔、新加坡、特立尼达和多巴哥以及阿拉伯联合酋长国的国民和居民也被纳入可以享受减免的范围内。

技术的发展使 PCT 体系的操作模式和效率得到发展和提高。20 世纪 90 年代末开始的 PCT 改革将最大限度地利用现代信息和通讯技术作为改革的目标之一。反映在费用表上，首次出现了对提交电子形式国际申请所给予的费用减免。自 1999 年 1 月 1 日起，如果申请人提交纸件形式的国际申请同时提交电子形式的副本，可以减免 200 瑞郎的费用。❶ 2002 年，可减免 200 瑞郎的情形增加了以电子形式提交申请❷；2004 年和 2006 年，以特定格式提交电子形式的国际申请可享受费用减免的项目继续增加❸。直至目前，根据申请文件使用电子文件格式和程度的不同，国际申请费可以分别获得 100 瑞郎、200 瑞郎或 300 瑞郎的减免❹。

（十）其他方面的发展

PCT 体系除了在制度上不断变化之外，在其他方面也有所发展。例如，2009 年 7 月 1 日起，韩文和葡萄牙文成为新的国际公布语言；2012 年 7 月 1 日起，中国专利文献纳入 PCT 最低限度文献；2009 年 4 月，世界知识产权组织开通优先权文件数字接入服务（DAS），申请人通过该系统可以请求首次受理局制作优先权文件并存入专门数字图书馆供其他专利局获取，从而无需再自行向其他专利局提交在先申请文件副本；2011 年 5 月，世界知识产权组织开发的 PCT 国际申请在线服务平台 ePCT 开始试运行，功能包括申请的提交、文件的管理、在线支付、第三方意见反馈等。该系统的适用范围正逐步扩大，国际局希望能扩展到各国专利局，不论专利局规模大小和自动化程度高低，都能通过相应的界面获得服务。

---

❶ PCT 实施细则第 96 条，费用表 4（1999 年 1 月 1 日起实施）。

❷ PCT 实施细则第 96 条，费用表 4.（b）（2002 年 10 月 17 日起实施）。

❸ PCT 实施细则第 96 条，费用表 3（2004 年 1 月 1 日起实施），PCT 实施细则第 96 条 费用表 3（2006 年 10 月 12 日起实施）。

❹ PCT 实施细则第 96 条，费用表 4.（a）至（d）（2009 年 1 月 1 日起实施）。

二、PCT制度变化的主要特点

（一）优化程序、提高国际阶段工作成果质量

在PCT体系的国际阶段并不授予任何专利权，国际专利申请是否授权由PCT各成员国的专利局或者地区专利机构根据国内法或地区专利条约进行审查。国际检索单位制定的检索报告和书面意见是国际阶段的重要成果，虽然对于各指定局或者选定局不具有约束力，但对于申请人而言是重要的参考，申请人可以据此初步判断国际申请在进入国家阶段后的授权前景，这也是PCT体系具有吸引力的特点之一。因此，近年来的PCT制度改革也围绕如何提高国际阶段工作成果的质量展开。如2004年改进的国际检索系统，国际检索单位要制定国际检索报告和书面意见。2009年引入补充检索制度，弥补国际检索单位语言上的限制对检索造成的不利影响。2014年引入的扩展（top-up）检索，克服国际检索时无法发现的“保密的现有技术”。2012年7月第三方意见系统上线运行，任何人可以通过该系统对自优先权日起28个月期限尚未届满的国际申请提出意见。2012年底质量反馈系统开始运行，指定局/选定局将反馈意见传送给国际局，国际局再将意见转送给国际单位。上述这些改革的目的就是为了增强PCT国际阶段的功能，不断改进国际阶段工作成果的质量，提高工作成果的价值。

（二）简化程序、提高效率

PCT作为一项国际专利申请体系，如何高效运转也是近年来其改革的一个重要方面。例如2004年引入全部指定系统，在申请人提交国际申请时默认指定PCT所有成员国和地区，申请人不必在提交申请时指定计划进入的国家或地区；2008年允许申请人请求国际检索单位利用在先检索的结果，申请人可以获得检索费的退还，国际检索单位利用在先检索结果还避免了重复劳动，使国际检索更加高效地完成。

（三）充分利用信息和通讯技术，提高服务水平

提高PCT体系效率还体现在充分利用现代化的信息和通讯技术手段不断改进用户的体验。这包括2008年7月起，申请人可以请求国际单位通过电子邮件的方式发送通知书的预送本；2009年4月开通的数字优先权文件接入服务（DAS）；2011年5月上线试运行的在线服务平台ePCT。

通过这些网络化的服务系统，申请人足不出户便可办理 PCT 体系中的几乎所有手续，大大降低了时间和费用成本。此外，申请人还能通过在线系统实时查询所提交的国际申请的状态，使得 PCT 体系更加透明。所有这些改进给用户带来了全新的体验，极大地增强了 PCT 体系的吸引力。

（四）对申请人更加友好

申请人是 PCT 体系最主要的用户，近年来 PCT 制度的变化体现出对申请人更加友好的特点，具体表现在以下方面。

1. 延长期限或者为延误期限提供补救机会

期限是专利制度中极为重要的制度设计，延误了期限会导致权利丧失或其他不利的后果。PCT 制度从申请人利益出发进行了一系列调整：2002 年 4 月，进入国家阶段的期限延长至优先权日起 30 个月；2007 年 4 月，引入优先权恢复制度，申请人延误了优先权期限的，可以在优先权日起 2 个月内请求恢复。这些变化给申请人带来了更宽裕的时间或者提供了补救的机会。

2. 引入新的补救制度

申请人在提交国际申请时遗漏了部分内容的，按照 2007 年之前的 PCT 规则，后提交遗漏部分的提交日将作为国际申请日，这会给申请人带来不利的影响。2007 年引入的援引加入遗漏部分制度为申请人提供了补救错误的机会，申请人可以通过援引在先申请的方式，将遗漏部分加入到国际申请之中而保留原国际申请日。

3. 费用改革，减轻申请人经济负担

PCT 国际阶段的费用种类基本保持稳定，费用的数额呈现先升后降的特点。1996 年起，PCT 国际阶段费用的减免力度不断加大。首先，享受费用减免的标准既包括主体资格的标准，也包括提交方式（电子申请）的标准。其次，享受费用减免主体的范围在扩大。最后，费用减免的数额或比例也在提高。费用的减免减轻了申请人的经济负担，一定程度上也提高了 PCT 体系的可及性，使更多的人可以利用 PCT 体系。

三、PCT 制度未来的发展趋势

尽管近十年来 PCT 制度处在不断变化之中，但 PCT 制度发展的步伐尚未停止。在国际平台中关于进一步改进 PCT 功能的讨论仍在进行之中，特别是2011年美国和英国提出的“PCT 20/20”提案[1]掀起了新一轮PCT改革的序幕，EPO和日本随后也提出了一系列建议，其中的某些议题可能会成为未来PCT制度发展的方向。

（一）进一步增强国际阶段的功能，提升国际阶段工作成果的价值

1. 试点协作检索和审查

按照PCT的规则，国际检索和国际初步审查是由一个国际单位独立完成。2010年5月，欧洲专利局（EPO）、美国专利商标局（USPTO）和韩国特许厅（KIPO）进行了协作检索和审查的试点。此项目意在让处于不同地区、使用不同语言的不同国际单位的审查员协作完成对一件申请的检索与审查工作，以期形成高质量的国际检索报告和审查意见。据EPO介绍，在国家阶段70％的协作检索结果会被接受，2％的需作出补充检索，30％的需补充审查。从KIPO反馈的意见看，由于信任问题，协作检索并协作检索不能在很大程度上减少国家阶段的工作负担[2]。

2. 在国际检索阶段允许对权利要求进行修改

依照目前PCT制度，国际检索过程中申请人是不能提出任何修改的，只能对明显错误提出更正请求。美英建议允许申请人在国际检索单位起草国际检索报告之前有限制地对权利要求中无意的错误进行改正。

此外，EPO还提出要改进完成国际检索报告的及时性、在《国际检索和初审单位指南》第21章增加有关质量指标的内容、建立相同服务水平基础等建议。

上述这些建议都是针对PCT国际阶段程序的改进和完善，目的是为了不断提高国际阶段工作成果质量，提升国际阶段工作成果的价值，增加PCT制度的吸引力。

（二）加强工作共享，促进国际阶段与国家阶段的融合

近年来发达国家在各平台极力推动PCT工作共享，提出了一系列建议，其中的一些已经生效。[3] 按照不同的作用，可以分成以下四种类型：一是通过改进国际阶段程序，提高国际阶段工作成果的质量，为工作共享打下基础，如推行协作检索和审查。二是推动提供更多国际阶段的成

---

[1] PCT工作组第五次会议PCT/WG/5/18。

[2] PCT工作组第六次会议PCT/WG/6/22。

[3] 国际公布后公开国际检索单位的书面意见。

果用于共享，例如，要求国际单位记录检索策略、国际公布后公开书面意见，供各指定局使用。三是要求指定局为利用国际阶段工作成果给予特别政策，如 PCT 申请进入国家阶段时，权利要求符合 PCT 条约关于新颖新、创造性、实用性的标准，国家局给予加快处理和费用减免；将双边的 PPH（专利审查高速路）协议延展至 PCT 所有成员国，即根据申请人的请求，对于国际检索单位或者国际初审单位认为具备新颖性、创造性和实用性的权利要求，国家局或者地区局针对该申请给予加快处理。四是要求指定局承认国际阶段的工作成果，在国际申请进入国家阶段时，要求申请人对国际阶段中的负面评价进行答复，即承认国际阶段的成果的效力等同于国家阶段的第一次审查意见。

这些建议有些涉及对指定局行为的规范和约束，要求国家局承认并利用国际阶段的工作成果，还要给予加快处理和费用减免。按照 PCT 制度的基本原则，各国家局对于国际阶段的工作成果是否使用是由其国家法律规定，对国家局的行为作强制性规范突破了现有 PCT 制度框架。

（三）更广泛利用信息技术，PCT 程序将随之变化

随着信息技术和网络技术的发展，专利申请和审查的模式正发生着越来越多的改变，例如 PCT 20/20 中建议由申请人自行通过网络在线系统变更著录项目，这些技术带来的改变在方便申请人和各局的同时，对国际规则的影响日益显现。因此，各局纷纷设计和开发相关系统，如 WIPO的 ePCT 系统、USPTO 的全球案卷系统（the Global Dossier），希望通过技术的手段获取和掌控更多资源，把握国际合作中的话语权和未来发展的主动权。

其中 WIPO 开发的 ePCT 系统已初具规模，该系统的长期愿景是建成一个集中化的交互式电子平台，延伸至各受理局、国际单位乃至国家局处理国际申请的全流程之中。按照该系统的设计，申请人、国际单位、各指定局/选定局将通过该平台访问相同的一份电子文件并进行相应的处理或审查，所有处理的结果将会即时记录在系统中，相关手续完成后，系统会自动通知负责下一步流程的国际单位或相关局来进行处理，以此类推，直到该国际申请进入国家阶段乃至授权。ePCT 系统改变了传统的文件和数据的传送方式，所有国际申请的数据都保存在该系统中，相关局只需访问该系统即可获得。从发展的角度看，当技术改变了专利申请、审查的方式时，PCT 的制度框架必然随之作出相应的调整。

四、结　语

自专利制度诞生以来，国际合作就始终伴随其发展，PCT 的缔结便是其中重要的成果之一。专利制度国际合作的目的之一是要打破或者削弱专利制度地域性的限制。PCT 建立了一个国际性的专利申请平台，在专利的申请、检索、审查方面各国相互合作，为方便申请人跨国申请专利提供了便利。然而，PCT 体系合作的范围和程度是有限的，仅仅限于专利申请程序方面的合作，并未涉及专利实体授权标准和授权程序。PCT 国际专利申请是否授权仍由各成员国和地区专利机构决定。

随着经济全球化的迅猛发展，占领全球市场已是越来越多公司的目标。为了维持竞争优势和垄断地位，常常采取同一发明在多个国家申请专利的策略。建立统一的专利制度成为这类公司的愿望。在此背景下，发达国家大力推动专利制度的国际协调，协调的重点和难点是实体授权标准。然而，由于发展中国家的极力反对，实体专利法的协调并不顺利，始于 2000 年的《实体专利法条约》（SPLT）谈判至今未取得实质进展和成果。

统观近年 PCT 制度的变化发展，笔者认为 PCT 将会是未来国际专利制度协调的重要平台和工作基础。首先，PCT 体系已经基本完成跨国专利申请程序方面的统一，有得天独厚的条件和基础成为未来专利制度国际协调的平台。并且，互联网技术的发展和应用将进一步推动 PCT 国际专利申请程序一体化进程。其次，PCT 体系未来发展的趋势之一是不断提高国际阶段工作成果的质量，提升国际阶段工作成果的价值，这将为专利制度国际协调提供重要支撑。最后，通过推进 PCT 体系国际阶段和国家阶段融合的方式逐步实现各国对于 PCT 国际阶段工作成果的承认，最终实现国际专利制度的协调。

PCT 体系的未来发展给我国带来了机遇和挑战。一个统一的国际专利制度将会简化跨国申请程序、降低成本，对我国企业寻求国外专利保护是有利的。并且，随着创新国家建设的不断推进，“走出去”的中国企业越来越多，这种制度的优越性就愈发显现。统一制度形成的过程中有两个重要问题值得关注：授权标准和负责审查授权的机构。目前 PCT 各成员国都有各自的专利授权规则，在讨论统一标准的过程中，应以国家利益作为出发点，充分考虑科技、经济发展水平，充分顾及国内社会发展的需要。如果未来在 PCT 体系基础之上建立了国际专利体系，那么负责专利审查的机构扮演着极其重要的角色。我国的专利审查机构应当加强自身建设，提高专利审查质量和效率，在世界专利审查机构中占据一席之地。

欧洲单一专利制度

张晓东[1]　唐雪娇[2]

摘　要

欧洲单一专利又称“具备统一效力的欧洲专利”，是欧盟为进一步促进市场流通、资源节省而建立的新的欧洲专利体制，包括授权制度和欧洲统一专利法院制度。单一专利制度在申请文件翻译、生效要件、费用及维权诉讼等方面均与现行欧洲专利制度有较大差别，虽然单一专利体制目前尚未开始运行，但逐步完善的专利体系预示着单一专利制度势必会推行。单一专利制度的实行会引发过渡期内欧洲各种专利申请系统平行存在的复杂情况，对于中国企业而言，了解欧洲单一专利制度对于欧洲市场的专利布局和维权有着重要意义。

❶ 作者单位：华东理工大学法学院。
❷ 作者单位：华东理工大学法学院硕士研究生。

一、欧洲单一专利制度的建立

（一）欧洲单一专利的建立背景

欧洲一体化起步于第二次世界大战之后，1957年，在欧洲煤钢共同体的基础上，德国、法国、意大利、荷兰、比利时和卢森堡6国在罗马签订《罗马条约》，首次建立了“欧洲经济共同体”，后更名为“欧洲共同体”，2009年，更名为“欧洲联盟”（European Union，EU，简称欧盟）。从“欧洲经济共同体”始，经5次扩充，至今欧盟成员国为28个国家。欧盟最大的成功在于经济一体化，以关税同盟为起点，通过实施共同市场、统一市场实现全面经济货币联盟，减小流通阻力。

在欧洲共同体建立后，“专利法欧洲化”的想法逐渐显露，其目的一方面是消除国家间保护水平差异、减轻申请人和专利局不必要的花费与工作负担，另一方面是为了更有力地推动共同体市场内国家商品的自由流通。由于专利统一涉及授权专利的国家主权问题，因此专利法欧洲化的草案一直未能达成共识，直到1969年，《欧洲专利公约（EPC）》的起草工作才步入正轨，这时讨论的问题是：联合所有欧洲国家，建立一个从申请、授权到保护的集中化的专利制度，还是由部分欧洲共同体成员国组成唯一专利局，对整个欧洲共同市场成员开放？从1973年签署的《欧洲专利公约》不难看出，欧洲国家在统一市场经济与国家权力的博弈中选择了偏向国家权力，并没有将“专利法欧洲化”的思想完全实现。

1. 欧洲现行专利制度

1973年由欧洲14国签署的《欧洲专利公约》于1978年正式生效，基于该公约于1977年建立了欧洲专利局（EPO）。目前，《欧洲专利公约》签订国已达38个，另有2个承认欧洲专利的加盟国（黑山、波斯尼亚和黑赛哥维纳）[1]。这些国家中包含欧盟体系的28个国家。

《欧洲专利公约》为各成员国提供了一个共同的关于专利授权标准的法律制度和申请、审查、授予专利的统一程序。凡申请欧洲专利的，由欧洲专利局统一审查，统一授权（下称“欧洲EPO专利”）。当专利申请

[1] European Patent Organisation. Member states of the Eruopean Patent Organisation (last updated：22.4.2013) [EB/OL]. [2013－05－08]. http：//www.epo.org/about-us/organisation/member-states.html#invited.

依照《欧洲专利公约》被授予欧洲 EPO 专利后，该权利在各成员国生效还需要向各成员国再申请注册。欧洲专利局总部设在德国慕尼黑，全面负责欧洲专利的检索、审查、授权等业务；并在荷兰海牙设立分局，主要负责检索业务。欧洲专利局的正式工作语言为英语、德语和法语，欧洲专利申请必须使用其中一种语言。审查程序采取“早期公开、延迟审查”及授权后的异议制度（限于授权后 9 个月内）。根据各生效国的规定，在授权公告日起 3 个月内需要将该欧洲专利的全部或部分翻译成生效国的语言，并提交给生效国，才可以在该国生效。因此，可以看出，《欧洲专利公约》仅仅是一个负责审查和授予欧洲专利的公约，对于欧洲专利的生效、维持、行使、保护，以及他人请求宣告欧洲专利无效等职责，均由各指定的成员国依照国内法进行。

除了欧洲专利统一申请和审查的途径外，部分成员国也有自己的专利审查机构，接受向本国专利局提出的单独申请，进行专利实质审查和授权，授权效力仅及于本国。

2. 现行欧洲 EPO 专利制度的弊病

首先，程序繁琐，费用高昂。欧洲专利局统一授权的 EPO 专利只能在各成员国国家层面生效，以至于欧洲 EPO 专利并不属于真正的统一专利，本质上相当于经过集中授予程序之后（如果有异议的话，是在完成了异议程序之后）彼此相互独立的单个国家专利的集合。欧洲国家语言众多，为了在指定的成员国生效，申请人必须针对每个指定国翻译专利文件、向指定国申请并支付专利生效费，并按指定国的要求按时交纳维持费，这种分散的专利制度效率较低，程序烦琐，翻译和维持费用高昂，大大削弱了专利申请人在欧洲多个国家获取专利的积极性，使欧洲 EPO 专利吸引力降低。

其次，侵权审理标准不统一。虽然欧洲 EIP 专利的审查可以由欧洲专利局统一负责，但欧洲专利的有效性是由各国根据自己国家的专利法而定。尽管欧洲各国的专利法较为相似，但是仍有许多不同，而且各国司法配置也不尽相同，针对同一侵权诉讼案件，各国的审理结果可能大相径庭。除德国等专利法较为严谨的国家的判例会被作为某些国家的参考外，欧洲各国的专利侵权判决彼此并不干涉或互相援引。这种侵权判定分散且标准不统一的情况，使得专利权人维权时费用支出巨大，也减少了欧洲专利的竞争力。

（二）欧洲单一专利制度的建立过程

继欧洲专利公约体系稳健后，真正意义上的统一专利进程并未止步，但是进展颇为缓慢，直至 2010 年 12 月，才启动欧洲单一专利（Unitary Patent）制度的架构。所谓欧洲单一专利，又称“具备统一效力的欧洲专利”，是指由欧洲专利局根据《欧洲专利公约》的规则和程序授予的欧洲专利，在权利人申请的情形下，在参与单一专利框架的多个成员国内具备统一效力。真正具备统一授权、统一生效、统一保护的目的。

2010 年 12 月，欧盟 25 个成员国希望在专利领域启动“加强合作”机制，并将其要求送达欧盟委员会。2011 年 3 月，欧盟理事会授权启动“加强合作”机制。4 月，欧盟委员会递交两份条例草案，分别为根据《欧盟职能条约》（TFEU）第 118（1）条规定建立单一专利保护的条例和根据《欧盟职能条约》（TFEU）第 118（2）条规定作出的语言安排的条例。同年 12 月，欧洲议会法律事务委员会一致通过上述两个条例。2012 年 12 月 10 日，欧盟理事会批准了上述两个条例和统一专利法院协议（统称“一揽子专利法规”）。2012 年 12 月 11 日，欧洲议会就一揽子专利法规进行了投票。2013 年 2 月 19 日，欧盟 28 个成员国中的 24 个成员国正式签署了欧洲单一专利计划。意大利和西班牙认为新的专利体系未给予其语言以应有的承认，因此，两国没有加入单一专利计划，而且，两国还就该计划分别向欧洲法院（Courtof Justice）提起诉讼，要求法院宣告欧盟理事会关于启动在欧洲单一专利创设问题上的“加强合作”机制的决议无效。2013 年 4 月 16 日，欧洲法院作出判决，驳回了两国的诉讼请求。另外，保加利亚因某些国内程序尚未解决而未签字；波兰认为单一专利对其经济有潜在负面影响，拒绝签字，但其并不排除未来有加入的可能。

目前，上述两条例已于 2013 年 1 月 20 日正式生效，但尚不能适用，其适用必须与欧洲统一专利法院协议生效同步，也就是说，“一揽子专利法规”的适用日期取决于统一专利法院协议的生效日期。根据规定，统一专利法院协议将自第 13 个成员国（必须包括法国、德国和英国）批准或加入该协议书面文件的第四个月起生效。目前仅有奥地利于 2013 年 7 月 8 日、法国于 2014 年 3 月 14 日批准了统一专利法院协议。[1] 据乐观的

[1] European Commission. Unitary patent-ratification progress（last update：27.03.2014）[EB/OL].［2014－05－12］. http：//ec.europa.eu/internal_market/indprop/patent/ratification/index_en.htm.

估计，欧洲单一专利制度的生效日期大概会在2015年。

（三）欧洲单一专利制度的法律渊源

单一专利制度最重要的法律依据是欧盟职能条约（TFEU）第118（1）条、欧盟职能条约（TFEU）第118（2）条，除此之外还有统一专利法院协议。

欧盟职能条约118条规定为：（1）在内部市场建立和运作的背景下，欧洲议会和理事会，按照普通立法程序，应当为在整个欧盟内提供知识产权的统一保护而建立欧洲知识产权制度，并设立欧盟范围内的中央授权，协调和监督机构；（2）理事会须根据一个特殊的立法程序，通过法规的手段对欧洲知识产权进行语言安排。理事会应在咨询欧洲议会后一致行动。[1] 其中，欧盟理事会条例N01257/2012对欧盟职能条约第118（1）条进行了补充，具体说明单一专利保护相关问题；而欧盟理事会条例No1260/2012对欧盟智能条约第118（2）条进行了补充，说明了翻译规则；统一专利法院协议则明确了法院的结构、管辖、行使职能以及程序问题。

单一专利的其他法律渊源来自主要国际文件，例如：《巴黎公约》《工业品外观设计国际注册海牙协定》《专利合作条约》《TRIPS协议》《欧盟条约》（例如竞争规则第81条、第82条）《斯特拉斯堡公约》《欧洲专利公约》《共同体专利公约》《欧盟关于保护药品补充保护证书的条例》《欧盟关于生物技术发明的保护指令》《欧盟理事会共同体外观设计条例》《关于知识产权执法的指令》等。

二、欧洲单一专利制度的意义

（一）翻译的简化

新的单一专利体系沿袭《欧洲专利公约》采用的3种官方语言：英语、法语和德语，申请人可以选择任意一种语言进行申请。过渡期结束后，授予欧洲专利权的专利权人选择获取欧洲单一专利，不再需要人工翻译为其他语言，相关的翻译将会由Patent Translate（欧专局一项与

[1] article 118 of the Treaty on the Functioning of the European Union (TFEU).

Google 共同开发的自动翻译程序）进行机器翻译❶。但过渡期（不超过 12 年）内的翻译另有规定（见下文）。

只有涉及侵权诉讼时，才会要求将专利文本人工翻译成相关语言，根据涉案侵权发生地或者被告的成员国语言而定。❷

（二）专利法院的统一

1. 统一专利法院的结构

统一专利法院为成员国共有的法院，只有欧盟成员国可以加入统一专利法院协议。统一专利法院系统由分散的初审法院、统一的上诉法院和统一的登记部门组成。❸

初审法院包括中央法院、地方法院和区域法院❹，初审法院中的中央法院设立在巴黎，同时在慕尼黑和伦敦分别设立两个分院。三个中央法院根据诉讼涉及的不同领域分工，伦敦分院主要负责涉及化学、冶金及人类生活必需品类型的专利案件审理；慕尼黑分院则主审机械工程方面的案件；关于物理、电子、电脑科技、纺织等领域的专利诉讼将在巴黎法院审理。❺ 初审法院中的地方法院可以根据各成员国的申请设立在成员国国内，院址由各成员国选取。初审法院中的区域法院根据 2 个以上的成员国申请而建立的，区域法院的位置由申请的成员国确定，成立的区域法院将管理这些国家的专利诉讼。❻

统一的上诉法院将设于卢森堡；专利仲裁和调解中心将设于里斯本和卢布尔雅那；法官培训中心将设于布达佩斯。❼

2. 统一专利法院的管辖

统一专利法院具有对欧洲单一专利的专属管辖权和对传统欧洲 EPO 专利的非专属管辖权（过渡期 7 年内非专属管辖，过渡期满后有专属管辖权）。

---

❶ European Patent Organisation. The main feature of the regulations related to unitary patent protection, and the EPO's role (last updated: 10.4.2014) [EB/OL]. [2014-05-08]. http://www.epo.org/law-practice/unitary/unitary-patent.html.

❷ Article 4 of the council regulation (EU) No 1260/2012 of 17 December 2012.

❸ Article 6, (1) of the Agreement on a united patent court.

❹ Article 7, (1) of the Agreement on a united patent court.

❺ Article 7, (2) of the Agreement on a united patent court.

❻ Article 7, (4) (5) of the Agreement on a united patent court.

❼ Article 35 of the Agreement on a united patent court.

统一专利法院的管辖范围包括：①专利侵权诉讼和关于补充保护证书(SPC）的侵权诉讼；②对专利和补充保护证书的确认不侵权之诉；③针对禁令及临时保护性措施提起的诉讼；④提起专利和补充性保护证书无效；⑤对专利和补充性保护证书无效的反诉；⑥针对已公开的欧洲专利申请的临时性保护损害赔偿请求；⑦专利申请日前的在先使用权；⑧针对《欧盟规章》第 8 条认证的赔偿；⑨有关欧洲专利局实施《欧盟规章》第 9 条(No1257/2012）中所指的任务条款。[1]

对于不在统一专利法院管辖权范围内的其他专利诉讼，成员国的国内法院依然有权审理。

在初审法院中，中央法院与地方法院、区域法院的审理范围有所不同。

（1）地方法院和区域法院的审理范围包括：上述的①③⑥⑦⑧项。[2]诉讼的地域管辖：一般是由侵权地或被告居住地、主要营业地所在的地方法院或者区域法院受理，如果当事人提交多个地方法院或区域法院，由最先受理的法院审理，其他法院将材料移交给审理的法院[3]。对于侵权地、被告居住地或者主要营业地的成员国没有地方法院或者受管辖的区域法院的诉讼，将由中央法院受理。侵权诉讼在地方或区域法院未宣判，同时诉讼牵涉 3 个以上的成员国的，则区域法院也可以在被告的要求下将转移至中央法院。[4]

（2）中央法院的审理范围包括：上述的②④⑨项。[5]但若侵权诉讼已经提交给地方法院或区域法院，其后又发生②④项的案件，则这些案件由相同的地方法院或者区域法院受理。至于受理后是否提交给中央法院审理，由地方法院或区域法院裁定。如果涉及④项的无效案件在中央法院已受理但尚未判决，相同专利的涉及①项的侵权案件相同当事人就侵权案件可选择地方或地区管辖法院或者提交中央法院。如果涉及②项的确认不侵权之诉首次提交到中央法院 3 个月内，相同权利人或者独占许可人在地方法院或区域法院提起侵权诉讼，则在中央法院未判决的确认

[1] Article 32，(1) of the Agreement on a united patent court.

[2] Article 33，(1) of the Agreement on a united patent court.

[3] Article 33，(2) of the Agreement on a united patent court.

[4] Article 33，(1) of the Agreement on a united patent court.

[5] Article 33，(4) (9) of the Agreement on a united patent court.

不侵权之诉中止审理。

当侵权诉讼伴随专利无效的反诉时，受理相关诉讼的地方法院或区域法院对于案件的审理有一定的自由裁量权，有 3 种选择：一是同时受理两个案子，并要求初审法院院长从专家池中分配一名技术专家；二是将无效反诉提交到中央法院审理，暂停审理侵权诉讼等待中央法院的决定；三是在双方当事人同意的情况下提交至中央法院合并审理。

3. 统一专利法院的审判员制度

欧洲统一专利法院系统将建立法官池，包括不同国家的具有法律资格的法官和具有技术资格的专家，其中，法官从初审法院中的全职法官和兼职法官中挑选；而具有技术资格的专家，要求具有大学以上文凭，并进行专家认定，同时还必须具备法律和诉讼知识。在法官池中，每个不同的技术领域至少有一个技术专家，这些技术专家会被调配到初审法院或上诉法院。❶

一般情况下，初审法院中的地方法院由来自不同成员国的 3 名审判员组成。如果所在成员国的地方法院连续 3 年平均每年少于 50 个专利诉讼，那么审判员的组成将由一个本国的审判员和两个由法官池调任的他国审判员组成，3 个审判员均为具有法律资格的法官。如果所在成员国的地方法院连续 3 年平均每年多于 50 个专利诉讼，那么审判员的组成将由两个本国的审判员和一个由法官池调任的他国审判员组成。为便于减少工作负荷，有效审理案件，这种配置会长期有效。❷

初审法院中的区域法院将会从区域的法官名单中选取两个来自区域相关国家的审判员，再配置一个来自法官池中的不属于区域成员国的审判员。❸

初审法院中 3 名审判员组合形式会被两种情况打破，其一是一方当事人在涉案专利牵涉技术问题时要求法院派请技术专家；其二是在侵权诉讼中伴随另一方反诉专利权无效。在这两种情况下，地方或区域法院可以要求初审法院院长从法官池中调任一个具有经验和资格的专业技术专家，技术专家一经派遣，不可随意变动。

中央法院审判员的组成与地方、区域法院不同，通常由两个不同成

---

❶ Article 18，(2) (3) of the Agreement on a united patent court.

❷ Article 8，(2) (3) of the Agreement on a united patent court.

❸ Article 8，(4) of the Agreement on a united patent court.

员国的法律相关法官和一个由法官池派遣的技术专家组成。双方当事人达成共识的情况下也可以要求一个法官审理诉讼，但前提是，这个法官是法律专业的而非技术人员。[1]

4. 上诉法院

上诉法院审判员由5个法官组成，包括3个不同国家的法律相关的法官和根据法官池的要求调配的两个相关技术领域的技术专家。[2]

（三）维持费用可能降低

单一专利的维持费以及逾期支付的费用均由权利人提交给EPO。维持费随着单一专利保护时期逐年增长。目前，单一专利的维持费用还未有具体法案，欧盟内部市场委员米歇尔巴尼耶表示，单一专利体系将使专利注册成本降低80%，其建立是欧洲一体化进程中极其重要的一步，将极大提升竞争力。但降低80%是相对于发明人在现有欧洲专利制度下同时申请近25个国家保护的对比结果。实际上，单一专利维持费用是否真的有所减免还很难下定论。其一，申请人不能通过减少申请的国家而减少申请费用，因为单一专利一经申请则必然包括24个国家；其二，申请人不能通过减少维持专利权有效的国家而省去维持专利有效的年费，因此，单一专利对于权利人动态调控专利战略和成本而言缺少弹性。

根据《欧盟法规》第1257/2012，维持费的设定会考虑一些特殊群体，比如中小型企业。维持费设定的主要考虑因素包括：①之前欧洲专利覆盖地域的平均收费水平；②能够反映当前欧洲专利的更新速度；③能够反映需求统一专利效果的专利数量。[3]而收取的维持费用中，欧专局将保留50%，余留的50%将依据公平、公正和相关标准在各成员国间分配，该标准参考以下因素：（a）专利申请数量；（b）市场规模；（c）向非EPO官方语言成员国、专利活跃度低成员国、新近加入EPO成员国适当倾斜。[4]

虽然目前统一专利维持费的额度尚无定论，但根据欧洲委员会之前

---

[1] Article 8, (6) of the Agreement on a united patent court.

[2] Article 9, (1) of the Agreement on a united patent court.

[3] Article 12, level of renewal fees, Regulation (EU) No 1257/2012 of the European Parliament and of the council of 17 December 2012.

[4] Article 13, distribution, Regulation (EU) No 1257/2012 of the European Parliament and of the council of 17 December 2012.

的欧洲专利申请统计数据，只有2%的欧洲专利在27个欧盟成员国生效；8%的专利在13个以上的国家生效；40%的专利选择只在5个国家生效；而半数欧洲专利仅在3个国家生效。根据以上数据，专家估计，欧洲专利的维持费可能将按照平均在5个国家授权的费用收取。[1]也有业界专家估计，维持费会以平均在4～6个国家授权的费用收取。[2]

假设费用按照5国的费用收取，那么对于申请全部国家生效的专利权人，的确可以在申请阶段节省35 000欧元，并在维持费上每年节省5 000欧元。但如果仅在3个国家申请，比如申请量排名前三的英国、法国和德国的话，则单一专利在申请费用有所降低，但维持费用方面并不划算，还会面临着权利“全有或全无”的风险。再如，申请人若想在5个国家申请，就申请量排名前五的国家而言，英国、法国、德国、西班牙和意大利中有两个国家并不参与单一专利，则仍面临着费用过高的问题。理论上讲，真正受益的人群仅是10%的多国申请人，当然也不排除申请人会因为翻译费的减免而选择使用单一专利制度，使得使用单一专利的人增加。

三、单一专利后欧洲专利申请系统中的平行系统

单一专利制度生效后，欧洲将存在4个平行的专利申请系统：（1）各国家内部通过自己的专利局递交专利申请的系统；（2）通过欧洲专利局提交的传统欧洲EPO专利的申请系统；（3）通过《专利合作协议》（PCT）进入欧洲各国家的专利申请系统；（4）欧洲单一专利申请系统。这4种专利申请模式在欧洲将长时间共存，表面上欧洲的专利申请系统更趋复杂，但实际上，专利申请人有了更多的选择。单一专利申请和传统欧洲EPO专利申请均通过欧专局，两者的授权标准也都是相同的。

目前传统《欧洲专利公约》的成员国有40个国家及地区，全部属于

---

[1] Reddie & grose. How Much More Will the Unitary Patent Cost. 2013 (1). [J/OL]. [2014-05-08]. http://www.reddie.co.uk/M/R&G_UnitaryPatentCost.pdf.

[2] Marion Bruin, Hanneke Van Hazendonk. Netherlands: Coming Soon: The Unitary Patent And The Unified Patent Court. (2013-06-24) [J/OL]. [2014-05-08]. http://www.mondaq.com/x/240174/Patent/Coming+Soon+The+Unitary+Patent+And+The+Unified+Patent+Court.

PCT 的成员；欧盟成员国有 28 个；单一专利成员国为 24 个。部分欧洲国家由于国内申请量较小或者人员配置不够，已废除了国内专利局，关闭了国内申请通道，如果想向这些国家进行专利的申请，必须通过《欧洲专利公约》。

欧洲国家专利申请系统参与情况如表 1。

表 1　欧洲国家专利申请系统

国别	《欧洲专利公约》成员国	欧盟成员国	单一专利成员国	关闭国内申请通道的国家
比利时	√	√	√	×
德国	√	√	√	
法国	√	√	√	×
卢森堡	√	√	√	
荷兰	√	√	√	×
瑞士	√			
英国	√	√	√	
瑞典	√	√	√	
意大利	√	√		×
奥地利	√	√	√	
列支敦士登	√			
希腊	√	√	√	×
西班牙	√	√		
丹麦	√	√	√	
摩纳哥	√			×
葡萄牙	√	√	√	
爱尔兰	√	√	√	×
芬兰	√	√	√	
塞浦路斯	√	√	√	×
土耳其	√			
保加利亚	√	√		
捷克共和国	√	√	√	

续表

国别	《欧洲专利公约》成员国	欧盟成员国	单一专利成员国	关闭国内申请通道的国家
爱沙尼亚	√	√	√	
斯洛伐克	√	√	√	
斯洛文尼亚	√	√	√	×
匈牙利	√	√	√	
罗马尼亚	√	√	√	
波兰	√	√		
冰岛	√			
立陶宛	√	√	√	×
拉脱维亚	√	√	√	
马耳他	√	√	√	×
克罗地亚	√	√	√	
挪威	√			
马其顿共和国	√			
圣马力诺	√			
阿尔巴尼亚	√			
塞尔维亚	√			
波斯尼亚和黑塞哥维那（延伸）	√			
黑山（延伸）	√			

四、欧洲单一专利制度的过渡期规定

（一）过渡期安排的目的

单一专利制度的执行将伴随着一段时间的过渡期，过渡期一部分是为了系统的建立和完善，更大程度是为了观测单一专利制度的运行结果是否具有比原有欧洲专利制度更加有效的效果。

（二）翻译的过渡期

为了协调现有语言问题，关于翻译的过渡期最长可达 12 年。过渡期内，专利权人要求获取单一专利时，如果专利文件语言是法语或者德语，权利人还需要提供英语的翻译文本；如果专利文件语言是英语，则需要将其翻译成任一个其他欧盟官方语言的文件（欧盟目前共有官方语言23种）。[1] 过渡期内，对住所地或主要营业地位于某一欧盟成员国（该国官方语言不是欧专局的3种官方语言）且要求获得欧洲单一专利的申请人而言，将引入一项额外的翻译费用减免机制。

（三）欧洲统一专利法院的过渡期

欧洲统一专利法院制度在协议生效后，有关欧洲单一专利的诉讼均由欧洲统一专利法院的初审法院管辖，但针对传统欧洲EPO专利则会有预定5年、最长7年的过渡期。过渡期内，在尚未涉及诉讼的情况下，传统欧洲EPO专利或者补充保护证书的权利人可以选择放弃欧洲统一专利法院的专属管辖权，退出欧洲统一专利法院管辖，但是必须在过渡期满前至少一个月向欧洲统一专利法院登记处提交放弃声明，该声明在登记处登记之日起生效。之后在诉讼提交至成员国国内法院之前，权利人还可以反悔，撤销自己的放弃专属管辖权的决定，重新加入到统一专利法院的管辖系统，这个决定同样在登记处登记之日起生效。[2] 在过渡期结束前提交到国内法院的未决诉讼将不会受到过渡期满的影响。

在协议执行5年后，欧洲专利行政委员会将会对依然在各成员国国内法院提起有关专利、补充保护证书的侵权诉讼案件数量进行统计，探究原因和可能的结果，之后行政委员会会决定是否将过渡期延长至7年。

五、欧洲单一专利制度的可能影响及我国应对策略

欧洲单一专利系统是一个全新的系统，在语言翻译、翻译费用、专利生效国家数量三方面提供了较现有欧洲EPO专利制度更好的吸引力；另外，统一专利法院的建立有利于欧洲专利侵权诉讼审理标准和专利无效审理标准的统一，也能有效降低维权、应诉的费用。考虑到专利无效在单一专利制度成员国可以产生的统一法律效力，对于被控侵权人实施反击更为有利。单一专利的维持费用虽尚未明确，但考虑到翻译费用的

---

[1] Article 6 of the council regulation (EU) 1260/2012.

[2] article 83 of the Agreement on a united patent court.

同期降低，对于专利申请人来说，即使该维持费用稍高，仍不失为有利的选择，特别是对于生物医药这种期望在尽可能多的国家获得专利的领域。

但专利申请人选择单一专利系统也可能带来不利之处。单一专利的权利人无权选择退出统一专利法院的管辖，因此，该单一专利一旦被判决无效，则在单一专利系统的成员国内会全部无效，这对权利人的诉讼策略是不利的。另一方面，专利维持费用难以动态调整，不能通过减少保护国家数量来减少专利维持费用。欧盟中专利数量排名第四、第五位的意大利和西班牙没有加入单一专利系统，申请人要获得该两国的专利保护，仍旧需要单独申请或通过传统欧洲专利申请来获得授权，相关费用仍旧是不菲支出。

对于传统欧洲 EPO 专利，在最长 7 年的过渡期内，专利权人可以选择退出欧洲统一专利法院的管辖，在必要的情况下，根据个案可选择返回统一专利法院管辖。在诉讼策略上仍具有一定的灵活性。因此，在过渡期内，选择获得传统欧洲 EPO 专利还是获得单一专利取决于权利人的诉讼策略。

总体而言，欧洲单一专利制度是推动欧洲专利一体化的重要一步。虽然长期还会与其他多个专利申请系统并行，但对于专利申请人，特别是非欧盟国家的申请人而言，多出了一个更为简便的选择，有利于鼓励在欧洲布局专利的信心。

我国申请人目前向国外申请专利的数量在逐年增加，欧洲市场是重要的专利布局所在。未来我国申请人是否采用欧洲单一专利，需要考虑以下因素：①市场目标国是哪些?②基于目标国，采用单一专利费用，特别是维持费和翻译费，是否能够节省？③可能的专利被无效的风险。

对于我国出口型企业而言，未来则可以充分利用欧洲单一专利制度，在必要情况下针对他人的欧洲单一专利和未退出欧洲统一专利法院的 EPO 专利，及时在欧洲统一专利法院的初审中央法院提起专利无效诉讼，实施有效的清障策略。

《跨太平洋伙伴关系协议》知识产权章节

工信部电子知识产权中心　译

背景介绍

《跨太平洋伙伴关系协议》(Trans-Pacific Partnership Agreement，简称“TPP”)一直是国际知识产权谈判的热点问题，可以说极具争议性。目前TPP谈判国包括：文莱、智利、新加坡、新西兰、美国、澳大利亚、秘鲁、越南、马来西亚、墨西哥、加拿大、日本。TPP知识产权谈判采取保密方式进行，协议文本和谈判过程曝光非常有限，这种缺乏透明度的方式引起国际社会的强烈不满。2013年11月13日，在新加坡TPP部长级磋商会议召开前夕，维基解密公布了正在讨论中的TPP版本，引起国际社会的广泛关注。工信部电子知识产权中心组织翻译了TPP协议的知识产权章节，供知识产权工作者在工作中研究参考。

第一节　总　则

第一条　概念

本章的“知识产权”是指 TRIPs 协议第二节第一条至第七条所列举的全部知识产权分类。

第二条　目标和原则

【新西兰、智利、秘鲁、越南、文莱、马来西亚、新加坡、加拿大和墨西哥提议，美国和日本反对：本章的目标在于：

a. 加强知识产权在推动经济社会发展，尤其是在电子行业、科技创新、科技和贸易的（秘鲁：代际）转移和传播方面的作用。

b. 在考量不同国家经济发展水平、发展能力以及司法体系差异的基础上，通过对知识产权有效、充分地创新、利用、保护和实施，推进深层次地经济一体化，减少贸易和投资壁垒。

c. 就知识产权保护的主要问题，维持知识产权权利人的权利与使用人、社会公众的合法利益之间的平衡。

d. 保护各缔约国识别、推动进入和保护公共领域的能力。

e. 保证知识产权的实施方法和程序本身不会阻碍合法的贸易。

f. 提高知识产权体系的运行效率，尤其是知识产权审批时的质量检查程序。】

【新西兰、加拿大、新加坡、智利、马来西亚和越南提议：g. 知识产权的保护和实施应当以一种有益于社会经济福利的方式加以实现，应当有助于科技创新、科技转移和传播，有益于科技知识提出者和使用者的利益，还应当平衡权利和义务的关系。

h. 支持各缔约国保护公共健康的权利，包括尽快提供价格低廉的药物。】

本章的原则在于：

【新西兰、加拿大、新加坡、智利和马来西亚提议：1. 在制定和修改法律法规时，各缔约国应采取与本章条款一致的必要措施，保护公共卫生和营养、提高社会公众对于社会经济和科技发展重要领域的关注。

2. 各缔约国应采取或维持与本章条款一致的合理措施，阻止知识产权权利人滥用知识产权、不合理地妨碍贸易或限制全球科技转化的行为。

3. 各缔约国应采取或保持与本章条款一致的合理措施，制止和控制可能在某些情形下构成滥用知识产权、妨碍相关市场竞争的实施行为或

实施条件。】

第三条　总则

各缔约国应保证本章条款生效。只要不与本章规定相矛盾，缔约国可以依据本国法制定更为详尽的知识产权保护和实施措施。各缔约国有权依据本国的法律体系和法律实践制定实施本章内容的具体细则。

第四条　关于 TRIPs 协议与公共健康的多哈宣言

各缔约国确认遵守对《TRIPs 协议与公共健康的多哈宣言》（WT/MIN（01）/DEC/2）的承诺。

第五条　特定公共健康事项的协议

各缔约国就本章内容达成以下协议：

（a）本章所设定的义务不会也不应当阻止缔约国通过扩大药物供应等措施，尤其是扩大特定药物（HIV/AIDS、结核病、疟疾和其他流行病药物）以及极端紧急情形下的药物获取，保护公共健康。因此，尽管一再强调对本章的承诺，各缔约国仍然认为本章内容可以并且应当从支持各成员国保护公共健康尤其是药物获取方面加以解释和实施。

（b）根据 WTO 于 2003 年 8 月 30 日作出的有关药物获取的《关于 TRIPs 协议与公共健康的多哈宣言》第六款的执行决议（WT/L/540）以及 WTO 总理事会关于该决议的声明（JOB（03）/177，WT/GC/M/82），【新加坡、文莱、越南、秘鲁、智利、加拿大、马来西亚、新西兰、美国、澳大利亚、墨西哥和日本提议：总理事会于 2005 年 12 月 6 日通过的《TRIPs 协议的修改决议》以及 WTO 总理事会关于该决议的声明（WT/GC/M/100）】（以上文件统称为"TRIPs/健康"方案），本章不能也不应当阻止"TRIPs/健康"方案的有效适用。

（c）针对前述事项，如果 TRIPs 协议的【美国建议：一项】【美国反对：对 TRIPs 协议任意条款的任何弃权，或者任何】修正对于某一缔约国发生了效力，而该缔约国根据该【美国反对：弃权或】修改所制定的具体实施细则又与本章的【美国反对：义务】规定相矛盾【美国提议：相违背】，那么该缔约国应当立即进行咨询，以确保在接受 TRIPs 协议【美国反对：弃权或】修正的情况下仍能合理地遵守本章规定。

第六条　现有权利及义务/国际条约

1.【美国提议：关于第二条，】缔约国承认彼此基于 TRIPs 协议【智利和秘鲁提议：和其他作为缔约国的知识产权多边条约】所享有的现有权利及义务。【墨西哥提议：经过必要的修改之后，TRIPs 协议将成为本协议的组成部分】【加拿大提议：1. 除本章另有规定外，本章的内容不能构成 TRIPs 协议或者任何缔约国参加的知识产权多边条约的灵活性、适用例外及适用限制之限制。】

【智利和新西兰提议，美国、澳大利亚、日本和墨西哥反对：2. 本章的内容不得减损缔约国各方基于 TRIPs 协议以及缔约国参加的知识产权多边条约而享有的现有权利及义务，比如在世界知识产权组织、世界卫生组织以及联合国教科文组织主持下所通过的内容。】

【加拿大提议，墨西哥和美国反对：2. 除本章另有规定外，缔约国对于本章内容的解释，应与其作为成员国的世界贸易组织、世界知识产权组织、世界卫生组织以及联合国教科文组织主持通过的多边条约中的权利与义务规定一致（互为补充或相互兼容），尤其是与致力于保护公共健康、维护知识与食物平等获取相关的内容。】

【智利、新西兰、越南、文莱、马来西亚和秘鲁提议：3.（除本章另有规定外，）本章的内容不能构成对于 TRIPs 协议或者任何缔约国参加的知识产权多边条约的灵活性、适用例外及适用限制之限制，尤其是致力于维护知识、食物与公共健康的平等获取相关的内容。】

【美国和澳大利亚提议，智利、新西兰、马来西亚、秘鲁、文莱、越南、加拿大、日本和墨西哥反对：4. 各缔约国应于本条约生效时准许或同意以下条款：

(a)《专利合作条约（依 1970 年文本修改后的 1979 文本）》

(b)《保护工业产权巴黎公约（1967）》

(c)《保护文学和艺术作品伯尔尼公约（1971）》

(d)《发送卫星传输信号公约（1974）》

(e)《商标国际注册马德里协定（1989）》

(f)《国际承认用于专利程序的微生物保存的布达佩斯条约（依 1977 年文本修改后的 1980 年文本）》

(g)《保护植物新品种公约》【墨西哥提议：依 1961 年文本修改后的 1972、1978 或】(1991 年文本)

(h)《商标法新加坡公约（2006）》

(i)《世界知识产权组织版权条约（1996）》，以及

(j)《世界知识产权组织表演和录音制品条约（1996）》】

【美国、澳大利亚、新西兰、秘鲁、加拿大、日本、新加坡和墨西哥提议：5. 各缔约国应通知世界贸易组织同意其于 2005 年 12 月 6 日在日内瓦通过的 TRIPs 协议修改草案。】

【美国和新加坡提议，智利、马来西亚、新西兰、秘鲁、越南、文莱、加拿大、日本和墨西哥反对：6. 各缔约国应尽一切合理之努力，于本条约生效时准许或同意以下条款：】

【新加坡反对：(a)《专利法条约（2000）》；以及

(b)《工业品外观设计国际注册海牙协定（1999）》】

第七条　国民待遇

1. 对于本章所列举的知识产权分类，各缔约国给予其他缔约国国民的保护不得低于本国国民。【新西兰、文莱、马来西亚、加拿大、日本、新加坡和越南反对：以及知识产权的实施和上述权利的衍生权利。】【新西兰、越南、文莱、马来西亚、智利、秘鲁、日本和新加坡提议，美国和澳大利亚反对：知识产权的保护，同时应遵守 TRIPs 协议以及国际知识产权组织通过的多边协议中的例外规定。】【智利、澳大利亚、新西兰、文莱和秘鲁提议：但是，对于利用模拟通信和免费无线电广播对录音制品进行的二次使用，一方缔约国可以将另一缔约国的表演者和使用者权利限制在依其本国法所享有的范围内。】

【越南：TRIPs 协议的第三条和第五条应经过必要修改，用于本章对于知识产权的保护。】

2. 根据第 1 款（国民待遇），一方缔约国的司法和行政程序可能受到减损，如要求另一缔约国国民在本国领土内指定送达地址或代理人。若此种减损：

(a) 是为了维护与本章内容相关的法律法规的一致性所必须的；而且

(b) 并未以贸易上的变相限制行为加以实施。

【智利提议：3. 第 1 款和第 2 款不能适用于】【美国：（国民待遇/司法和行政程序款）不能适用于】国际知识产权组织主持下通过的有关知识产权取得和维护的多边协议。

第八条　最惠国待遇

【秘鲁和智利提议：】针对本章提及的知识产权保护，一方缔约国所给予另一国国民的任何利益、优待、特权或豁免，也应即时并且无条件地给予其他缔约国。这一义务的例外规定应与 TRIPs 协议第四条和第五条的相关规定保持一致。

【越南提议：为了实现本章对知识产权的保护，TRIPs 协议的第四条和第五条应进行必要修改。】

第九条　本章的实施

【智利、新西兰、越南、澳大利亚、文莱、新加坡、秘鲁、马来西亚、墨西哥和加拿大提议，美国和日本反对：1. 本章的规定不能阻止缔约国采取与本条约相一致的合理措施，以禁止下述行为：(a) 知识产权权利人滥用知识产权，或者不合理地限制贸易或影响国际科技的转化；(b) 知识产权滥用所导致的反竞争行为。【秘鲁提议，智利和澳大利亚反对：本章规定不应减损各缔约国就生物多样性的保护或可持续利用所达成或已经达成的保护措施。】】

第十条　透明性

【新西兰、澳大利亚、美国、新加坡、马来西亚、秘鲁、越南、日本和墨西哥提议：1. 【美国提议：关于第__________条（发表），为了实现知识产权保护和实施的透明，】各缔约国应保证【美国提议：正在制定或者已出版的】【美国：应当被】出版的，或者尚未出版的有关知识产权保护和实施的【美国和秘鲁反对：实际】【美国和秘鲁提议：可行的】法律、法规和法律程序【越南提议：或者普遍适用的行政命令】可以公开获得，如果不能【美国和秘鲁反对：实际】【美国和秘鲁提议：可行地】出版，应当【美国、澳大利亚和新西兰提议：使用能够让】【澳大利亚反对：政府和知识产权人】【澳大利亚提议：利益相关方】熟知的国家通用语言【美国、澳大利亚和新西兰反对：至少使用该国的通用语言或者英语。】为公众所知悉。】

【新西兰、澳大利亚、新加坡、马来西亚、加拿大、墨西哥和智利提议，越南和秘鲁反对：2. 各缔约国应争取使下列内容便于在互联网上获取【澳大利亚和新西兰提议：

(a) 有关知识产权保护和实施的法律、法规、法律程序和普遍适用的行政命令；以及】

(b) 【日本反对：基于本国法规定可以接收公众质询的专利、商标、外观设计、植物新品种保护和产品地理标志的相关细节。】

【美国和墨西哥提议，文莱反对：4. 本章不得要求某一缔约国披露可

能阻碍法律执行或者违反公共利益【秘鲁反对：或者可能不公平地妨碍特定公有或私有企业法定商业利益】的机密信息。】

第十一条　协议对现有标的和先前法案的适用

【美国提议：1. 除非另有规定，包括第一章第七节第八条__________（《伯尔尼公约》第十八条/TRIPs 协议第十四章第六条）在内，本章对于所有在本条约生效之时在缔约国境内已受保护并且已经公之于众的、符合或者随之符合本章保护标准的现有标的产生约束力。】

2. 【智利、新西兰、秘鲁、马来西亚、文莱、越南、加拿大和墨西哥反对：除非本章另有规定，包括第一章第七节第八条________（《伯尔尼公约》第十八条/TRIPs 协议第十四章第六条）在内，】不得要求某一缔约国在本条约生效之时对本国领土内已进入公共领域的标的恢复保护。

3. 本条约生效之前已生效的法案，不受本条约约束。

第十二条　国际权利用尽

【智利、马来西亚、新西兰、越南、新加坡、文莱和秘鲁提议，美国、澳大利亚、日本和墨西哥反对：鼓励各缔约国建立国际权利用尽制度。】

第十三条　公共领域

【智利、越南和秘鲁提议：各缔约国应提供相关信息宣传公共知识，包括有助于识别知识产权保护期限【智利提议：延长】【越南提议：失效】的合理工具。】

【智利和越南提议：1. 各缔约国应当意识到丰富且可获得的公共知识对于社会的重要意义，以及公共领域的资源应为所有人免费使用的需求。

2. 为实现第一款的目标，各缔约国应努力：

（a）识别各自管辖法域内属于公共领域的标的；

（b）扩大公共领域进入途径；以及

（c）保护公共领域。

3. 为实现第二款目标所采取的措施，可能包括权利登记、权利指导和其他推动利用公共资源的公共访问数据库的发展。

4. 各缔约国应尽最大努力，推动缔约国之间就识别和促进进入公共领域标的的合作，共享有关知识产权权利人和保护期限的最新信息。】

【智利和越南提出的替代提议：

1. 各缔约国应当意识到丰富且可获得的公共知识对于社会的重要性，

以及公共领域的资源应为所有人免费使用的需求。

2. 为实现这一目标，各缔约国可以采取诸如推动有关权利登记、权利指导的公共访问数据库的发展等措施，增强对公共领域内资源的获取。

3. 各缔约国应尽最大努力，推动缔约国之间就识别和促进进入公共领域标的的合作，共享有关知识产权权利人和保护期限的最新信息。】

第二节　合　作

第一条　联络点

任何缔约国都应当指定至少一个联络点，以促成本章的合作。

第二条　新西兰、智利、新加坡、越南、马来西亚、文莱和墨西哥提议：履行国际条约的合作

新西兰、智利、新加坡、文莱、澳大利亚、马来西亚、秘鲁、越南和墨西哥提议：【1. 澳大利亚和美国反对：如果缔约国为以下任何协议的参加国之一，并且基于其他缔约国适当请求，那么该缔约国将有义务支持对方履行任何以下协议】【澳大利亚、加拿大、日本和新加坡提议：缔约国可以寻求与他方合作，以支持其使用和履行协议】：

(a)《专利合作条约》

【秘鲁和加拿大反对：(b)《商标国际注册马德里协定（草案）》

(c)《商标法新加坡条约》，以及】

(d)《商标注册有关的商品与服务国际分类尼斯协定》

【日本、新加坡和秘鲁提议：《国际植物新品种保护公约》(UPOV 公约)(1991 版)】

【澳大利亚提议：2. 任何缔约国应尽力提供适当的并基于请求的合作。】

第三条　合作活动

澳大利亚、智利、新西兰、秘鲁、新加坡、文莱、墨西哥、越南、马来西亚、美国和加拿大提议：缔约国应当通过知识产权局（或其他相关机构）之间的适当协作、培训和信息交换等方式，尽力促成就本章涉及的相关事项的合作。合作事项可能涉及以下方面：

(a) 国内、国际知识产权政策发展状况；

(b) 知识产权管理和登记制度；

(c) 知识产权相关的教育及认知；

(d) 与知识产权相关的以下问题：

a 中小型企业；

b 科学、技术和创新活动【秘鲁提议：其中可能包括技术生产、转移和传播。】

(e) 致力于研究、创新和经济增长的知识产权运用政策；

(f) 以及，经缔约国达成一致的其他方面。【澳大利亚和新西兰反对】

第四条　专利合作

【澳大利亚、智利、马来西亚、新西兰、新加坡、秘鲁、越南、加拿大、墨西哥、文莱和日本提议：为了提高缔约国专利制度的质量和效率,】缔约国应当促成各方专利局之间的【美国和新加坡提议：合作】【美国反对：合作架构】，以促进对他方工作成果的检索和审查【澳大利亚、智利、马来西亚、新西兰、新加坡、秘鲁、越南、加拿大、墨西哥、文莱和日本反对：应用】【澳大利亚、智利、马来西亚、新西兰、新加坡、秘鲁、越南、加拿大、墨西哥、文莱和日本提议：分享和使用】，可能包括：

(a) 保证各缔约国专利局能够获得对方专利局的检索和审查结果；

(b) 保证各缔约国能够交换专利检索和审查的质量保障制度和质量标准相关信息；

【日本提议，智利和秘鲁反对：(c) 实施和促进“专利审查高速公路”项目；】

【智利、澳大利亚、马来西亚、新西兰、新加坡、秘鲁、越南、加拿大、墨西哥和文莱反对：此外，这可能有利于分享各方工作成果。】

【日本提议：2. 关于第 1 款提到的合作内容，鼓励缔约国不要求申请方提交从其他缔约国专利局获得的、包括援引文件在内的检索和审查结果，以降低申请方的程序性成本。】

第五条　本章开展的合作活动和举措

应当符合相关缔约国之间的资源利用，以及基于要求和相互协商的条款和协议。【越南提议：包括对发展中国家的技术援助。】

第三节　商标

第一条　多类型标志的商标注册

新西兰、美国、澳大利亚、智利、秘鲁、新加坡、加拿大、日本和马来西亚提议：1. 【越南、文莱和墨西哥反对：不同意】缔约国可以要求，将视觉上可感知的标志作为商标登记的条件，【越南、文莱和墨西哥反对：缔约国不能作出此种要求】【越南、文莱和墨西哥提议：并且】只有在标志是由声音构成的情况下，才能禁止对它进行商标登记。【智利、加拿大、日本和马来西亚提议：或者是由气味组成】【智利、加拿大、墨西哥和马来西亚提议：各缔约国可以就气味制定商标保护规定。】缔约国可以就商标作出以下合理要求，要求申请方作出简洁和准确的描述，或者使用图形表示，或者要求同时适用两种方式。

第二条 集体商标和证明商标

1. 任何缔约国均应规定商标包括集体商标和证明商标。如果证明商标在缔约国国内已经受到保护，那么此缔约国将不负有将证明商标作为独立种类规定在国内法中的义务。

任何缔约国同样【日本和墨西哥提议：可以】【日本反对：应当】规定地理标志受到商标制度的保护【秘鲁、新西兰、墨西哥、智利、文莱、澳大利亚、美国、日本和新加坡反对；越南提议：缔约国可以规定，对商品或服务地理来源的描述性标志，包括 TRIPs 协议第二十二条中所界定的地理标志，原则上不能作为商标加以保护（集体商标和证明商标除外），除非它在使用中获得了显著性。】

【美国、秘鲁、墨西哥和新加坡提议；澳大利亚、新西兰、越南、文莱、马来西亚、智利和加拿大反对：2. 根据 TRIPs 协议第二十章的规定，任何缔约国应当保证采取的以下措施不会损害商品或服务商标的使用或效力，即允许在通用语言中作为商品或服务通用名称的习惯术语的使用，尤其包括使用商标通用名称所需的相对尺寸、布局或形式方面的要求。】

第三条 相同或相似标志的使用

任何缔约国应当规定，经登记注册的商标所有人享有排他性权利，以阻止未经许可的第三方在交易过程中，将相同或相似的标志使用在与已注册商标相关的商品或服务上，因为这种使用很可能造成两者之间的混淆。

在相同商品或服务上使用相同标志，【秘鲁、马来西亚、新加坡、智利、加拿大、墨西哥和越南反对：包括地理标志，】很可能导致混淆。

第四条

在考虑商标所有人和第三方合法权益的前提下，任何缔约国可以针对商标授予的权利规定有限的例外情况，比如说合理使用描述性术语。

【越南提议；澳大利亚、美国、新西兰、新加坡、马来西亚、智利、秘鲁、加拿大、日本和文莱反对：经注册的商标所有人不享有阻止第三方使用地理标志或其他标志来描述商品或服务的权利，即使此标志与注册商标相同或相似，但此种使用会造成两者混淆的除外。】

第五条　驰名商标

1. 任何缔约国不得将“商标已经在所在国或者其他司法管辖区注册”作为认定驰名商标的条件，其中包括列入驰名商标名单，或者被授予驰名商标优先识别性的权利。

2. 针对《保护工业产权巴黎公约》（1967）第六条第二款，经必要修订后适用范围扩大到那些与已经认定的驰名商标并不相同或相似的商标，（文莱反对：不管是否注册，）如果这些商标在商品或服务上的使用，使得这些商品或服务与驰名商标所有者产生某种联系，进而使得驰名商标所有者的利益受到损害。

3. 任何缔约国都应当认识到由保护工业产权巴黎联盟及世界知识产权组织大会通过的《关于驰名商标保护规定的联合建议》（1999）的重要性。【美国、文莱、智利、秘鲁、墨西哥、加拿大、日本、新西兰、新加坡和越南提议；澳大利亚和马来西亚反对：4. 如果使用在相关商品或服务上的商标与驰名商标相同或相似，并且这种使用很可能造成混淆，则任何缔约国均应当【秘鲁、文莱、墨西哥和加拿大提议：依据国内法律规定】，采取适当措施拒绝或取消该商标的注册并禁止使用，【新加坡和越南提议：条件是在上述商标注册或者使用之前，驰名商标已经得到认可】【加拿大、新加坡和越南反对：或者利用欺诈或假冒的方式将商标与驰名商标的所有者相联系，或者不正当地使用驰名商标的知名度。】

第六条　审核、反对和注销/程序性规定

任何缔约国均应规定商标审核登记制度，主要包括以下方面：

（a）向申请人提供拒绝商标登记的书面（可以是电子邮件形式）理由；

（b）赋予申请人对相关机构提供的拒绝商标登记的书面理由提出质疑的权利，使他有权向相关机构申诉，进而获得商标登记的最终裁决；

（c）赋予申请人反对商标登记或申请注销商标登记的权利；

（d）规定针对反对和注销商标登记作出的行政裁定，必须具有合理理由并采用书面形式，其中书面裁定可以采用电子邮件的形式。

第七条　电子化商标管理系统

任何缔约国应当规定：

（a）商标电子化申请和保护制度；

（b）公开使用的电子化信息系统，包括商标申请和商标登记的在线数据库。

第八条　商品和服务的分类

任何缔约国应当建立或维持商标分类制度，并保证与《商标注册有关的商品与服务国际分类尼斯协定》（1957 年 6 月 15 日）一致。任何缔约国均应当规定：

【加拿大反对：（a）通过申请文件的登记和公示，根据已建立的《尼斯分类》指示此商品和服务的名称所在；】

（b）在任何登记或披露文件中，如果商品或服务在《尼斯分类》中只是处于同一分类，那么他们将不会被认定为相似。相反，如果商品或服务在《尼斯分类》中并非处于同一分类，那么任何缔约国都不应该认定两者不存在相似性。

第九条　商标保护期限

任何缔约国都应当规定，最初的以及续展后的注册商标期限均不少于 10 年。

第十条　任何缔约国都不应将商标许可备案作为

a. 商标许可的生效条件；

【美国、加拿大、新西兰、新加坡、日本和澳大利亚提议，越南、墨西哥、文莱、秘鲁、智利和马来西亚反对：b. 被许可人参加由商标所有人发起的侵权诉讼的条件之一，或者作为与商标许可有关的商标侵权损害赔偿的条件之一；

c. 允许被许可人使用商标的条件之一，也就是说，在商标取得、维持及实施过程中，视为商标持有者对商标使用的一部分。】

第十一条　国际商标权利用尽原则

【智利、新西兰、新加坡、越南、秘鲁、马来西亚、文莱、澳大利亚、加拿大和墨西哥提议，美国和日本反对：鼓励缔约国建立国际商标权利用尽原则，该原则是指商标所有者或者许可使用人一旦将该商标产品投入市场以后，所有者便不得禁止商标在相关产品上的使用。】

第十二条　网络域名

1. 为了解决商标网络盗用问题【越南和墨西哥提议：地理标志和商号】，任何缔约国应当建立或维持国家及地区顶级域名（ccTLD）管理制度，并作出如下规定：

(a) 建立适当的争议解决机制，以《统一域名争议解决政策》或者政策所确立的原则为模型，或者：(i) 实现快速且低成本解决争议，(ii) 公平公正，(iii) 不施加过重负担，(iv) 不排除诉诸法院。

(b) 可以在线公开获得域名登记者的可信赖和准确的联系方式。

与任何缔约国国家法律关于保护隐私权和个人数据的规定相符。

2.【秘鲁、新加坡、智利、澳大利亚、新西兰、马来西亚、文莱和加拿大反对，美国、越南、日本和墨西哥提议：任何缔约国应当规定【越南反对：适当和有效的】【越南提议：适当的】救济方式，当注册的顶级域名与商标相同或产生相似性混淆时，规制那些非法交易此注册顶级域名的行为，或者恶意使用任何国家及地区顶级域名（ccTLD）并由此获利的行为【越南和墨西哥提议：地理标志或商号名称】。】

第四节　地理标志

第一条　地理标志的认定

各缔约国均承认【美国提议，智利、秘鲁、加拿大、墨西哥、新加坡、马来西亚、文莱、越南和日本反对：根据第三节第二条（1）的规定，（气——液——固体色谱法（Gls）可以作为商标加以保护）】地理标志可以通过商标制度、某些特殊制度或其他合法方式予以保护。

第二条　缔约国应当在商标制度或其他特殊制度中规定地理标志保护或认定的行政程序，此程序基于保护申请或认定请求，缔约国应当：

(a) 接受这些申请或请求，不得要求缔约国国家代表公民进行仲裁；

(b) 处理这些申请或请求，不得附加过于烦琐的手续；

(c) 确保涉及提交申请或请求的法规易于公众获得，并且针对此类行为明确设定了相应程序；

(d) 确保提供充分的、可获得的信息，对一般公众提交申请或请求的程序和处理进程起到指引作用；允许申请者、请求者或者他们的代表知晓具体申请和请求的进展情况；

(e) 确保申请或请求的公开，以便公众对此提出异议，并且规定申请或请求主体对地理标志认定结果的异议程序；

(f) 规定地理标志保护或认定的撤销、废除或撤回程序。

第三条　不管缔约国是否通过【新加坡、加拿大和马来西亚反对：国内措施】【新加坡、加拿大和马来西亚提议：第二条中涉及的制度】

【智利、秘鲁、马来西亚、新加坡、越南、文莱和墨西哥反对：根据与其他政府或政府实体之间的协议】，都应规定允许利益相关方提出针对地理标志保护和认定的异议程序，【加拿大反对：拒绝对地理标志保护和认定的废除，或者【澳大利亚提议：适当地，】取消】【马来西亚、越南、新加坡和墨西哥反对：】至少存在以下理由：

(i) 缔约国地理标志很可能与以下商标或地理标志产生混淆，这些商标或地理标志是指在缔约国领土内，已有的、善意并未决的申请或者登记。

(ii) 【文莱反对：地理标志很可能与在先的商标或地理标志产生混淆，根据缔约国国家法律，已经授予了此项权利。】

(iii) 在通用语言中，地理标志是指缔约国领土内商品或服务通用名称的习惯性术语。

第四条 【美国提议，智利、秘鲁、新西兰、澳大利亚、新加坡、马来西亚、墨西哥、加拿大、文莱和越南反对：不论是否依据缔约国与其他政府、政府实体或其他实体之间的协议，任何缔约国不得：

(a) 在将地理标志用于商品（葡萄酒或白酒除外）的情况下，禁止第三方使用或注册地理标志的转化形式；或

(b) 禁止第三方使用由地理标志引申的术语。】

第五条 新西兰、澳大利亚、文莱和美国提议，越南、秘鲁、新加坡、智利、马来西亚、加拿大和墨西哥反对：任何缔约国只能在以下情行中，规定针对商品（葡萄酒和白酒除外）地理标志转化型使用的保护手段，即此种使用将：

(a) 导致与缔约国国内在先的商标或地理标志产生混淆的可能性；

(b) 误导公众对于商品原产地的认识；或

(c) 构成《巴黎公约》(1967) 第十条规定的不正当竞争行为。

第六条 【美国、新西兰、澳大利亚、智利和新加坡提议，墨西哥、越南、秘鲁和马来西亚反对：如果缔约国根据第二条中的相关规定，或者与其他政府或政府实体之间的协定，对某一地理标志给予保护或认定，那么此保护或认定不得早于以下日期生效：【智利反对 (i) 该缔约国提交文件的日期；】(ii) 该协定生效日期；(iii) 如果缔约国约定该保护或认定的生效日期晚于协定生效之日，则以此约定日为准。】

第七条 【新西兰、澳大利亚和美国提议，秘鲁、智利、越南、新

加坡、马来西亚、文莱、加拿大和墨西哥反对：任何缔约国不得排除以下条款适用的可能性，该条款规定：商标或地理标志可能会像相关商品或服务中的通用名称一样，成为通用语言中的一个习惯性术语。】

第八条 【智利、秘鲁、澳大利亚、美国、新西兰、墨西哥、加拿大、越南和日本提议，文莱反对：】判断缔约国国内商标或地理标志是否会像相关商品或服务中的通用名称一样，成为通用语言中的习惯性术语时，缔约国政府应当考虑该国消费者对该条款的理解。消费者对上述条款的理解包括以下要素【新加坡、智利、秘鲁、墨西哥和越南提议：如果适当地话】：

(a) 通过词典、报纸和相关网站等平台，来确定争议产品应使用的术语；

(b) 在缔约国国内，该术语涉及的产品如何在市场中进行交易；并且，

(c)【智利、秘鲁、墨西哥和加拿大反对：该术语是否被用于涉及某一类产品的相关国际标准中】

第九条 【新西兰、澳大利亚、美国、越南、文莱和智利提议，秘鲁、马来西亚和墨西哥反对：如果多元化术语在一方国内作为地理标志加以保护，一旦此术语的某一部分在通用语言中成为关联产品通用名称的习惯性术语，则此部分仍然能够为公众所用。】

【新加坡提议：需进一步明确的是，如果军用术语中的某一部分与一方国内相关产品在通用语言中通用名称的习惯性术语相同，则不得要求缔约国将以上规定适用于此部分术语。】

第十条 【美国提议，澳大利亚、智利、新加坡、秘鲁、马来西亚、新西兰、文莱、越南和加拿大反对：地理标志的存在不能成为缔约国作出以下行为的理由：

(a) 拒绝商标所有人有关更新商标登记的合理请求；

(b) 拒绝商标所有人进行已注册商标变更登记的合理请求。】

第十一条 【智利、新加坡、文莱、越南和墨西哥提议，澳大利亚、秘鲁、美国、新西兰、加拿大和日本反对：地理标志列表

根据 TRIPs 协议第二十二条第一款对术语的界定，各缔约国将附件所列术语（...）认定为地理标志。依据各缔约国国内法，并采用与 TRIPs 协议一致的方式，各缔约国应将该术语作为地理标志加以保护。】

第十二条　同名地理标志

【新西兰、智利、越南、马来西亚、文莱、新加坡和墨西哥提议，秘鲁、美国和澳大利亚反对：1. 各缔约国可以作出有关同名地理标志的保护规定。如果缔约国规定了对同名地理标志的保护制度，在确保公平对待相关产品以及避免误导消费者的前提下，必要时该缔约国可以规定用来区分同名地理标志并具有可操作性的条件。】

【智利提议，澳大利亚、美国、秘鲁、新西兰、越南、新加坡、马来西亚、文莱、墨西哥和加拿大反对：2. 各缔约国认可智利和秘鲁两国对地理标志“Pisco”（皮斯科白兰地）享有排他性的使用权利。】

【智利、新加坡、文莱和墨西哥提议，澳大利亚、秘鲁、美国、新西兰、加拿大和日本反对：附件（…）地理标志列表。】

第十三条　国家名称

【智利、澳大利亚、新西兰、新加坡、文莱、越南、马来西亚、秘鲁、加拿大、墨西哥和日本提议：缔约国应当规定相关利益方采用合法方式阻止产品对国家名称的商业使用，以避免误导消费者此类商品的真实来源。】

第十四条：【美国提议，智利、秘鲁、越南、马来西亚和加拿大反对：任何缔约国应当允许对能够识别商品（葡萄酒和白酒除外）的标识或标志进行合理使用、登记，以及引用一个非产品来源的地理区域，除非此种使用具有误导性，或构成不正当竞争行为，或导致与在先相同或相似商品的商标、地理标志产生混淆。以上规定并不表示限制缔约国因其他理由拒绝此类标识或标志的登记，前提是此类拒绝并不违反《巴黎公约》和《TRIPs 协议》的规定。】

第五节　专利/保密测试或其他数据/传统知识

第一条　专利/可专利性的标的

1. 根据第 2 款和第 3 款规定，每个缔约国都应当保证，任何人均可对发明申请专利，无论该发明是产品还是方法，包括所有技术领域的发明。此外，专利还应具有工业实用性。【美国和澳大利亚提议，智利、马来西亚、秘鲁、新加坡、越南、文莱、新西兰、加拿大和墨西哥反对：缔约国保证：

(a) 既有产品的任何新用途或新方法都可申请专利】

【美国和日本提议，智利、马来西亚、秘鲁、新加坡、越南、文莱、澳大利亚、新西兰、加拿大和墨西哥反对：(b) 当发明未能提高已有产品的功效，但申请人已经明确表述了发明的特征，有创造性和工业实用性，这种情况下每个缔约国都不得据此驳回专利申请。】

2. 每个缔约国都可根据该国地域内的公共秩序和道德，包括保护人类、动植物生命或健康，避免损耗自然或环境等理由拒绝可专利性的发明，排除专利的可专利性只能由该国法律规定。

3. 【美国：与第 1 款一致】每个缔约国【美国提议，澳大利亚、新西兰、越南、文莱、智利、秘鲁、马来西亚、新加坡、加拿大和墨西哥反对：应当允许下列发明申请专利】【新西兰、智利、秘鲁、马来西亚、澳大利亚、越南、文莱、新加坡、加拿大和墨西哥提议：还可排除可专利性的发明】：

(a) 植物和动物【新西兰、智利、秘鲁、马来西亚、澳大利亚、越南、文莱、新加坡、加拿大和马来西亚提议：不包括微生物】；

【日本反对：(b) 对人类或动物的诊断、治疗和手术方法【美国提议，澳大利亚、新加坡、马来西亚、新西兰、智利、秘鲁、越南、文莱、加拿大和墨西哥反对：如果发明一种使用机器、工业制品或者零件的方法】；【新西兰、智利、秘鲁、马来西亚、澳大利亚、越南、文莱、新加坡、加拿大和墨西哥反对】；

(c) 尤其是生产动植物的生物方法，不包括非生物或微生物的方法。】

【墨西哥提议：(d) 智力活动、游戏、商业行为的图表、计划、规则、方法，还有数学方法等；软件；表达信息的方法；美学发明和美术或文学作品。】

【新西兰、加拿大、新加坡、智利和马来西亚提议：第 3 条 每个缔约国都可以规定排除可专利性的发明，包括：

(a) 对人类或动物的诊断、治疗和手术方法；

(b) 动植物而不是微生物，尤其是生产动植物而不是非生物或微生物的生物方法。但是，缔约国应当提供植物种类的保护，包括用专利、其他有效的基因体系，或者合并使用。】

第二条　可专利性的标的

下述情形下，每个缔约国都应忽略向公众公开的信息，这些信息用来判断一个发明是否具有新颖性和创造性：

(a) 信息由专利申请人或者对专利申请人拥有直接或间接权利的人

发布；

（b）信息公布发生在该缔约国地域内，专利申请日之前的 12 个月之内。

第三条 【美国：对《巴黎公约》第五条 A（3）没有偏见，】每个缔约国应当规定，可以按照不授予专利的理由驳回、撤销或者无效专利。缔约国还可以将欺诈、假代理或者不公正行为作为驳回、撤销或者无效专利的理由，或者使专利不可实施。【澳大利亚、智利、马来西亚、新西兰、文莱、加拿大、墨西哥和越南提议，美国和日本反对：缔约国还可以规定以司法程序【越南、加拿大和墨西哥提议：或者行政程序】中的反竞争方式使用的专利可以被驳回、撤销或者无效。】【澳大利亚、智利、加拿大和墨西哥提议，美国反对；与《巴黎公约》第五条 A（3）的规定一致。】

第四条 反对授予专利

【新西兰、加拿大、新加坡、智利和马来西亚反对：每个缔约国都应规定第三方反对授予专利的程序，在专利授予之前或之后，或者前后都有。】

第五条 例外

当与专利的正常使用不冲突，且对专利权人的合法利益不造成歧视时，考虑到第三方的合法利益，每个缔约国可以规定对专利排他权利的少量限制。

第二款 例外审查

【新西兰、加拿大、新加坡、智利和马来西亚提议：与上一款“例外”规定一致，每个缔约国可以规定，第三人在特定情况下可以损害专利权人的利益，特定情况是为了符合该缔约国或其他国家的规范要求，包括市场准入或者卫生许可，使用目的与搜集和符合数据要求相关。】

第三款 专利的试验性使用

【新西兰、加拿大、新加坡、智利和马来西亚提议：1. 与上一款“例外”规定一致，】每个缔约国可以规定，第三方在进行与专利发明相关的试验性使用时，可以侵犯专利权。

2. 本条的目的在于，试验性使用可以包括，但是不应当被限于决定发明如何实施、决定发明的范围、决定权利要求的有效性或者寻求改进发明（例如，决定发明的新用途等）。

第四款：未获得专利权人授权的其他使用

【新西兰、加拿大、新加坡、智利和马来西亚提议：本章不能规定根据 TRIPs 协议第三十一条或修正案限制缔约国的权利和义务。】

第六条　专利申请

1. 每个缔约国应当规定，存在多个发明人和分案申请时，专利应当是独立的，应当根据专利申请文件授予专利权【美国、越南和墨西哥提议，澳大利亚、新西兰、智利、马来西亚、加拿大和秘鲁反对：已经发现可专利性和】具有最早的申请日期，或者有优先权日【澳大利亚、新西兰、秘鲁、文莱、智利和加拿大提议，美国、越南、马来西亚、墨西哥和新加坡反对：并且已经被公开。】

第七条　每个缔约国应当规定，专利申请人至少享有一次修改、更正和观察申请的机会。

第八条　【美国、澳大利亚、秘鲁和越南提议，智利、马来西亚、文莱、新西兰、加拿大、新加坡和墨西哥反对：每个缔约国都应规定，发明的公开应当详尽、清晰、完整，使该领域普通技术人员可以根据公开的信息制造或者使用发明，而不是公开到申请日还未完成的试验。】

第九条　【美国、秘鲁和澳大利亚提议，智利、越南、马来西亚、文莱新西兰、加拿大、新加坡和墨西哥反对：每个缔约国都应规定发明【澳大利亚反对：是】【澳大利亚提议：应当是】充分公开【澳大利亚反对：如果公开让该领域普通技术人员确信申请人享有该发明）到申请日。】

第十条　【美国、澳大利亚和墨西哥提议，新加坡、智利、马来西亚、越南、秘鲁、文莱、新西兰和加拿大反对：每个缔约国都应规定发明是【美国和澳大利亚提议：有用的】【墨西哥提议：工业上实用的】，如果该发明享有特定的【墨西哥提议：和实质的】【墨西哥反对：和可靠的】效用。】

第十一条　专利申请的公开

【澳大利亚、秘鲁、新西兰、马来西亚、智利、越南、美国、加拿大、墨西哥和日本提议：1. 每个缔约国都应在申请日起 18 个月后，立刻公开【美国和墨西哥反对：或者提供给公众查询】专利申请，如果存在优先权的话，从优先权之日起算，除非该申请已经被提前公开或者已被撤回、放弃或者驳回【加拿大提议：不能让任何权利悬而不决】。】

【澳大利亚、秘鲁、新西兰、智利、越南、加拿大和墨西哥提议，马来西亚反对：2. 每个缔约国都应规定申请人可以申请提前公开，而不是在上述期限结束之日起。】

第十二条 【美国、澳大利亚、加拿大、新加坡、秘鲁、智利、新西兰和日本提议，马来西亚、文莱、越南和墨西哥反对：关于专利申请的公开，每个缔约国都应让公众【美国、秘鲁和加拿大提议：至少】查询以下信息：提交的【美国、新加坡和秘鲁提议：向缔约国的权威机构提交的】根据【美国、新加坡和秘鲁提议：他们的】要求要件【美国、新加坡和秘鲁反对：缔约国的权威机构】【美国、加拿大和智利提议：享有的】【美国、新加坡和秘鲁提议：和】与专利申请的程序（prosecution）有关：

（a）检索审查结果【日本反对：包括之前相关的美术检索历史】；

（b）【新加坡、秘鲁、智利、美国、新西兰、澳大利亚和日本提议：非保密的】申请人的信息；和

（c）申请人和相关第三方提交的专利和非专利相关文字引用。】

暂定条款×：权利用尽

【智利提议：鼓励缔约国建立国际性的权利用尽体系。为此目的，专利登记应当授权专利权人有权禁止第三人制造、使用、销售或者进口受专利权保护的产品，该产品已经由专利权人或者在他许可下，在任何一个国家投放市场。】

暂定条款××：

【美国提议，美国、新西兰和日本反对：当专利审查过程中存在不合理的延迟时，每个缔约国根据专利权人请求都应当调整专利有效期。不合理延迟至少应当包括专利申请之日起 4 年，或者自提出审查请求之日起 2 年，甚至更晚。答复审查意见的时间不应当包含在延迟之内。本条规定的专利有效期的调整应当与专利权的排他性、限制和例外相一致。】

第十三条 例外/常规复审的例外

【美国、新西兰、秘鲁、加拿大、墨西哥和日本提议：与第五条“例外和限制”相一致，每个缔约国应当允许】【智利、新加坡、马来西亚、澳大利亚、越南和文莱提议：如果一个缔约国允许】第三人使用申请的专利【美国、新西兰、秘鲁、澳大利亚、墨西哥、越南、文莱和日本提议：制造新的技术来】来申请获得【澳大利亚、加拿大、墨西哥越南和

文莱提议：常规的或】市场许可【智利、新西兰、秘鲁、新加坡、马来西亚、澳大利亚、加拿大、墨西哥、越南和文莱提议：或者卫生许可】【澳大利亚、加拿大、越南和文莱反对：医药的】产品【秘鲁提议：或者农业化学产品】，【美国、新西兰、秘鲁、新加坡、马来西亚、墨西哥和日本提议：还应该】【智利、澳大利亚、加拿大、越南和文莱提议：缔约国还可以】规定根据授权生产的任何产品【智利、澳大利亚、加拿大、越南和文莱提议：可以是】【美国、新西兰、秘鲁、新加坡、马来西亚、墨西哥和日本提议：不应当是】制造，【加拿大提议：组装，】【智利、秘鲁、越南和文莱提议：许诺销售】【秘鲁、越南和文莱提议：进口，】在缔约国地域内使用或销售【美国、新西兰、秘鲁、新加坡、马来西亚、墨西哥和日本提议：除了】【美国、新西兰、秘鲁、澳大利亚、墨西哥、越南、文莱和日本提议：产生相关信息用于支持该申请的目的】符合【澳大利亚、加拿大、墨西哥、越南和文莱提议：常规的或】该缔约国的市场许可【智利、新西兰、秘鲁、新加坡、马来西亚、澳大利亚、加拿大、墨西哥、越南和文莱提议：或者卫生许可】要求【新西兰、新加坡、马来西亚、澳大利亚、加拿大、墨西哥、智利越南和文莱提议：或其他国家的要求】。

【美国、新加坡、马来西亚、秘鲁、墨西哥和智利提议，新西兰、澳大利亚、加拿大、越南和文莱反对：如果缔约国允许这种产品的出口，那么该缔约国应当规定产品只能被【新西兰、加拿大和文莱提议：每个缔约国都应当允许产品】【澳大利亚和越南提议：每个缔约国都可以允许产品】出口到境外，【美国、新西兰、秘鲁、澳大利亚、墨西哥、越南和文莱提议：目的是产生信息】用来证明该专利申请【澳大利亚、加拿大、墨西哥、越南和文莱提议：或者卫生许可】符合缔约国的要求【智利、新西兰、新加坡、马来西亚、澳大利亚、加拿大、墨西哥、越南和文莱提议：或者其他国家的要求】。

第十四条　【美国提议，澳大利亚、新西兰、智利、秘鲁、马来西亚、新加坡、文莱、越南、加拿大和墨西哥反对：

(a) 每个缔约国应当尽力促进专利申请的审查，并迅速发放市场许可，避免造成不合理或者不必要的延迟。

(c) 每个缔约国，根据专利权人的请求，应当对医药产品专利或医药方法专利的有效期进行修改，以补偿专利权人专利有效期不合理的减少。

（d）在实施上款规定时，缔约国可以：

（i）限制上款规定中关于新医药产品专利有效期修改条款的适用性，该产品需要被复审以授予市场许可；

（ii）要求修改的依据应当是对该缔约国医药产品最初的市场许可；

（iii）限制调整期限不超过5年。

（e）在实施第二款规定的对新医药产品的调整时，缔约国可以要求市场许可的申请人，从在其他缔约国首次申请同样医药产品市场许可的X年内，在该缔约国启动获得新医药产品市场许可的程序。

（f）根据第二款的任何调整应当与专利权的排他性一致，同样受限制与例外的约束，无论是专利产品、使用专利的方法，还是制造方法。】

第十六条　美国：医药产品提交关于新医药产品安全或功效的信息或证明

【美国提议，澳大利亚、秘鲁、越南、新西兰、智利、马来西亚、新加坡和文莱反对：1.（a）如果缔约国要求或允许，提交关于新医药产品安全或功效、发明过程的信息或证明，作为对新医药产品发放市场许可的条件，那么缔约国不应当在没有获得之前提交安全或功效信息的申请人的允许时，授权第三人生产相同或相似的产品，以下列信息为基础：

（i）之前提交申请市场许可的安全或功效信息；或者

（ii）市场许可存在的证明，在缔约国领土范围内获得新医药产品市场许可之日起至少5年内。

（b）如果缔约国要求或允许，提交与新医药产品市场许可授予有关的产品安全或功效的证明，并在其他国家已被授予许可，若是在其他国家之前的市场许可证明，该缔约国不得基于以下信息授权第三人获得相同或相似产品的许可，除非在其他国家获得新医药产品许可的申请人同意。

（i）提交的安全或功效信息，用以证明在其他国家获得市场许可；或者

（ii）之前在其他国家获得市场许可存在的证明，在缔约国领土范围内获得新医药产品市场许可之日起至少5年内。

提交新临床信息，或者关于包含其他医药产品中早已获得市场许可的化学个体的新医药产品证明。

（c）作为对包含其他医药产品中早已获得市场许可的化学个体的医药产品市场许可的条件，如果缔约国要求或者允许，提交对包含前述新

化学个体的新医药产品许可非常重要的新临床信息，而不是提交与生物等效相关的信息，缔约国在没有得到提交信息的申请人同意的情况下，不得允许第三人基于以下信息申请相同或相似产品的许可：

(i) 依赖市场许可的、之前提交的新临床信息；或者

(ii) 基于新临床信息的已有市场许可的证明，

在缔约国领土范围内基于新临床信息获得市场许可之日起至少 3 年内。

(d) 如果缔约国要求或允许，提交与 (3) 中关于特殊类型医药产品的市场许可相关的新临床信息产品的证明，且该产品已在其他国家获得市场许可，而不是与生物等效相关的信息证明，如基于新临床信息的已有市场许可的证明，那么缔约国在没有得到在其他国家获得市场许可的、提交新临床信息的申请人同意的情况下，不得允许第三人基于以下信息申请相同或相似产品的许可：

(i) 之前在其他国家获得市场许可的新临床信息；或者

(ii) 在其他国家给予新临床信息获得市场许可的证明，

在缔约国领土范围内基于新临床信息获得市场许可之日起至少 3 年内。)

(美国：与医药产品相关的附加规定)

2. 尽管有上述规定，缔约国仍可以根据下列理由采取措施保护公共健康：

(a) TRIPs 协议和《公共健康的宣言》(WT/MIN (01) DEC/2) (简称"宣言")；

(b) WTO 成员有权根据 WTO 协定保留的 TRIPs 协议部分条款，以实施对各缔约国已生效的宣言；

(c) TRIPs 协议的任何修改，以实施对各缔约国已生效的宣言。

3. 作为 2 (b) 和 2 (c) 中的数据保护期限的条件，如果缔约国要求或允许，欲获得新医药产品市场许可的申请人全部或部分地依赖于在其他国家之前获得的医药产品的许可，那么要求申请人自其他国家首次获得相同医药产品市场许可之日起的 X 年内启动获得医药产品市场许可的程序。】

第十七条

1. 作为医药产品市场许可的条件，如果缔约国要求或允许，当事人

而不是最初提交安全或功效信息的人，依赖之前就获得市场许可的产品的安全或功效信息，如之前在其他国家获得市场许可的证明，每个缔约国应当：

（a）提供透明和有效的机制以：

（i）识别已获得许可的医药产品的专利或使用方法；

（ii）提醒专利权人注意，在医药产品的专利有效期内，识别与根据5（a）（i）许可的医药产品相同或相似的产品。

（b）保证专利权人可以针对获得市场许可之前的侵权产品根据下列规定寻求救济，除非他人同意专利失效后才进入产品市场：

（i）授予市场许可的自动延迟，保证有充分的时间处理关于涉案专利有效性或者侵权的争议；

（ii）司法或行政手段，对涉案专利的有效性或侵权作出有效裁决。

（c）如果其他人的产品已被发现侵犯（1）中描述的有效专利，采取措施在专利有效期内禁止未授权的市场行为。

（d）当缔约国延迟发放根据5（b）（i）规定的市场许可时，为与本协议规定一致，应提供有效的报酬，以顺利调整专利的有效性或实用性。

2. 与2（b）或者2（d）一致，在实施5（b）（i）的过程中，作为对新医药产品自动延迟授予5（b）（i）规定的市场许可，缔约国可以要求申请人自其他国家首次获得医药产品市场许可之日起的X年内启动获得新医药产品市场许可的程序。

第十八条 如果缔约国规定了根据本条2（a）或2（b）医药产品数据保护的期限超过［5＋Y］年，缔约国不可以适用，2（c）、2（d）中规定的医药产品（与提交新临床信息相关的3年数据保护），本条5（b）（i）（市场许可的自动延迟）或5（d）（成功挑战专利有效性或实用性的报酬）。

第十九条 如果缔约国选择适用本节第八条中的6（e）和本条的第4款和第6款，下述规定应当被适用：

（1）缔约国应当允许申请人启动获得市场许可的程序，规定权威机构发放新医药产品的市场许可，提交之前在其他国家获得许可的证明。缔约国可以制定合理的附加要求或期限，作为授予医药产品许可的条件。满足那些附加要求或期限的，应当由缔约国按照第8条6（e）和本条第4款和第6款的含义来规定；

（2）缔约国不能因申请人未能满足第8条6（e）和本条第4款和第6

款要求，而拒绝新医药产品的许可。

第二十条　【关于生物制剂特殊规定的预留条款】

【美国：关于医药产品和农业化工产品的一般规定：

第二十一条　关于本条的目的，新医药产品是指不包括缔约国领域内之前已授予市场许可的化学个体的、用于医药产品的产品。

第二十二条　根据第 3 款（公共健康的保护）规定，当某个产品需要在缔约国依据第 1 款或第 2 款规定获得市场许可且包含了缔约国领域内的专利时，缔约国不能修改第 1 款或第 2 款规定的保护期，专利保护终止在第 1 款或第 2 款规定的保护期之前。】

待定条款××.1：鼓励医药产品及时进入的措施

【新西兰、加拿大、新加坡、智利、马来西亚和越南提议：每个缔约国可以采取或继续采取措施鼓励医药产品及时进入市场。】

待定条款××.2：专利的质量和功效

【新西兰、加拿大、新加坡、智利、马来西亚和越南提议：1. 每个缔约国应努力提高专利的质量和功效。

2. 每个缔约国应通过保持审查程序、注销程序和无效程序，努力提高专利登记系统，简化行政程序，使专利登记系统的所有用户的公众获益。】

待定条款××.3：处理功效

【新西兰、加拿大、新加坡、智利、马来西亚和越南提议：1. 每个缔约国应当努力有效和及时地处理专利申请、市场申请或医药产品常规的卫生许可。

2. 每个缔约国可以规定程序加速专利审查。

3. 如果缔约国处理专利申请、市场许可或医药产品常规的卫生许可过程中有不正当延迟，则应努力消除这些延迟。】

待定条款××.4：对未披露信息的保护

1. 在一方缔约国的请求下，对于使用新化学物质制造新药、申请上市、注册或卫生审批时提交的、权利人付出相当努力获得的秘密数据或其他数据，另一方缔约国应确保该数据不被非法用于商业用途。此外，各缔约国应保护该数据不被披露，除非为公共利益，且确保不被非法用于商业用途。

2. 各缔约国应根据第 1 款的规定采取措施保护相关数据，其中包括：

(a) 权利人经努力获得的未披露的试验或其他数据；

(b) 不包含之前已批准上市的新化学物质的药品；

(c) 使用新化学物质的药品；

(d) 针对每种药品仅适用一次；

(e) 不适用于药品的新用途或标识，以及新剂型或制造方法；

(f) 限于各方确定的期间内；或

(g) 若对药品进行自愿或强制许可，以及根据 TRIPs 协议签发的许可，针对该药品申请上市、注册或卫生审批时可放弃上述权利。

3. 各缔约国应根据下列规定采取措施保护公共健康：

(a) TRIPs 协议与公共健康宣言（WT/MIN (01) /DEC/2)（“宣言”）；

(b) 任何经各缔约国协商同意，WTO 成员根据 WTO 协议为实施“宣言”的保留条款；

(c) 任何在各缔约国之间生效，为实施“宣言”而针对 TRIPs 协议进行的修改。

待定条款××.5：公布注册审批

各缔约国应尽力向公众公布药品上市、注册或卫生审批的情况。

待定条款×××：农用化学品

1. (a) 若一方缔约国申请一种新的农用化学品上市，且涉及产品安全性和有效性的数据已获得批准，缔约国可以将其作为在他国已受认可的证据；在缔约国的请求下，其他缔约国在未经该权利人同意的前提下不得基于下列信息，提出对相同或类似产品的申请：

(i) 为上市提交的涉及安全性和有效性的未披露信息；

(ii) 证明上市审批成功的证据。

在各国领土内，批准上市审批十年内，缔约国应采取措施保护为上市审批提交的、权利人付出努力获得的未披露信息。

(b) 若一方缔约国申请一种新的农用化学品上市，且涉及产品安全性和有效性的数据已在他国获得批准，缔约国可以将其作为在他国已受认可的证据；其他缔约国在未经该权利人同意的前提下，不得基于下列信息，提出对相同或类似产品的申请：

(i) 在他国为上市提交的涉及安全性和有效性的未披露信息；

(ii) 在他国用以证明上市审批成功的证据。

2. 根据立法目的，本条提及的新农用化学品不包括各国已批准的农用化学品。

（注意：原命名为第五节第 23～24 条已更改为第一节第 4～5 条）

第二十三条　联合建议添加关于传统知识、传统文化表达和遗传资源相关的规定

1. 各缔约国应规定传统知识、传统文化表达、文化生物多样性、经济和社会发展的重要性。

2. 各缔约国对其生物资源拥有主权，应根据其国内立法制定关于获得遗传资源及其衍生物的规定。

3. 当某国法律中有上述规定时，各缔约国应规定遗传资源及其衍生物或传统知识的使用者应：

（a）在获取遗传资源及其衍生物之前征求许可；

（b）在获取与遗传资源相关的传统知识之前，征得拥有该类知识的土著或本地居民的同意或批准；

（c）并分享使用上述遗传资源以及与遗传资源相关的传统知识获得的收益。

4. 各缔约国应规定：

（a）关于遗传资源和传统知识的信息对评估专利申请是否有效具有重大价值；

（b）知识产权体系是保护传统知识和传统文化表达的一种重要方式。

5. 各缔约国保证将推进关于遗传资源和传统文化表达的高质量专利审查体系，以确保适用于现有的可专利性标准，其中包括：

（a）检索在先技术，确保将相关遗传资源或传统知识考虑在内；

（b）以书面形式作为专利审查机构判断可专利性的引用文件；

（c）在恰当时候，使用包含传统知识、遗传资源及其衍生物信息的数据库或数字资料库；

（d）针对处理遗传资源和传统知识相关专利申请的审查员进行合作培训。

6. 各缔约国应遵守国际义务，对传统知识或遗传资源及其衍生物进行保护。

7. 对于违反第 3 款规定的行为，各缔约国应采取有效和适当的措施对违约方进行约束。

8. 各缔约国应促进负责知识产权的机构加强合作，提高利用知识产权体系解决传统知识、传统文化表达和遗传资源问题的效率。

第六节　工业品外观设计

各缔约国应保证为工业设计提供充分有效的保护，甚至包括到某件物品的部分设计，而不论部分设计是否可与物品分离。

第七节　著作权和邻接权

第一条　著作权和邻接权/复制权

各缔约国应该赋予作者【新西兰反对：表演者】、录音制品的制作者许可或禁止对作品、录音制品【新西兰反对：表演】复制的行为或任何其他形式的行为【越南、加拿大和新西兰反对：永久或暂时性的，包括以电子形式暂时储存的】的权利【越南反对：例外和权利制约应属立法机构决定的事宜】。

第二条　著作权

在违反《伯尔尼公约》第 11 章（1）（i）（ii）等的情况下，各缔约国应赋予作者排他性的许可或禁止将作品以有线或无线方式公开的权利，包括在作者选择的时间和地点允许公众获取。

第三条　著作权和邻接权

【美国、澳大利亚、秘鲁、新西兰、新加坡、智利和墨西哥提议，越南、马来西亚、文莱和日本反对：各缔约国应赋予作者【新西兰和墨西哥反对：表演者】，和录音制品制作者许可或禁止其作品【秘鲁反对：录音制品；新西兰和墨西哥反对：表演或录音制品】的复制品或未授权制品进入一国的权利，【秘鲁、澳大利亚、新西兰、加拿大、新加坡、智利、墨西哥和日本反对：或该国领域外未经作者、表演者或录音制品制作者许可制作的】。】

第四条　发行权

各缔约国应赋予作者【新西兰和墨西哥反对：表演者】和录音制品制作者许可或禁止其作品【新西兰和墨西哥反对：表演】的原件和复制件被公众获取，以及录音制品通过销售或以其他方式转移所有权的权利。

第五条　各缔约国应当规定，当作品的使用需要作者、表演者或制作者的同时授权时，对作者的授权要求不会因表演者或制作者的授权而免除；相似的，对表演者或制作者的授权要求也不会因作者的授权而免除。

第六条　【美国、澳大利亚、秘鲁、新加坡、智利和墨西哥提议，越南、缅甸、新西兰、马来西亚、加拿大和日本反对：在作品，包括摄影作品、表演或录音制品，可以估价的情形下，各缔约国应提供以下保护】：

（a）以自然人的生命为基础，保护期为作者生前及死后【墨西哥提议：100 年，墨西哥反对：70 年】；

（b）不以自然人的生命为基础：

（i）作品、表演、录音制品首次许可公开后的若干年后【美国提议：95 年，智利：反对；澳大利亚、秘鲁、新加坡、智利提议：70 年；墨西哥提议：75 年】；

（ii）作品、表演、录音制品创作后的若干年内未许可公开【美国提议：25 年，智利反对；新加坡、秘鲁、澳大利亚和智利提议：50 年】的，至若干年后【美国提议：120 年，智利反对；澳大利亚、秘鲁、新加坡和智利提议：70 年】。

第七条　著作权和邻接权保护的概念

【新西兰、文莱、马来西亚、越南、加拿大和日本提议，美国、澳大利亚、新加坡和墨西哥反对：受保护的作品、表演或录音制品的内容应根据各缔约国国内法和签署的国际协议来确定。】

第八条　各缔约国均应适用《伯尔尼公约》和 TRIPs 协议的相关条款。【加拿大、日本、新加坡、文莱、新西兰、秘鲁、智利、越南和澳大利亚提议：各缔约国在适用《伯尔尼公约》关于作者、表演者和录音制品制作者权利相关条款时，可以做适当变通。针对 TRIPs 协议的相关条款，也可以提出条件、限制、例外和保留。】

第九条　对于对作品、表演、录音制品获得或拥有任何经济权利的任何人，各缔约国应赋予相应权利，包括：通过合同自由独立转移权利，以自己的名义行使权利并享受权利带来的利益；各缔约国可以设立相关说明、进行合理限制。

第十条　著作权和邻接权/技术保护措施

（a）为针对权利人正当行使权利所采用的规避技术措施的行为，且属于明知却故意规避这些技术措施或进行生产、进口和分销，或提供设备、产品、服务的，各缔约国应当提供适当的法律保护和有效的司法救济【智利提议：善意的合同当事人保护。此外，各缔约国应提供相应的刑事和刑罚保护。】

（b）在实施（a）的过程中，各缔约国不应要求消费电子、通信或电脑产品对其设计或设计组件就特定技术措施进行回应，只要该产品并未违反1中的执行措施。

(c)【智利反对：各缔约国应在本国法对侵犯著作权和邻接权的规定之外提供独立的保护措施。】

(d) 各缔约国应减少 (a) 中实施措施的例外和限制【智利反对：后续措施；智利提议：特定个案并不会损害针对规避行为的司法救济有效性的法律保护；智利反对：此时，应当适用 (e) 规定的相应措施】，包括：

(i)【加拿大反对：善意的、为了提升系统间相互操作性的、非侵权的反向工程活动】；

(ii)【加拿大反对：有资质的研究人员合法取得的复制品；】【智利反对：善意取得的表演、播放作品、表演或录音制品的活动许可，必要情况下仅出于研究分析技术漏洞和缺陷的目的；】【智利反对：加密技术；】【智利提议：仅出于进行加密研究的目的，合法取得作品、表演和录音制品复制品的活动】；

(iii) 出于避免未成年人获取不正当网络内容的技术产品服务或设备等不受 (1) 的规制；

(iv)【加拿大反对：计算机、计算机系统或网络的所有者许可的非侵权善意行为，且仅出于测试、调查或弥补安全漏洞的目的，以及出于同样目的的安全测试活动】；

(v)【加拿大反对：仅出于确定并使他人不能通过网络活动非法获取、传播个人信息的目的，且不影响正常的作品获取；】【加拿大提议：仅出于确定或使他人失去非法获取或传播个人信息能力的目的的活动】；

(vi) 政府相关工作人员出于执法、情报和重要安全或类似的政府性目的，而获得合法授权的活动；

(vii) 非营利性的图书馆、教育机构【加拿大提议：博物馆】，仅出于作出购买决定的目的，获取作品、表演或录音制品的活动；

【加拿大提议 (viii)：仅出于帮助残障人士感知目的的活动；

(ix) 仅出于临时复制目的的活动；

(x) 通过无线电装置规避技术措施，但仅出于通过无线电获得电信服务目的的活动；】

(viii)【加拿大反对：特定等级的作品【新加坡反对：表演或录音制

品】的非侵权使用，或对这些非侵权行为造成负面影响时，【澳大利亚和秘鲁反对：任何采纳的限制与例外情形都应在3年内进行更新】；

【加拿大提议：(xi) 各缔约国应就实施 (a) 提供更多的例外与限制情形。】

(e) (a) 中实施措施的例外与限制，【智利反对：仅】可以按以下方式执行：

(i) (a) (i) 中的实施措施可能受制于前文 (4) 中的例外与限制情形；

(ii) (a) (ii) 中的实施措施，当适用于控制获取作品、表演或录音制品的有效技术措施时，可能受制于前文 (d) (i) (ii) (iii) (iv) 和 (vi) 中例外与限制情形；

(iii) (a) (ii) 中的实施措施，当适用于保护著作权或邻接权的有效技术措施时，可能受制于前文 (d) (i) (vi) 中的例外与限制情形。

(f) 有效的技术措施是指任何技术、设备或部件，正常发挥功能时可以实现对受保护作品、表演、录音制品获取的控制或保护【秘鲁、智利和加拿大反对：或其他受保护客体】。

第十一条 【新加坡和智利提议：如果某设备既不影响技术措施的效力又不违反法律，则本协议不得要求缔约国限制该设备的进口或国内销售】。

第十二条　技术保护措施

【智利、新西兰、秘鲁、越南、马来西亚、文莱和日本提议，澳大利亚和美国反对】：

1.【当规避行为的目的是为了侵害排他性的著作权，【秘鲁和新加坡提议：各缔约国】应当【越南提议：可以】【越南反对：应当】根据国内著作权法提供法律保护和救济】；

2. 此类保护和救济不应妨害例外与限制情形下著作权和邻接权的行使或在公共领域内的使用【新西兰反对：邻接权】；

【秘鲁和新加坡提议：本条并不妨碍任意一缔约国根据第七节第十六条采取有效、必要的措施保证受益者享受国内法提供的限制与例外的利益。】

3. 各缔约国有义务保证设立相关条款推动有关使用技术措施的相关法案的执行。

第十三条　著作权和邻接权/版权管理信息

为了提供适当、有效的司法救济保护版权管理信息：

(a) 各缔约国应当【越南反对：应当；提议：可以】，为任何未获许可，且知道或应当知道行为侵犯著作权或邻接权的提供民事救济，包括：

(i) 故意移除或更改【加拿大和日本提议：电子的】版权管理信息；

(ii)【马来西亚、文莱、越南、加拿大和日本反对：在明知版权管理信息未经许可被修改的情况下分销或进口】；

(iii)【加拿大提议：故意的】分销或进口以销售、广播、通信或使公众可获取作品、录音制品的复制品【智利、新西兰、马来西亚、新加坡和越南反对：表演】，且明知【加拿大和日本提议：电子的】版权管理信息未经许可的被修改。

【越南反对：应当受第八节第四条规定的救济措施的规制。】当任何人【加拿大反对：故意地，并出于获得商业利益或私人经济收益的目的】【加拿大提议：故意地，并出于商业目的】进行上述活动时，各缔约国应当提供相应的刑事诉讼和刑罚，【马来西亚和加拿大提议：刑事诉讼和刑罚不应适用于本国法律规定的非营利性实体组织】【澳大利亚、新加坡、秘鲁、智利、马来西亚、新西兰、文莱、加拿大、墨西哥和日本反对：此类刑事诉讼应适用于第十五条第五款（2）（6）所规定的侵权或变通行为】。】

【新加坡、新西兰、智利、马来西亚、文莱、越南、加拿大和日本反对：(b) 各缔约国应减少 (a) 的例外与限制情形，但政府相关工作人员出于执法、情报、和重要安全或类似的政府性目的而获得合法授权的除外】。

(c) 版权管理信息是指：

(i) 能够区分作品【新西兰和马来西亚反对：表演】或录音制品，作者【新西兰和马来西亚反对：表演者】或录音制品制作者，或者对作品【新西兰和马来西亚反对：表演】、录音制品拥有任何权利者【澳大利亚、马来西亚、加拿大和日本提议：电子】的信息；

(ii) 关于使用作品【新西兰和马来西亚反对：表演】或录音制品内容和条件【澳大利亚、马来西亚、加拿大和日本提议：电子】的信息；

(iii) 任何编码或数字可以呈现的类似【澳大利亚、马来西亚、加拿大和日本提议：电子】信息。

(d) 为了增强确定性，本款并未要求各缔约国履行要求权利人提供版权管理信息的义务。

第十四条　邻接权

1. 各缔约国应赋予其他缔约国国民同等的权利。

2. 各缔约国应赋予表演者许可或禁止以下行为的权利：

(a) 广播或传播尚未完成作品；

(b) 为尚未完成的表演确定表现形式。

3.【美国、澳大利亚、秘鲁、新西兰、马来西亚、文莱、越南、智利、墨西哥和新加坡提议，加拿大反对：(a) 各缔约国应赋予录音制品制作者许可或禁止通过有线或无线途径使公众获取作品的权利】;

【美国、智利、秘鲁、墨西哥、新加坡、马来西亚、新西兰、澳大利亚、越南和文莱提议：(b) 虽然上述 (a) 和第七节第十六条有相关规定，但对模拟传输、无线传输等相关活动的例外与限制情形的设立应由各缔约国国内法确定】;

【美国、澳大利亚、新加坡、智利、秘鲁、越南、马来西亚提议：(c) 各缔约国可根据第七节第十六条对其他非交互传输采取相应的限制，但此类限制不应【智利和秘鲁反对：无正当理由地】损害表演者或录音制品制作者获得合理报酬的权利】。

【加拿大提议：各缔约国应赋予表演者和录音制品制作者许可或禁止下列事项的权利，包括：

(c) 广播或其他涉及表演或录音制品的任何传播方式；

(d) 通过有线或无线的方式，使得表演和录音制品在选定的时间和地点被公众获取。】

第十五条　为了实现本节第一条和第三条至第十八条的目的，表演者和录音制品制作者应采用下述定义：

(a) 广播；(b) 面向公众的传播；(c) 电影；(d) 表演者；(e) 录音制品；(f) 录音制品的制作者；(g)（加拿大提议：）表演或录音制品的发布。

第十六条　限制与例外

待定条款一：

1. 关于第七节，各缔约国在特定案件中应减少对与作品、表演、录音制品正常推广营销不矛盾的排他性权利的限制或例外，且非合理因素不得妨害权利人的正当利益。

2. 上述规定不会缩小或扩大 TRIPs 协议、《伯尔尼公约》、《WIPO 著作权协定》和《WIPO 表演和录音制品协定》所允许适用的限制与例外情形。

待定条款二：

各缔约国应尽力保持著作权和邻接权体系的适当平衡，通过上款规定的限制或例外情形，包括应用于数据环境的例外，对于包括但不限于批评、评论、新闻报道、教学、学术研究【智利和马来西亚提议：教育】【智利提议：残障人士】等有合法目的情形进行了适当考虑。【美国、马来西亚、新加坡、加拿大、秘鲁、文莱、墨西哥和越南提议：也包括促进发表作品被盲人、视力障碍者或者其他阅读障碍者所获取。】

待定条款三：

【智利、新西兰和马来西亚提议：对于作品、工艺流程的重要部分的暂时复制，如果仅出于合法的使用传输目的，并无独立的经济利益，那么设立例外与限制的情形应与本协议主旨一致的。】

第十七条　国际权利用尽

【智利、新西兰、新加坡、马来西亚、文莱、越南、秘鲁和墨西哥提议，澳大利亚美国反对：应鼓励各缔约国设立有关国际权利用尽的情形。】

【加拿大提议：本章并不影响各缔约国自由决定是否于何种情形下设立著作权和邻接权的权利用尽情形。】

第十八条　集体管理

各缔约国应意识到集体管理对于保护著作权和邻接权的重要作用。

第八节　执行

第一条　一般执行/知识产权执行相关的一般义务

1. 各缔约国应当保证本节规定的执行程序在本国法律【智利、新加坡、加拿大、文莱、秘鲁、墨西哥和越南提议：及法律制度】中有相关规定，以便采取有效措施对抗本章规定的知识产权侵权行为，包括阻止侵权的快速救济和预防未来侵权的救济方式。这些程序应当用于避免产生合法交易障碍，为滥用合法交易提供防范。

2. 各缔约国应当保证知识产权执行程序公平合理。这些程序不应当过于复杂、成本高或包含不合理的时限和无依据的迟延。

【智利、越南、秘鲁、澳大利亚、马来西亚、文莱、新西兰、新加坡、墨西哥和加拿大提议增加：3. 本节规定不产生下列任何义务：

（a）加入与一般法律执行不同的知识产权执行体系，也不能影响缔约国国内法的执行，或者

（b）与知识产权执行和一般法律执行的资源分配相关的义务。】

【美国和新加坡提议：（谈判代表注释：）如果达成合意，澳大利亚和智利将予以支持，文莱、越南、秘鲁、马来西亚、新西兰、墨西哥和加拿大反对：4. 缔约国认为执行资源的分配不能免除缔约国遵守本节规定的义务。】

第二条　推定

1. 在涉及版权或邻接权的民事、刑事和行政程序中，各缔约国应当提供：

（a）在没有相反证据时，推定【美国、加拿大和马来西亚提议：若通过有证明力的口头或书面承诺，缔约国可以实施本款规定。证据确凿时，缔约国也可以推翻此类推定。】作品、表演或录音制品上【加拿大提议：若可以，或出版作品】常用方式标注的【智利、越南、文莱、澳大利亚、墨西哥、加拿大、新加坡、秘鲁和新西兰提议：各缔约国可以确定构成“常用方式”的途径】作者、表演者、制作人【加拿大反对：或出版商】为相关版权作品的权利人；

（b）在没有相反证据时，推定版权或邻接权以此类标的形式存在。

2. 【美国、文莱、马来西亚、新西兰、新加坡和加拿大提议，澳大利亚、秘鲁、智利、越南和墨西哥反对：】【日本正在考虑此款规定】2. 在涉及商标的民事【文莱和马来西亚反对：行政】和刑事程序中，各缔约国可以提出相反的推定证明注册商标有效。

【文莱、新加坡和马来西亚反对：在民事或行政的专利执行程序中，各缔约国可以提出相反的推定，证明每个经过实质审查并授权的专利权利要求均满足缔约国领域内专利要件的适用标准。】

第三条　知识产权执行实践

1. 各缔约国应当书面形式【新加坡、文莱、马来西亚和加拿大提议：最好书面形式】提供一般适用的知识产权执行相关的最终司法判决和行政裁决，表明【马来西亚反对：应当表明】【马来西亚和加拿大提议：能够表明】作出判决和裁决的原因和法律基础【越南、新加坡、文莱、马

来西亚和加拿大反对：任何相关的事实认定，以及判决和裁决的原因和法律基础】。各缔约国提供的判决和裁定应当公布，没有予以公布的地区应当使得公众可查询。

2. 各缔约国应当认识到收集和分析知识产权侵权相关数据和其他信息的重要性，以及收集阻止和对抗侵权的最佳实践的重要性。

3. 各缔约国应当在民事、行政和刑事系统中将知识产权有效执行相关的信息公布或者使得公众可获得，例如数据信息等。

第四条　民事程序和救济措施/民事和行政程序及救济措施

1. 各缔约国应当规定，权利人能够获得与本章知识产权执行相关的民事审判程序。

2. 各缔约国应当规定，在民事审判程序中，法官有权判定侵权人向权利人支付损害赔偿，赔偿额应当与侵权行为造成的损害相当。【秘鲁反对：添加"当侵权人知道或应当知道他的行为是侵权时，"】【新加坡、秘鲁、澳大利亚、新西兰、马来西亚、智利、加拿大、墨西哥、文莱和越南反对：在专利侵权案件中，损害赔偿应当与侵权损害相当，且不少于合理的许可使用费。】

在版权或邻接权侵权，以及假冒商标案件中，每个缔约国应当规定，在民事审判程序中，法官有权判定侵权人支付权利人与侵权收益相当的损害赔偿。

在确定上述赔偿额时，法官应当考虑权利人提交的任何合法定价，包括收益损失、被侵权产品或服务的市场价值，或建议零售价格。

美国、加拿大、文莱、澳大利亚、日本、墨西哥、新西兰、秘鲁和越南提议：3. 各缔约国应当规定，法官有权对 TRIPs 协议第四十四条规定的情形发布禁令，以防止侵权产品进入贸易环节【越南提议：在缔约国管辖权之内】。

第四条第 X 款：

（1）在民事审判程序中，对于受版权或邻接权保护的作品、录音制品和表演的侵权，各缔约国应当建立或维持能够提供下列一种或多种救济体系：

（a）预设的损害赔偿，并且可供权利人选择；或者

（b）惩罚性损害赔偿。

（2）在刑事审判程序中，对于假冒商标的行为，各缔约国也应当建

立或维持能够提供下列一种或多种救济的体系：

(a) 预设的损害赔偿，并且可供权利人选择；或者

(b) 惩罚性损害赔偿。

(3) 预设的损害赔偿应当足够补偿权利人因侵权所受的损害。【越南反对：且能够阻止未来侵权】

(4) 对于惩罚性损害赔偿，法官在考虑所有相关事项，包括侵权行为的严重性、范围、影响和阻止未来侵权的需要后，有权判定适当的惩罚性损害赔偿。

第四条第 Y 款：

【美国提议，新加坡、秘鲁、越南、加拿大、智利、新西兰、马来西亚、文莱、澳大利亚、墨西哥和日本反对：6. 在涉及专利侵权的民事审判程序中，各缔约国应当规定，法官有权提高损害赔偿额至权利人所受损害的 3 倍。】

7. 各缔约国应当规定，依照版权【加拿大、墨西哥和美国提议：专利和】商标侵权的民事判决，法官有权判定败诉方承担胜诉方的诉讼费用和适当的律师费，或缔约国规定的任何其他费用。

9. 在涉及版权或邻接权侵权和假冒商标的民事审判中，各缔约国应当规定，法官有权命令没收或扣押涉嫌侵权的产品、材料和工具，至少是涉及假冒商标的上述物品，以及与侵权相关的证明文件。

10. 各缔约国在民事审判中应当规定：

(a) 至少关于盗版物品和假冒商品，各缔约国应规定，在民事审判中，应权利人请求，司法机构有权下令【越南提出：侵权物品被用于商业渠道之外，或者】销毁侵权物品，而且没有补偿，除非有一些例外规定。

(b) 各缔约国应当进一步规定司法机关有权命令用于生产、制造侵权物品的材料和工具被销毁或者用于商业渠道之外，不得延迟，并不给补偿，以减少进一步侵权的风险。

(c) 关于假冒商品，简单地去除非法粘贴在商品上的商标还不足够，除了在例外情况下，否则不允许货物用在商业渠道之外。

第五条　临时措施

1. 依照缔约国的审判规则，法官应当针对对方当事人要求的救济尽快作出判决。

2. 各缔约国应当规定，针对临时措施，法官有权要求申请人提供任何合理证据，若有充足的证据证明申请人权利正在被侵犯或侵犯行为即将发生，并命令申请人提供抵押或等价的保证，以避免临时措施的滥用。上述抵押或保证不能不合理地推迟临时措施的执行。

第六条　跨境执行相关的特殊要求/跨境措施相关的特殊要求

1. 各缔约国应当规定，当权利人在主管机关启动程序，暂停释放涉嫌假冒商标或盗窃版权的产品，防止产品进入免费流通环节时，应当提供充分证据，依照【加拿大、新西兰、墨西哥、美国、秘鲁和澳大利亚反对：进口国法律规定】【加拿大、新西兰、墨西哥、美国、秘鲁和澳大利亚提议：执行程序的缔约国法律规定】，有初步证据证明侵犯了权利人知识产权，并提供充分信息，使得执行人员能够合理地辨认出涉案产品。要求提供上述信息的规定不能不合理地推迟执行措施。

2. 第一款规定的情形中，要求权利人提供合理的抵押或等价的保证，避免跨境执行的滥用。上述抵押或保证不能不合理地推迟跨境措施的执行。

3. 不歧视缔约国关于盗版和假冒的法律，当局扣押或扣留有盗版或假冒嫌疑的货物，缔约国可以规定当局有权通知权利人【加拿大、越南提议：根据权利人的请求】【马来西亚、加拿大、文莱、秘鲁、越南反对：迅速地】【马来西亚、加拿大、秘鲁、文莱、新加坡、越南提议：在合理期限内】发货人、出口商或者收件人、进口商的姓名和地址、货物的质量信息，如果有来源国的话也应告知。如果缔约国不作上述规定，当货物被扣留或扣押时，应当规定【美国、越南提议：至少在进口货物时，】当局有权尽早通知权利人的关于假冒或盗版货物被抓或被扣的信息【新加坡、越南反对：在 30 天内】【新加坡、越南提议：在合理期限内】。

4. 美国、秘鲁、澳大利亚、新加坡、马来西亚、智利、加拿大、文莱和日本提议，新西兰、越南和墨西哥反对：4. 各缔约国应当规定，执行员可以依照职权对涉嫌假冒商标或盗窃版权的进口产品采取跨境措施。【马来西亚、智利、澳大利亚、秘鲁和文莱反对：对出口产品采取跨境措施】【智利、澳大利亚、秘鲁提议，新加坡反对：对准备出口的产品】【澳大利亚、马来西亚、新加坡、加拿大、文莱和智利反对：对进口或在途的产品】

5. 各缔约国应当规定当局根据第 6 条（1）启动程序后，在合理期限内决定被扣物品是否侵犯知识产权。如果某缔约国规定侵权产品被扣押的行政程序，它【越南提议：可以】【越南反对：应当】规定当局有权进行行政处罚，可能包括罚金或者侵权物品的扣留。

6. 各缔约国应当规定当局有权命令销毁【越南提议：，或者用于商业渠道之外】侵权物品。如果物品没有被销毁，各缔约国应当保证除非在例外情况下，否则物品不得用于商业渠道之外，以避免对权利人的再次侵权。关于假冒商品，简单地去除非法粘贴在商品上的商标并不足够，除非在例外情况下，否则不应允许货物用在商业渠道之外。

7. 如果缔约国根据规定要求提交或评估申请费、仓储费或者销毁费，这样的费用不应当不合理地延迟现有程序。

8. 各缔约国应当规定少量商业性质的托运也适用本条规定，旅客行李中少量非商业性质的托运可以排除适用本条。

第七条　刑事程序和救济措施/刑事执行程序

1. 各缔约国应当规定，可以适用刑事程序和刑事处罚，至少在大规模故意假冒商标或盗窃版权及邻接权的案件适用。

2. 美国、澳大利亚、新加坡、秘鲁提议；智利、越南、马来西亚、新西兰、加拿大、文莱、墨西哥反对：版权或邻接权大规模商业盗版包括：

（a）版权或邻接权大量侵权，没有直接或间接的经济收益；和

（b）为商业目的的侵权【澳大利亚、新加坡、秘鲁、日本反对：私有的】经济收益。【澳大利亚、新加坡、秘鲁、加难度、日本反对】

各缔约国应当将大规模的进口【新加坡、墨西哥、文莱、马来西亚和越南反对：或出口】假冒商标【越南反对：或盗版】产品的行为认定为应当遭受刑事处罚的非法活动。

【美国提议；澳大利亚、文莱、马来西亚、新西兰、新加坡、智利、越南、秘鲁、加拿大、墨西哥、日本反对：3. 各缔约国应当规定，即使不存在故意假冒商标或盗版的行为，至少在下列非法交易中适用刑事程序和处罚：

（a）非法交易假冒商标的标识或包装，这些标识和包装可能造成产品的混淆、错误或欺诈。

（b）非法交易假冒或非法标识，这些标识粘贴、包卷或附随在，或者旨在粘贴、包卷或附随在下列项目中：

（i）录音制品；

（ii）计算机程序或文学作品；

（iii）电影或其他影视作品；

（iv）文件或上述项目的包装。并且

（c）非法交易包含（b）中描述项目的假冒文件或包装。】

【新西兰、澳大利亚、文莱、马来西亚、美国、加拿大、新加坡、墨西哥、日本提议；秘鲁、智利、越南反对：4. 各缔约国应当规定在大规模进口和国内使用案件中，标签或包装的商业使用或大量使用案件中，适用刑事程序和处罚

（a）未经授权使用与国内注册商标相同的商标，或者不能区分两个标识；

（b）被用于商品或服务中的商标与注册的商品或服务商品商标相同。】

【美国提议，加拿大、日本反对：各缔约国应当进一步保证刑事审判和处罚适用于非法粘贴标签、封装、携带，或者用于粘贴、封装、携带录音制品、软件复制品、文学作品、动画或者其他音像制品。】

5.【澳大利亚、新西兰、新加坡、马来西亚、加拿大、美国提议；秘鲁、越南、文莱、墨西哥、智利反对：【美国、加拿大提议：任何】【美国、加拿大反对：一个】缔约国【新加坡、新西兰、智利：应当】【新加坡、新西兰、智利、日本：可以】规定刑事审判和处罚【美国、加拿大反对：在适当案件中，】【美国、加拿大提议：故意地和】未经授权的复制【马来西亚：或者录制】【美国提议；加拿大、日本反对：或者传输】【美国、加拿大提议：一个【日本提议：首轮】电影、电视、录像作品或者任何部分作品，】【美国、加拿大反对：用于展览的电影、电视、录像作品【加拿大反对：电影展览一般向公众开放】【加拿大、日本提议：电影院】。】

6. 缔约国应当保证根据其国内法规定，协助和教唆的行为适用刑事审判和处罚。

7. 若违反上述第 7 条 1～4，任何缔约国应当规定：

（a）处罚包括监禁和足以使其不能将来继续侵权的罚金，与其他程度相同的刑事案件处罚相当；

（b）当决定处罚时，司法机关应当有权考虑违法活动的严重性，包

括涉及到的威胁、影响、健康或安全；

(c) 其司法【越南提议：或者其他】机关应当有权命令抓获涉嫌假冒商品或盗版以及相关物品、工具，相关文件证据【马来西亚提议；和从违法行为中【越南反对：或者从涉嫌侵权活动中间接地】直接获得的资产。如果某缔约国要求认定商品作为发布命令的前提，那么缔约国不应当要求所需条件高于抓获的条件。

(d) 司法机关应当有权命令至少在严重侵权情况下，没收财产、从侵权活动直接获得的财产【越南反对：或者间接地】。

(e) 司法机关应当有权命令没收或者销毁：

(i) 所有假冒商品或者盗版物品；

(ii)【加拿大、越南、墨西哥提议：主要的】【加拿大、越南、墨西哥反对：已经用于违法活动的】作案物品或工具，用于制造盗版物品或者假冒商品；

【智利、秘鲁、越南、文莱、新加坡、澳大利亚、加拿大、墨西哥、日本反对：(iii) 任何其他关于假冒商标的条款】。

在假冒商品或者盗版物品未被销毁的情况下，【马来西亚反对：司法】【马来西亚、新加坡、智利、澳大利亚、秘鲁、墨西哥、越南、日本：竞争】机关应当保证，除非在例外情况下，否则这些物品应当被用于商业渠道之外，以避免对权利人产生任何伤害。任何缔约国应当进一步规定根据本款和下款 (c)，没收或者销毁应当对被告人没有任何补偿。

【美国、新西兰提议；文莱、新加坡、马来西亚、智利、秘鲁、澳大利亚、越南、加拿大、墨西哥、日本反对:】(f) 司法机关有权命令抓获或者没收从侵权活动中直接或间接获得的资产和价值。

(g) 司法或者其他竞争机关应当有权释放或者获得关于侵权的货物、物品、工具和其他证据。

【美国、新西兰、秘鲁、新加坡、文莱、智利、澳大利亚、马来西亚、加拿大、墨西哥提议，越南、日本反对:】(h) 竞争的执法机关可以主动启动法律程序，而不是根据权利人的请求。

第八条　商业秘密

1.【智利提议：为了确保有效地对抗《巴黎公约》第十条规定的不公平竞争】缔约国应当保证自然人和法人能够依靠法律途径，对抗他人违反诚实信用的商业惯例，未经许可地披露、获取或使用合法的商业秘密。本章涉及的商业秘密，包括或至少包括，TRIPs 协议第三十九条第二款规定的未披露的信息。

2.【美国、墨西哥、加拿大、新西兰和日本提议，新加坡、马来西亚、秘鲁、越南、智利、澳大利亚和文莱反对：2. 各缔约国应当规定，至少可以在涉及国内外贸易的商业秘密滥用和披露案件中适用刑事程序或处罚，这些案件应是故意和未经授权的，以获取商业利益或经济利益，且意图损害商业秘密权利人为目的。】

第九条　对运载卫星信号的加密程序的保护/对运载卫星信号或有线电信号的加密程序的保护

1. 各缔约国应当将下列情形规定为【智利和墨西哥提议：民事违法或】【越南提议：行政违法或】刑事犯罪：

(a) 制造、装配、修改、进口、出口、销售、租赁，或者其他方式的分配有形或无形的设备或系统，且明知【智利和日本反对：或应当知道】设备或【智利反对：系统为辅助设施】【智利提议：系统的主要功能仅为辅助】，用于解码传输卫星信号【智利、越南、新加坡、秘鲁、加拿大和墨西哥反对：或有线电信号】的加密程序，而未获得合法信号经销商的授权。

2.【美国、澳大利亚、新西兰、秘鲁、马来西亚、新加坡、墨西哥、越南、加拿大、智利提议，文莱、日本反对：(b)【越南反对：【加拿大提议：除非在例外情况下，否则未经信号合法传播者的授权，不能解码,】故意接收【智利反对：和使用】或者】故意进一步传播卫星加密过的信号【秘鲁、新加坡、墨西哥、越南、智利、加拿大反对：或者电缆】信号，未经信号合法传播者的授权而故意解码，【秘鲁、新加坡、墨西哥、越南、智利、加拿大反对:】或者如果信号已经获得合法传播者的授权而解码，但是故意进一步为商业获益目的传播信号，这样的传播明显未获得信号合法传播者的进一步授权。

【美国、澳大利亚、秘鲁、新西兰、墨西哥和智利提议，马来西亚、文莱、越南和加拿大反对：2. 各缔约国应当规定，为遭受第一款情形损害的当事人提供民事救济，【智利、墨西哥反对：包括补偿损失,】包括对加密程序的信号或内容持有利益的任何人。】

第十条　数字环境下的特殊执行措施

【美国、澳大利亚、加拿大、新加坡、新西兰和秘鲁提议，越南反对：各缔约国应当保证，在本国法中对本章规定的民事和刑事执行程序予以规定，允许对数字环境下的商标、版权或邻接权的侵权行为采取有效执行措施，包括阻止侵权的快速救济和预防未来侵权的救济方式。】

第十一条　政府使用软件/政府使用软件和其他受版权或邻接权保护的设备

各缔约国应当建立或保持适当的法律、法规、政策、决议、政府指南，或行政命令，规定【美国、澳大利亚、加拿大、马来西亚、越南和墨西哥提议：中央】政府机构只能使用法律授权或许可的未侵权的计算机软件【美国、澳大利亚、加拿大和墨西哥提议，新加坡、智利、秘鲁、新西兰、马来西亚、文莱和越南反对：和其他受版权或邻接权保护的设备】。这些规定应当适用于政府软件【秘鲁、智利、文莱、新加坡、新西兰、马来西亚和越南反对：和其他设备】的购买和【秘鲁和加拿大反对：管理】【秘鲁和加拿大提议：使用】。

第十二条　【美国提议：尽管第七节第十六条"限制和例外规定"和第七节第十四条第3（b）"涉及空中无线广播的规定"作出规定，但在未经信号或信号内容权利人授权的情形下，缔约国应当禁止电视信号的网络转播（不论是地面、有线电或者卫星信号）】。

第九节　互联网服务商

第一条　互联网服务商的责任

【智利、文莱、新西兰、马来西亚、越南、加拿大、新加坡和墨西哥提议，澳大利亚和美国反对：1. 如果通过（互联网服务商提供的或是使用他们服务的）网络发生侵犯版权或邻接权的行为，各缔约国应限制（作为媒介的）互联网服务商的义务或侵权救济措施的有效性。】

【加拿大提议：2. 前款提出的限制应至少涵盖以下情况：

（a）中转，即提供信息传播途径，或进入通信网络的途径；

（b）用户要求根据主机托管服务托管信息；

（c）网络服务商在以下情行下，通过自动程序存储的信息：

（i）除技术原因外没有修改的信息；

（ii）确保遵守任何缓存信息相关的指令，这些缓存信息按照产业界广泛认可和使用的方式进行分类；且

（iii）不会干扰合法的技术使用，且技术使用被产业界广泛应用以获得信息应用数据。

(d) 通过自动方式仿造版权保护材料，并传播仿造材料，提供信息定位工具。】

【加拿大提议：3. 前款提到的限制网络服务商各项职能的条件应单独考虑各个功能间的限制。前款中限制条件的成立取决于网络服务商对服务的监控，或积极搜寻的证明侵权行为的事实。】

【智利、文莱、新西兰、越南和墨西哥提议，澳大利亚、美国、新加坡和马来西亚反对：2. 第1款中的基本框架【加拿大反对：将只是用于网络服务上满足条件的情况，包括】【加拿大、智利和越南提议，新西兰和墨西哥反对：应与缔约国的法律一致：】

(1)【加拿大、新西兰、智利、越南和墨西哥提议：主张侵权通知程序】删除或禁用访问侵权材料的路径【加拿大、智利和墨西哥反对：各缔约国应建立权利人的通知程序】；和】

【加拿大、新西兰、智利和越南提议：(2) 网络服务商遵守上述程序要有合法的动机，否则应采取针对网络服务商侵权的救济措施。】

【加拿大提议：4. 各当事国应在国内法中对网络服务商的合法动机，以及违反合法动机规定的救济措施作出规定：

(a) 主张侵权的有效通知；或

(b) 删除或禁用访问网络上的侵权材料。】

【加拿大、智利和越南】提议：【加拿大反对：3.】【加拿大提议：5.】第一款中的规定不适用于网络服务商提供的，以侵犯版权或其他权利为目的的服务。

【加拿大提议 6. 本条约不会损害缔约国有关其他版权或相关权利侵权的辩护、限制与例外规定的有效性。本条约不会影响法院或行政机构依据缔约国法律要求网络服务商终止或阻止侵权的可能性。】

【美国、澳大利亚、新加坡、新西兰和秘鲁提议，文莱、越南、加拿大和墨西哥反对：1.【新加坡和马来西亚反对：为采取有效行为打击本章提到的版权侵权，包括阻止侵权的救济、刑事和民事救济】各缔约国应作出以下规定，并与本条设立的框架保持一致。

(a)【马来西亚和越南反对：服务商配合版权人制止未授权存储以及传播版权保护资料行为的合法动机；且】

(b) 法律中规定的【马来西亚、新西兰和新加坡提议：基于义务，或救济措施】【新西兰、马来西亚和越南反对：救济范围】限制服务商侵犯版权的行为，即服务商不控制、产生或指导通过他们或他们的代表控制或运营的网络或系统发生的，本小节（2）中列举的行为。【秘鲁提议:】

(i)【马来西亚和越南反对：这些限制应排除金钱救济，并合理限制法院的禁令救济，以迫使或抑制下列功能【新西兰反对：并且应限定在以下功能内】;】

(A) 传输、路由或链接未经修改的内容，或因此产生的临时存储【马来西亚反对：媒介】;

(B) 通过自动程序生成的缓存；

(C) 按照用户指令存储在网络服务商控制或运营的系统或网络上的材料；和

(D) 利用信息定位工具将用户引用或链接到在线地址，包括超链接和目录。

(ii) 这些限制应仅适用在服务商没有启动材料传输，没有选择材质或容器的情形下（条款 (i) (D) 所述功能的内容本身需要某种选择形式的除外)。

(iii) 应分别考虑服务商对条款 (i) (A) 到 (D) 中每项功能的限制资质，以及功能间的限制资质（智利反对：应与条款 (iv) 到 (vii) 列明的资质一致)。

(iv) 考虑到条款 (i) (B) 的功能，限制资质应取决于服务商的：

【智利和马来西亚反对：(A) 只允许系统或网络上符合条件的用户访问缓存的部分重要材料（新西兰提议：由材料创作者实行)】;

(B) 当按照缔约国领土内普遍采用的网络或系统相关的工业标准数据通信协议上传文件时，应遵守缔约国关于刷新、重新载入或其他对缓存材料的更新的规则。

(C) 不得干扰在原始网站使用的，符合缔约国领土内普遍适用的工业标准的技术。该技术用来获得材料使用的信息，且在传输到后续用户时内容不做修改；及

(D)【马来西亚反对：高效】在收到有效侵权索赔通知，通知删除或禁止访问已经删除或在原始网站访问权限已被禁用的缓存材料。

(v) 在条款 (i) (C) 和 (D) 中提到的功能，应对服务商提出以下限制：

（A）在有权利和能力控制侵权行为的情况下，没有得到直接因侵权产生的经济收益；

（B）【马来西亚反对：迅速】删除或禁止访问缓存在系统或网络的通过侵权获得的材料，且该侵权行为是明知故犯或显而易见，例如收到根据条款（ix）发出的有效侵权索赔通知。

【新西兰反对：（C）公开指派一名代表接收上述通知。】

【马来西亚和新西兰反对：（vi）：本节中对服务商的限制应满足以下条件：

（A）在适当情行下，建立和合理执行终止重复侵权者账户的政策；和

（B）适应且不干扰缔约国领土内可以保护并识别版权保护材料的技术标准，该标准由各相关利益方通过开放、自愿、协商一致的程序制定，按照合理无歧视原则使用，并且不会增加服务商额外的成本或对系统或网络带来额外负担。】

（vii）本节中的限制条件并不单纯局限于要求服务商提供监管服务或积极追查侵权事实。【新西兰和马来西亚反对：除非某种程度上与上述技术标准一致。】

【新西兰反对：（viii）如果服务商满足条款（i）（A）相关功能的限制条件，迫使或限制某些行为的法院禁令救济应限于终止指定账户，或采取合理步骤阻止对特定的、非本土的联机位置的访问【马来西亚反对：如果服务商满足条款（i）其他相关功能的限制条件，迫使或限制某些行为的法院禁令救济应限于删除或禁止访问的侵犯版权复制品的材料、终止指定账户，以及其他法院可能发现有必要采取的、可以给服务商【智利提议：用户】带来最低负担的其他救济措施。各缔约国应规定服务商【智利提议：用户】的相关责任，及针对损害版权人利益、技术可行性和有效性的赔偿救济方式，而不论相对更有效的执行方式是否存在。除了确保证据保全的，或其他不会对服务商通信网络带来负面影响的命令，各缔约国应当规定，禁令仅在服务商收到本节提到的法院命令程序通知时，以及在司法机构有机会介入时才可适用。】

【新西兰反对：（ix）为了达到通知的目的以及采取条款（i）【智利提议：（B）】（C）和（D）中规定的功能程序，各缔约国应在通知侵权索赔相关的法律法规中建立适当的程序，并对因错误或识别错误而删除或禁

用的材料提供者实施有效的反通知。各缔约国还应提供货币救济措施，对抗他人制作的、服务商根据错误情报造成相关利益方损失的、通知或反通知中提到的明知失实的材料。】

【新西兰反对：(x) 如果服务商基于诚信删除或禁止访问侵权材料，各缔约国应规定豁免服务商由此产生的赔偿责任。对于存储在系统或网络上的材料，服务商应立即采取合理步骤通知【智利反对：将材料上传到系统或网络的人】【智利提议：材料提供者】，如果上传人或提供者采取有效的反通知和侵权诉讼，除非发出原始有效通知的人在合理时间内寻求司法救济，否则可以在线恢复材料。

(xi) 各缔约国应建立一套行政或司法程序，保证【新西兰反对：发出侵权赔偿有效通知的】版权人可以迅速从服务商处获得侵权嫌疑人的信息。

(xii) 针对条款 (i) (A) 所述功能，服务商是指为数字在线通信提供传输、路由或连接服务的提供商，且不对材料用户指定的点之间的连接内容做改变。【新西兰反对：同时为了实现条款 (i) (B) 到 (D)，服务商是指在线服务或网络登录设备的提供商或运营商。】

【美国、澳大利亚和新加坡提议，智利、马来西亚、新西兰、越南、文莱、加拿大、墨西哥和秘鲁反对：以下为本节第一条 3. (b) (ix) 的附件。

为了符合本节第一条 3. (b) (ix) 规定的义务，各缔约国应建立或执行以下要求：(a) 就侵权主张的材料给服务商发送有效的书面通知；且 (b) 对于材料被删除或禁用的人，如为本文件中所述，是由于错误或判断错误导致禁用，则可以发送有效的书面反通知。有效的书面通知是指充分遵照本文件 (a) 部分所列因素的通知，有效的书面反通知是指充分遵照本文件 (b) 部分所列因素的反通知。

(a) 版权权利人或获得权利人授权的代理人为行使排他权，向服务商公开指定的代表发出有效的书面通知。

为了通知服务商遵守本节第一条 3. (b) (ix) 所列相关要求，通知必须以书面形式送达，也可以通过电子方式，但必须包括以下内容：

(i) 起诉方（或授权的代理人）的身份、地址、电话号码和电子邮件地址；

(ii) 信息合理，且足以让服务商可以识别遭受侵权主张的版权保护作品；

（iii）信息合理，且足以允许服务商识别并找到受它控制或运营的系统或网络上的材料，或是正在被侵权，或侵权行为主体，删除或禁止访问；

（iv）起诉方基于诚信，认为材料的使用未经版权权利人、代理人或法律授权，则可以起诉；

（v）通知中的信息是准确的；

（vi）具有充分的可靠性（比如，作伪证或同等法律制裁的情况），起诉方是权利受到侵犯的权利人或被权利人授权的代理人；且

（vii）发出通知的人的签名。

（b）由于错误或判断错误导致用户资料被删除或禁止访问的，用户可以提出的有效的书面反通知。

对于反通知，服务商应遵守本节第一条3.（b）（ix）所列相关要求，反通知必须以书面形式送达，也可以通过电子方式，但必须包括以下内容：

（i）用户的身份、地址（新加坡和澳大利亚提议：电子邮件地址）和电话号码；

（ii）已被删除或禁止访问的材料的标识；

（iii）材料被删除或禁止访问前的地址；

（iv）具有充分的可靠性（比如，作伪证的处罚或同等法律制裁的情况），用户（新加坡和澳大利亚提议：应是材料提供者，且）基于诚信认为被删除或禁用的材料是由于错误或判断错误导致；

（v）用户同意遵守享有地方管辖权的法院命令，该地应为用户住址所在地；如果住址在某缔约国领土外，则由服务器可能存在的缔约国的任何领土上有管辖权的其他法院对涉嫌侵权的版权诉讼进行管辖；

（vi）用户将会接受任何涉及此类诉讼程序的声明；

（vii）用户的签名。】

《专利法研究》征稿通知

各有关专家、学者：

《专利法研究》是国家知识产权局出版的学术性年刊，由国家知识产权局条法司负责编辑。本刊以邓小平理论、“三个代表”重要思想和科学发展观为指导，以落实十八届四中全会关于全面推进依法治国若干重大问题的决定为目标，以实事求是、理论联系实际为办刊宗旨，主要刊登专利等知识产权理论和实践方面的学术性论文和有关译文，以向全国知识产权理论和实务工作者提供一个思想和观点交流的平台。

为充分实现本刊办刊宗旨和目标，也为使各位专家、学者和同仁的智慧和成果能为更多的人分享，我们诚挚地邀请您为本刊撰稿，为专利事业的发展集思广益、建言献策。

关于来稿的有关事项，说明如下：

1. 来稿应具有科学性、创新性和前瞻性，具有较强的理论意义或者实践意义，并具有一定的学术价值。篇幅一般不超过12 000字。

2. 对于涉及以下主题的稿件，本刊优先采用：

（1）创新驱动发展与我国专利制度；

（2）专利确权、保护、管理、运用实践中的问题；

（3）国际知识产权制度的发展趋势、动向及我国的应对策略；

（4）知识产权基本法；

（5）职务发明制度；

（6）促进专利权的运用与实施、专利信息传播与利用；

（7）新形式下中我国专利权保护问题，例如网络环境下的侵权问题，专利侵权举证责任问题；

（8）专利代理行业的发展问题。

3. 来稿请于2015年3月31日前以电子件发给zlfyj@sipo.gov.cn。请勿一稿多投。

4. 自稿件发出 2 个月届满时未接到稿件采用通知的，可自行处理稿件。

5. 本刊作为汇编作品，版权属本刊编辑部所有。

6. 为适应我国信息化建设的需要，扩大本刊及作者知识信息的交流渠道，本刊被 CNKI 数据库收录，作者文章著作权使用费与本书稿酬一次性支付。免费提供作者文章引用统计资料。请作者在来稿时书面说明是否同意其文章被收录；如无专门说明，视为作者同意。

7. 来稿请在正文前附 200 字以内摘要一份。

8. 来稿请按顺序提供标题、作者姓名、单位全称、通讯地址、邮政编码、联系电话、电子邮箱地址及身份证号码等信息，以便于联系和邮寄稿酬。

9. 本刊一经出版，本编辑部将从速酌致稿酬，并赠送当期本刊两册。

《专利法研究》编辑部